suhrkamp taschenbuch 726

György Konrád, geboren 1935, ist Schriftsteller und Soziologe. Er lebt in Budapest. Seine Romane erschienen im Suhrkamp Verlag: *Der Besucher*, 1978; *Der Komplize*, 1980; *Der Stadtgründer*, 1980. Iván Szelényi, geboren 1938, ist Soziologe und lebt seit 1975 in Australien.

Schon Rudolf Bahros Analyse *Die Alternative*, die eine ebenso polemische wie fundamentale Anatomie und Kritik des »realen Sozialismus« enthält, machte deutlich, welche zunehmende Bedeutung der Intelligenzschicht – oder -klasse – im »realen Sozialismus« zukommt. Die Ungarn Konrád und Szelényi haben diesen Aspekt, der der parteioffiziellen Doktrin von der Arbeiter- und Bauernmacht diametral zuwiderläuft, zum Gegenstand einer detaillierten und empirisch fundierten Untersuchung gewählt. Die Autoren untersuchen in einem ersten Schritt die Rolle, die die Intelligenz in verschiedenen Gesellschaften und zu verschiedenen Zeiten gespielt hat: Schon immer war sie eine Schicht, die aufgrund des bei ihr monopolisierten gesellschaftlichen Wissens im Bündnis mit anderen Macht ausübte – als Priester, Philosophen oder wissenschaftliche Intelligenz.

Aber erst der Staatssozialismus unter Führung einer geschichtsphilosophisch legitimierten Kommunistischen Partei, der leninistischen, hat es vermocht, die Intelligenz zur wirklich herrschenden Macht, zur *Klasse* avancieren zu lassen, von der alle anderen Klassen, nicht zuletzt die der Arbeiter, in Abhängigkeit gehalten werden.

György Konrád
Iván Szelényi

Die Intelligenz auf dem Weg zur Klassenmacht

Übersetzt von Hans-Henning Paetzke

Suhrkamp

Titel der 1978 in Bern in der Ausgabe der Európai Protestáns Magyar Szabadegyetem erschienenen ungarischen Originalausgabe:
Az értelmiség útja az osztályhatalomhoz

suhrkamp taschenbuch 726
Erste Auflage 1981

Druck: Nomos Verlagsgesellschaft, Baden-Baden
Printed in Germany
Umschlag nach Entwürfen von
Willy Fleckhaus und Rolf Staudt

Inhalt

III. Die geschichtlichen Vorläufer der Organisation der Intelligenz als Klasse

IV. Die Organisation der Intelligenz als Klasse in den osteuropäischen sozialistischen Gesellschaften

I. Wodurch sind wir Angehörige der Intelligenz?

1. Geschichtstheoretischer Hintergrund zur Selbstdefinition der Intelligenz

In der folgenden methodischen Analyse haben wir die Möglichkeiten und Grenzen der soziologischen Erkenntnis für jene Periode zu suchen, in der sich die Intelligenz – wie wir behaupten – als Klasse organisiert.

Wir gehen in unserer Untersuchung immanent vor, das heißt, unsere Interpretation geht allein vom Kontext gesellschaftlicher Prozesse aus, indem wir jede wertende gesellschaftsphilosophische Prämisse zu vermeiden trachten. Zugleich erheben wir allerdings auch Anspruch auf eine kritische Erörterung, was bedeutet, daß die Ideologien der analysierten Gesellschaftsformationen, durch die strukturelle Konflikte verdeckt werden, in Parenthese zu setzen sind. Andererseits sollen diese Ideologien mit der tatsächlichen Praxis ihrer Vertreter und der Praxis der Akteure des untersuchten Gesellschaftssystems konfrontiert werden, damit sie sich ihnen gegenüber nicht auf äußere, also transzendent-ideologische Argumente berufen.

Die ideologische Kritik soll demnach durch Ideologiekritik ersetzt werden.

Wir sind selber Angehörige der Intelligenz, Angehörige jener Klasse, die wir zum Gegenstand unserer Untersuchung gemacht haben. Während wir unsere Vorschläge zur Methodologie der Wissenssoziologie eines neuen Typs darlegen möchten, sind wir gezwungen, die epistemologische Skepsis, durch den der Akteur des Wissens selbst – was seine Konditionen betrifft – eingeschränkt ist, durch eine ontologische Skepsis zu verschärfen.

Auch historische Überlegungen nötigen zu dieser zweifachen Skepsis: Aus der Voraussetzung, daß sich die Intelligenz im Sozialismus, in dem von uns als rationale Redistribution bezeichneten wirtschaftlichen Integrationsmodell, zur Klasse organisiert, folgt nicht auch der geschichtsphilosophische Standpunkt, daß wir das Jahrtausende alte Wissen der Intelligenz als Vorbereitung zu dieser Entwicklung interpretieren müßten. Um so weniger würden wir eine solche Extrapolation unseres Organisationsprinzips als berechtigt ansehen, als wir über die künftige Entwicklung der erwähnten rationalen Redistribution keinerlei orakelhafte Feststellung machen können. Diesbezüglich sind uns höchstens gegensätzliche alternative Hypothesen möglich.

a) Nach der Marxschen Wissenssoziologie wird das Wissen der Intelligenz durch die Interessen anderer Klassen bestimmt

Seit Marx ist es ein wissenssoziologischer Gemeinplatz, daß Wissen ganz allgemein und das über die Gesellschaft gebildete Wissen im besonderen durch die Bedingungen seiner Genese bestimmt wird, und es gehört zu seiner erkenntnistheoretischen Eigenart, daß es zu jeder Zeit mehr oder minder indirekt die gesellschaftlichen Interessenverhältnisse artikuliert. Die literatur- und theoriegeschichtliche Arbeit der marxistischen Periode von Georg Lukács ist eine einzigartige und großangelegte Illustration der nur sehr skizzenhaften Marxschen Überbautheorie. Die Kultur der vergangenen zweihundert Jahre interpretiert Lukács als veränderlich zusammengesetzte Objektivationen der Kritik, Apologie und Selbstkritik des Bürgertums, durch die übrigens sophistische Anwendung eines sehr einfachen geschichtsphilosophischen Wertungsschemas, demzufolge die kapitalistische Entwicklung bis 1848 progressiv war und von da an, insbesondere aber seit der russischen Revolution von 1917, retrograd. So herrschen in der Kultur vor 1848 Kritik, Rationalismus, Kohärenz, Gesundheit und Humanismus vor, in der Kultur nach 1848 dagegen breiten sich Apologie, Irrationalismus, Zerfall, Dekadenz und Antihumanismus aus. Die Schöpfer der Werke haben in diesem Schema – gemessen an der bestimmenden kapitalistischen Struktur und an den Eigentümern des Kapitals – keine besondere Autonomie. Ihre ehrliche Antwort auf die als eine einzige Krise verstandene selbstregulierende Marktwirtschaft kann nur Kritik oder Verzweiflung sein und im Fall der radikalsten (wenn auch nicht bedeutendsten) die Identifizierung mit dem proletarischen Klasseninteresse und Klassenstandpunkt, namentlich der ideologische Anschluß an die Bewegung der Bolschewiki. Angesichts dessen läßt sich lediglich darüber diskutieren, ob sich dieser Anschluß als organisierte Abhängigkeit des als Gemeinen verstandenen Parteiintellektuellen oder als größere Indirektheit und Spielraum garantierende selbsttätige Rolle des Partisanen äußern muß.

Die Konsequenzen aus der Marx-Lukácsschen Richtung der Wissenssoziologie zog Gramsci mit folgender Begründung: Jede gesellschaftliche Klasse braucht ihre eigene Intelligenz, die ihre Ideologien hervorbringt; die Intellektuellen müssen sich eine gesellschaftliche Klasse wählen, um deren organische Intelligenz zu bilden. Da die auf die Wissenssoziologie und in diesem Zusammenhang auch auf die gesellschaftliche Situation der Intelligenz bezogenen Thesen des Marxismus – wie dessen Grundgedanken überhaupt – auf der Analyse der kapitalistischen Gesellschaft aufbauen, ist es verständlich, wenn in der marxistischen Überlegung die Idee gar nicht erst auftaucht, die

Intelligenz als gesonderte Klasse zu definieren, zumal die Intelligenz weder Kapitaleigentümer noch Proletarier ist. Kautsky und Lenin haben darauf hingewiesen, daß die Intelligenz im Hinblick auf ihre gesellschaftliche Situation mit dem Proletariat verglichen werden kann, da sie ihre Existenz aus dem Verkauf ihrer Arbeitskraft bestreiten muß und deshalb häufig ebenfalls vom Kapital ausgebeutet wird. Allerdings sind die Unterschiede beträchtlich, da die Intelligenz geistige Arbeit, den Proletariern zumeist übergeordnete Lenkungsarbeit verrichtet. Wegen ihres höheren Einkommens lebt sie unter ähnlichen Existenzbedingungen wie das Bürgertum.

Demzufolge betrachtet der Marxismus die Intelligenz – wie auch andere gesellschaftliche Gruppen, etwa das Kleinbürgertum – als *Schicht* unter den Grundklassen, womit er sich quasi der Mühe einer genaueren Definition entzieht. Die Klassiker des Marxismus unternahmen gar nicht erst den Versuch, die Beziehung zwischen der Situation der Intelligenz und dem gesellschaftlichen Wissen zum Gegenstand einer Untersuchung zu machen. Gramsci war der erste, der einen Anlauf versuchte, weil er sich nicht mit jener tautologischen Beschreibung der Tätigkeit der Intelligenz begnügen wollte: Intellektueller ist, wer intellektuelle Arbeit verrichtet. Das ist etwa eine so biedere Banalität wie der Satz: Arbeiter ist, wer physische Arbeit verrichtet. Gramscis Betrachtungsweise war intelligenter. Er schreibt der Tätigkeit der Intelligenz – in der Totalität der gesellschaftlichen Verhältnisse – eine selbständige strukturelle Position zu, und das ist nichts anderes als die Formulierung der Interessen und Ideologien der gesellschaftlichen Grundklassen. Doch selbst Gramsci hat sich nicht die Frage gestellt, ob sich die strukturelle Position der Intelligenz in den unterschiedlichen Gesellschaftssystemen überhaupt unterscheidet, und wenn ja, inwiefern diese gesellschaftliche Situation und deren Veränderung die von der Intelligenz geformte Kultur bestimmen. All diese Gedankengänge erwecken den Anschein, als ließe das gesellschaftliche Element des Kulturschöpfers und -trägers keinerlei Spuren seines eigenen historisch bestimmten Seins und seiner daraus stammenden Interessenverhältnisse in den Werken zurück, als sei dieses Kultursubjekt lediglich ein neutrales Vermittlungsinstrument, das den von ihm formulierten Ideologien keinen sich modifizierenden Sinn gibt. Demnach wäre die Intelligenz nur technisches Ausführungsorgan von Ideologien, die von den Interessen anderer Klassen bestimmt werden. An die Schaffung einer ihr entsprechenden Klassenkultur dürfe sie gar nicht denken. Doch selbst wenn ihr so etwas einfiele, erwiese sich die Idee als unmöglich, da sie aus den eigenen Werken hätte lernen können, daß sie – als Klasse – gar nicht existiere.

b) Die Versuche einer Relativierung der Klassendetermination von Durkheim bis Mannheim und bis zur Neuen Linken. Der »echte Intelligenzangehörige« als Träger der Transzendenz

Die Kritiker der Marxschen Wissenssoziologie gehen davon aus, daß dieses Schema die Beziehung zwischen dem Wissen und seiner Existenzbasis zu sehr vereinfacht. Diese Kritik strebt in zwei Richtungen. Einerseits stellt sie in Frage, daß die Klassenlage die einzige Existenzgrundlage des Wissens ist, andererseits fordert sie eine genauere Beschreibung der Beziehung zwischen Wissen und Existenzgrundlage, insbesondere des unterschiedlichen Intensitätsgrads dieser Verbindungen.

In seiner Untersuchung der primitiven Formen des Denkens wies Durkheim auf die bestimmende Rolle von Art, Ort, Häufigkeit und Organisationsform (Feste, Riten, Zeremonien) der gesellschaftlichen Tätigkeiten hin. Max Scheler bezweifelte, daß jede Art des Wissens in gleichem Maß von dessen gesellschaftlicher Basis bestimmt werde. Die verschiedenen Wissensformen – von der Volkssprache bis zu den technologischen Kenntnissen – sind nicht in gleichem Maß determiniert, was bereits daraus hervorgeht, daß sie auch untereinander verschieden sind. Infolgedessen kann man annehmen, daß die langsamer veränderlichen Wissensformen zugleich weniger durch ihre Existenzgrundlage bestimmt sind. Karl Mannheim hingegen meint, daß die Klassenlage allein nicht zureichend ist für eine vielseitige Definition der Existenzgrundlage des gesellschaftlichen Wissens. Nach ihm müßten zur genaueren Beschreibung der Basis des Wissens die verschiedensten Gruppenformationen, etwa Generationszugehörigkeit, Berufs- und Statusgruppe, Sekte usw., ferner die charakteristische Denkweise dieser Gruppen berücksichtigt werden. Die Kritik Mannheims an der Marxschen Wissenssoziologie ist insofern tatsächlich berechtigt, als die Klassenlage allein noch eine sehr allgemeine logische Abstraktion ist, insbesondere wenn wir jene Hypothese ausschließen, derzufolge das gesellschaftliche Bewußtsein ausschließlich Ausdruck der polarisierten Klasseninteressenkonflikte ist. In der Tat existieren auch andere Dimensionen gesellschaftlicher Interessen, durch die ihnen entsprechende Ideen und Werte hervorgebracht werden. Mannheim forderte also eine differenzierte und geschichtsadäquate Beschreibung der Kulturakteure, und er war bemüht, die Ideologien aus der realen Umwelt ihrer Entstehung heraus zu interpretieren. Er hielt allerdings auch eine über die Sphäre der Ideologien hinausgehende gesellschaftliche Erkenntnis für möglich. Hierzu mußte er freilich einen bisher nie dagewesenen ideologischen Intelligenzbegriff schaffen. Marx' Gedankengang war scharfblickend und kritisch, als er den bedingten Charakter jeder intellektuellen Tätigkeit in der kapitalistischen Gesellschaft nachwies. Seine Wissenssoziologie bringt die substantielle Funktion der Grundstruktur der kapitalistischen Gesellschaft zum Ausdruck, weil wir uns in Wirklichkeit keine gesellschaftstheoretische, philosophische usw. Tätigkeit vorstellen können, die nicht gleichzeitig auch ideologisch wäre.

Mannheim nimmt, obwohl er die Ideologien spezifiziert und in einen konkreteren historischen Kontext einbettet, im Gegensatz zu Marx, der die ideologische Natur der Erkenntnis akzeptiert, ein über die Ideologie hinausgehendes, höheres, realeres, objektiveres Bewußtsein an, das er »utopisch« – ein nicht sehr glückliches Wort – nennt. Diesem muß er aber einen Akteur zuordnen, der über den Teilinteressen steht, und das ist niemand anderes als die sich über die ideologischen Bindungen ihrer Tätigkeit erhebende, sozial freischwebende Intelligenz. Mit der Tendenz, die hervorragendsten Vertreter der Intelligenz als Träger der reinen Transzendenz darzustellen, obwohl er in seiner empirischen Deskription in Übereinstimmung mit Marx' Intentionen dessen Gedankengang weiter artikuliert, verwirft Mannheim schließlich mit seinem Alternativvorschlag über das utopische Wissen Marx' Gedankengang radikal. Hierzu mußte er nämlich eine Wissenssphäre voraussetzen, die den gesellschaftlichen Teilinteressen gegenüber bereits unabhängig ist.

Es ist bemerkenswert, daß im radikal linken Denken der letzten Jahre ganz ähnlich der Versuchung nachgegeben wird, zwischen den intellektuellen Tätigkeiten eine Trennungslinie zu ziehen. Als Nichtintellektuelle werden jene Geistesarbeiter qualifiziert, deren intellektuelle Tätigkeit nicht gleichzeitig die radikale Überwindung der Interessenproportionen der bestehenden Gesellschaft zum Inhalt hat. Zahllose Theoretiker der Neuen Linken sprechen nur jenen den Rang eines Intellektuellen zu, die der bestehenden Gesellschaft gegenüber die Konzipienten einer bedingungslosen kritischen Transzendenz sind. Eine derartige ethisch-normative Definition der intellektuellen Tätigkeit gibt der – von der Wertselektion der qualifizierenden Person abhängigen – willkürlichen Abgrenzung der »wahren« und »nicht wahren« intellektuellen Tätigkeit breiten Raum. Intellektueller ist in dem Fall derjenige, der von einem anderen Intellektuellen – weil man mit ihm sympathisiert – dazu erklärt wird. Ja, auch die als Angehörige der Intelligenz Registrierten sind nur durch bestimmte Gesten Intellektuelle, durch andere sind sie die technischen Diener der kapitalistischen Ordnung, wie der Atomphysiker, der nach Sartre nur dann Intellektueller ist, wenn er eine Protestresolution gegen die Atomexplosionen unterschreibt. So ist der Begriff der Intellektuellen, wonach die realen Angehörigen der Intelligenz aus den realen gesellschaftlichen Kategorien hervorgehen, emotional verleihbar, doch wird er zur kapriziös verleihbaren Höflichkeit, zur gegenseitigen Auszeichnung, zu einer Art moralisierendem Adelsbrief, der zugleich die Produkte »wahren« intellektuellen Denkens *a priori* dem Einflußbereich der kritischen Wissenssoziologie findig entzieht. Das transzendente Bewußtsein der wahren Intellektuellen ist *per definitionem* nicht mit dem sich bedingenden Interessenverhältnis konfrontierbar. Durch ihre Funktionspraxis gehen diese Intellektuellen, ebenso wie die Metaphern der religiösen Transzendenz, damit sie nicht zur Verantwortung gezogen

werden, in eine reine – weil ohne ihre Voraussetzung vorgestellte – Zukunft über. Gleichzeitig überlassen sie dem restlichen Teil der Gesellschaft, ihren kleinlichen Gastgebern, die Abfallhaufen der Voraussetzungen der natürlich immer deformiert realisierten Transzendenz.
Im Folgenden wollen wir uns um die kritische Selbstanalyse der Immanenz dieser überaus transzendenten intellektuellen Gesinnung bemühen. Wir rufen unsere objektivierbare Praxis zu Hilfe, die geschichtliche Erfahrung der sich zur Klasse organisierenden osteuropäischen Intelligenz, von der wir in dieser Studie einige Mystifikationen ausplaudern möchten. Wir glauben allerdings nicht im entferntesten, daß wir durch eine derartige ironische Selbstenthüllung aus unserer osteuropäisch-intellektuellen Haut schlüpfen könnten.

c) Im Wissen der Intelligenz kommen auch die eigenen strukturellen Interessen zum Ausdruck, und wenn sie sich als Klasse organisiert, ordnet sie ihr Wissen vorrangig den eigenen Klasseninteressen unter

Unter den Bedingungen des preisregulierenden Markts ist die Hypothese, nach der unser gesellschaftliches Wissen von den hauptsächlichen Klasseninteressen der Gesellschaft bestimmt wird und die Intelligenz als gesellschaftliche Schicht immer die Intelligenz irgendeiner Klasse ist, absolut nicht unberechtigt. So betrachtet hat jede gesellschaftliche Klasse ihre jeweilige Intelligenz. In der Gesellschaftsgeschichte des 20. Jahrhunderts zeigen sich allerdings entscheidende Veränderungen, namentlich die Stabilisierung der osteuropäischen Formen des frühen Sozialismus, im weiteren die Entstehung des staatsmonopolistischen Kapitalismus in den entwickelten Industrieländern, seit neuestem sogar Anzeichen einer technokratischen Weltmacht der supranationalen Wirtschaftsverbände. Durch solche Veränderungen wird die Position der Intelligenz in der Gesellschaftsstruktur wesentlich beeinflußt.

Zu dieser Vorgehensweise hat uns die soziologische Analyse der gesellschaftlichen Planung, insbesondere der Städte- und der regionalen Planung, veranlaßt. Vor uns hat sie die neuartige Machtposition der Intelligenz in vielerlei wesentlichen Hinsichten gezeichnet. In der Person des Planers meldet der Intellektuelle – im gesellschaftlichen Reproduktionsprozeß – seinen Anspruch auf eine Schlüsselposition an. Bei einer weiteren Untersuchung dieses Phänomens haben wir festgestellt: In erster Linie in den osteuropäischen Planwirtschaften des frühen Sozialismus, doch auch im staatsmonopolistischen Kapitalismus – obschon in beschränkterem Umfang und verspätet – bilden sich die Bedingungen der Klassenposition der Intelligenz heraus.

Wir halten es für natürlich, daß die Wissenssoziologie, die sich auf die Beschreibung des selbstregulierenden Markts stützt, nicht einmal an die Möglichkeit gedacht hat, daß die Intelligenz auch von den anderen gesellschaftlichen Gruppen abweichende eigene Interessen haben könnte. Ihre Subordination unter andere gesellschaftliche Klassen lag viel näher. Die Abhängigkeit war für die Intellektuellen zu bedrückend, als daß sie auf die erstarkenden Tendenzen ihres Unabhängigwerdens hätten aufmerksam werden können. Die Unabhängigkeit zeigte sich auf zwei wichtigen Gebieten: in der staatlichen Bürokratie und in der sozialistischen Arbeiterbewegung. Beide Phänomene blieben nicht völlig unbemerkt. Auf das eine machte Max Weber am treffendsten aufmerksam, auf das zweite Michail Bakunin.

In den Planwirtschaften, die auf rationales wirtschaftliches Wachstum orientiert sind, die den größeren Teil des Nationaleinkommens in die Kanäle des Staatshaushalts leiten und über diesen die Redistribution durchführen, so daß neben dem minimierten Konsum, den beschränkten landwirtschaftlichen und infrastrukturellen Investitionen ein verhältnismäßig großer Einkommensanteil auf die Industrialisierung entfällt, wodurch auch eine beschleunigte und moderne Rüstung gefördert wird, in den osteuropäischen sozialistischen Wirtschaften also, die wir aufgrund ihres detaillierten analysierten Begriffs im Folgenden mit der Kategorie der »rationalen Redistribution« belegen, halten wir die Diskussion der besonderen Interessen der Intelligenz inzwischen für unabdingbar. Nach dem Zustandekommen der Klassenlage des teleologischen Redistribuenten müssen wir die gesellschaftliche Rolle der Intelligenz neu durchdenken und auch, was hinsichtlich des Erkenntnisauftrags der Intelligenz aus der Herausbildung dieser Klassenlage folgt.

Einen Grundgedanken unserer Studie möchten wir vorwegnehmen: Unter Bedingungen, unter denen eine gesellschaftliche Gruppe die Kulturproduktion, -unterhaltung und -vermittlung und zugleich auch die Produktion, Unterhaltung und Vermittlung der gesellschaftlichen Ziele übernimmt und als Klasse funktioniert, ordnet sie ihren Erkenntnisprozeß den eigenen Klasseninteressen unter. Es stellt sich sogar die Frage, ob gesellschaftliche Selbsterkenntnis überhaupt möglich ist, wenn die Intelligenz eine gesellschaftliche Klasse wird? Im Vergleich hierzu kommt der Frage, inwieweit die Intelligenz in der Frühphase des Sozialismus beziehungsweise in den sich jetzt entwickelnden Formationen des nachindustriellen staatsmonopolistischen Kapitalismus im traditionellen Sinn des Wortes als

herrschende Klasse angesehen werden kann, schon beinahe untergeordnete Bedeutung zu, obwohl nach unserer Ausgangsthese die Organisation der Intelligenz zur Klasse – in erster Linie unter den Bedingungen der rationalen Redistribution – auch als wachsende Tendenz dafür anzusehen ist, daß statt der wirtschaftlich und politisch gleichermaßen schwachen Bourgeoisie in den industriell zurückgebliebenen osteuropäischen Agrargesellschaften, die mit den kastenartigen Feudalstrukturen nicht radikal brechen kann, die sich zur staatsbürokratischen herrschenden Klasse organisierende Intelligenz den Modernisierungsprozeß leitet.
Die rationale Redistribution ist nach unserer Ansicht ein selbständiger Typ von Wirtschaftswachstum, ein Schema autonomer Wirtschaftsorganisation, das sich organisch an die gesellschaftsgeschichtlichen Traditionen Osteuropas anschließt und ein spezielles souveränes Zivilisationsmodell und kulturelles Zielsystem einschließt. Sie bedarf also der immanenten Analyse und sie läßt sich nicht mit den bürgerlich-liberalen Bewertungsschemata der Kombination von totalitärem politischem System und verschwenderisch dysfunktionaler Wirtschaft, mit der Abweichung vom legitimen und allgemeingültigen westlichen Entwicklungsmodell oder als eine eventuelle und vorübergehende Abweichung erklären. Wir können den Sozialismus im Frühstadium weder als Ziel der gesellschaftlichen »Heilsgeschichte« betrachten noch als einen verwerflichen Unfall, der der östlichen Hälfte Europas von intriganten politischen Verschwörern aufgezwungen worden ist. Die rationale Redistribution – als souveränes gesellschaftlich-wirtschaftliches Gebilde – schließt sich durch den reichen Komplex der strukturellen und historischen Zusammenhänge an die ebenfalls souveränen gesellschaftlich-wirtschaftlichen Gebilde der traditionellen Redistribution an, die in der Wirt-

schaftsgeschichte als »asiatische Produktionsweise« bekannt geworden ist. Doch die wesentlichen strukturellen Komponenten bezeugen auch eine Verwandtschaft mit der selbstregulierenden Marktwirtschaft, durch die der westliche Typ des Wirtschaftswachstums garantiert wird.

2. Inwieweit ist das Wissen der Intelligenz transzendent?

a) Die Intelligenz ist nicht bloß Transzendenz. Die Realität der Intelligenz ist der Konflikt zwischen Transzendenz und historischer Determination

Die Wissenssoziologie hat die kulturelle Bedeutung der intellektuellen Tätigkeit bis zum heutigen Tag nicht zum Gegenstand ihrer Untersuchung gemacht, der Begriff der Intelligenz wurde ausschließlich als *Gattungsbegriff* behandelt, das Wesen der Intelligenzrolle in deren transzendentaler Orientierung gesehen. Der Gattungsbegriff der Intelligenz, also die Suche nach einem Begriff, der unabhängig von den geschichtlichen Epochen und Produktionsweisen die Definition der Intelligenz gibt, wird von der Rolle der Intelligenz als Kulturschöpfer bestimmt. Hieraus ergibt sich ihr grundlegend teleologischer gesellschaftlicher Auftrag, weil die Kultur nichts anderes ist als die Anstrengung der Gesellschaft, der an sich nicht zielgerichteten Welt Ziel und Sinn zu geben. Sofern wir dagegen die in den konkreten gesellschaftlichen Strukturen tatsächlich eingenommene Position der Intelligenz untersuchen, müssen wir auch die Anwendung eines genetischen Begriffs der Intelligenz vorschlagen, was die Beschreibung dessen bedeutet, welche Aufgaben dieser kulturelle Auftrag wahrnimmt und welche Interessen er in bestimmten gesellschaftlichen Kontexten artikuliert. Die Geschichte der Intelligenz läßt sich gerade auch durch die Konfliktserie ihres Gattungsbegriffs und ihres genetischen Begriffs darstellen.

Die teleologische Funktion der Intelligenz weist ihr in den vorindustriellen, sich praktisch auf ein Nullwachstum beschränkenden stationären Gesellschaften einen spezifischen Wirkungskreis zu. In Ermangelung eines evolutionären historischen Dynamismus, in Ermangelung einer Eigenbewegung der erweiterten Reproduktion verlagert sich die Teleologie dieser Kulturen nach außen, in die metaphysische Dimension, ins Jenseits des geschichtlichen Seins des Menschen. Durch das beschleunigte technische und wirtschaftliche Wachstum infolge der Entstehung der neuzeitlichen westeuropäischen Zivilisation beziehungsweise des westlichen Kapitalismus wird das irdische Dasein in der protestantischen Ethik zum Tugendberuf, das Ziel des menschlichen Lebens wird in die geschichtliche Dimension verlagert, das Ziel der Gesellschaft ist ihre eigene Dynamik, der sogar die protestantische Askese der Kapitalakkumulation mit einer diesseitsorientierten rationalen Theologie dient. Die repräsentative Intelligenz der vorindustriellen Gesellschaft ist die ständische Priesterschaft, die – im Interesse der Stabilität – das immanent-empirisch-geschichtlich-rationale Wissen der Zeit im Rahmen des heilsorientierten theologischen Wissens synthetisieren muß. Die moderne westliche Zivilisation macht die religiöse Teleologie unglaubwürdig und mit ihr die traditionelle Rolle der Intelligenz, die die verschiedenen Wissensformen und Normen der Zeit in der Priesterfunktion vereint. Die Intelligenz macht einen Wandel von der Priesterpersönlichkeit zum profanen Spezialisten durch. Sowohl in den Staatsbürokratien als auch in der bürgerlichen Privatwirtschaft macht sich für das intellektuelle Wissen eine zunehmend solvente Nachfrage bemerkbar; die Spezialisten in den freien Berufen verwerten ihr Wissen als Kapital. Die Politik trennt sich von der Theologie, während die Intellektuellen unter Verzicht auf eine sakrale Aufwertung ihres monopolistischen Wissens dieses unter den Bedingungen des preisregulativen Markts feilbieten. Mit ihrem Fachwissen, das ihr Kapital darstellt, haben sie als Kleinproduzenten auf dem Arbeitsmarkt keinen besonderen Klassencharakter. Die Intelligenz im modernen Kapitalismus westlicher Prägung macht auch die von ihr produzierten Ideologien zur Ware, und als brauchbare Schicht sucht sie sich jene realen Gesellschaftsklassen, deren Ideologien sie formulieren, deren Intelligenz sie sein kann. Diese neue Situation steht zur früheren – teleologisch-moralischen – Mission des intellektuellen Priesterstands in grundlegendem Widerspruch. So ist die Bezeichnung *professionell* für die Beschreibung der gesellschaftlichen Position der Intelligenz genauer.

Obwohl in der klassischen kapitalistischen Gesellschaft die Erkenntnis auf der Hand liegt, daß die Unterordnung der Intelligenz unter andere Gesellschaftsklassen mit der Gattungsrolle der Intelligenz, mit der Transzendenz des Intellektuellendaseins in Widerspruch geriet, behandeln jene Theoretiker, die über die Situation der Intelligenz kritisch reflektieren, diesen Widerspruch nur als geschichtliche Episode, der von der Intelligenz gerade dadurch aufgehoben wird, daß sie die über den eigenen Teilinteressen stehende universell-humanistische Transzendenz in der von Mannheim vorgeschlagenen Rolle der sozial freischwebenden Intelligenz zur Geltung bringt oder aber indem sie – gemäß der Marxschen Lösung – die als gegenwärtigen Träger der künftigen Gesamtinteressen der Gesellschaft gesetzte Arbeiterklasse auserwählt und deren Interessen formuliert.

Beiden Lösungen ist die Prämisse gemeinsam, daß die Intelligenz fähig sei, sich über ihre eigene geschichtliche Determination zu erheben, daß sie fähig sei, ihr genetisches Sein in ihrem Gattungssein aufzuheben. Als wahre Intel-

lektuelle werden gerade jene angesehen, die dazu in der Lage sind. Dementsprechend behandelt das soziologische und geschichtsphilosophische Denken den Intelligenzbegriff als moralischen Begriff, und unseres Wissens ist kein ernsthafter Versuch zur Ausarbeitung eines »einleuchtenden« Begriffs der Intelligenz unternommen worden. Dieser Mangel findet vor allem darin seine Erklärung, daß das transzendenztragende gesellschaftliche Element zu allen Zeiten die Intelligenz selbst ist; die Geschichtsphilosophie stößt in aller Regel bei der Suche nach dem Gattungswesen des Menschen auf die Charakteristika der Intelligenz, und zwar derart, daß die Intellektuellen sich selbst als das allgemeinste Gattungsbild des Menschen erscheinen. Wir halten die Hypothese, derzufolge wir alles, was zum genetischen Intelligenzbegriff gehört, was also darin historisch determiniert ist, als Negation des Wesens, d. h. der Transzendenz des intellektuellen Seins, als nicht-intellektuelles Element also behandeln und das Wesen der Intelligenz ausschließlich in deren Transzendenz suchen, für unakzeptabel und ungeeignet für eine objektive Untersuchung.
Dies ist für uns ebenso unannehmbar, wie wenn wir die sich in der Rolle der Intelligenz manifestierende Transzendenz außer acht lassen und unsere Untersuchung bloß auf den genetischen Begriff der Intelligenz beschränken würden. Wir sehen die Aufgabe der mit dem Problem der Intelligenz befaßten empirischen Gesellschaftsforschung gerade in der Beschäftigung mit der Geschichte der Spannungen zwischen der gattungstranszendenten bzw. der genetisch-geschichtlichen Qualität der Intelligenz und im Verstehen des sich in jeder geschichtlichen Periode neu organisierenden gesamten Systems der Widersprüche zwischen diesen beiden Begriffen der Intelligenz. Die auf die Negation der geschichtlich determinierten Existenz der In-

telligenz hinauslaufenden gedanklichen Bestrebungen, die die empirische Intelligenz mit der ihr eigenen Transzendenz identifizieren, müssen wir als ideologisch qualifizieren. Die Intelligenz beschreibt sich zu jeder Zeit ideologisch, das heißt in Übereinstimmung mit ihren Sonderinteressen. Wenn sich diese Interessen auch von Periode zu Periode ändern, so ist es doch der gemeinsame Anspruch der Intelligenz, jederzeit ihre kontextuellen Sonderinteressen als Gesamtinteressen des Menschengeschlechts zu formulieren. Die Definition des universellen, ewigen, höchsten und gerade deshalb für absolut unveränderlich erklärten Wissens weist eine außerordentlich große historische Variabilität auf. Doch immer definiert die Intelligenz gerade jenes Wissenselement als unveränderliches, das zu einer bestimmten Zeit ihren an eine konkrete gesellschaftliche Rolle gebundenen Sonderinteressen am ehesten entspricht; dies ist nichts anderes als jener Teil des Wissens einer Zeit, den die Intelligenz als Monopol dieser Rolle aufrechterhalten kann und will.

b) Beispiele aus der Geschichte, wie die Intelligenz ihre eigenen immanenten Interessen in den Rang transzendenter Interessen erhebt

Der Magier der Plantagen auf den Tobriand-Inseln besitzt teils agrotechnisches, teils magisches Wissen. Sein agrotechnisches Wissen ist ziemlich gering, es geheimzuhalten wäre schwer, denn auch andere können es erwerben. Aufgrund dieses Wissens könnte er in einer Gentilordnung keinen Anspruch auf Unterhalt erheben und darauf, daß ihm dieses agrotechnische Wissen eine außergewöhnliche Autorität garantiert. Den Akzent muß er also auf die zahlreiche Funktionen erfüllenden magischen Elemente seines Wissens verlagern. Durch die Magie des Behexens und Regenmachens sowie der damit verbundenen Riten sichert er die Voraussetzungen für Solidarität, Integration und Stabilität.

Wichtiges Merkmal der Natur dieser Wissensform ist es, daß sich die teleologischen und technischen Funktionen in ihr nur partiell trennen. Im primitiven Bewußtsein ist das Zweck-Mittel-Verhältnis ungeklärt. Es ist also nicht klar, daß die Empfängnis die Folge des Geschlechtsverkehrs ist, wie es auch nicht klar ist, daß die Pflanzenkulturen reichen Ertrag bringen, wenn bestimmte Arbeitsvorgänge im Pflanzenanbau in bestimmter Reihenfolge und zu einem bestimmten Zeitpunkt durchgeführt werden. So entsteht der Anschein, als sei die Ernte das Resultat einer ganzen Kette von Zaubereien und als würden die Arbeitsvorgänge beim Ackerbau nur parallel dazu betrieben, sozusagen unter magischem Zwang, in erster Linie womöglich deshalb, um einer Bestrafung durch den Zauberer zu entgehen. Das einfache agrotechnische Wissen transformiert sich also zu einem komplizierten magischen Wissen, obwohl anzunehmen ist, daß die Klügsten unter den Magieren auf die kausalen Zusammenhänge von Ackerbau und Ernteertrag kommen müssen. Es ist allerdings zweckmäßig, diese Kenntnis geheimzuhalten. Wäre ihr Wissen Kollektivwissen, würden sie ihre magische Macht verlieren, und die Gesellschaft würde sie nicht für ihr durch monopolistische Initiationsriten geschütztes Wissen unterhalten. Gleichzeitig knüpft auch ein gesellschaftliches Interesse daran an, die agrotechnischen Kenntnisse in die Kunst der Magie zu betten. Wäre dieses Wissen nämlich bloß technischer Natur und hätte es nicht den Charakter einer höheren Autorität, würden die Menschen keine Angst vor dem Zauberer haben und ihm nicht gehorchen. Vielleicht würden sie dann nicht einmal so viel produzieren, wie zu ihrem gesicherten Fortbestand unter den primitiven agrotechnischen Verhältnissen erforderlich wäre. Der Magier nötigt den Stammesangehörigen Mehrarbeit ab, die zwar in guten Jahren mangels Lagerungs- und Konservierungstechniken verlorengeht, der der Stamm aber in schlechten Jahren sein Leben verdankt. Was wir also aus heutiger Sicht in der Wissenschaft des Magiers als wertloses, abergläubisches Nichtwissen definieren würden, war für den Magier gerade – wenn man so will für den Stammesintellektuellen – das transzendenteste Wissen, das die allgemeinen Stammesinteressen am deutlichsten ausdrückte und gleichzeitig auch die Überlegenheit seiner Rolle am ehesten garantierte. Wir können uns also folgende Vermutung erlauben: Hätte die Gesellschaft der Trobriander zufällig einen Wissenssoziologen besessen, der geneigt gewesen wäre, die Intelligenz ausschließlich in ihrer transzendenten Funktion als wirkliche Intelligenz zu akzeptieren, so hätte er den Magier gerade wegen seiner Beschwörungsriten, nicht aber wegen seines auch im modernen Sinn akzeptablen agrotechnischen Wissens im eigentlichen Sinn des Wortes als Intelligenz anerkannt. Wie sich also die Begriffe von Mittel und Zweck im primitiven Bewußtsein nicht gegeneinander abgrenzen, so grenzt sich in der Rolle der Intelligenz in der primitiven Gesellschaft auch die technische und die teleologische Funktion nicht nachdrücklich gegeneinander ab, obwohl sich der Akzent immer mehr zur letzteren hin verschiebt.

Schon in den frühen Ständegesellschaften verlagert sich der Akzent innerhalb der Rolle der Intelligenz – durch die Vermehrung technischer Kenntnisse, durch den Ausbau der separierten Staatsmacht und die Entwicklung der zentralen Neuverteilung des gesellschaftlichen Mehrprodukts –

noch stärker auf die auf mystischem Wissen basierende teleologische Funktion. An die Stelle des Magiers tritt der Priester. Das Wesen dieser Veränderung liegt darin, daß die Intelligenz, die sich im Priesterstand organisiert, ihre technischen Funktionen abgeben kann, daß sie diese den von der Gesellschaft noch in Dienstabhängigkeit gehaltenen Handwerkern bzw. der inzwischen entstandenen bewaffneten öffentlichen Gewalt übertragen kann. Sie überträgt die Funktion der Fruchtbarkeitsmagie und des Medizinmanns den Fachleuten der Technik, die Funktion der Schwarzen Magie dagegen den staatlichen Verwaltungs- und Gewaltorganen, den Soldaten, Treibern und Schreibern. Sie selbst aber bestimmt ihre gesellschaftliche Rolle als Hüter der reinen Teleologie, weil sie auf diese Weise die größten Chancen hat, ihre gesellschaftlichen Privilegien und ihre Macht zu maximalisieren. Es ist gut möglich, daß sich ihre Effektivität in dieser Hinsicht in verschiedenen Perioden und mit der Differenzierung der teleologischen Rolle der Intelligenz in den verschiedenen Intelligenzgruppen (Hohepriester und Propheten oder Häretiker) ziemlich wechselhaft zeigt.

So kann beispielsweise der biblische Joseph in Ägypten als bloßer Traumdeuter der zweite Mann nach dem Pharao sein. Selbst wenn er seine Meinung als prophetische Traumdeutung formulieren muß und nicht als vernunftgemäße Hypothese vorbringen darf, können wir sagen, daß er der Ideologe der traditionellen Redistribution ist, der als Traumdeuter des Pharao zu Redistribuentenmacht gelangt, was allerdings durch die traditionelle Macht des Pharao legitimiert wird. Das Wissen des Traumdeuters ist eigentlich mystisch-teleologisches Wissen, das sich allerdings des technischen Ballasts der Magie entledigt hat, da der Bau von Speichern, die Konservierung von Produkten durch

Fachleute erfolgt; die staatliche Gewaltorganisation garantiert den Mehrertrag der Ackerbauern, die Einbringung der Ernte und deren Neuverteilung. Damit beginnt in der Ständegesellschaft die Spaltung des Wirkungskreises der Intelligenz; der Begriff von Zweck und Mittel, von Teleologie und Technik trennt sich voneinander, die Rolle der Zielsetzung nimmt der Priesterstand für sich in Beschlag, während er die Funktion der *techne* den Parias des Priesterstands überläßt. Der ägyptische Wissenssoziologe würde also die Schöpferpersönlichkeiten der priesterlichen teleologischen Ideologie als Intelligenz akzeptieren, damit würde er seine späteren Kollegen ziemlich in Verlegenheit bringen, die das technisch-rationale Wissen als wahres Wissen akzeptieren (zumal es unmittelbarer Bestandteil in der Wissenschaft der modernen Intelligenz geworden ist) und die Teleologie der mystischen Prophezeiung als Nicht-Wissen in Parenthese setzen würden. Nach der Anschauung von Memphis wäre also der Traumdeuter der wahre Intellektuelle gewesen, nach Oxforder Anschauung dagegen die pyramidenbauenden Vorfahren der modernen Architekten.

Um seine teleologische Funktion zu behaupten, ist der Priesterstand in der jahrtausendelangen Geschichte der Ständegesellschaften zu einer gewissen Rollenteilung gezwungen worden. Je erfolgreicher der Priester-Intelligenzstand in der Aneignung der Macht ist, desto weniger kann er seine eigene transzendent-teleologische Mission erfüllen, desto ungeheuerlicher fängt er an, in den als traditionelle Herrschaft zu bezeichnenden Gesellschaften dem Feudalherrn zu ähneln. Er beseitigt also die eigene *differentia specifica*, seine intellektuelle Macht, und verschafft sich statt dessen praktisch die feudalistische Macht. Die prophetischen beziehungsweise häretischen Bewegungen dienen ebenfalls unmittelbar Intelligenzinteressen, obwohl sie sich gegenüber dem an partikularen historischen Interessen festhaltenden hohen Klerus, gegenüber der zeitgebundenen dogmatischen Theologie im Kampf um die Behauptung der intellektuellen Sondermacht – man könnte auch sagen: Gegenmacht – immer auf universale Werte berufen. Sie wollen eine Übernahme des teleologischen Wissensmonopols der Intelligenz durch die feudal-patrilineare Ständemacht verhindern.

Wir können absolut nicht behaupten, daß der Konflikt der asketisch-avantgardistischen, transzendenten intellektuellen Bewegungen mit dem traditionellen, konservativen, intellektuellen Priesterstand, der mit der Feudalmacht verbunden ist oder sich diese sogar mitunter aneignet, sich in jedem Fall dem allzu simplen Raster von Progression und Reaktion fügt. Die Jesuiten etwa sind in der kritischen Erneuerung der Kirche nicht weniger universal als die Protestanten. Doch nach Aneignung der asketischen Ethik der früheren mönchischen Ketzerbewegungen suchen sie ein Bündnis mit der Feudalordnung gegen den sich mit dem Bürgertum verbündenden Protestantismus. Innerhalb der absolutistischen Monarchien wollen sie quasi die Herrschaft der Weltkirche restaurieren und unterwerfen das um seine illegitime Macht gebrachte Bürgertum der monarchistischen Vorherrschaft in der barocken Ständegesellschaft. Bei dieser Feststellung dürfen wir auch nicht vergessen, daß die erneuerte Weltkirche auch als spezifischer Vorläufer der Macht der Weltintelligenz aufgefaßt werden kann. Sowohl die protestantischen wie die jesuitischen Kirchenrestaurationsbewegungen verallgemeinern die intellektuellen Teilinteressen, freilich auf unterschiedliche Weise und durch andersartige Bündnisse. Auf welche Weise und durch welche Bündnisse sie ihre Teilinteressen generalisieren, wirkt natürlich auch auf die Natur ihrer Bewegung zurück. Durch die Bündnissuche bei der Bourgeoisie gehen die Ideologen des Protestantismus auch über die Alternative der Kirchenrestauration hinaus. Obwohl solche religiös-revolutionären Diktaturen (wie das Florenz Savonarolas und das Genf Calvins) den Versuch unternehmen, die antifeudale klerikal-intellektuelle Herrschaft auszubauen, sind diese Versuche infolge ihrer Natur kurzlebig und verfrüht, da die Intelligenz noch nicht stark genug ist, um die Macht allein ausüben zu können. Jenes von den Ideologen des Protestantismus vertretene Teilinteresse ist allerdings nicht mehr das Interesse der teleologisch-priesterlichen Intelligenz, sondern das Interesse der über Fachkenntnisse verfügenden pragmatischen neuen Intelligenz, deren Teilinteressen leicht mit den Interessen der in der Marktwirtschaft erfolgreichen Bourgeoisie in Einklang gebracht werden können. Die teleologischen Denker der Reformation und der Aufklärung – die Prediger und die Philosophen – sägen den Ast ab, auf dem sie sitzen: Sie verhelfen der zum Dienststand gehörigen Fachintelligenz der früheren Periode zu wirklichem intellektuellem Rang. Die von Diderot initiierte intellektuelle Koalition der französischen Enzyklopädie, die die technischen und naturwissenschaftlichen Kenntnisse der Zeit zusammenfaßt, gibt hierfür ein anschauliches Beispiel; dafür aber geben die Juristen, Ingenieure, Ökonomen und Ärzte ihren Dank zum Ausdruck, indem sie das gesamte bisherige Wertsystem des intellektuellen Wissens umstürzen, ja die Teleologie sogar aus dem Kreis wertvoller und höherer Erkenntnis ausschließen.

Die Bourgeoisie kann weder mit der Teleologie der Theologie noch mit der Teleologie der Geschichtsphilosophie etwas anfangen, zumal das Zielsystem der selbstregulierenden Marktwirtschaft nicht *a priori* festgelegt, sondern bloß *a posteriori* als Ergebnis der latenten Logik der kompetitiven Wirtschaft, das heißt der freien Marktwirtschaft konstatiert werden kann. Es besteht also keine Notwendigkeit für einen privilegierten und autoritären Stand der Intellektuellen, um dem gesellschaftlichen Handeln Sinn und Richtung zu geben. Nach der kantianischen Wende im Denken hat sich die Sphäre der rationalen und der metaphysischen Erkenntnis, die Sphäre des praktischen Handelns und des absoluten Werts gespalten. Die Sphäre der rationalen Erkenntnis und des praktischen Handelns entwickelt sich zur Arbeit der »professionellen« Intellektuellen, die ihr Fachwissen günstig zu verwerten verstehen und in der Marktwirtschaft sehr gefragt sind. Die Sphäre der metaphysischen Erkenntnis und des absoluten Werts wird zum Territorium von Geistlichen, Kathederethikern und Fachmetaphysikern, die sich schließlich auch selbst als anspruchslose Fachleute der Teleologie mit ihren korrektiven Vorschlägen, denen, gemessen an der Logik des Markts, letztlich eine bloß untergeordnete Bedeutung zukommt, in die intellektuelle Rollenteilung des liberalen Kapitalismus einfügen. Neben der pragmatischen und positivistischen Hauptströmung der Wissenschaft üben die Hüter der Teleologie ihr in der Hierarchie des Wissens ziemlich unterbewertetes metaphysisches Schaffen durchweg an der Grenze von Hochstapelei und Komik aus.

Diese Konfrontation der Intelligenz mit der Teleologie ist nie vollkommen und erweist sich noch dazu als kurze historische Episode. Gleich nach der Herausbildung des preisregulierenden Markts geschieht der Versuch einer Neuinterpretation des Teleologiebegriffs. Dieser Versuch geht in zwei Richtungen vor sich. Die Intelligenz probiert, die teleologische Anschauung mit dem Faktum des dynamischen gesellschaftlichen Wachstums kompatibel zu machen. Diese

Synthese realisiert sich im positivistischen Evolutionismus, der aus der Biologie auf die Soziologie und die Volkswirtschaftslehre übergreift, später in den Wachstumstheorien des 20. Jahrhunderts, in der Ideologie der technisch-wissenschaftlichen Revolution. Hierin findet das aktuelle intellektuelle Denken des spätliberalen, staatsmonopolistischen Kapitalismus seinen theoretischen Rahmen. Die »Wachstumstheorie« des Nullwachstums ist eine paradoxe gegenwärtige Entwicklung des Evolutionismus. Die modernen Fachleute der Teleologie haben so lange nach den fachwissenschaftlichen Zielsetzungen des Wachstums gesucht, bis sie zur ebenfalls aus den fachwissenschaftlichen Prämissen abgeleiteten Forderung nach Einstellung des Wachstums gelangt sind, wodurch übrigens die Aufgabe der Intelligenz bei der Formulierung der gesellschaftlichen Ziele nicht im entferntesten geringer wird. In ironischer Übertreibung könnte man sagen, es werde die dritte Generation der Teleologien geboren: Die Teleologie des nichtrationalen Nullwachstums wurde von der des rationalen Wachstums abgelöst, die in unseren Tagen anfängt, der Teleologie des rationalen Nullwachstums Platz zu machen.
Die andere Richtung in der Neuformulierung der Teleologie wird durch die Hegelsche Wende in der klassischen deutschen Philosophie symbolisiert. Kant trennte die Kategorien von Sollen und Sein radikal voneinander und verlegte sie in prinzipiell verschiedene Seinssphären. Die zielsetzende Tätigkeit schloß er aus dem Bereich der rationalen Erkenntnis aus und assoziierte den Begriff des Werts, nachdem er ihn vom Interesse getrennt hatte, mit dem empirisch nicht ableitbaren Kategorischen Imperativ. Im Vergleich hierzu brachte Hegels metaphysischer Evolutionismus eine essentielle Wende, wodurch die Teleologie aus der Dimension der Religion, der Theologie, in die Dimen-

sion der Geschichtsphilosophie gehoben wurde. Er unternahm also den Versuch einer Vereinigung des rationalen Wissens mit der Teleologie. Dieser Versuch blieb allerdings unbefriedigend, und zwar aus zwei Gründen. Der eine war, daß der Versuch nicht rational genug war; er blieb metaphysisch, da Hegels objektiver Idealismus ihn dazu zwang, die empirische Geschichte der Menschheit mit der dialektischen Eigenentwicklung des Weltgeistes zu erklären. Der andere Grund war, daß Hegel in der Organisation des Nationalstaats, des von der bürgerlichen Ökonomie separierten politischen Staats, die Verkörperung der Teleologie dieser Geschichtsphilosophie erblickte.

Demgegenüber hat Marx erkannt, daß die Verwissenschaftlichung der zielsetzenden gesellschaftlichen Tätigkeit, die wissenschaftliche Ideologie, nur über die Leichen des liberalen Kapitalismus hinweg, nur in integrierten Wirtschaften vorstellbar ist. Mit anderen Worten: Gerade im Fall der in der politischen Gesellschaft zustande kommenden Synthese der bürgerlichen Wirtschaft und des politischen Staats. Mit dieser Erkenntnis eröffnete Marx der Geschichtsphilosophie eine neue Perspektive. Zum einen befreite er die Geschichtsphilosophie von jedem traditionell metaphysischen Element und hielt sie vermittels rationalen positiven Wissens für begründbar. Zum anderen gab er jeglicher intellektueller Tätigkeit einen teleologischen Rahmen. Die Kantsche Trennung von Sollen und Sein, von Subjekt und Objekt, kehrte Marx radikal um. In der revolutionären Praxis fand er jenes synthetische Medium, das den Widerspruch in der Welt der reinen und der praktischen Vernunft, des positiven Wissens und der empirisch nicht ableitbaren Werte aufhebt. Die Theorie des wissenschaftlichen Sozialismus basiert auf dem Postulat der Einheit von telos und techné.

Der Neuhegelianismus mußte zwangsläufig zur Ideologie der preußischen Staatsbürokratie werden, die als Folge der Tatsache, daß sie mit einer auf der Grundlage ihr fremder Organisationsprinzipien funktionierenden Marktwirtschaft zu einem Kompromiß kommen mußte, nicht wirklich die in der Wissenschaft der Zeit axiomatisch aufgefaßte Antinomie von telos und techné aufheben konnte. Die marginale oder sich selbst in eine marginale Lage bringende Intelligenz aber konnte – oder wollte wegen sozialethischer Überlegungen auch nicht – sich weder in der staatlichen Bürokratie noch auf dem Arbeitsmarkt, der das Fachwissen als Kapitalbesitz verwertet, integrieren. Wunsch der marginalen Intelligenz war es, den Kapitalismus zusammen mit dessen Wirtschaft und politischem Überbau auf transzendente Weise zu überwinden. Diese marginale Intelligenz hat den Marxschen wissenschaftlichen Sozialismus auch deshalb gewählt, weil sie erkannt hat, daß der Marxismus nicht bloß eine soziologische, volkswirtschaftliche Theorie unter anderen ist, sondern auch aktive Begründung einer Kultur, in der die Antinomie von telos und techné nicht bloß für sich selbst, sondern auch für jede Art von intellektueller Tätigkeit aufhört. In der Kultur einer derart zustande kommenden politischen Gesellschaft gehört die führende Rolle wieder dem die gesellschaftlichen Ziele formulierenden Ideologen, der diesmal bereits das rationale Gesamtwissen der Zeit in den Dienst der Teleologie stellen kann.

Die nach dem Sieg des Bolschewismus entstehende Gesellschaft der rationalen Redistribution entwickelt eine neue Wertordnung der intellektuellen Tätigkeiten und des Wissens überhaupt. Die Gesellschaftslenkung beziehungsweise die gesellschaftliche Organisation wird als ideologisch gesteuerte fachwissenschaftliche Tätigkeit verstanden. Inner-

halb der rationalen Redistribution hat die Ideologie prinzipiellen Primat, was allerdings jene Vertreter des fachwissenschaftlichen Denkens, die diese quasi postulierte Einheit von telos und techné nicht akzeptieren können oder aufgrund wissenschaftsethischer Überlegungen nicht akzeptieren wollen, ständig bezweifeln. Wir können also keineswegs behaupten, daß diese Einheit automatisch garantiert ist. Als innerer Konflikt der sich als Klasse organisierenden Intelligenz reift dieser Konflikt von telos und techné sogar zum Hauptkonflikt der Gesellschaft heran. Bevor wir diesen Konflikt detaillierter darstellen, müssen wir im Zuge der gesellschaftlichen Strukturanalyse der rationalen Redistribution das System der inneren Konflikte der Intelligenzklasse einer eingehenden Analyse unterziehen beziehungsweise die Konfrontation der transzendenten und historischen Rollen der Intelligenz im Sozialismus.
Unsere Beispiele aus der Weltgeschichte der Intelligenz zeigen die Hoffnungslosigkeit jener Bestrebung, die das Wesen des intellektuellen Seins in der Transzendenz der Entwicklung irgendeines sich durch die ganze Geschichte ziehenden konstanten Werts sucht. Die Frage also, was vom Wissen der verschiedenen Epochen als transzendent angesehen werden kann, hängt davon ab, von wem und von welcher Warte aus das betrachtet wird. Dasselbe Wissen kann in verschiedenen Zeiten jeweils andere Bedeutung haben: Einmal kann es als transzendent qualifiziert werden, ein anderes Mal als nicht nur historisch determiniertes, sondern sogar als ein mit der Vergänglichkeit der Zeit seinen Wert verlierendes Wissen. Damit wollen wir die Existenz von transzendenten Elementen in der intellektuellen Tätigkeit nicht verneinen, sondern bloß relativieren. Weiterhin behaupten wir, daß die Frage, zu welcher Zeit welches Wissen als transzendent betrachtet wird, immer von den

Interessenverhältnissen der Zeit und innerhalb dieser Verhältnisse, insbesondere von der gesellschaftlichen Position der Intelligenz her, zu interpretieren ist.

Wir sehen also die Entwicklungsgeschichte der Intelligenz nicht darin, daß sie sich von ihren geschichtlichen Determinationen immer mehr befreien und immer vollkommener ihre Transzendenz realisieren kann. Ziel unserer Untersuchung ist nicht der Nachweis, auf welche Art die Intelligenz immer transzendenter wird, das heißt, inwiefern sie sich in der Welt der bedingten und partikularen Interessen zum Treuhänder der universalen und unbedingten Interessen wandelt. Vielmehr interessiert uns, welche Wandlungen der Gattungsbegriff und der genetische Begriff der Intelligenz durchmachen, sowie das System der zwischen der Transzendenz und der genetischen Determination der Intelligenz bestehenden Widersprüche.

Eines der wichtigen Charakteristika des intellektuellen Seins besteht darin, daß ihm dieser Widerspruch bewußt und eine der Quellen seiner zur Erkenntnis führenden Katharsis wird. Der schizoide Charakter ergibt sich aus der Dichotomie ihres gesellschaftlichen Seins: Die Entwicklungsgeschichte der Intelligenz ist die Geschichte der Bewußtseinsspaltungen, die unterschiedlichen Charakter aufweisen und auf unterschiedliche Wurzeln zurückgehen. In ihren Ideologien läßt die Intelligenz die Teilinteressen zur Universalität heranwachsen, um dann diese Ideologien ihrer Partikularität zu entkleiden. Sie bestätigt den Leistungskult, doch lehnt sie eine Bewertung ihrer eigenen Tätigkeit nach dem Leistungsprinzip gereizt ab. Sie formuliert die Regeln der Gesellschaftsordnung und deren Legitimationsprinzipien, doch sind es gleichfalls Intellektuelle, die die kritische Überwindung der bestehenden Ordnung betreiben. Die Schizophrenie der intellektuellen Rolle zeigt sich oftmals in ein und derselben Person. Die hervorragendsten Intellektuellen bauen gerade in die Antinomien ihres Denkens die Widersprüche ihres gattungsspezifischen und genetischen Seins ein, was nicht im entferntesten die Inkonsequenz ihres Denkens beweist. Häufiger kommt es vor, daß diese Schizophrenie in verschiedenen Personen ihre Protagonisten findet. Sie treten als Antipoden des Hohenpriesters und des Propheten, des anarchistischen Revolutionärs und des höheren Staatsbeamten, des Apologeten und des Gesellschaftskritikers auf. Wenn nicht gerade die Schizophrenie der bedeutendsten Denker dieses Unterfangen von vornherein hoffnungslos machte, könnten wir versuchen, im Propheten, Revolutionär und Gesellschaftskritiker den wahren Intellektuellen zu sehen, den Hohenpriester, Bürokraten und Apologeten dagegen als Nicht-Intellektuellen aus der Bedeutungssphäre unseres Begriffs auszuschließen. Diese Lösung wäre schon allein deshalb unglücklich, weil es Jesus ohne Kaiphas nicht geben würde, Luther nicht ohne Papst Julius und Tolstoi nicht ohne Pobedonoszew. Die verschiedenen Schaffensperioden einer großen Schöpferpersönlichkeit können sogar zueinander in antinomischem Verhältnis stehen, ohne daß deswegen die Bedeutung der Werke der einen oder anderen Periode verblassen würde. Denken wir nur an die radikal gegensätzliche Metamorphose von Saulus und Paulus, des jungen und des alten Hegel, des petraschewistischen und des slawophilen Dostojewski, des Revolutionärs und des Ministers Malraux. Es ist ein Gemeinplatz, daß sich die radikale Kritik einer Periode zu einem apologetischen Konservativismus der folgenden Periode wandeln kann. Die empirische Gesellschaftsforschung kann es sich nicht erlauben, aus der Porträtgalerie der Intelligenz die ihr sympathischen Porträts als die wahren Intellektuellen herauszunehmen und die weniger ansprechenden Porträts zur Wand zu drehen. Eine derartige Methode ist vielleicht geeignet, unsere eigenen Wertvorstellungen zum Ausdruck zu bringen, doch hilft sie kaum bei der Erkenntnis der gesellschaftlichen Natur der Intelligenz; sie ist insbesondere ungeeignet zur Klärung des Verhältnisses von Intelligenz und Macht.

3. Die historische Determination der Intelligenz

a) Eine falsche Frage: Wieviel Wissen ist notwendig, um zur Intelligenz zu gehören? Die Schwierigkeiten der statistischen Definition

In den vorangegangenen Erörterungen haben wir die auf einer Wertgrundlage erfolgende gesellschaftsphilosophische Determination der Intelligenz diskutiert. Das heißt allerdings nicht, daß wir den statistischen, deskriptiven Intelligenzbegriff automatisch akzeptieren, demzufolge Menschen mit bestimmter Beschäftigung und bestimmtem Bildungsniveau als Intellektuelle angesehen werden. Wir meinen nicht einmal, daß statt des oben diskutierten Intelligenzbegriffs, also statt des relativierten Begriffs der statistische, deskriptive Begriff – ohne weitere Korrekturen – im allgemeinen als genetischer Begriff der Intelligenz brauchbar wäre. Wir glauben das vor allem deshalb nicht, weil der statistische Begriff – gegenüber der transzendenten Definition – bloß scheinbar wertfrei ist. Er setzt an Stelle eines qualitativen ein quantitatives Kriterium. Er löst die Dichotomie des wahren-nicht wahren Wissens durch die letztlich nicht weniger transzendent wertende Dichotomie des hohen-niedrigen, das heißt des komplizierten-einfachen Wissens ab. Die abstrakte und ungeschichtliche Neutralität des statistisch-deskriptiven Begriffs beinhaltet also akzentuiert wertende Momente.
Obwohl wir den statistischen Intelligenzbegriff nicht für ausreichend halten, um den genetischen erfassen zu können, meinen wir doch, daß die statistische Beschreibung in den auf moderner rationaler Wirtschaft basierenden Gesellschaften einen gewissen approximativen Wert hat. Die ra-

tionale Wirtschaft und der rationale Staat erkennen die Intellektuellen in bestimmten Berufen als Fachleute an. Die Marktwirtschaft zwingt die Intellektuellen zur Berufswahl, zur Spezialisierung. Der moderne Gesellschaftsstatistiker würde in Verlegenheit geraten, wollte er die Polyhistor-Intellektuellen der Ständegesellschaften aufgrund der ausgeübten Berufe als Intellektuelle oder Nicht-Intellektuelle qualifizieren, da jedermann seinen Möglichkeiten entsprechend am universalen intellektuellen Gesamtwissen der Ständegesellschaft teilhatte und im Verhältnis dazu Intellektueller war. Das bezieht sich nicht nur auf so außergewöhnliche Geister wie Aristoteles oder Leonardo da Vinci, sondern auch noch auf die durchschnittlichen Ordensgeistlichen, die gleichzeitig neben ihrer priesterlichen Funktion Lehrer, Baumeister, Agronomen, Ärzte usw. sein konnten. Es ist also absolut nicht unberechtigt, festzustellen, daß in der Marktwirtschaft der *professionellen* Intelligenz als Gemeinschaft eine standardisierte, auf gleichem Niveau befindliche Qualifikation gemeinsam ist, die in unserem Jahrhundert praktisch überall für einen Universitätsabschluß Bedingung ist. Das Universitätsdiplom bietet trivialerweise die vermutliche Gewähr dafür, daß der Inhaber eines Berufs auch tatsächlich kann, was er können muß.

In der rationalen Redistribution ist die Kategorie des Berufs zu Determination der Intelligenz vielleicht noch brauchbarer. Geht doch die Spezialisierung der Funktionen weiter voran. Tätigkeiten, zu deren rechtmäßiger Ausübung früher keine Fachausbildung, sondern beispielsweise Eigentümerstatus notwendig war, werden von der Gesellschaft zur Fachtätigkeit umgewandelt und die Inhaber dieser Tätigkeiten auf diese Weise als Intellektuelle definiert. Da auch der erforderliche Kostenaufwand zur Ausbildung eines Intellektuellen in der Marktwirtschaft ähnlich ist, kommt auch in der gesellschaftlichen Entlohnung dieser Berufe in bestimmtem Ausmaß ein Ausgleich zustande. Dadurch wird wiederum diese Beschäftigungsgruppe zu einer relativ einheitlichen Intelligenzschicht homogenisiert. Infolge dieser Homogenisierung bildet sich ein ganzes System von Interessenidentitäten heraus: Das Interesse eines jeden Intellektuellen mit Universitätsabschluß ist es, das Diplom quasi automatisch mit einem bestimmten Einkommensniveau und gesellschaftlichem Prestige zu verbinden. Ferner gehört es zu seinem Interesse, daß zur Erreichung eines bestimmten Einkommensniveaus und gesellschaftlichen Prestiges der Erwerb des Universitätsdiploms quasi automatisch erforderlich ist. Als Einschränkung sei angeführt, daß die diplomierten Intellektuellen dieses Ziel in den Marktwirtschaften nicht unbegrenzt zur Geltung bringen können, da auch das Privatkapital an sich Statusvorteile garantiert. Hinter der Expansion der Universitäten im modernen Kapitalismus stehen die erkannten Interessen einer sich homogenisierenden Intelligenzschicht. Die Universität ist jenes Trojanische Pferd, durch das die Intellektuellen versuchen, immer mehr Sphären der Gesellschaft und der Wirtschaft unter ihre Kontrolle zu bringen.

In den Gesellschaften der rationalen Redistribution hat die Homogenisierung der Intelligenz unmittelbarere Gründe. Das Profitprinzip der Leistungsmessung kommt in dieser Gesellschaft nicht zur Geltung. Statt dessen wird die Komplexität der bei der Arbeit angewendeten Kenntnisse zum Kriterium der Entlohnung. Unmittelbar meßbar ist hierbei das Qualifikationsniveau. Der Facharbeiter muß mehr bekommen als der Hilfsarbeiter, der Techniker mehr als der Facharbeiter, der Ingenieur mehr als der Techniker. So ist die Achtung vor dem Universitätsabschluß – oder etwas materieller ausgedrückt: die Belohnung für das Studium – automatisch garantiert. Deshalb wird es in der Gesellschaft der rationalen Redistribution als Anomalie empfunden, wenn ein Gemüsehändler oder ein Autoschlosser genau so viel verdient wie ein Universitätsprofessor. Die Parallelität der Hierarchie von Ausbildung und Belohnung wird ein derart bindendes Prinzip des gesellschaftlichen Ethos der Redistribution, daß der Autoschlosser, statt stolz darauf zu sein, daß er genau so viel verdient wie der Universitätsprofessor, sich deswegen eher schämt und es für eine natürliche Strafe des Schicksals hält, wenn das Finanzamt diese vorübergehende Anomalie beseitigt.

Das Interesse der auf diese Weise aufgrund des Bildungsniveaus bereits ab ovo sich homogenisierenden sozialistischen Intelligenz ist gerade entgegengesetzt: Die Universität braucht eine Art Barriere, durch die die Zahl der zu erwerbenden Universitätsdiplome beschränkt wird. Durch administrative Maßnahmen wird also die Aufnahmezahl der Universität beschränkt, und die Intensität des in den Aufnahmeprüfungen laufenden Wettbewerbs um die ohnehin knappen Studienplätze wird derart gesteigert, daß auf jeden Platz sogar zehn Bewerber kommen, da der einzige legitimierte Weg des gesellschaftlichen Aufstiegs über die Universität führt. Unter den arrivierten Intellektuellen, die gerade wegen ihres Status den Kreis der berechtigt um den Intellektuellenstatus Kämpfenden einengen wollen, beziehungsweise unter der Jugend, die über die relativ schmalen Kanäle der gesellschaftlichen Mobilität nach oben streben, herrscht also ein ständiger Kampf. Vorläufiger Kompromiß dieses Kampfes ist die zahlenmäßige Anhebung von minderwertigen, intermediären Hochschulen, die zwar ein Vorwärtskommen ermöglichen, aber keinen vollwertigen akademischen Abschluß bieten. Zur Sicherheit der intellektuellen Positionen gehört außer der Zurückweisung der Kompetition, d. h. des Wettbewerbs, auch die allgemeine gesellschaftliche Mißbilligung, wenn jemand mit einem Universitätsdiplom eine Anstellung mit einem untergeordneten Aufgabenbereich annimmt. Derartige Versuche werden von der Presse bis hin zu den Rechtsverordnungen auf vielerlei Weise bestraft.

Wir haben die statistische Definition der Intelligenz solange vertreten, bis sich herausgestellt hat, daß wir damit nicht weiterkommen, da die gegebene Stufe der Arbeitsteilung, die Komplexität des zu einer Arbeit erforderlichen Wissens keineswegs unmittelbar bestimmt, welche Arbeitsarten von der Gesellschaft als intellektuelle Tätigkeit qualifiziert werden. Auch eine Qualifikation kommt im Kontext der Interessenverhältnisse zur Geltung, und Gegenstand des intellektuellen Kampfes ist es gerade, welche Arbeiten von der Gesellschaft obligatorisch als intellektuelle Tätigkeit zu definieren und mit an den Intelligenzstatus gebundenen materiellen und Machtvorteilen zu honorieren sind. Wir müssen also unseren epistemologischen Verdacht noch auf die statistische Determination der Intelligenz ausdehnen, da wir über keinerlei absoluten kulturellen Maßstab verfügen, um ein hohes oder niedriges Wissensniveau zu messen. Im weiteren halten wir jenen funktionalistischen Gedankengang, demzufolge die Gesellschaft auf bestimmte und kompliziertes Wissen voraussetzende Tätigkeiten angewiesen ist und die wenigen bevorzugt, die über ein solch kompliziertes Wissen verfügen, für eine Vereinfachung. Diese Argumentation nimmt funktionale Zusammenhänge zwischen Beruf, Wissen und Macht an. Die Anordnung der angeführten Faktoren in einer derartigen Kausalitätskette halten wir für eine intellektuelle Ideologie. Es liegt im Interesse der Intelligenz, daß die bessere gesellschaftliche Belohnung und größeren gesellschaftlichen Einfluß garantierenden Positionen als Intelligenzpositionen qualifiziert werden. Mittel hierzu ist die Erreichung jenes Kompliziertheitsgrads des erforderlichen Wissens, der von der gegebenen Gesellschaft bereits als intellektuelles Wissensniveau angesehen wird. Der Satz »Wissen ist Macht« setzt eine Aktion in zwei Richtungen voraus: Das Wissen bringt seine eigene Macht zustande, doch auch die Macht bringt ihr eigenes Wissen zustande. So bildet sich zum Beispiel in den bürokratisch gelenkten Wirtschaftsorganen die Managerposition heraus, die zugleich auch eine Machtposition bedeutet. Diese Position kann am Anfang ausgezeichnet von Managern ausgefüllt werden, die absolut keine Ahnung von der wissenschaftlichen Betriebsführung haben. Die Managerposition erhält unter anderem deshalb einen Status, der ein derart kompliziertes Wissen beansprucht, um als Intelligenzposition definierbar zu sein. Das Mittel hierzu ist die rapide zunehmende Komplizierung der wissenschaftlichen Betriebsführung. Dieser Prozeß ging nicht vonstatten, indem sich zuerst die wissenschaftliche Betriebsführung herausbildete, durch die bis zu diesem Punkt die wissenschaftlichen Führungskenntnisse ausgemacht wurden, damit das Management der wirtschaftlichen Mammutverbände überhaupt möglich wurde, sondern umgekehrt – die wirtschaftlichen Mammutverbände bildeten sich heraus und in diesen die Managerpositionen. Als Selektionsinstrument zur Besetzung dieser Positionen wurde die wissenschaftliche Betriebsführung geboren. Die Aneignung der Kenntnisse des *scientific management* ist zur Regulierung des Wettbewerbs um die Besetzung der Führungspositionen wichtiger als zur tatsächlichen Führung. Damit wollen wir nicht bestreiten, daß ein Teil des an den

Universitäten angeeigneten Wissens in den verschiedenen intellektuellen Disziplinen nicht auch tatsächlich funktional bei der konkreten Arbeit nutzbringend ist. Der andere und vielleicht größere Teil des Wissens aber besitzt bloß sekundäre Funktionalität, sein Nutzen besteht darin, daß es zur Aneignung des im Arbeitsprozeß tatsächlich brauchbaren Wissens bürokratisch berechtigt.

Für die gesellschaftliche Funktion der Intelligenz ist es nicht wesentlich, daß Wissen eines bestimmten Kompliziertheitsgrads in einer bestimmten Position Macht und Belohnung garantiert, sondern vielmehr, daß die Intelligenz ihre Macht und gesellschaftliche Belohnung dadurch sichern will, daß sie zur Erreichung dieses Ziels das relative Monopol auf das komplizierte Wissen als Instrument benutzt. Mit anderen Worten, die Intelligenz legitimiert durch ihr Wissen ihr Recht auf die Macht. Das Wesen der Sache liegt also nicht im funktional notwendigen Wissen, sondern in der Legitimation des Machtanspruchs.

So mußte zum Beispiel ein König zur Besetzung des Throns wahrscheinlich sehr viel wissen. Dadurch ist er allerdings noch kein Intellektueller. König ist er nicht deshalb, weil er viel weiß, sondern deshalb, weil auch sein Vater König war, der ihm wahrscheinlich eine königliche Erziehung angedeihen ließ. Obwohl für seine Funktion viel Wissen notwendig ist, wird sie gleichwohl nicht durch sein Wissen, sondern durch Tradition legitimiert. Nicht der Klügere unter den Prinzen wird König, sondern der Erstgeborene. Ähnlich kann auch ein Kapitalist zur Führung seines Unternehmens qualifizierte volkswirtschaftliche, rechtliche und technische Kenntnisse gebrauchen, dennoch macht ihn das in Oxford erworbene Diplom nicht zum Intellektuellen, weil ihn nicht sein volkswirtschaftliches Fachwissen, sondern sein Kapitaleigentümer-Sein zur Aneignung und zum Verbrauch des Unternehmensprofits legitimiert. Obwohl Agnelli über mehr und komplizierteres Wissen verfügt als zahlreiche hochqualifizierte Intellektuelle, ist er dennoch kein Intellektueller, sondern Kapitalist. Doch käme etwa die italienische Linke an die Macht und würde die Fiatwerke verstaatlichen, ihn aber wegen seiner Kompetenz im Generaldirektorensessel belassen, würde er sich mit einem Mal in einen Intellektuellen verwandeln. Auch gewählte Politiker sind nur in zweifelhaftem Ausmaß Intellektuelle, selbst dann, wenn sie eine dem Intelligenzstatus entsprechende Ausbildung besitzen. Ihren gesellschaftlichen Einfluß rechtfertigen sie nämlich nicht damit, daß sie über die erforderlichen Fachkenntnisse verfügen, sondern damit, daß die Mehrheit der Wähler ihnen ihr Vertrauen geschenkt hat, und sobald sie ihre Stimmenmehrheit verlieren – obwohl sich ihr Wissen um nichts verringert hat –, verlieren sie auch ihren Rechtsanspruch auf die Macht. Bei der Abstimmung über einen Gesetzesvorschlag ist ein amerikanischer Senator besser beraten, wenn er seine Aufmerksamkeit den eingehenden Briefen seiner Wähler schenkt als der Fachliteratur der anstehenden Frage. Es ist also offensichtlich, daß die Tradition, das Kapitaleigentum und die Repräsentation auch für eine Machtposition, zu deren Besetzung ansonsten hochqualifiziertes Wissen notwendig ist, ausreichende Legitimation sein kann. Nicht durch Wissen wird jemand zum Intellektuellen, sondern dadurch, daß er zur Besetzung seines Status keinen anderen Rechtsanspruch besitzt als sein Wissen. Welche Position aber ausschließlich durch Wissen eingenommen werden kann, wandelt sich in Abhängigkeit von Zeit und Gesellschaft.

b) Für welches Wissen verleiht die Gesellschaft Intelligenzstatus und -macht?

Wir stellen folgende Frage: Welchen Typs ist das Wissen, das für sich genommen Rechtsanspruch auf gesellschaftliche Belohnung und Macht gewährt? Für sich genommen bedeutet das auch, daß es die Besitzer des Wissens vom Zwang der unmittelbaren physischen Produktion von Gebrauchswerten befreit, weiterhin von jedem Dienst physischen, geistigen oder etwa Lenkungscharakters (Service: routinemäßige Inbetriebhaltungs- und Instandhaltungsarbeit). Diese Frage ist um so berechtigter, als es Industrie- und Landwirtschaftsberufe gibt, die häufig großes und kompliziertes Fachwissen beanspruchen; doch deswegen fällt es noch niemandem ein, die Inhaber dieser Arbeit als Intellektuelle zu bezeichnen, und noch weniger, sie von der Verpflichtung zur körperlichen Arbeit zu befreien. Andererseits ist es vorstellbar, daß es zahlreiche als intellektuell definierte Tätigkeiten gibt, zu denen offensichtlich kein kompliziertes oder nicht mehr Wissen erforderlich ist, als es ein fachlich qualifizierter Elektriker oder Gärtner besitzt. Deswegen wird aber der intellektuelle Charakter dieser Tätigkeiten von niemandem angezweifelt. Übrigens würden die Vertreter der Arbeitswissenschaft vor eine verfängliche Frage gestellt werden, müßten sie Quantität und Zusammensetzung der zu den verschiedenen Arbeiten notwendigen Informationen empirisch messen. Das intellektuelle Wissen unterscheidet sich also vom zu den nicht-intellektuellen Berufstätigkeiten gehörenden Wissen nicht so sehr und nicht in erster Linie in seiner Quantität oder in seinem Kompliziertheitsgrad, sondern eher in seiner Qualität, was an sich noch keine Aufwertung bedeutet.

Das intellektuelle Wissen ist also nicht hochwertiger, sein

qualitativer Unterschied bedeutet bloß einen Hinweis auf Werte, die von der Gesellschaft als Teil ihrer Kultur akzeptiert werden. Letzteres aber bedeutet, daß die Gesellschaft diese Werte für geeignet hält, um das Verhalten ihrer Glieder zu orientieren und zu regulieren. Bei der Orientierung arbeitet die Intelligenz mit Alternativwerten und weist nur auf sie hin, erarbeitet also die zur verschiedenen Wertauslese gehörenden Techniken. Bei der Regulierung arbeitet die Intelligenz mit nicht-alternativen Werten und schreibt sie vor. Einem bestimmten Wert ordnet sie also eine bestimmte Technik bei. Infolgedessen ist das Element des telos selbst dann in den zu den intellektuellen Aufgaben gehörenden Tätigkeiten vorhanden, wenn das intellektuelle Wissen die techné für sein wertvolles Element hält. Diese Erkenntnis gewinnt Max Weber mit der Kategorie der Wertbezogenheit. Das Wesen dieser Kategorie ist es, daß selbst die positivistische Kenntnis wenigstens auf die Werte hinweist. Die Gesellschaft oder zumindest die allgemeine intellektuelle Auffassung qualifiziert nur jene Wissensformen als Werte, die irgendeine Relevanz im Hinblick auf die die spontane Teleologie der Gesellschaft regulierenden Begriffe besitzen. Solche Wissensformen können zumindest in Verbindung gebracht werden mit Fragen wie: Was ist gut? Was ist böse? Was sollen wir tun?

In diesem Sinn werden der Physiker, der die Struktur des Atoms erforscht, und der Polizist, der im Manuskriptschrank etwas sucht, gleichermaßen als Intellektuelle qualifiziert, obwohl der eine von sehr fern auf die Werte hinweist, der andere dagegen selbige sogar sehr direkt repräsentiert. Doch selbst die letztere, äußerst direkte Wertrepräsentation hat intellektuellen Charakter, sofern sie transkontextuelle Gültigkeit hat, wenn es also nicht bloß

Sache des Ermittlungsbeamten ist, ein gegebenes Manuskript zu beschlagnahmen, sondern auch, nach Abwägung ihrer Gefährlichkeit die verschiedenen Manuskripte im Schrank zu sortieren. Damit setzt er den Besitzer des Schranks gewissermaßen als intellektuellen Zensor, ja sogar als Ideologen in Kenntnis, auf welcher Seite seiner Aufzeichnungen er die Grenzen der Gesetzlichkeit überschritten hat. Die transkontextuelle Bedeutung des intellektuellen Wissens meint, daß dieses Wissen Muster anbietet, die in verschiedenem Kontext anwendbar sind, also über die individuelle Situation hinausgehen. Wenn z. B. X dem Y erzählt, seine Frau habe ihn betrogen, so ist das bloß eine Information individueller Gültigkeit über eine Schicksalswende von X. Trägt aber X seine Geschichte auf einer derartigen Stufe symbolischer Allgemeinheit vor, daß sich auch andere in seine seelische Lage, in das Drama seines Betrogenseins hineinversetzen können, und verstehen sie dank der Geschichte des X gewissermaßen kathartisch auch ihre eigene Ehe tiefer und entleihen sie daraus quasi ein Muster im Hinblick darauf, wie sie sich ihrer Ehefrau gegenüber zu verhalten haben, dann erhöht sich X Mitteilung bereits zu einem (intellektuellen) Wissen von transkontextueller Bedeutung. Der vom Kunsthandwerker gefertigte Stuhl unterscheidet sich von der fabrikmäßig entstandenen Arbeit eines Tischlers dadurch, daß er nicht bloß zum Sitzen bestimmt ist. Dieser Stuhl ist auch ein Kunstwerk, er kann nicht bloß benutzt, sondern auch betrachtet werden; dadurch wird die Botschaft des Kunsthandwerkers an die Gesellschaft verständlich, wie das schöne Möbel aussieht, wie wir unsere Umgebung einrichten sollen, denn dieser Stuhl ist gleichzeitig auch der Maßstab für andere Stühle.

Jenes Wissen, das sich nicht in materiellen Gütern oder Dienstleistungen objektiviert, sondern bloß auf die Beeinflussung anderer Menschen abzielt, ist an sich noch kein intellektuelles Wissen; hierzu wird es erst, wenn es eine transkontextuelle Bedeutung erhält. So muß beispielsweise der Gefängniswärter die Gefängnisordnung kennen und deren Einhaltung durch die Verurteilten gewährleisten. Dennoch ist der Gefängniswärter kein Intellektueller, die von ihm vertretenen Normen beziehen sich nur auf die Gefängnissituation. Von ihm kann der Gefangene nur lernen, wie er sich unter den üblichen Bedingungen im Gefängnis zu verhalten hat. Regeln und Werte, die gleichermaßen im Gefängnis und außerhalb davon in üblichen und unerwarteten Situationen orientierend sind, werden dem Verurteilten bloß vom Erziehungsoffizier vermittelt, der als Sprachrohr des offiziellen Ethos fungiert. Seine Mittel: Vertrauliche Unterhaltungen oder in überaus erzieherischem Geist gehaltene Gefangenenzeitungen, in denen einige Verurteilte, insbesondere rückfällige Diebe, sich für ihre Bestrafung bedanken und beteuern, nach Verbüßung ihrer Haftstrafe ihr Leben in der Freiheit als neue Menschen zu beginnen. Der nichtintellektuelle Gefängniswärter vermittelt also einen *Status*, und der intellektuelle Erziehungsoffizier ein *Muster*.

Die Intellektuellen sind also Monopolbesitzer eines Wissens, das von der Gesellschaft als transkontextuell gültig akzeptiert und deshalb von ihren Mitgliedern zur Orientierung benutzt wird. Deshalb, ja nur deshalb ist sie bereit, die Besitzer dieses Wissens zu unterhalten und von sonstigen Arbeitsverpflichtungen zu befreien, vorausgesetzt, daß sie ihr Wissen auf ansonsten von der Gesellschaft akzeptierte Art und Weise nutzen. Natürlich sind im Alltagsbewußtsein zahlreiche transkontextuelle Wissenselemente von orientierendem Wert vorhanden, über die ein jeder verfügen kann. Zum Beispiel geben alle Eltern derartiges

Wissen an ihre Kinder weiter. Dadurch sind die Eltern allerdings keineswegs Intellektuelle, da sie dieses Wissen nicht monopolistisch besitzen. Sie können also keinen Anspruch darauf erheben, dafür von der Gesellschaft unterhalten zu werden. Wollen wir also wissen, was in einer Gesellschaft der Intelligenzstatus ist, so müssen wir den Punkt in der Struktur suchen, dem die Gesellschaft lediglich deshalb materielle Belohnung und Macht über andere zuordnet, weil die Statusinhaber Monopolbesitzer des Wissens der oben skizzierten Qualität sind.

Wir haben darauf hingewiesen, daß die gegebene Gesellschaftsordnung die Intellektuellen nur dann mit materiellen Gütern und Macht belohnt, wenn sie ihr Wissen auf von der Gesellschaft akzeptierte Art und Weise nutzen. Davon allerdings, daß jemand sein ansonsten intellektuelles Wissen auf eine mit den Interessen der bestehenden Ordnung nicht übereinstimmende oder gegensätzliche Art und Weise nutzt, verliert er noch nicht seine intellektuelle Qualifikation. In diesem Fall wird sein intellektueller Rang nicht durch das Maß der Belohnung markiert, sondern durch die Schwere der über ihn verhängten Sanktionen. Die Erinnerung an Giordano Bruno würde wahrscheinlich gar nicht einen so vornehmen Platz im Pantheon der Geschichte der Intelligenz einnehmen, wenn man ihn nicht wegen der *Drei Dialoge* verbrannt hätte. Den einen macht die günstige Aufnahme bei der Kritik zum Schriftsteller, den anderen die Zeit im Haftarbeitslager. Natürlich ist nicht die Rede davon, daß die maßgebenden Kulturpolitiker einer Gesellschaft entscheiden könnten, wer Intellektueller, und vor allem, wer nicht Intellektueller ist. Doch selbst davon ist nicht die Rede, daß gar die Mehrheit der Gesellschaft sich maßgebend zu dieser Frage äußern könnte, etwa durch Beantwortung der Fragen irgendeiner

Meinungsumfrage. Die Gesellschaftsstruktur definiert die Intellektuellen als solche. Hierunter verstehen wir, daß in der Gesellschaftsstruktur – ob nun von den über wenig oder viel Macht verfügenden Mitgliedern der Gesellschaft gewollt oder nicht – objektiv Funktionen existieren, deren Inhaber objektiv Intellektuelle sind, und will man sie für ihre Tätigkeit nicht belohnen, so muß man sie bestrafen. Wenn ein Gericht den Autor eines Manuskripts für dessen Inhalt zu Gefängnisstrafe verurteilt, so wird dem Angeklagten nach Angabe seines Berufs vergeblich durch Gerichtsbeschluß der Schriftstellertitel entzogen, weil er durch das Urteil selbst als Schriftsteller definiert wird. Wäre sein Werk nämlich kein intellektuelles Produkt, also kein Werk von transkontextuell orientierendem Wert mit Anspruch auf Allgemeingültigkeit, so hätte man ihn gar nicht verurteilt. Es ist eine andere Frage, daß die Regelung, nach der die Benutzung intellektuellen Wissens Belohnung oder Bestrafung verdient, in den einzelnen Gesellschaften grundlegende Unterschiede zeigt. In den toleranteren Gesellschaften wird weniger streng und folglich mit taxierter Konkretheit spezifiziert, welcher Typ von Anwendung intellektuellen Wissens bestraft wird. In den Gesellschaften, in denen antagonistische Interessen für legitim erklärt werden, sind gesellschaftswissenschaftliche Abhandlungen möglich, in denen die Klassenstruktur der Gesellschaft mit scharfer Kritik analysiert wird, ja ihr Autor kann sogar mit einem Lehrstuhl belohnt werden. Schriften werden erst dann Gegenstand polizeilicher Verfolgung, wenn sie zu Gewaltakten gegen bestimmte Personen und Institutionen – zu Sabotageaktionen, Geiselnahme usw. – aufrufen. Es ist selbstverständlich fraglich, ob gerade diese Werke, die der transkontextuellen Geltung entbehren, überhaupt als intellektuelle Produkte betrachtet werden können. (Es stimmt allerdings, daß es in solchen Gesellschaften außer polizeilichen Strafaktionen auch andere Sanktionen gegen nonkonformistische intellektuelle Produkte gibt, und zwar unter anderem den Ausschluß aus der Sphäre der kulturellen Massenproduktion und Konsumtion. Die »repressive Toleranz« kann sich auf diese Weise in arrogante Gleichgültigkeit verkehren.) Andere Gesellschaften sind weniger tolerant und spezifizieren mit sehr dehnbaren und allgemein gehaltenen Formulierungen, welchen Typus intellektuellen Wissens sie ihrerseits bestrafen wollen, wobei sie die repressive Toleranz durch repressive Intoleranz ersetzen. Hier kann nicht bloß der Aufruf zu Aktionen ein Strafverfahren nach sich ziehen, sondern selbst nonkonformistische theoretische Analysen, und es gehört nur in den Bereich der taktischen Abwägung der Strafverfolgungsorgane, ob gegebenenfalls ein Vorgehen gegen abweichende Theoretiker wünschenswert und lohnend erscheint. Der arme Galilei verfolgte in Florenz keinerlei aufrührerische Absichten. Wegen einer noch abstrakteren theoretischen Frage als der Widerlegung des Ptolemäischen Weltsystems hätte ihn die römische Inquisition nicht foltern können. Diese Lehre wurde dennoch als Aufwiegelung wider die Grundlehren der römisch-katholischen Kirche qualifiziert, was auch naheliegend zu sein schien, weil diese Organisation derart ideologisch war, daß sie die Gesamtheit des intellektuellen Wissens mit kanonischer Bedeutung ausstattete.

Um Mißverständnisse zu vermeiden: Ziel unserer Problemanalyse des genetischen Intelligenzbegriffs war nicht, die Berechtigung der durch Aufzählung der Berufsgruppen erfolgenden statistischen Bestimmung der Intelligenz anzuzweifeln. Noch weniger war es unser Ziel, eine neue Berufsnomenklatur zur gesellschaftsstatistischen Verwendung auszuarbeiten. Wir haben Antwort auf die Frage gesucht, nach welchen Kriterien die verschiedenen Gesellschaftsstrukturen jemanden als Intellektuellen akzeptieren. Die Klärung dieser Frage kann natürlich auch quasi als rückkopplungsartig strukturelle Hintergrundtheorie im Hinblick darauf dienen, welche Berufe bei den statistischen Untersuchungen in jenen Gesellschaften, in denen die Intelligenz als Block bestimmter Berufsgruppen auftritt, sinnvollerweise als Intelligenzberufe anzusehen sind. Jene strukturellen Begriffe, die wir als Kriterium für die Einnahme eines Intelligenzstatus genannt haben, sind gleichzeitig auch zur Beurteilung dafür verwendbar, inwieweit einer konkreten Person, Tätigkeit oder einem Beruf intellektueller Charakter zugesprochen werden kann. Absichtlich haben wir die traditionellen gesellschaftsstatistischen Diskussionsthemen vermieden, wie etwa dieses: Sind der Betriebsingenieur oder die Unterstufenlehrerin Intellektuelle? Statt dessen unternahmen wir den Versuch, die Präsenz intellektuellen Wissens lieber an Hand so extremer gesellschaftlicher Aufgaben zu interpretieren wie denen des Gefängniswärters beziehungsweise des Erziehungsoffiziers. Nach unserer Beurteilung gibt es nämlich zwischen intellektuellen und nichtintellektuellen Tätigkeiten keinerlei theoretische chinesische Mauer. Unser Interesse galt bloß der Frage, welche Wahrscheinlichkeit prinzipiell dafür besteht, daß die Gesellschaft verschiedene Berufe als Berufe intellektuellen Charakters akzeptiert. Die weitere empirische Untersuchung zieht die Grenzlinie auf einer von 0–100 Prozent reichenden imaginären Skala, auf der die verschiedensten Fachtätigkeiten in einer Reihe angeordnet und die unteren Grenzpunkte der noch als intellektuell zu qualifizierenden Berufe markiert werden können. Natürlich enthält auch diese Grenze – wie jede derartige Grenz-

ziehung – in beträchtlichem Umfang das Element der Willkürlichkeit, deshalb ist darüber von der Warte anderer eine anregende Diskussion möglich.
Die Frage, wer in den verschiedenen Gesellschaften als Intellektueller akzeptiert wird, interessierte uns, um anschließend sofort die nächste Frage aufwerfen zu können: Welches ist die strukturelle Position, die den Intellektuellen von den verschiedenen Gesellschaften zugewiesen wird? Oder konkreter: Ist die Kategorie der *Klasse* zur Beschreibung der strukturellen Position der Intelligenz überhaupt und wenn ja unter welchen historischen Bedingungen brauchbar? Im zweiten Kapitel unserer Studie werden wir auf diese Frage eine affirmative Antwort geben, bei gleichzeitiger Analyse des wirtschaftlichen Integrationsschemas der rationalen Redistribution. Diese Antwort wirft eine weitere Frage auf, namentlich die, welche Konflikte während der Organisation der Intelligenz als Klasse zwischen der transzendenten Mission der Intelligenz und ihrer geschichtlichen Determination entstehen, und weiter, wie dieser Konflikt in der Selbstreflexion der Intelligenz zum Ausdruck kommt.

II. Die Intelligenz in der Struktur der Gesellschaft

1. Wann kann der Begriff der Klasse gebraucht werden?

Jede nur einigermaßen komplexe Gesellschaft hat Intellektuelle, Menschen also, deren Wissen aufgrund der oben skizzierten Kriterien von der Gesellschaft als intellektuelles Wissen akzeptiert und als erstrangiger Rechtsgrund für gesellschaftliche Belohnung und Macht angesehen wird. Diese intellektuelle Position unterscheidet sich allerdings von Gesellschaft zu Gesellschaft, da auch die Legitimation der Herrschaft von Gesellschaft zu Gesellschaft unterschiedlich sein kann. Die Relation der durch das intellektuelle Wissen legitimierten Macht zu anderen Machtpositionen ist ebenfalls unterschiedlich. Die strukturelle Unterschiedlichkeit der Gesellschaften macht folgende Fragen erforderlich: Welche Faktoren legitimieren die Herrschaft in den einzelnen Gesellschaften, und in welchem Verhältnis stehen die unterschiedlich legitimierten Herrschaften zueinander?

Die Struktur einer jeden Gesellschaft kann durch das in ihr zur Geltung kommende herrschende Legitimationsprinzip charakterisiert werden. Dieses herrschende Legitimationsprinzip bestimmt die Grundstruktur der Gesellschaft und weist darin den ihre Macht nach sonstigen Prinzipien Legitimierenden ihren Platz zu. Wir akzeptieren die grundlegende These der Marxschen Ideologie, wonach die Grundstruktur der Gesellschaft von der Art der Reproduktion der Gesellschaft bestimmt wird und danach, wer auf welche Weise und nach welchen Prinzipien über das gesellschaftliche Mehrprodukt verfügen kann. Aufgrund dieser These müssen wir schlußfolgern, daß die Legitimation des Verfügungsrechts über das Mehrprodukt in jeder Gesellschaft zum herrschenden Legitimationsprinzip aufsteigt und andere Legitimationsprinzipien an den Rand drängt. Die Grundstruktur reiht die Mitglieder der Gesellschaft entlang den hierarchischen Dimensionen in unter- und übergeordnete Positionen ein: in diejenigen, die das Mehrprodukt erzeugen, und in solche, die es sich aneignen, das heißt also, in Unterdrückte und Unterdrücker. Im weiteren setzt sie auch die Bedingungen fest, aufgrund deren die Mitglieder der Gesellschaft in diese Positionen gelangen oder ihre Positionen gegen andere austauschen können. Schließlich bestimmt die Grundstruktur die Kohärenz der sich um die gleichen Positionen organisierenden Gruppen, ihre Fähigkeit, ihre Identität zu erkennen und deshalb die eigene Kultur, das eigene Ethos auszubauen. Auf diese Weise kann die Gesamtheit der in gleicher Lage befindlichen Individuen durch verschiedene Begriffe charakterisiert werden. So halten wir es beispielsweise für wahrscheinlich, daß die strukturelle Situation der Intelligenz in den verschiedenen Perioden der Gesellschaftsgeschichte einmal mit der Kategorie des Standes, zum anderen mit der Kategorie der Schicht und dann mit der Kategorie der Klasse beschrieben werden kann.

a) Anmerkungen zum Marxschen Klassenbegriff

Marx geht bei der Bestimmung der Grundstruktur der kapitalistischen Gesellschaft von den Eigentumsverhältnissen aus. Er beschreibt die kapitalistische Gesellschaftsstruktur als Klassenstruktur, in der die Grundklassen einerseits die Besitzer der Produktionsmittel beziehungsweise des Kapitals sind und andererseits die nicht über die Produktionsmittel Verfügenden, die bloß Besitzer ihrer Arbeitskraft sind. Die ersteren, die Bürgerlichen, und die letzteren, die Proletarier, nehmen zwei Grundpositionen in dieser dichotomischen Struktur ein. Aufgrund unserer obigen Ausführungen können wir diese Differenzierung so interpretieren, daß Marx erkannt hat: In der kapitalistischen Gesellschaft legitimiert der Kapitalbesitz die Verfügungsgewalt über das Mehrprodukt. Er hat also den Kapitalbesitz in der Gesellschaft zu Recht für den grundlegenden strukturbildenden Faktor erklärt.

aa) Die Schwierigkeiten bei der historisch-soziologischen Anwendung des Marxschen Klassenbegriffs. Die Probleme der asiatischen Produktionsweise

In den Eigentumsverhältnissen glaubt Marx einen Schlüsselbegriff gefunden zu haben, mit dem in der bekannten und vorhergesagten Geschichte der Menschheit jede Gesellschaftsstruktur als Klassenstruktur beziehungsweise als klassenlose Struktur beschrieben werden kann. Trotzdem gab Marx bloß eine konkrete und nuancierte Klassenanalyse der kapitalistischen Gesellschaft; und obwohl er betont, daß aus seiner Sicht die Geschichte aller bisherigen Gesellschaft die Geschichte von Klassenkämpfen sei, behandelt er die Klassenkategorie in Verbindung mit der Analyse von vorkapitalistischen Gesellschaften, die er ansonsten im allgemeinen als Klassengesellschaft bezeichnet, nur äußerst zurückhaltend. In den zwanziger Jahren sahen sich die marxistischen und insbesondere die sowjetischen Gesellschaftsforscher sehr großen Schwierigkeiten gegenüber, als sie den von den Eigentumsverhältnissen abgeleiteten Klassenbegriff mit dem aus den asiatischen Gesellschaften stammenden umfangreichen wirtschaftsgeschichtlichen Forschungsmaterial konfrontieren mußten. Für die asiatischen Gesellschaften war der charakteristische Präbendarbesitz (nicht vererblicher, Beamten für ihr Amt im Dienst des Staates verliehener Besitz, Steuerpacht, deren Nutznießer der belehnte Beamte lediglich sein kann, ohne den Besitz jedoch verkaufen, anderen übereignen und ohne den Anbau auf dem Boden verändern zu dürfen) nämlich ein anschauliches Beispiel dafür, daß der Lehnsherr an der gesellschaftlichen Herrschaft und am privilegierten Anteil des Mehrprodukts nicht in seiner Eigenschaft als Besitzer, sondern in seiner Eigenschaft als Beamter teilhatte. Hierdurch wurde es zur Streitfrage, ob die in der gesellschaftlichen Struktur eingenommene Position eines solchen Beamten-Lehnsherrn, wie beispielsweise des chinesischen Mandarins, mit dem aus dem Besitz der Produktionsmittel abgeleiteten Klassenbegriff beschrieben werden kann.

Diese Frage tauchte nicht nur bei der Untersuchung der durch die asiatische Produktionsweise charakterisierten Gesellschaften auf, sondern auch bei der Untersuchung der osteuropäischen, insbesondere der russischen Gesellschaft des 16. und 17. Jahrhunderts, in der die Lehnsherrn des Dienstadels eigentlich Beamte und Soldaten waren, die als Lohn für ihre dem Herrscher geleisteten Dienste das vorübergehende und jederzeit widerrufbare Nutzungsrecht über ihnen vom Zar überlassenen Grund und Boden erhielten. Die gegenüber dem empirischen Wissensmaterial flexibleren Historiker schlugen deshalb vor, diese asiatischen Gesellschaftsformationen nicht einmal als Feudalismus anzusehen, und sie empfahlen die Kategorie der asiatischen Produktionsweise als Bezeichnung ihrer Besonderheit. Die orthodoxe Forschung sah allerdings hinter diesem Vorschlag eine theoretische Kluft, schon allein deshalb, weil sein Akzeptieren einen Präzedenzfall für das Entziehen immer weiterer konkreter historisch-gesellschaftlicher Formationen aus dem Geltungsbereich allgemeinster Schemata der Marxschen Geschichtsphilosophie schaffen würde. Weiter wäre für andere das Recht gegeben, sowohl die verschiedenen Formationen der Sklavengesellschaften als auch des Feudalismus nunmehr nicht aufgrund der Eigentumsverhältnisse, sondern aufgrund der konkreten Herrschaftsverhältnisse zu behandeln. Selbst hinsichtlich der durch Marx umfassend bekannten Formationen der westeuropäischen Entwicklung, auf die bezogen das Marxsche Schema am ehesten als relevant erscheint, da die Existenz des Privateigentums in dieser oder jener Form in der gesamten Geschichte der westlichen Gesellschaft anzutreffen ist, ist es zweifelhaft geworden, ob die vorkapitalistischen Gesellschaftsstrukturen überhaupt aufgrund von Eigentumsverhältnissen interpretiert werden können. Die scharfsinnigsten Beobachter unter den orthodoxen Theoretikern mochten wohl auch geahnt haben, daß durch eine derartige Relativierung der Rolle der Eigentumsverhältnisse sogar die Selbstreflexion der sowjetischen Gesellschaft beeinflußt werden könnte. Hierdurch kann eventuell in Zweifel gezogen werden, daß sich die Grundklassen der sowjetischen Gesellschaft entlang den zwei Eigentumsformen – dem staatlichen und dem genossenschaftlich-kollektivwirtschaftlichen Eigentum – herausbilden. Das heißt, die Struktur der sowjetischen Gesellschaft läßt sich nicht allzu aussagekräftig aus jener bloß negativen Feststellung ableiten, daß die Produktionsmittel in der sowjetischen Gesellschaft nicht in Privatbesitz sind. In diesem Licht ist es vielleicht eher verständlich, weshalb die Analyse der mittelalterlichen Wirtschaftsgeschichte Chinas zu Anfang der dreißiger Jahre in der Sowjetunion zur politischen Straftat wurde, und das in einem Ausmaß, daß viele Wissenschaftler dieser Disziplin nicht nur von ihrer wissenschaftlichen Tätigkeit, sondern auch von ihrem Leben Abschied nehmen mußten.

ab) Die Anwendungsschwierigkeiten des Marxschen Klassenbegriffs bei der Strukturanalyse der sozialistischen Gesellschaften Osteuropas

Mit ihren ziemlich unerbittlichen Diskussionsmethoden konnten jene scharfsinnigen orthodoxen Theoretiker allerdings nicht auch das Problem selbst begraben, sie verschoben die Erörterung lediglich um rund drei Jahrzehnte. Es dürfte ein kaum zufälliges Zusammentreffen sein, daß gerade zu dem Zeitpunkt, als die unverfänglich scheinende Kategorie der asiatischen Produktionsweise wieder toleriert wurde und in verschiedenen mittelosteuropäischen Ländern bei den Geschichtsphilosophen sich sogar zu einem akzeptierten analytischen Begriff wandelte, die Soziologen als Bestätigung des klassischen Verdachts die Brauchbarkeit der Eigentumsverhältnisse bei der Interpretation der Struktur der sozialistischen Gesellschaften tatsächlich in Frage stellten. Nachdem die osteuropäischen Soziologen diese Nichteignung erkannt hatten, versuchten sie in drei Richtungen, eine positive inhaltliche Analyse der sozialistischen Gesellschaft zu bieten.

Die vor allem empirisch orientierten Forscher wendeten statt dessen, da sie durch ihre konkreten Forschungen gezwungen waren, die traditionelle – auf den Eigentumsverhältnissen basierende – Klassenanalyse aus ihrem Instrumentarium zu entfernen (die Einordnung der Bevölkerung aufgrund des staatlichen Eigentums in die Arbeiterklasse beziehungsweise aufgrund des genossenschaftlich-kollektivwirtschaftlichen Eigentums in die Bauernschaft erwies sich nämlich – angefangen von der Einkommensverteilung bis hin zur Beschreibung der Lebensweise – bei der Interpretation jeglicher empirischer Phänomene als ungeeignet), statistische Stratifikationsanalysen an. Allerdings verzichteten sie auf die Frage, welche Kriterien die Struktur der sozialistischen Gesellschaften bestimmen, wenn es die Eigentumsverhältnisse nicht tun. Die Frage, ob der Klassenbegriff überhaupt brauchbar ist, klammern diese empirischen Soziologen aus. Als ideologische Prämisse akzeptieren sie ihn offenbar, zumal der historische Materialismus nur die kommunistische Gesellschaft als klassenlose definiert, während er die sozialistische Gesellschaft als Gemeinschaft der Arbeiterklasse, der Bauernschaft und der Intelligenzschicht kennzeichnet. Er sucht also gar nicht nach klassenbestimmenden realen Dimensionen. Dieser Umstand stürzte die empirische Soziologie Osteuropas in einen theoretischen Eklektizismus, der von den Kritikern in Ost und West gleichermaßen erkannt wurde. Die westlichen Kritiker konnten mit Recht das Zustandekommen einer kohärenteren Strukturtheorie der osteuropäischen Gesellschaften erwarten als derlei empirische Stratifikationskategorisierungen, die in einem Bündel inhaltlich nicht miteinander zusammenhängende Indikatoren: Charakter der Arbeit, Qualifikationsniveau, Schwierigkeitsgrad des zur Arbeit erforderlichen Wissens, Kontrollmöglichkeit über die eigene Arbeit, Zahl der Untergebenen etc. zusammenfassen.

Aus dieser Kritik ging eine marxistisch geprägte Anstrengung hervor, die bemüht war, den Eigentumsbegriff derart zu modifizieren, daß damit auch bei Anwendung auf die sozialistischen Gesellschaften ein gehaltvoller Klassenbegriff möglich ist. So entstand die Theorie der neuen Klasse oder die Theorie der kollektiven Eigentümerklasse. Diese politisch radikalen Analysen charakterisiert ein theoretisch unveränderter Konservativismus. Auch weiterhin wird streng daran festgehalten, daß der Inhalt der Klassenverhältnisse von den Eigentumsverhältnissen gesetzt wird, doch um diese Hypothese halten zu können, muß der Begriff des Eigentums vollkommen entleert werden. Wir würden folgendermaßen argumentieren: Wenn bereits das Präbendareigentum so unvollständig die Eigentumsrechte beinhaltet, daß sich daraus die effektive gesellschaftliche Macht des Präbendarrechtinhabers und folglich seine gesellschaftliche Position nicht erklären läßt (obwohl dieses Recht und das Präbendum selbst einer Person zukommt und persönlich genutzt wird, zumal der Präbendarbesitzer sich in den Gewinn aus seinem Grund und Boden mit dem tatsächlichen Eigentümer teilt: mit dem Herrscher), erscheint dann die Kategorie des Eigentums in der sozialistischen Wirtschaft nicht noch weniger gehaltvoll, wo der Leiter des Unternehmens zwar gewisse Eigentümerfunktionen wahrnimmt, doch bereits am Unternehmensgewinn aufgrund einer gleichen Legitimation partizipiert – wenn auch in größerem Umfang – wie der einfachste Hilfsarbeiter? Selbst wenn wir den Unternehmensleiter Besitzer nennen würden, so würde das doch nicht genügen, um aufgrund dessen seine gesellschaftliche Position festzustellen. Dieser Gedankengang engt allerdings ansonsten den Besitz auf das Recht der unpersönlichen, funktionalen Verfügung über das Mehrprodukt ein und hebt alle Elemente daraus hervor, die überhaupt die gesonderte Anwendung der beiden Begriffe begründen. Wenn wir den Eigentumsbegriff brauchen, um zu erklären, wer unter bestimmten Umständen unter welchen Bedingungen über das Mehrprodukt verfügt, so verlangt allein die formale Logik von uns, daß Besitz ein umfassenderer und spezifizierterer Begriff zu sein hat als das bloße Ausüben des Verfügungsrechts. Vereinfachen wir den logischen Kreislauf des Begriffs der neuen Klasse, sehen wir uns folgenden Fragen gegenüber: Wer verfügt in der sozialistischen Gesellschaft über das Mehrprodukt? Antwort: die kollektiven Eigentümer, die neuen Eigentümer. Und wer sind diese neuen kollektiven Eigentümer? Antwort: Jene, die über das Mehrprodukt verfügen.

Aus dieser Tautologie führt nur die Frage heraus, die in Osteuropa in der zweiten Hälfte der sechziger Jahre formuliert wurde, das heißt die Erforschung des Mechanismus und der Legitimation der Verfügung über das Mehrprodukt. Dieser theoretische Versuch will über die Analyse der Natur der bürokratischen Herrschaft hinaus zu einer inhaltlich neuartigen Strukturanalyse gelangen. Sobald wir jedoch die Analyse der bürokratischen Herrschaft anwenden, haben wir auch den Begriff der Eigentumsverhältnisse übergangen und weisen auf einen dahinterliegenden, allgemeineren Begriff hin, auf die Herrschaftsverhältnisse der Gesellschaft, und im Zusammenhang damit auf die Frage der Legitimation der Herrschaft. Wir müssen nämlich von vornherein annehmen, daß Eigentum nur eine mögliche Form von Herrschaftslegitimation ist, daß aber auch andere Grundlagen der Legitimation vorstellbar sind.

b) Anmerkungen zum Weberschen Klassenbegriff

Marx begeht bei der Analyse der Gesellschaftsstrukturen den gleichen Fehler wie jene Ökonomen, denen Karl Polanyi vorwirft, daß sie auch bei der Analyse von Nicht-Marktwirtschaften in Marktkategorien und in der Rationalität des Markts denken. Das heißt, die Kategorie der

Klasse, die für Gesellschaften relevant war, in denen Kapitaleigentum das Verfügungsrecht über das Mehrprodukt legitimierte, projiziert Marx auch auf Gesellschaften, deren Legitimationsprinzip ein anderes ist, in denen also bei der Bestimmung der Gesellschaftsstruktur die Eigentumsverhältnisse nicht maßgebend sind. Gerade deswegen erscheint Webers Bestrebung berechtigt, weil er sich bemüht, den Marxschen Klassenbegriff auf einen legitimen Geltungsbereich zu spezifizieren. Es ist kein Zufall, daß gerade Weber, der sich viel mit der Geschichte der asiatischen Wirtschaft und den spezifischen Bedingungen der Herausbildung des europäischen Kapitalismus beschäftigt hat, der erste war, der eine Präzisierung der Marxschen Kategorien der gesellschaftlichen Strukturanalyse für erforderlich hielt. Weber benutzte den Klassenbegriff zur Beschreibung der Struktur der auf dem preisregulierenden Markt basierenden Gesellschaften. Klassenpositionen meinen in seiner Analyse immer sich auf dem Markt, genauer auf den verschiedenen Märkten, herausbildende Positionen. Am grundlegendsten in der auf dem preisregulierenden Markt basierenden kapitalistischen Gesellschaft ist die sich auf dem Arbeitsmarkt herausbildende Klassenlage. Hier stehen sich die Besitzer des Kapitals und der Arbeitskraft gegenüber, treten miteinander in Transaktion, und hierdurch werden die beiden Grundklassen der kapitalistischen Gesellschaft gekennzeichnet, die Klasse der Kapitaleigentümer und die der Arbeiter. Bis zu diesem Punkt tut Weber eigentlich nichts anderes, als daß er die Marxsche Klassentheorie mit seiner eigenen Terminologie interpretiert. Weber geht allerdings darüber hinaus, wenn er den Begriff nur in der Marktwirtschaft, nur unter Marktverhältnissen für brauchbar hält und ihn in bezug auf die vorkapitalistischen Gesellschaften für unberechtigt erklärt. Ein bedeutender Teil in Webers

Schaffen zielte gerade darauf ab, zu klären, welche andere Legitimation zur Herrschaft in den vorkapitalistischen Gesellschaften existiert beziehungsweise welche Struktur der gesellschaftlichen Herrschaft sich auf den verschiedenen Legitimationsprinzipien aufbaut. Würden wir allerdings Webers These akzeptieren, derzufolge es nur unter Marktverhältnissen Sinn hat, von Klassen zu sprechen, müßten wir in den sozialistischen Gesellschaften, die grundlegend redistributiven Charakter haben, auf die Anwendung des Klassenbegriffs verzichten.

Wir werden allerdings den Klassenbegriff auch in Verbindung mit den auf der modernen redistributiven Ökonomie basierenden Gesellschaften verwenden. Soweit die Verallgemeinerung. Wir betrachten die modernen redistributiven Wirtschaften – ähnlich den Marktwirtschaften – als rationale Wirtschaften, in denen die Legitimierung der Verfügungsgewalt über das Mehrprodukt nach rationalen Kriterien erfolgt. In den kapitalistischen Gesellschaften wird die Verfügungsgewalt über das Mehrprodukt ebenfalls durch ein rationales Kriterium – den Kapitalbesitz – legitimiert: Um über das Mehrprodukt zu verfügen, muß man Kapitalist sein. In den modernen redistributiven Systemen verfügt der teleologische Redistribuent über das Mehrprodukt: Um teleologischer Redistribuent zu werden, muß man über Fachkenntnisse verfügen, muß man also Intellektueller sein. Unserer Behauptung zufolge hat der teleologische Redistribuent in den modernen redistributiven Wirtschaften also eine strukturelle Position inne, um die sich eine gesellschaftliche Klasse organisieren kann.

Ziel dieser Studie ist nicht die Beschreibung der Klassenstruktur der sozialistischen Gesellschaften im allgemeinen. Einstweilen ist es auch nicht unsere Absicht, zu der Frage Stellung zu nehmen, ob die Gesellschaftsstruktur des frühen Sozialismus durch die dichotomische Klassenstruktur beschrieben werden kann oder ob es zweckmäßiger ist, nach Weber eine mehrdimensionale Klassenstruktur auszuarbeiten. Diese Arbeit will lediglich die Frage klären, ob es zweckmäßig ist, die neue gesellschaftliche Position der Intelligenz in den modernen redistributiven Gesellschaften als Klassenposition zu bezeichnen. Weiterhin: Weder der Webersche noch der Marxsche Klassenbegriff ist geeignet – und das ist auch gar nicht der Sinn ihrer Begriffsschöpfung – einen vollständigen Querschnitt der Gesellschaft zu beschreiben. Wo sich Marx und Weber darauf einlassen, gehen sie auch meist über ihren in engerem Sinn verstandenen Klassenbegriff hinaus und charakterisieren die Gesellschaften als ein kompliziertes System von Klassen, Schichten und Ständen.

2. Ökonomische Integrationsmodelle und die Gesellschaftsstruktur

a) *Ökonomisches Integrationsmodell oder Produktionsweise?*

Wir wollen die in den verschiedenen Gesellschaften eingenommene Position der Intelligenz mit Hilfe der ökonomischen Integrationsmodelle dieser Gesellschaften interpretieren. Unter Integrationsmodell verstehen wir einen der Produktionsweise analogen Begriff. Sein inhaltliches Plus sehen wir darin, daß er auch das Herrschaftssystem der verschiedenen Gesellschaften in sich begreift und nicht bloß deren Produktionsverhältnisse. Der Akzent bei der Analyse der verschiedenen Integrationsmodelle liegt auf dem Legitimationsprinzip der gesellschaftlichen Herrschaft. Naturgemäß können diese Integrationsschemata gleichzeitig auch als Reproduktionsmodell aufgefaßt werden; doch machen sie die wirtschaftsgeschichtlichen Kategorien durch die Verbindung der Institutionen der Reproduktion und der Macht an einem soziologistischeren Rahmen fest und beseitigen das unaufhörlich zur Konkretisierung drängende Problem ihrer nicht sonderlich produktiven – wir könnten sagen: »formal-soziologischen« – Dualität, gleich welche deterministischen Relationen zwischen den technischen Momenten der Produktion und der Macht beziehungsweise der Kultur – dem in der marxistischen Soziologie als Überbau bezeichneten Komplex – existieren. Hierzu besteht um so mehr Anlaß, als jede konkrete Gesellschaftsanalyse notwendigerweise zu der Konklusion gelangt, daß Basis und Überbau in einem einander korrelativ bestimmenden, interdependenten Verhältnis stehen, und daß die Bezeichnung der Kriterien des Primats innerhalb der korrelativen Abhängigkeit bloß eine geschichtsphilosophische Bedeutung in sich trägt, die im Kontext der philosophischen Entwicklung nach Hegel eine entscheidende Bedeutung hatte.

Oben machten wir die bestimmende Rolle der Eigentumsverhältnisse von den geschichtlichen Kontexten abhängig und relativierten sie damit auch gleichzeitig. Obwohl wir die besondere Bedeutung für berechtigt halten, die Marx unter den Bedingungen der kapitalistischen Gesellschaft den Eigentumsverhältnissen beimaß, halten wir allerdings die übergeschichtliche Totalisierung dieser kontextuellen Kategorie für zweifelhaft. Wir gestehen der Kategorie der Produktionsweise lediglich einen formal-ökonomischen Wert zu, da wir die Eigentumsverhältnisse nicht unabhängig von ihren Konditionen als universales erklärendes Prinzip der Reproduktion betrachten können. Nach unserer Beurteilung setzt eine derart bevorzugte Anwendung der Eigentumsverhältnisse sogar den Problemkreis in Parenthese, der im Mittelpunkt der soziologischen Forschung steht, namentlich welche Bedeutung das Eigentum oder irgendeine andere gesellschaftliche Institution im konkreten Institutionssystem einer gegebenen Gesellschaft hat. Umfassende soziologische, wirtschaftsgeschichtliche und anthropologische Forschungen von Weber bis Malinowski und Polanyi beweisen, daß die Eigentumsverhältnisse in keiner der vorkapitalistischen Gesellschaften die gesellschaftliche Herrschaft befriedigend erklären. Wir können die gesellschaftliche Herrschaft von vorkapitalistischen Gesellschaften viel eher aufgrund von traditionellen, politischen, rechtlichen und kulturellen Faktoren interpretieren als mit Hilfe von Legitimationsprinzipien, obwohl das Eigentum auch in diesen Gesellschaften eine mehr oder weniger große Bedeutung als eine Institution unter vielen hat.

Das ist also der Grund dafür, daß wir bei der Suche nach der gesellschaftlichen strukturellen Position der Intelligenz nicht von der Kategorie der Produktionsweise ausgehen, sondern mit Polanyis wirtschaftlichem Integrationsmodell arbeiten. Wir haben behauptet, daß sich mit der Position des teleologischen Redistribuenten ein Organisationspunkt der Gesellschaftsstruktur herausbildet, um den sich eine Klasse organisieren kann. Diese Aussage schließt auch die andere ein, daß wir nicht bloß unter den Bedingungen des selbstregulierenden Markts – in Erweiterung der Weberschen Interpretation – von einer Klasse sprechen, sondern auch die These eines historisch neuartigen wirtschaftlichen Integrationsmodells aufstellen, die redistributive Ökonomie der Frühphase des Sozialismus, unter deren Bedingungen wir die Organisation der Intelligenz zur Klasse für möglich halten.

b) Ökonomische Integration und gesellschaftliche Herrschaft

ba) Wachstum oder Stagnation

Die ökonomische Integrationsbasis der Organisation der Intelligenz als Klasse – die rationale Redistribution – unterscheidet sich gleichermaßen von der für die asiatische Produktionsweise idealtypisch charakteristischen und im weiteren als traditionell bezeichneten Redistribution wie von dem selbstregulierenden Markt, der idealtypisch am ehesten durch den westeuropäischen Kapitalismus des vorigen Jahrhunderts charakterisiert werden kann. Einen

Unterschied zwischen diesen drei Integrationsschemata sehen wir im Hinblick darauf, wie sie die gegen sie gerichtete globale Herausforderung, auf die sie speziell antworten, interpretieren. Die traditionelle Redistribution muß nicht auf die Herausforderung des Wachstums antworten, ihr Zweck und Wert ist nicht die gesellschaftlich-wirtschaftliche Dynamik. Dieses System funktioniert schon dann befriedigend, wenn es die einfache Reproduktion der Gesellschaft garantiert. Für die ökologischen Bedingungen der traditionellen Redistribution ist es charakteristisch, daß die bloß einfache Reproduktion stark von Zufalls-, Umwelt- und physisch-geographischen Faktoren abhängt, deshalb muß sie ihre natürlichen Bedingungen im Interesse der Erhaltung der Gesellschaft ihrer Kontrolle unterziehen (insbesondere die Wasserwirtschaft, die ihre Bezeichnung als »hydraulische Gesellschaften« rechtfertigt).

Die Glieder einer Gesellschaft vom Typ der asiatischen Produktionsweise akzeptieren die Macht der zentralen Redistribuenten deshalb als legitim, finden sich deshalb damit ab, daß der Apparat der zentralen Redistribution sich einen Teil der von ihnen hergestellten Produkte als Mehrprodukt aneignet, weil die das Bewässerungs- und Deichsystem zentral instandhaltende Gewalt dafür die Sicherheit für ihren Fortbestand gewährleistet. Es ist wiederum eine gemeinsame Eigenart des selbstregulierenden Markts und der rationalen Redistribution, daß sie beide eine erweiterte Reproduktion garantieren und die Glieder und Institutionen der Gesellschaft auf das wirtschaftliche Wachstum orientieren. Der Unterschied zwischen beiden zeigt sich eher in der Interpretation der Wachstumsforderung. Der selbstregulierende Markt baut den Wachstumszwang in den Marktmechanismus ein und kontrolliert durch den unpersönlichen Profitmechanismus das derart internalisierte Wachstumsziel. In der rationalen Redistribution wird das Wirtschaftswachstum als gesellschaftliche Herausforderung von außen, als politisch definiertes Ziel verstanden, das heißt, die entwickelten westlichen Industriegesellschaften sollen eingeholt werden. Diese externe Zielsetzung für das Wachstum macht die rationale Redistribution mit der traditionellen verwandt, bei der nämlich die Herausforderung der Natur sich gleichermaßen als eine externe Drohung offenbart. Hieraus ergibt sich, daß in vielerlei Hinsicht analoge Machtinstitutionen in ihnen ausgebaut werden.

bb) Separierte oder integrierte Ökonomie

Gemeinsames Merkmal jeder Redistribution ist die Verflechtung der Machtsphären, der Wirtschaft und Politik gegenüber dem selbstregulierenden Markt, der zum ersten Mal in der Geschichte das System der wirtschaftlichen und politischen Institutionen gegeneinander separiert. Diese Verflechtung läßt jenen oberflächlichen Vergleich sinnvoll erscheinen, der, indem er den politisch-gesellschaftlichen Institutionen der rationalen Redistribution Verwandtschaft mit den vorkapitalistischen Institutionen zuspricht, von einem »Feudalsozialismus« spricht. Vom Aspekt der Interpretierbarkeit des Klassenbegriffs ist allerdings der bedeutendste Unterschied dieser beiden Integrationsschemata in der Legitimationsart der verflochtenen Herrschaftssphären zu suchen. In der traditionellen Redistribution legitimiert die Tradition die Verfügungsgewalt über das Mehrprodukt. So ist also die traditionelle Herrschaft das wichtigste strukturbildende Merkmal dieses Integrationsschemas.

bc) Die Legitimation zur Verfügung über das Mehrprodukt

In den Gesellschaften der asiatischen Produktionsweise verleiht die Ständeposition des Redistribuenten die Macht zur Wiederverteilung. Die Legitimation hierzu kann nicht angezweifelt werden, weil der Redistribuent mit der Verfügungsgewalt nicht sinnvoll, zweckmäßig oder effektiv genug umgeht. Die modernen redistributiven Wirtschaften sind allerdings ähnlich dem selbstregulierenden Markt rational, auf dynamisches Wachstum orientiert; sie basieren auf dem Leistungsprinzip, akzeptieren das Prinzip des größtmöglichen Kapitalrückflusses durch den geringstmöglichen Aufwand, sie sind um eine effektivere Nutzung des gesellschaftlichen Kapitals bemüht und entwickeln die Institutionen derselben rationalen technologisch-industriellen Arbeitsorganisation; als Kriterium für die Aufnahme in die Klassen setzen sie nicht auf die vorgeschriebenen Positionen, sondern auf das Leistungsprinzip. Auch für die Gesellschaften der asiatischen Produktionsweise ist die zentralisierte Staatsbürokratie als pyramidaler Kanal des gesamten Wiederverteilungssystems charakteristisch. Die moderne Redistribution vertritt ziemlich ähnlich durch behördlich-administrative Entscheidungen die Marktentscheidungen. Als Netz der Entscheidungen schafft sie eine in ihrer Tendenz konzentrische, die gesamte Gesellschaft umfassende bürokratische Organisation. Da niemand nennenswertes Privateigentum besitzt, ist in der Gesellschaft der rationalen Redistribution jeder

– von der Spitze bis zum Fuß der Pyramide – Beamter. In vielerlei Hinsicht haben allerdings für diese Beamtenorganisation bereits jene Merkmale Gültigkeit, mit denen Weber die Funktionsprinzipien der sich innerhalb des modernen Kapitalismus etablierenden rationalen Bürokratie beschrieben hat, im Unterschied zu den nichtrationalen Auswahlkriterien und Funktionsmechanismen der traditionellen Bürokratie. Diese Bürokratie, deren Interessenverhältnisse unpersönlich sind, muß sachgerechte Ergebnisse und effektive Leistungen zustande bringen. Dementsprechend plazieren sich die Inhaber der verschiedenen Stufen des bürokratisierten Wissens auf den verschiedenen Ebenen der Bürokratie.

Der preisregulierende Markt und die rationale Redistribution sind im historisch-technologischen Sinn Zeitgenossen. Ihr gemeinsames Merkmal ist die Rationalität der Herrschaft. Die Macht des rationalen Redistribuenten zur zentralen Wiederverteilung wird nicht von der Ständezugehörigkeit, noch weniger von der Tradition oder vom Charisma garantiert, sondern von der intentionierten Rationalität, von der zur allgemeinen Vereinbarung gesetzten Ideologie, derzufolge die Organe der zentralen Wiederverteilung, der zentralen Planwirtschaft in der Lage sind, das gesellschaftliche Mehrprodukt am sinnvollsten umzuverteilen. Auch in der Marktwirtschaft ist die Legitimation zur Verfügung über das Mehrprodukt rational, nur mit dem Unterschied, daß das Verfügungsrecht hier durch Kapitaleigentum garantiert wird.

bd) Die Unterschiede in der Definition des Mehrprodukts

Nicht nur das Verfügungsrecht über das Mehrprodukt wird von den drei Integrationsschemata unterschiedlich legitimiert, auch das Mehrprodukt selbst wird unterschiedlich definiert. In der preisregulierenden Marktwirtschaft läuft die Definition des Mehrprodukts über bloß ökonomische Kriterien. Das Mehrprodukt selbst bedeutet dasselbe wie die Differenz von Produktionskosten und Verkaufspreis, dessen Höhe vom Markt reguliert wird. Eine gemeinsame Eigenart jeder Redistribution ist es aber, daß sie sich mit der bloß wirtschaftlichen Bestimmung des Mehrprodukts nicht begnügt, vielmehr dessen Größe politisch entschieden wird. Das Mehrprodukt in diesen Gesellschaften ist so groß, wie der redistributive Apparat von der Gesellschaft sich überhaupt aneignen kann, ohne daß sie dagegen revoltieren würde. Die Menge des Mehrprodukts ist allerdings in der traditionellen Redistribution ziemlich beschränkt. Die rationale Redistribution dagegen ist in dieser Hinsicht effektiver als jedes bekannte wirtschaftliche Integrationsschema, da sie die Menge des vom persönlichen Verbrauch der Gesellschaftsglieder abgezogenen und für die erweiterten Reproduktionsziele mobilisierten Mehrprodukts maximieren kann. Hieraus folgt allerdings nicht, daß die Wiederverteilung und auch die Allokation des abgezogenen gesellschaftlichen Kapitals effektiver ist, als wenn über dessen Verwendung der eingebaute Marktmechanismus entscheiden würde. Für jeden Volkswirt ist es ein Gemeinplatz, daß die Menge des aus dem erwirtschafteten Nationaleinkommen für Produktionsinvestitionen aufgewendeten Mehrprodukts in den Gesellschaften der rationalen Redistribution wesentlich größer ist als in wirtschaftlich ähnlich entwickelten Marktgesellschaften, die Effektivität des investierten Kapitals hingegen geringer. Ein ebensolcher Gemeinplatz ist es, daß sich die Effektivität der Marktwirtschaften primär in der Befriedigung der Verbraucherwünsche und der infrastrukturellen Bedürfnisse der Verbraucher zeigt, während die Gesellschaften des selbstregulierenden Markts einen weniger großen Anteil des Nationaleinkommens für die Bestreitung letztlich außerhalb der Wirtschaft liegender Aufgaben – etwa die Rüstung – aufbringen. Hierin liegt die Ursache dafür, daß auch verhältnismäßig unterentwickelte sozialistische Gesellschaften ein gleichrangiges oder gar noch größeres Militärpotential bereitstellen können als die vergleichsweise höher entwickelten Marktwirtschaften.

Die quantitative Steigerung des Mehrprodukts ist keine substantielle Eigenart der traditionellen Redistribution. Tritt diese Steigerung dennoch ein, wird sie nicht in die erweiterte Reproduktion zurückgeführt, sondern bläht die mandarinartige Bürokratie auf. Wir können hinzufügen, daß hier ein relativ enger Kreis von Produkten zur Ware wird, und sogar im Wiederverteilungsprozeß bewegt sich ein größerer Teil davon in naturaler Form, was von vornherein die Quantität zum Mehrprodukt tauglicher Güter einschränkt. Deshalb geht die traditionelle Redistribution zumeist mit der naturalen Selbstversorgung einher. Die Mittel zum Lebensunterhalt gelangen in der kollektiven Produktionsorganisation in unmittelbar naturaler Form zur Verwendung, in den Wiederverteilungsprozeß gelangen häufig bloß Luxusartikel. Damit hängt auch zusammen, daß die Gesellschaften, für die die traditionelle Redistribution charakteristisch ist, keine großen zentralisierten Reiche sind und daß sie, selbst wenn sie sich in Reichen organisieren, im allgemeinen in segmentierte Teileinheiten zerfallen. Charakteristisch für sie sind ihre anarchischen Kämpfe. Wenn auch irgendeine Teileinheit in der Lage ist, für ihre Herrschaft in Reichsdimension Anerkennung zu finden, so kann sie doch ihre Gebiete wirtschaftlich nicht integrieren. Lediglich mit Hilfe des ideologisch-politischen

Machtapparates versucht sie, die Segmente zeitweilig zusammenzufassen. Früher oder später wird allerdings die »Reichsorganisation« durch Anarchie und Korruption zerrüttet, wofür letztlich die wirtschaftliche Ursache darin zu suchen ist, daß die traditionelle Redistribution durch die eigene Wiederverteilungsorganisation Art und Menge der ihr zur Verfügung stehenden Mehrprodukte einschränkt.

be) Die Warenverhältnisse in der rationalen Redistribution

Demgegenüber kann die rationale Redistribution durch die Rationalisierung der Herrschaftsverhältnisse die Quantität des Mehrprodukts radikal steigern. Hierbei spielt die Tatsache, daß die rationale Redistribution, obwohl sie die preisregulierende Rolle des Markts beseitigt, die Warenverhältnisse nicht auflöst, sondern geradezu totalisiert, eine bedeutende Rolle. Es ist kein einziges Integrationsschema bekannt, das einen so großen Produktenanteil zur Ware qualifiziert hätte wie die rationale Redistribution. Hier wird die gesamte Arbeitskräftebasis zur Ware, da die traditionellen Produktionsorganisationen durch den politischen Mechanismus der rationalen Redistribution zunichte gemacht und durch umfassende, bürokratische Apparate ersetzt werden. Diese Totalisierung der Warenverhältnisse erfolgt allerdings nicht nach der Logik des preisregulierenden Markts. Das abgezogene Mehrprodukt wird von der Planungsrationalität und nicht vom Kapitaleigentümer umverteilt. Die Quantität des Mehrprodukts kann der Markt nicht nach Verdienst regulieren. Die volle Entfaltung der Warenverhältnisse schwächt die Redistribution nicht etwa, sondern stärkt sie vielmehr. Das ist damit zu erklären, daß der Preis der in den Warenverkehr eintretenden und durch die Minimierung des bäuerlichen Eigenverbrauchs vermehrten Produkte und – besonders konsequent und kein Zugeständnis duldend – der Preis der Arbeitskraft im Grunde genommen nicht vom Markt bestimmt wird, sondern durch die Entscheidung der Behörden. Diese wesentliche strukturelle Eigenheit wird vor allem durch das Bestreben motiviert, einen verhältnismäßig großen Teil des Nationaleinkommens über die Kanäle des Staatshaushalts zur Verwendung gelangen zu lassen und selbst den materiellen Konsum der Gesellschaft in verhältnismäßig großem Maß aus der Quelle zentraler Zuwendungen zu decken, nicht aber aus den auf dem Arbeitsmarkt – infolge von Transaktionen – entstehenden Löhnen.

Obwohl der erste große Aufschwung des Wirtschaftswachstums in den Gesellschaften der rationalen Redistribution in jedem Fall mit einer industriellen Umgruppierung – auf dem Weg der Kollektivierung – der in den Wirtschaften gebundenen bäuerlichen Arbeitskraft einherging und gleichzeitig auch damit, daß die gesellschaftliche Mehrheit der Kleinproduzenten sich explosionsartig zum Lohnarbeiter wandelte und als Masse auftrat, die ihre Ware Arbeitskraft in der redistributiven »Arbeitskräftewirtschaft« verwertet, kann die Verwertung der Ware Arbeitskraft – in Polanyis Terminologie ausgedrückt – *nicht* lediglich *als Markthandel* angesehen werden. Das heißt, der unter Umständen sogar mit Polizeigewalt zum Verkauf seiner Arbeitskraft gezwungene Arbeitnehmer kann mit den Arbeitgeberorganisationen im »Arbeitskräftehandel« nicht in ein transaktives Verhältnis treten, seine Position muß als zur Disposition stehend bezeichnet werden. Unter solchen Umständen gibt es zwischen Arbeitslohn und Quantität des vom Arbeiter produzierten Mehrprodukts keinerlei Zusammenhang und kann es prinzipiell auch nicht geben. Wie die Preise nicht wirtschaftliche, sondern politische Preise sind, so sind die Löhne auch keine wirtschaftlichen, sondern politische Löhne. Folglich wird ihre untere Grenze lediglich durch die Geduld der Bevölkerung bestimmt. Hiernach ist es verständlich, wenn auch die Differenzierung der Löhne nicht durch die tatsächliche Nachfrage nach den verschiedenen Arbeitskräften, sondern durch die abstrakte Hierarchie der Qualifikationen reguliert wird.

bf) Die Stalinsche Wende der Totalisierung der Warenverhältnisse

Sowohl die chinesische Ideologie als auch die der Neuen Linken im Westen qualifizieren die nachstalinistische osteuropäische Wirtschaftspolitik in dem Sinn als revisionistisch, daß Teilmechanismen des Markts in den redistributiven Gesamtmechanismus eingefügt werden und den immer größer werdenden Kreis der Konsumgüter als Ware definieren, indem diese aus der Sphäre der direkten Leistungen herausgenommen werden. Wir könnten tatsächlich mit mehr Recht sagen, daß die Stalinsche Wirtschaftspolitik die radikalste Wende in der Wirtschaftsgeschichte Osteuropas herbeigeführt hat, indem sie in einem Land, in dem drei Viertel der Bevölkerung bäuerliche Kleinproduzenten waren, innerhalb von wenigen Jahren annähernd hundert Prozent der aktiven Arbeitskräfte in den »sozialistischen Arbeitskräftehandel« umgruppiert hat. Stalin und seine Umgebung hatten nämlich erkannt, daß weder die im Rahmen des Eintreibungssystems erfolgende Brand-

schatzung der bäuerlichen Familienbetriebe noch die von Bucharin vorgeschlagene Freigabe des preisregulierenden Markts der bäuerlichen Warenproduktion die effektive quantitative Steigerung des in die rationale Redistribution gelangenden Mehrprodukts voranbrachte. Diesem Ziel diente primär die Beschränkung der bäuerlichen Selbstversorgung, die Interpretation der gesamten Arbeitskräftebasis als Ware und die explosionsartige Verbreitung der gegen Geld erhältlichen Konsumgüter.
Statt der Liquidierung der Warenverhältnisse totalisierte Stalin also die Warenverhältnisse, und so blieben bloß politische Grenzen dafür, in welcher Menge der zentrale Apparat den Produktenüberschuß abschöpft. Dadurch wurde es möglich, die teleologischen Planer der rationalen Redistribution nicht durch wirtschaftliche, sondern lediglich durch machtpolitische Überlegungen zur Definition des gegebenen, des als notwendig oder gerade noch als erträglich qualifizierten Lebensstandards zu bewegen. Im Laufe von Jahrzehnten bildete sich jene primär politische Erfahrung heraus, daß der Lebensstandard in für die Bevölkerung spürbarem, bescheidenem Maß angehoben werden muß, wenn die Staatsapparate einen Ausbruch von Unzufriedenheit der Arbeiterklasse verhindern wollen, wie z. B. den ungarischen Aufstand von 1956 oder den polnischen Aufstand von 1970.

bg) Die Reformen des wirtschaftlichen Mechanismus schränken die Redistribution nicht ein, sondern rationalisieren sie lediglich

Im Vergleich zur Stalinschen Wende waren die in den sechziger Jahren in einigen osteuropäischen Ländern eingeführten Wirtschaftsreformen, die die direktiven naturalen Indizes der Unternehmenslenkung durch monetäre Indizes ersetzten, bloß untergeordnete Momente in der Rationalisierung der Redistribution. Da diese Reformen die redistributive Interpretation des Warencharakters der Arbeitskraft nie in Zweifel zogen und sich nie dazu entschlossen, die dispositive Position der Arbeitnehmer durch transaktive Relationen abzulösen, brachten sie die rationale Redistribution um keinen Schritt näher an die Marktwirtschaft heran.

Im Westen mißverstehen die linken Kritiker des frühen Sozialismus fast ohne Ausnahme die Ausbreitung der Warenverhältnisse in den osteuropäischen Gesellschaften. Nach der allmählichen Abrechnung mit der utopisch-sozialistischen Illusion der Naturalprodukt-Redistribution meinen sie, Osteuropa entwickele sich infolgedessen in Richtung Integrationsschema des selbstregulierenden Markts und im Sozialismus würden die institutionellen Bedingungen für die Restauration des Kapitalismus ausgebaut. Wir dürfen allerdings nicht vergessen, daß die Totalisierung der Warenverhältnisse eindeutig nach der Logik der Redistribution erfolgt, und zwar nicht nur in dem Sinn, daß der Preis von jeder Ware, inklusive der Ware Arbeitskraft, durch eine zentrale Entscheidung reguliert wird, sondern auch in dem Sinn, daß diese scheinbaren Marktelemente tatsächlich nur den Anteil des in die Kanäle der zentralen Umverteilung einzuziehenden Surplus an Produkten noch steigern. Die Alternativen zum Plan kontra Markt, zu den naturalen Indizes kontra Gewinn sind innerhalb der Redistribution in Wirklichkeit nur strukturelle Alternativen. Selbst die radikalsten Anhänger der Marktinstrumente in Osteuropa arbeiten bloß an einem Reformentwurf, durch den die Quantität des zentral, jedoch bereits mittels monetärer Mittel umzuverteilenden Mehrprodukts radikaler gesteigert wird als es durch das in der frühen Periode des Sozialismus angewendete System des wirtschaftspolitischen Systems der Beschränkung der Warenverhältnisse möglich ist.

Diese Reformer schlagen alles in allem lediglich vor, daß Produkte, in Verbindung mit deren Redistribution nur formale Entscheidungen möglich sind, nicht in die Kanäle der zentralen Umverteilung gelangen sollten. Einen Entzug des Mehrprodukts, das den Produzenten auf jeden Fall zurückerstattet werden müßte, beurteilen sie als scheinbaren Entzug. Die Subventionierung des Milch- oder Fleischpreises beispielsweise, das heißt, die Kompensierung dieser Ausgabenposten des Haushalts durch die Umsatzbesteuerung anderer Waren, ist ja bloß scheinbar eine redistributive Entscheidung. All diese Reformbestrebungen sind durchaus darauf ausgerichtet, die rationale Redistribution von traditionellen Elementen zu säubern.

Allein dadurch, daß die Mehrheit der Produkte von einer Wirtschaft als Ware behandelt wird, nähert sich diese Wirtschaft noch keineswegs dem selbstregulierenden Markt. Die entscheidende Frage ist nämlich der Definitionsmodus des Mehrprodukts, und in dieser Hinsicht ist für die rationale Redistribution unverändert die Vergleichung der Machtsphären charakteristisch, das heißt die durch die Wirtschaftsprozesse unkontrollierbare Entscheidung der Behörde. Wir müssen also die osteuropäischen Wirtschaftsreformer der sechziger Jahre gegen den Vorwurf des Revisionismus verteidigen, wir sehen nämlich in ihnen die direkten Erben der Rationalisierungstendenzen der Stalinschen Wirtschaftspolitik. Diese Reformer zogen das grundlegende Legitimationsprinzip der Redistribution nicht im geringsten in Zweifel, jenes Prinzip also, daß der teleologische Redistribuent über das gesellschaftliche Surplus an Produkten zu entscheiden hat und nicht der Kapitalbesitz, noch weniger die Selbstverwaltung der Arbeitskraftbesitzer. Die Reformer wünschten nichts anderes, als daß die Parteibürokraten, von denen die Wirtschaft durch volkswirtschaftlich unwissende, überstürzte und voluntaristische Anordnungen geführt wird, durch »computermäßig« planende und über ein hohes ökonometrisches Wissen verfügende Volkswirte ersetzt werden, von denen die Wirtschaft beziehungsweise die Gesellschaft effektiv reguliert und beherrscht werden kann.

bb) Die Spezifika der chinesischen Gesellschafts- und Wirtschaftsstruktur

Die Neue Linke Westeuropas pflegt sich gegenüber der osteuropäischen Wirtschaftsentwicklung als Alternativmodell auf die chinesische Wirtschaft zu berufen, in der Marktverhältnisse und die nicht-naturale Produktenverteilung einen sehr bescheidenen Platz einnehmen. Deshalb neigt die Neue Linke dazu, dieses Modell als geeigneten Ausgangspunkt für einen substantiellen Sozialismus zu interpretieren. Nach unserer Einschätzung unterscheidet sich der chinesische Sozialismus vom sowjetischen sozialistischen Modell vor allem dadurch, daß er der traditionellen Redistribution viel näher steht als dem Idealtypus der rationalen Redistribution. Die zentrale Umverteilung chinesischen Typs bezieht tatsächlich einen verhältnismäßig kleinen Teil der gesellschaftlichen Produkte in den Staatshaushalt ein. In China trat die Stalinsche Wende nicht ein, die zentrale Staatsmacht verwandelte weder den Großteil der Arbeitskraft noch den Großteil der zum Konsum für die

Bevölkerung bestimmten Produkte, ja nicht einmal den überwiegenden Teil der landwirtschaftlichen Produktionsmittel in Waren. Der chinesische Staat entwickelte sich deshalb nicht zu einer der modernen rationalen Redistribution entsprechenden Staatsmacht, weil einzelne Glieder der Gesellschaft und insbesondere die 85 Prozent des Volkes ausmachende Dorfbevölkerung nicht ständig und direkt mit der zentralen Staatsmacht konfrontiert werden.

Auch heute können wir den chinesischen Staat als segmentären Staat bezeichnen. Das bedeutet, daß die Redistribution nicht durch einen von oben nach unten laufenden Mechanismus der rationalen Bürokratie erfolgt, daß sie nicht die Gesamtheit der gesellschaftlich-wirtschaftlichen Tätigkeit umfaßt. Selbst der kleinste Beamte des bürokratischen Fachapparats steht verhältnismäßig hoch über den lokal organisierten kommunalen Einheiten, die nach Prinzipien scheinbarer Selbstverwaltung funktionieren und sich wirtschaftlich grundsätzlich selbst erhalten. Das bedeutet allerdings nicht im entferntesten, daß dieses Organisationsmodell weniger bürokratisch oder tatsächlich in größerem Maß Selbstverwaltung repräsentiert als das sowjetische Modell. Der bürokratische Fachapparat hat hier tatsächlich geringeren Umfang als in der Sowjetunion, größer dagegen ist die bürokratisch regulierte Sphäre der Produktion, weil hier auch die durch Naturalentscheidungen erfolgende Sachverteilung von den bürokratischen Aufgabenträgern durchgeführt werden muß, was unter den Bedingungen der rationalen Redistribution sowjetischen Typs die Bürokratie bloß in ihrem Rahmen reguliert.

Der aus den Kommunen fließende und unter die Verfügungsgewalt des zentralen Verteilungsapparats gelangende Güterüberschuß ist verhältnismäßig geringer, doch bedeutet das nicht im entferntesten, daß das Mitspracherecht der einzelnen Produzenten bei der quantitativen Festlegung des ihnen entzogenen Güterüberschusses auch nur in irgendeiner Form größer wäre als im sowjetischen Modell. So gesehen besitzt ein Sowjetbürger immer noch eine größere Autonomie bei der Auswahl der Konsumprodukte, da er seinen Lohn innerhalb des beschränkten Verbrauchermarkts bereits nach seinem Gutdünken verwenden kann. Die Tatsache, daß seine Arbeitskraft zur Ware geworden ist, liefert ihn zwar der professionellen Bürokratie stärker aus, doch ist er insofern auch emanzipiert, als er die über ihn geführte Aufsicht weitgehend entpersonifiziert und diese Aufsicht sich nicht auf alle Lebensbereiche, auf die Freizeit ebenso wie auf die Arbeitszeit, erstreckt. Unter dem Fachapparat der bezahlten Bürokratie steht in China die mächtige Hierarchie der unbezahlten Bürokratie, die ihre über die Menschen ausgeübte Kontrollmacht, wenn auch unentgeltlich, unbegrenzt ausweitet.

Da es nicht die zentrale rationale Redistribution ist, die die chinesische Gesellschaft integriert, ist eine noch strengere ideologische und politische Kontrolle als beim sowjetischen Modell zur Integration von Staat und Gesellschaft notwendig. Dies ist nur möglich, wenn jedem Ereignis der Gesellschaft eine ideologische Bedeutung beigemessen, wenn also jede individuelle Lebensäußerung in der Alternative von Treue oder Verrat faßbar wird. Das verleiht der Gesellschaft des heutigen China einen ausgeprägteren Bewegungscharakter, obgleich die Umzüge und Sprechchöre der organisiert bewegten Massen nie die Artikulation gesellschaftlicher Teilinteressen repräsentieren. Diese Riten sollen ihrer Funktion gemäß die Hingabe der Massen an die Etablierung der chinesischen Gesellschaft zum Ausdruck bringen, in der das Volk unter einem Führer ein einziges Ziel verfolgt. Die Aktivierung der Massen ist immer dann notwendig, wenn der Führer seinen nächsten Widersacher im Politbüro ausgemacht hat, den er samt dessen Fraktion von der höchsten Ebene der Machthierarchie verdrängen will.

Die Tatsache, daß die Organisationsformen der traditionellen Redistribution in China relativ intakt fortbestehen, bedeutet nicht, daß die chinesische Gesellschaft weniger bürokratisch ist als die sowjetische; sie ist es bloß auf eine andere Art. Da ein relativ kleinerer Anteil des Gesellschaftsprodukts in den Prozeß der zentralen Redistribution gelangt, sind weniger Redistribuenten, das heißt weniger Intellektuelle erforderlich. Da die chinesische Redistribution der Gegenwart allerdings in Abweichung von der traditionellen in wesentlichen strukturellen Elementen bereits rationale Züge trägt, sind die intellektuellen Klassenpositionen prinzipiell auch im chinesischen Sozialismus gegeben, und die Möglichkeit einer Organisation der Intelligenz als Klasse ist in historische Nähe gerückt. Heute allerdings dient das der Gesellschaft entzogene Surplus an Produkten in erster Linie der Entwicklung der Rüstungsindustrie, nur ein kleinerer Anteil wird im bürgerlichen Wirtschaftsmechanismus – in Form von Produktionssubventionen – zurückerstattet. So sind die teleologischen Redistribuenten Chinas in erster Linie Soldaten. Die Machtkämpfe der chinesischen Führung beschränken sich bloß auf Gruppen innerhalb der herrschenden Kaste, sie drücken die Rivalität zwischen der Parteibürokratie, der Staatsbürokratie beziehungsweise dem Generalstab aus; sie erstrecken sich nicht auf hier nicht genannte Intelligenzgruppen.

Wenn also die Reformbestrebungen Liu Chao Tschis – nach dem Modell der Stalinschen Wende – solcher Ausdehnung der rationalen Redistribution dienten, woraus sich das schnelle Anwachsen der chinesischen Arbeiterklasse und der Stadtbevölkerung ergeben hätte, so hat er eigentlich ein intellektuelles Klassenprogramm aufgestellt, obwohl er und seine Anhänger auf ideologischer Ebene als Wortführer der Arbeiterklasse und der Industrialisierung auftreten mußten. Es ist kein Zufall, daß sich die Hauptlinie der Gegenmaßnahmen nach dem Zusammenbruch der Reformbestrebungen gegen intellektuelle Gruppen außerhalb des internen Kreises der zentralen Bürokratie richtete. Wenn Hochschullehrer, Wissenschaftler und Künstler aus der Stadt in dörfliche Umerziehungslager verbannt wurden, rechnete man in Wirklichkeit mit jenen Gruppen der Intelligenzklasse ab, die unter dem Vorwand der Rationalisierung der rationalen Redistribution ihre eigene intellektuelle Klassenmacht auf Kosten der zentralen Bürokratie ausdehnen wollten.

Insofern war die Kulturrevolution nichts anderes als der Kampf der zur herrschenden Kaste gehörenden Intellektuellen gegen die Organisation der nicht zur herrschenden Kaste gehörenden Intellektuellen zur Klasse. Als Begleiterscheinung wurde diese Bewegung durch den Kampf gegen die Staatsbürokratie ergänzt, die zwar Teilhaber der herrschenden Kaste ist, jedoch wegen ihrer technokratischen Einstellung am ehesten an der Erweiterung der Machtbasis der Intelligenz interessiert ist. Der Dämon der maoistischen Ideologie ist der Berufsintellektuelle, dessen gesellschaftlicher Status relativ unabhängig von der politischen Hierarchie ist. Das verleiht Maoismus und Stalinismus eine bestimmte prinzipielle Gemeinsamkeit, obwohl dem die grundlegende Verschiedenheit der konkreten Wirtschafts- und Gesellschaftspolitik zu widersprechen scheint. Stalin formte aus den Bauern Arbeiter, die Landwirtschaft behielt er als einen separaten Zweig bei, entzog ihr sämtliches Surplus an Produkten, ordnete die landwirtschaftliche Entwicklung unerbittlich der Industrialisierung unter, und im Interesse des Ganzen lockte er die Dorfbewohner in die Städte. Mao tat das diametral Entgegengesetzte. Beiden gemeinsam ist aber das Machtmonopol der herrschenden Intelligenzschicht und die Verteidigung dieses Monopols mit den brutalsten Mitteln, das heißt die Verhinderung der Organisation der Intelligenz als Klasse. Die Intellektuellenverfolgungen der dreißiger Jahre in der Sowjetunion verliefen – unter anderem – deshalb blutiger als die Kulturrevolution in China, weil in der Sowjetunion die Gefahr der Organisation zur Klasse unmittelbarer war. Betrachten wir die Wirtschaftsstruktur, so hat Stalin nämlich – durch eine überstürzte gesellschaftliche Gesamtentwicklung zum System der rationalen Redistribution – gleichzeitig auch die Voraussetzungen für die Organisation der Intelligenz als Klasse geschaffen. In dem Maß, in dem die zentrale chinesische Staatsmacht sich erhebt, um die strukturellen Prinzipien der traditionellen Redistribution gegen die Elemente der rationalen Redistribution zu tauschen, wird auch in China der Kampf innerhalb der Intelligenzklasse die politischen Kämpfe innerhalb des herrschenden Stands ablösen.

III. Die geschichtlichen Vorläufer der Organisation der Intelligenz als Klasse

1. Ist die Intelligenz ein Stand, eine Schicht oder eine Klasse?

In unseren bisherigen Ausführungen haben wir darauf hingewiesen, daß die verschiedenen Gesellschaften jene Wissensform, die sie als intellektuelles Wissen akzeptieren, unterschiedlich definieren. Weiterhin haben wir angemerkt, daß die Besitzer solchen Wissens in jeder Epoche unterschiedliche strukturelle Positionen in Abhängigkeit davon einnehmen, welche Bedeutung die bloß durch intellektuelles Wissen legitimierbare Macht im gesellschaftlichen Reproduktionsprozeß hat. Von intellektueller Klassenposition, so haben wir gesagt, können wir nur in einer Gesellschaft sprechen, in der entsprechend den wirtschaftlichen Integrationsprinzipien der rationalen Redistribution gerade das intellektuelle Wissen ein Verfügungsrecht über das Mehrprodukt garantieren kann. Der Sozialismus ist also die erste Gesellschaft, in der das Fachwissen – sich vom Unbewußten der Gesellschaft gegen Ende der Periode des frühen Sozialismus immer klarer abhebend – zum herrschenden Legitimationsprinzip wird.
Wir haben auch darauf hingewiesen, daß jede komplexe Gesellschaft das intellektuelle Wissen als Legitimation bestimmter Gewalten akzeptiert, daß aber jede Gesellschaft vor dem Ausbau der Gesellschaftsstruktur der rationalen Redistribution dieses intellektuelle Legitimationsprinzip dem hiervon abweichenden herrschenden Legitimationsprinzip unterordnet. In den vorkapitalistischen, jedoch bereits komplexen Gesellschaften – sowohl in den Gesellschaften des westeuropäischen Feudalismus als auch in denen der asiatischen Produktionsweise – garantiert das intellektuelle Wissen seinen Besitzern ständische Macht.

Unter den Verhältnissen des selbstregulierenden Markts sichert das Fachwissen der Intelligenz bereits eine Schichtposition, eine dazwischenliegende strukturelle Position also, durch die die Intellektuellen sich teils in der Position der Kapitaleigentümer, teils in der der Arbeitskraftbesitzer befinden, wodurch es gleichsam möglich wird, ihrer autonomen Entscheidung gemäß als organische Intelligenzschicht der einen oder der anderen Klasse zu fungieren.

a) Der klassische vorkapitalistische Status: Stand der Teleologie

In den vorkapitalistischen Gesellschaften markiert die Ständeposition des Priestertums jene strukturelle Position, zu der die Besitzer des intellektuellen Wissens berechtigt sind. Wenn auch nicht jeder Intellektuelle Priester ist, und wenn auch nicht jeder Priester Intellektueller ist, so wird doch jegliches intellektuelle Wissen vom die Teleologie der religiösen Transzendenz tragenden Priesterstand hierarchisch eingeordnet. Dieser bringt die unmittelbaren Personifikatoren des telos, die Doktoren der Theologie, die Kirchenrechtler, in die intellektuellen Schlüsselpositionen, und dieser Priesterstand setzt den Chirurgen, den Architekten oder auch den Maler dem Niveau der Handwerksmeister gleich, wobei den Malern allerdings eine mittlere Position zukommt, wenn sie in der die priesterliche Ständemacht repräsentierenden Kirchenkunst den gerade herrschenden Geist der Theologie darstellen und so Werke schaffen, die das Gefallen der hohen Geistlichkeit verdienen. Da die traditionellen Gesellschaften Macht und Privilegien nur für transzendentes theologisches Wissen zusichern, garantiert jede sonstige Wissensform nur im Verhältnis zu diesem

Wissen deren Besitzern Macht und Auskommen. Jemand, der irgendeine grundlegende Lehre der Kirche anzweifelt, welch großes Wissen er auch immer besitzen mag, kann unter den klassischen Bedingungen der traditionellen Gesellschaften prinzipiell kein Intellektueller sein.
Durch ihre Professionalisierung versucht die Intelligenz, sich gerade aus dieser Ständeposition zu befreien, und auf dem preisregulierenden Markt wird sie bereits zu einer von den ständischen Bindungen und dem ständischen Ausgeliefertsein emanzipierten Gesellschaftsschicht. Aus dieser Schichtposition geht sie dann weiter auf dem Weg der Organisation zur Klasse, wobei sie die programmatische Ideologie einer Gesellschaft konzipiert, in der das intellektuelle Wissen bereits das herrschende Legitimationsprinzip zum Machtbesitz wird. Nach unserer Hypothese kann die Geschichte der strukturellen Positionsveränderungen der Intelligenz mit den Prozessen der Organisation vom Stand zur Schicht beziehungsweise von der Schicht zur Klasse beschrieben werden, vorausgesetzt, daß diese drei strukturellen Positionen den Bedingungen der traditionellen Redistribution, des selbstregulierenden Markts oder der rationalen Redistribution entsprechen.

b) Die Differenzierung der Positionen um die geschichtlichen Grundpositionen

Für uns ist die Standes-, Schicht- oder Klassenposition allerdings nicht bloß eine geschichtliche Typologie der strukturellen Positionen der Intelligenz. Wir nehmen nämlich an, daß sich die Intelligenz in allen Geschichtsepochen nach diesen drei strukturellen Positionen differenziert, obwohl die Natur der Differenzierung durch die adäquate intel-

lektuelle Grundposition der gegebenen Zeit bestimmt wird. So tauchen also auch die Umrisse der Schichtenrolle der Intelligenz auf, obwohl sie in der traditionellen Redistribution primär eine ständische Position einnimmt, die die Intellektuellen, die weniger auf den Schutz des Standesstatus angewiesen sind, infolge ihres eminenten Fachwissens geradezu als Fessel für ihre Tätigkeit empfinden. Um sich hiervon einigermaßen zu befreien, gilt ihre Suche anderen Abnehmern ihres Fachwissens oder ihrer geistigen Produkte außerhalb des Priesterstands. Solche Käufer finden sie in den Fürsten, Feudalherren, städtischen Patriziern, in all jenen Machtinstanzen also, die bemüht sind, das Machtübergewicht der Kirche, auch wenn sie sie akzeptieren, einzuschränken. Ihre weltlichen Teilinteressen vertreten sie in jener Epoche auch gegen die Obrigkeit der Kirche, und sei es in einem Waffengang mit der Kirche. Intellektuelle, die einen Status zwischen den Ständen suchen – seien es Maler oder Ärzte, Söldnerhauptmänner oder Astrologen, Geschichtsschreiber oder Musiker –, sind die Urbilder der Intelligenz in der Marktwirtschaft. Ihre aus der Ständeposition herausführende Marginalisierung schmiedet sie zu einer mehr oder weniger einheitlichen Schicht zusammen.
Die ständischen Besonderheiten der Intelligenz verschwinden allerdings noch nicht restlos, bloß weil sie sich eine Schicht- oder gar Klassenposition erkämpft. Die Ärzte- oder Rechtsanwaltkammer garantiert ihren Mitgliedern auch unter den klassischen Bedingungen des preisregulierenden Markts gegen die Kompetition, d. h. die Konkurrenz, eindeutigen Standesschutz. Militär- oder Marineakademien und auch Diplomatenschulen stellen bei der Bewerberauswahl Standesforderungen. Den Hörern werden die Regeln des Standesverhaltens eingeimpft. Doch erhalten sie dadurch gleichzeitig auch Sonderprivilegien, durch die sie

im Rahmen der Intelligenzberufe mit dem Merkmal der isolierten Standeselite ausgestattet werden. Doch wie wir sehen werden, verschafft sich der herrschende Stand in der rationalen Redistribution ebenfalls eine bevorzugte Stellung, der herrschende Stand, der in der Epoche des frühen Sozialismus sogar fähig ist, seine Standesinteressen über die Interessen der Intelligenzklasse zu setzen und dadurch über eine ganze Geschichtsepoche hinweg die sich als Klasse organisierende Intelligenz an der Erringung und Ausübung der Klassenmacht zu hindern. Auch ihr Schichtinteresse vermag die verschiedenen Intelligenzgruppen in der rationalen Redistribution zusammenzuschließen, das Interesse also, das Fachwissen als solches auch ohne teleologische Beiträge anerkannt zu wissen, unabhängig von der Redistribuentenmacht der Intelligenz. Die innere Gliederung der Intelligenz in einer Epoche, vor allem die Kämpfe von Gruppen der Intelligenz und die ideologischen Alternativen der intellektuellen Kultur, können wir nur verstehen, wenn wir die konfliktträchtige Verbindung der herrschenden strukturellen Position mit den zwei anderen hinzukommenden Positionen untersuchen.

c) Die Schizophrenie in der Kultur der Intelligenz als Triebkraft der Positionsveränderungen

Um sich als Klasse organisieren zu können, muß die Intelligenz ihre traditionelle Ständeposition aufgeben, muß sie sich säkularisieren und das intellektuelle Fachwissen neuen Typs schaffen: das professionelle intellektuelle Wissen. Der kathartische Anspruch, der die Intelligenz bis zur Erringung der eigenen Klassenposition zu führen vermag, kann nur im Bewußtsein des intellektuellen Fachmanns auftre-

ten. Unmittelbarer historischer Vorläufer der Intelligenzklasse ist also die Intelligenzschicht, die unter den Bedingungen des preisregulierenden Markts die eigene genetische Position und den transzendenten Auftrag nicht in Einklang bringen kann und als Antwort auf dieses Dilemma die Ideologie des Sozialismus, die Ideologie der rationalen Redistribution entwickelt.
Gerade deshalb müssen wir zumindest andeutungsweise erst einmal auf die Situation der Intelligenz unter den Bedingungen des kapitalistischen preisregulierenden Markts eingehen und im Zusammenhang damit zeigen, wie sich in den kapitalistischen Gesellschaften die Schizophrenie der Intelligenz herausbildet, von der die Intelligenz sich mit Hilfe der Idee des Sozialismus zu kurieren versucht. Antwort verlangt auch die Frage, weshalb diese Idee in den klassischen Marktwirtschaften sich nicht als herrschende intellektuelle Ideologie konsolidieren konnte und womit erklärt werden kann, daß gerade die Intelligenz Osteuropas den Weg zur Organisation als Klasse beschritten hat, in Gesellschaften also, in denen der preisregulierende Markt lediglich begrenzten Einfluß hatte und infolgedessen die professionellen Intellektuellen keine gefestigte Schichtposition erringen konnten. Obwohl die Klassenideologie der Intelligenz von der Schicht gewordenen Intelligenz des Westens konzipiert wurde, sind deren Intentionen dennoch von der osteuropäischen Intelligenz realisiert worden, die sich nur zu einem kleineren Teil von ihren ständischen Bindungen befreien konnte. Die bürgerliche Marktwirtschaft gab der osteuropäischen Intelligenz nicht genügend Arbeitsmöglichkeiten, weshalb sie, wollte sie nicht in ihre Standesposition zurückfallen, für eine Gesellschaft kämpfen mußte, in der sie sich, an die Stelle der Bourgeoisie tretend, nicht nur von den Standesfesseln befreien, sondern sich

auch über die Marktgesetze erheben und die Wirtschaft, inklusive natürlich den Arbeitskräftemarkt, ihren Klasseninteressen unterordnen konnte.

2. Die Intelligenzschicht in den preisregulierenden Marktwirtschaften

a) Der Intellektuelle zwischen Kapitalist und Proletarier

Die grundlegende Klassenstruktur der auf dem preisregulierenden Markt basierenden kapitalistischen Gesellschaft bildet sich durch den Gegensatz von Kapitalbesitzern und ihrer Produktionsmittel beraubten Arbeitskraftbesitzern heraus. In dieser dichotomischen Klassenstruktur sind auch die Intellektuellen – ähnlich allen übrigen Produkt- oder Arbeitskraftbesitzern – gezwungen, ihre Geistesprodukte beziehungsweise ihre Arbeitskraft entsprechend den Gesetzmäßigkeiten des Markts als Ware anzubieten. Da die Intellektuellen nicht über Kapital oder Produktionsmittel verfügen, zumindest nicht als Besitzer des intellektuellen Fachwissens, ähneln sie in ihrer grundlegenden strukturellen Position am ehesten den Arbeitern.

Die Besonderheit des intellektuellen Fachwissens hebt die Intellektuellen indes vom Proletariat ab. Hinsichtlich ihrer Position auf dem Arbeitsmarkt steht die Intelligenz dem Proletariat näher, hinsichtlich ihres Einkommens und ihrer Lebensform dagegen eher dem Bürgertum. Während der Arbeiter dem Arbeitsmarkt ausgeliefert ist, kann sich die Intelligenz in gewissem Umfang eine Monopolstellung sichern, indem sie die Besetzung akademischer Positionen von einem kostenaufwendigen Hochschulabschluß abhängig macht. So besitzt das durch die Hochschulen garantierte und geschützte intellektuelle Fachwissen auf dem Arbeitsmarkt relativen Seltenheitswert, das heißt, der Intelligenz gelingt es, für sich permanent sicherzustellen, daß der intellektuelle Arbeitsmarkt ein Markt der Verkäufer ist.

Die Intelligenz tritt allerdings auf dem Markt nicht nur als Arbeitskraftbesitzer auf, sondern in gewissem Sinne auch als Kapitalbesitzer. Die Intellektuellen können ihr Fachwissen ebenso als Produktionsmittel zur Geltung bringen. Viele verwerten deshalb nicht in erster Linie ihre Arbeitskraft, sondern eher die durch ihr Wissen hergestellten Geistesprodukte. Der Architekt muß sich nicht unbedingt bei einem kapitalistischen Unternehmer anstellen lassen, um existieren zu können. Als Architekt kann er auch selbständiger Unternehmer sein. Ähnlich kann der Jurist eine freie Rechtsanwaltspraxis eröffnen, der Arzt eine Privatpraxis; auf diese Weise können die meisten Vertreter der Intelligenzberufe selbst entscheiden, ob sie gegen Arbeitslohn arbeiten oder gegen Entrichtung des für die intellektuellen Leistungen oder Geistesprodukte üblichen Marktpreises. Ein bedeutender Teil der Intellektuellen hat also die Möglichkeit, nicht seine Arbeitskraft anbieten und so für andere Profit machender Lohnarbeiter sein zu müssen; Intellektuelle können freischaffende Unternehmer sein, die auch selbst am Profit beteiligt sind (klassisches Beispiel für diesen Typ ist der Anwalt, der sein Honorar prozentual nach dem Gewinn der von ihm abgewickelten Wirtschaftsunternehmung festlegt). Die Intelligenz in der kapitalistischen Gesellschaft ist also ebenso Kapitalist wie Arbeiter, und deshalb halten wir die Marxsche Analyse für richtig, in der die Intelligenz als Schicht beschrieben wird.

b) Der Preis für die Befreiung von der Standesabhängigkeit: Abhängigkeit vom Markt

Seit die Intelligenz als gesellschaftliche Schicht angesprochen werden kann, braucht sie dem Feudalherren persönliche Dienste nicht mehr zu erbringen, zu denen sie die Einrichtung des Mäzenats zwang und die die Existenzgrundlage zahlreicher intellektueller Tätigkeiten in der Epoche des Feudalismus waren. Der Musiker bekam sein Entgelt, weil er den Feudalherrn amüsierte, der Historiker, weil er die Großen der Familie glorifizierte, der Baumeister, weil er das Schloß des Lehnsherrn nach dessen detaillierten Instruktionen erbaute, der Astrologe, weil er seinem Herrn dessen Schicksal aus den Sternen ablas. Der Mäzen bewertete das Geistesschaffen der Intellektuellen als einen seiner Person zustehenden Dienst, dementsprechend bezahlte er ihn auch.

Auf dem preisregulierenden Markt wächst die Freiheit der Intelligenz, weil sie jetzt nicht mehr für den Mäzen, sondern im allgemeinen für anonyme oder zumindest doch für auf dem Markt ihr gleichrangige Besteller arbeitet. Allerdings sind die Kapricen des Geistesmarkts keineswegs durchsichtiger als die des Mäzens. Der Mäzen formulierte seine Wünsche aufgrund einer bekannten und fixen Wertordnung; der für den Markt produzierende Intellektuelle dagegen steht einer Wertordnung gegenüber, die er selbst ausfindig machen muß und die sich unabhängig von ihm verändert. Die Intelligenz geht also bei der Herstellung ihrer Geistesprodukte das Risiko ein, keinen Käufer dafür zu finden.

Für die schöpferischen Bestrebungen des Geistesschaffenden kann diese Wendung von Nutzen sein, weil dadurch die Möglichkeit entsteht, die Wertordnung des Publikums der seinen anzugleichen. Doch kann die Situation auch nachteilig sein, ist es doch leicht vorstellbar, daß das, was er für wertvoll hält und was vom Publikum im Nachhinein sogar akzeptiert wird, zu seiner Zeit vom Markt abgelehnt wird. Während der Künstler oder Wissenschaftler früher in der

Rangstufe unter dem Mäzen stand, fühlt sich der bürgerliche Intellektuelle dem Bürger zumindest ebenbürtig, wenn nicht überlegen. Dieses Selbstgefühl wird unterstützt durch den sich in den Geist des Kapitalismus einfügenden Kult der kreativen Individualität, der dem Künstler oder Wissenschaftler nicht bloß in Intellektuellenkreisen, sondern auch in der breiteren öffentlichen Meinung, die unter dem Einfluß der intellektuellen Kultur steht, so große Achtung zuteil werden läßt, womöglich gar größere als dem Ministerpräsidenten oder dem Großkapitalisten.
Hieraus folgt der Anspruch der Intelligenz, daß die Bewertungsnormen ihrer Arbeit, oder pathetischer ausgedrückt: ihrer Werke, nicht von den Verbrauchern bestimmt werden, die schließlich weniger Ahnung von diesem Handwerk haben, sondern vom naturgemäß aristokratischen Kreis der Fachleute, die ihre Normenwelt mehr und mehr der herrschenden Massennorm aggressiv entgegensetzen. So schmieden die Intellektuellen, die ihre Arbeitskraft oder ihre Geistesprodukte auf dem Markt nicht verwerten können, aus ihrem Mißerfolg eine moralische Waffe, und gleichzeitig schaffen sie in den Künstlergettos der Großstädte die frühe intellektuelle Gegenkultur, die nicht nur einen geeigneten Rahmen für den künstlerischen, sondern auch für den politischen Aufruhr abgibt.

c) Die Marktgegnerschaft der Intelligenz

Die Effektivität des preisregulierenden Markts wird so zum ersten Mal auf dem Markt der Geistesprodukte angezweifelt, weil es die schöpferische Intelligenz für unwürdig hält, daß der Wert ihrer Werke von einem unpersönlichen Markt bestimmt wird. Nicht viel später werden bereits auch jene Ideologien geboren, die im allgemeinen die Effektivität des Markts anzweifeln und darin das Urböse erblicken, in den Warenverhältnissen, im Geld die Antikultur erkennen und gerade deshalb die Überwindung der Kompetition, d. h. des Wettbewerbs, und im allgemeinen der Marktverhältnisse in den Mittelpunkt des Humanisierungsprogramms stellen.

In der Kunst signalisiert die Romantik, in der politischen Ideologie die Epoche des utopischen Sozialismus, daß die Intelligenz für sich eine neuartige teleologische Mission beansprucht. Sie akzeptiert nicht länger, daß die tatsächlichen gesellschaftlichen Bedürfnisse durch die Marktnachfrage ausgedrückt werden, und sie hält es durchaus für die Aufgabe einer intellektuellen Avantgarde, die wahren Bedürfnisse, die progressive Wertordnung zu formulieren. Deshalb versucht sie, wenigstens utopisch jene gesellschaftlichen Voraussetzungen zu beschreiben, unter denen die Normen der Avantgarde Verbreitung finden und den Charakter gesamtgesellschaftlicher Norm annehmen, nämlich durch das lenkende, aufklärende und die regulativen Marktprinzipien überwindende pädagogische Wirken der Intelligenz.

Sobald die Intelligenz das Funktionsprinzip des Markts anzweifelt, wird auch ihr eigener Platz in der Gesellschaftsstruktur problematisch. Der Inhalt der organischen Intellektuellenrolle hat keine Gültigkeit mehr, die Intellektuellen können sich nicht damit zufrieden geben, die verschiedenen gesellschaftlichen Teilinteressen zu formulieren, sondern sie müssen mehr, sie müssen das gesamtgesellschaftliche Interesse vertreten. Dieser Auftrag der Intelligenz erhält zugleich auch einen moralischen Akzent; denn jene Intelligenz, die dem Markt dient, indem sie der konjunkturellen Nachfrage nachgibt, und gemessen am gesamtgesellschaftlichen Interesse als Sprachrohr partieller, also untergeordneter Interessen wirkt, ist immoralisch.

d) Der neue teleologische Auftrag der Intelligenz

Der Anspruch auf einen neuen teleologischen Auftrag der Intelligenz wird auch in den Ideologien der utopischen Sozialisten formuliert. Doch da sie die konfliktbeladenen Klassenverhältnisse in der kapitalistischen Gesellschaft nur moralisch negieren, können sie den Begriff des gesamtgesellschaftlichen Interesses nicht nur nicht mit wissenschaftlichem, sondern auch nicht mit politischem Inhalt ausfüllen. Die historisch bedeutende ideologische Neuerung des Marxismus besteht darin, daß er die Analyse der realen Klassenverhältnisse der kapitalistischen Gesellschaft mit der Konkretisierung des Auftrags der radikalen Intelligenz verbindet, mit der Aufgabe also, die Interessen der Arbeiterklasse zu artikulieren. Die wissenschaftlichen Anspruch erhebende Prognose des Marxismus signalisiert den Aufstieg der Arbeiterklasse als herrschende Klasse von vornherein dergestalt, daß sie die Interessen der Arbeiterklasse mit den Interessen der gesamten Menschheit identifiziert. In den Interessen der Arbeiterklasse verschmelzen sämtliche Teilinteressen zu einem einzigen gemeinsamen Interesse, und hierin erblickt die marxistische Prognose gleichzeitig die Überwindung von Teilinteressen. Damit setzt die linke sozialistische Gesellschaftskritik prinzipiell die Interessenidentität der ihre Transzendenz realisierenden Intelligenz und des seine Klassenposition bewußtmachenden Proletariats.

Im Denksystem des wissenschaftlichen Sozialismus sublimiert die Intelligenz ihre eigenen Machtbestrebungen und tritt als Sprachrohr der Arbeitermacht auf. Autorisiert wird die Intelligenz hierzu, weil sie die unmittelbaren Interessen der Arbeiterklasse *de facto* ideologisch konzipiert und dadurch die Entwicklung der Arbeiterbewegung voranbringt, zumal wegen der strukturellen Dichotomie der kapitalistischen Gesellschaft in der Periode des klassischen Kapitalismus als Alternative zum Interesse des Kapitalisten ausschließlich an das Arbeiterinteresse gedacht werden kann. Die linksorientierte Intelligenz der Epoche konnte nicht erkennen, daß sie in der Idee der sozialistischen Gesellschaft die Ideologie der intellektuellen Klassenmacht formuliert. In dieser Zeit existierte die Intelligenzklasse nämlich lediglich als Potentialität, die Arbeiterklasse dagegen bereits als empirische Realität. Folglich konnte die Intelligenz auch nicht ahnen, daß sie sich ein Jahrhundert später als Klasse organisieren wird, ja sie konnte nicht einmal ein kohärentes Schichtbewußtsein haben.

Mit anderen Worten, die Intellektuellen hielten sich nicht für Intellektuelle, sondern identifizierten sich mit jener gesellschaftlichen Klasse oder Gruppe, aus der sie stammten oder deren Interesse sie vertraten. Sie gingen in dieselbe ironische Falle der historischen Selbstreflexion wie jene bürgerlichen Revolutionäre, wie etwa die Jakobiner, die sich gegenüber den Feudalinteressen nicht als Wortführer der von ihnen mit Argwohn behandelten Bürger, sondern als Wortführer des ganzen Volkes wähnten. Es mußte eine ganze Geschichtsepoche vergehen, ehe Marx in den bürgerlichen Politikern von 1848, die die Jakobinerphraseologie beteuerten, die parodistischen Epigonen der wahren Jakobiner verspotten konnte, wobei er zu Recht infolge der Erfahrungen der Julirevolution auf die offensichtliche Tatsache hinwies, daß diese jakobinische Phraseologie lediglich die begrenzten Teilinteressen der Bourgeoisie verdeckte, die Interessen jener Klasse, die als Antwort auf die von der Arbeiterklasse errichteten Barrikaden schon damals nur mit der Ratio der Waffen zu antworten wußte. Wie also die Jakobiner nicht sehen konnten, daß ihre Ideologie die Interessen einer zur Zeit der Revolution noch nicht existierenden, doch damals entstehenden Kapitalistenklasse vertritt, genauso konnten auch die sozialistischen Denker des 19. Jahrhunderts nicht sehen, daß ihre Ideologie die Interessen der vor der sozialistischen Revolution noch nicht existierenden, doch als Folge davon entstehenden separierten Intelligenzklasse ausdrückt.

e) Diskussion in der westlichen Arbeiterbewegung über die Interessen der Intelligenz und der Arbeiter

Eine bescheidene Einschränkung könnten wir allerdings gelten lassen. Die erste große internationale Organisation der Arbeiterbewegung, die I. Internationale, die die unmittelbare Vertretung des Arbeiterinteresses und die Perspektivstrategie der sozialistischen Revolution in einer homogenen Einheit sah, fiel im wesentlichen deshalb auseinander, weil die Führer ihrer bedeutendsten Fraktionen, Marx, Bakunin und ihre Anhänger, sich gegenseitig verdächtigten, daß sie statt der Interessen der Arbeiterklasse die Macht einer beschränkten intellektuellen Elite realisieren wollten. Letzteres gab Bakunin im Etatismus an, Marx dagegen im Avantgardismus der sich hinter der anarchistischen Bewegung konspiratorisch verbergenden Allianz. In den folgenden Jahrzehnten mußten sich allerdings die sozialdemokratischen Massenparteien um die aktuell drängenden Interessen der inzwischen mächtig aufgeblähten Arbeiterklasse organisieren, die sozialdemokratischen Parteien, die

die sozialistische Ideologie mit dem Parlamentarismus der bourgeoisen Demokratie verknüpften und die Gewerkschaftskämpfe des wirtschaftlichen Interessenschutzes konsistent nur mit politischen Forderungen ergänzten, die den Interessen der Arbeiterklasse nicht bloß auf der Ebene eines Betriebs- oder Wirtschaftszweigs dienten, sondern auf nationaler Ebene durch vom Parlament verabschiedete Gesetze. Das bedeutete gleichzeitig, daß die Erringung der politischen Macht, der Aufbau eines neuen sozialistischen Staats, die Frage der proletarischen Revolution aufs Ganze gesehen nicht auf der Tagesordnung stand. Insofern, wenigstens auf der Ebene der Taktik, akzeptierten sie die kapitalistische Klassenherrschaft und verschoben den Zeitpunkt der Realisierung der Diktatur des Proletariats auf eine unbestimmte Zukunft, was andererseits auch bedeutet, daß sie gerade auf jene teleologischen Zielsetzungen der Arbeiterbewegung verzichteten, von denen sich nach ihrer Verwirklichung in Osteuropa *post facto* herausstellte, daß sie eigentlich Voraussetzungen der intellektuellen Klassenmacht sind.

f) Die Antwort der Bolschewiki

Um in der sozialistischen Bewegung die Einheit des wirtschaftlichen Interessenkampfs der Arbeiterschaft und des politischen Kampfs, der die Perspektive der sozialistischen Revolution vor Augen hält, wiederherzustellen, damit also der unmittelbare Interessenkampf der Arbeiterschaft dem um die Erringung der Macht geführten politischen Kampf untergeordnet wird, von dem sich später herausstellte, daß durch ihn die Klassenmacht der Intelligenz vorbereitet wurde, mußte auf der Bühne der Arbeiterbewegung jene bolschewistische Partei wahrhaft neuen Typs erscheinen, deren Mitglieder Lenins Definition zufolge nur dann militante Mitglieder sein können, wenn sie das Parteiprogramm nicht bloß akzeptieren, sondern sich den Beschlüssen der Parteiführung diszipliniert unterordnen und in den Grundorganisationen der Partei aktiv, sozusagen als Berufsrevolutionäre auch unter den Bedingungen der Illegalität, die große Selbstaufopferung verlangt, an der Verwirklichung des Programms arbeiten.

Dieses Programm barg notwendigerweise die Möglichkeit in sich – wie das von sämtlichen sozialdemokratischen Ideologen von Plechanow und Martow bis hin zu Kautsky und Luxemburg erkannt wurde –, daß sich die Partei in eine elitäre Vorhut verwandelt, an der die breiten Massen der Arbeiterklasse nicht teilhaben können oder nicht den Mut zur Teilnahme aufbringen. So nehmen die Intellektuellen, die die transzendente Wertordnung des Sozialismus als Lebensprogramm repräsentieren, die durch ihre Familie oder ihre intellektuelle Tätigkeit auch unter marginalen Verhältnissen leben können, die sich also von den empirischen Interessen der Arbeiterklasse, aber auch von ihren eigenen Interessen unabhängig machen können, in den Reihen der Partei eine herausragende Stellung ein.

Um diesen Wandel zu vollziehen, mußte der Gedanke des Sozialismus unter gesellschaftlichen Bedingungen Wurzeln schlagen, in denen die Intelligenz durch die ständige Versuchung des Markts weniger zur Artikulation verschiedener Teilinteressen korrumpiert wurde und die Arbeiterklasse wegen des relativ geringeren gesellschaftlichen Gewichts der empirischen Arbeiterklasse durch eine geschichtsphilosophische Abstraktion einfacher ersetzt werden konnte, die nun das Axiom der in der Partei organisierten Intelligenz als dem wahren Vertreter der Arbeiterinteressen nicht mehr verneinte. Damit also die Idee des wissenschaftlichen Sozialismus zum unmittelbaren Programm der intellektuellen Klassenmacht werden konnte, mußte sich die sozialistische Bewegung gerade unter den gesellschaftlichen Verhältnissen Rußlands zum Bolschewismus entwickeln, unter Bedingungen also, die den Parlamentarismus als Kulisse erscheinen ließen und unter denen die Polizeigewalt, gemessen an den Verhältnissen der Zeit, besonders repressiv war und jede politische Aktion der Arbeiterklasse in den Untergrund zwang.

Die sozialistische Entwicklung des Westens blieb in den ersten beiden Jahrzehnten dieses Jahrhunderts hinter der russischen Entwicklung zurück, und erst in der revolutionären Krisenperiode nach dem I. Weltkrieg beziehungsweise nach dem Sieg der Revolution durch die Bolschewiki versteht Lenin die historische Neuartigkeit der von ihm früher abgelehnten strategischen Wende. Zu dieser Zeit spaltet sich die westliche Bewegung in Kommunisten und Sozialdemokraten. Diese Spaltung des westlichen Sozialismus signalisiert die *great transformation* (Polanyi), die Zerfallsperiode des selbstregulativen Markts, während die Intelligenz unter den Verhältnissen des staatsmonopolistischen Kapitalismus für sich einen neuen Platz sucht.

3. Die Intelligenz im staatsmonopolistischen Kapitalismus

Nach der Weltwirtschaftskrise bauen auch die kapitalistischen Gesellschaften in ihre Wirtschaft immer mehr Redistributionsmechanismen ein, teils aus sozialpolitischer Zielsetzung, teils im Interesse einer Regulierung des Reproduktionszyklus. Die traditionelle preisregulierende Marktwirtschaft löst sich auf, und der staatsmonopolistische Kapitalismus nimmt mehrere Wirtschaftssphären aus dem Funktionsmechanismus des Markts heraus, den er durch Redistributionsmechanismen ersetzt. Wie wurde die strukturelle Position der Intelligenz von der *great transformation* in Gesellschaften beeinflußt, die zwar das Prinzip des Privatbesitzes an Produktionsmitteln beibehalten haben, dafür aber den Intellektuellen bei der Wirtschafts- und Gesellschaftslenkung eine immer größere Bedeutung zugestehen? Können wir – ausgehend von der ständig zunehmenden Macht der Intelligenz – von der Organisation der Intelligenz als Klasse unter den Bedingungen des staatsmonopolistischen Kapitalismus sprechen?

a) Staatsmonopolistischer Kapitalismus und sozialistische rationale Redistribution

Durch die Anwendung von Redistributionsmechanismen erhält die kapitalistische Wirtschaft genau so wenig rationalen Redistributionscharakter, wie die sozialistische Wirtschaft sich auch dadurch nicht dem Kapitalismus zuwendet, daß sie bei der Regulierung der Wirtschaftsprozesse den Waren- und Geldverhältnissen des Markts

Raum gibt. Zwischen den beiden Systemen, deren Funktionsprinzip sich grundlegend voneinander unterscheidet, besteht ein Qualitätsunterschied. Zwischen der staatsmonopolistischen Marktwirtschaft und der rationalen Redistribution gibt es keinen stufenweisen Übergang. Es wäre ungenau, die Frage so zu formulieren: Wie groß ist der Anteil der Wirtschaftstätigkeit, der vom Markt oder von der Redistribution reguliert wird? Es hätte nicht viel Sinn, zu zeigen, daß sich in diesem Zusammenhang eine Skala nachweisen läßt, angefangen von den Vereinigten Staaten, wo die Redistribution am geringsten ist, über Schweden bis zu Jugoslawien – bei beiden spielt die Redistribution eine ähnliche Rolle – und von hier aus bis zur Sowjetunion oder zu China, wo dem Markt eine ebenso geringe Bedeutung zukommt wie in den Vereinigten Staaten der Redistribution.

Die Grundfrage des Vergleichs der Wirtschaftssysteme besteht eher darin, welche Kriterien im einen oder anderen System das Verfügungsrecht über das Mehrprodukt legitimieren und welche Faktoren die relative Größe des Mehrprodukts bestimmen. Gleich wieviel Steuern der Staat aus dem Mehrprodukt herauszieht – solange der Markt das Mehrprodukt als Differenz von Produktionskosten und Verkaufspreis definiert und solange der Kapitalbesitz ausreichenden Rechtsanspruch auf die Verfügung über das Mehrprodukt gewährt, behält die Gesellschaft immer ihren kapitalistischen Charakter bei. Die kapitalistische Wirtschaft nutzt die Redistribution gerade zur Funktionsverbesserung des Markts, doch ordnet sie die Redistribution der Marktlogik unter, während die sozialistische Wirtschaft zur Verbesserung der Funktionsfähigkeit der Redistribution die Marktverhältnisse nutzt, diese aber der Redistributionslogik unterordnet.

Die Entwicklung der Redistributionsmechanismen machte also den staatsmonopolistischen Kapitalismus effektiver, doch brachte sie nicht den Ausbau der Klassenposition des teleologischen Redistribuenten mit sich. Folglich sind in den westlichen Gesellschaften die wirtschaftlichen Voraussetzungen für die Organisation der Intelligenz als Klasse nicht vorhanden. Es ist allerdings wahr, daß die Redistribution auch an sich die ökonomische Macht der intellektuellen Fachleute wesentlich erhöht. Damit verbunden ist das Bestreben der zahlmäßig immer stärker zunehmenden führenden Technokraten, sich eine Art Klassenmacht zu verschaffen. Doch wenn auch der Redistribuent im staatsmonopolistischen Kapitalismus eine immer größere Rolle spielt, so bildet sich doch um seinen Status keine Homogenisierung der Sphären von Wirtschaft und Politik heraus und keine monopolistische Ideologie, die die Redistributionsverhältnisse auf allen Gebieten von Wirtschaft und Gesellschaft totalisiert.

Eine unserer Grundthesen bei der Strukturanalyse der sozialistischen Gesellschaften ist, daß der Status des teleologischen Redistribuenten lediglich eine zentrale Organisationsposition der Intelligenzklasse ist. Folglich sind nicht nur jene Mitglieder der Intelligenzklasse kraft ihrer Amtsgewalt unmittelbar berechtigt, über das gesellschaftliche Mehrprodukt zu verfügen, sondern all jene, die das Ethos der rationalen Redistribution schaffen, erhalten und zur umfassenden Ideologie der gesamtgesellschaftlichen Kultur erheben.

Auch wenn die professionellen Redistribuenten im staatsmonopolistischen Kapitalismus auftreten, bilden sie bestenfalls eine spezielle Intelligenzschicht, gewissermaßen eine organische Intelligenz der herrschenden Klasse, und zwar selbst dann, wenn diese Technokratie auch selbständige wirtschaftliche und politische Macht besitzt. Allein die Tatsache, daß die Technokratie Macht hat, besagt noch nicht, daß sich um sie herum die Intelligenzklasse organisiert. Dies schon deshalb nicht, weil die Geltung der beiden anderen Legitimationsprinzipien die Hegemonie des Legitimationsprinzips des intellektuellen Fachwissens beschränkt oder nicht einmal zur Entfaltung kommen läßt, nämlich bei der Verteilung der Haushaltsmittel die Souveränität des auf dem Vertretungsprinzip basierenden politischen Mechanismus, in der Politik des Privatkapitals dagegen das unmittelbare Verfügungsrecht der Kapitalbesitzer.

Diese beiden alternativen Legitimationsprinzipien zwingen die Technokratie ununterbrochen, ihre eigene Sicherheit lediglich in der Rolle der Exekutive zu erblicken, weil dies die Sphäre ist, zu der sie ihr Legitimationsprinzip berechtigt. Hieraus kann sie sich nur befreien, wenn sie die politischen Entscheidungen durch ihre gutachterlichen Vorschläge oder *ab ovo* den eigenen Intentionen entsprechend manipuliert oder aber auf technische Fachfragen reduziert. Da allerdings jede als Fachfrage formulierte politische Frage von vornherein auf dem pluralistischen Feld von Wirtschaft und Politik mit andere Interessen vermittelnden Fragestellungen oder Vorschlägen konfrontiert wird, finden diese kompetitiven Interessen notwendigerweise ihren technokratischen Apparat. Auf diese Weise wird der Kampf der technokratischen Gruppen zwangsweise in der Öffentlichkeit ausgetragen. Folglich wäre es ungenau, den Begriff der Technokratie in der Einzahl zu benutzen. Eigentlich können wir nur von antagonistischen Technokratien der sich nach verschiedenen Richtungen organisierenden Interessen sprechen.

b) Die Polarisierung der Intelligenz im staatsmonopolistischen Kapitalismus

Im staatsmonopolistischen Kapitalismus differenziert sich die speziell intermediäre Schichtposition der Intelligenz zwischen Kapitalisten und Arbeitern beachtlich: Es hebt sich eine intellektuelle Berufsgruppe ab, deren Macht wesentlich zunimmt und die sich in vielerlei Hinsicht mit den Kapitalbesitzern die ökonomische Macht beziehungsweise mit den auf der Grundlage des Vertretungsprinzips gewählten Politikern die politische Administration teilt. Parallel dazu sind allerdings auch Intelligenzgruppen vorhanden, die deutliche Proletarisierungstendenzen aufweisen, also zu einfachen Arbeitskraftbesitzern werden. Zur Anwendung des intellektuellen Fachwissens ist nämlich der Besitz von in den grauen Gehirnzellen gespeicherten Kenntnissen immer weniger ausreichend, und es besteht ein erhöhter Bedarf an objekt-technischen Mitteln der intellektuellen Arbeit, ein erhöhter Bedarf an immer kostenaufwendigeren Versuchseinrichtungen, Computern usw., mit einem Wort, an modernen und komplizierten Produktionsmitteln der technisch-wissenschaftlichen Revolution, über die nur das Großkapital oder die technokratischen Organisationen verfügen und ohne die das intellektuelle Fachwissen bloß potentiellen Charakter hat.

Durch die Herausbildung der umfassenden instrumentellen Ausrüstung, der vielseitigen Kooperation und Teamarbeit wird die wissenschaftliche Arbeit immer mehr eine kapitalintensive Tätigkeit, und die Forscher sind gezwungen, sich in große Produktionseinheiten einzufügen. An den Forschungskosten sinkt der Anteil des Forschergehalts mehr und mehr, der Kostenanteil der Mittel beziehungsweise der maschinellen Leistungen wird immer größer. Dieser Umstand veranlaßt die Finanziers zu größter Vorsicht: sie brauchen Garantien dafür, daß sich ihre wissenschaftlichen Investitionen rentieren. Deshalb müssen sie unter den um die Forschungsbedingungen konkurrierenden Intellektuellen möglichst nach bestimmten Kriterien auswählen: Der Forscher sollte eine solide, entsprechend spezialisierte Fachkenntnis besitzen, eine gleichbleibende Arbeitsdisziplin sowie die Bereitschaft zur Kooperation und Unterordnung. Die Erfüllung dieser Kriterien gewährleistet gediegene Forschungsergebnisse, selbst wenn vielleicht auch keine genialen individuellen Entdeckungen zu erwarten sind. Die Rolle der individuellen Inventionen und der Forscherpersönlichkeit verliert also in den Fabriken der Wissenschaft immer mehr an Bedeutung, während die Bedeutung der routinierten, abstrakten Arbeit ständig zunimmt.

Jene glücklichen Gruppen der Intelligenz also, die aufgrund immer spezifizierterer Kriterien durch die Personalpolitik der Forschungsfinanziers den teuren Einrichtungen gewissermaßen als Zubehör zugeordnet werden, obwohl ihnen eine hohe materielle Versorgung zuteil wird, spüren ihre immer größere Entfremdung von den Forschungsprozessen, die von oben gelenkt werden und wegen der umfassenden Spezialisierung immer weniger überschaubar sind. Um ihre Arbeit verrichten zu können, haben diese Intellektuellen die im Kapitalbesitz befindlichen Produktionsmittel genauso nötig wie die Arbeiter. Deshalb verwandeln sie sich sowohl im Hinblick auf den Charakter des Arbeitsprozesses als auch im Hinblick auf ihre Position auf dem Arbeitsmarkt schließlich in hochqualifizierte Arbeiter.

Elementares Interesse des in der wissenschaftlichen Forschung gebundenen Kapitals ist es also, daß die Universitäten den oben skizzierten Bedürfnissen entsprechende Arbeitskräfte produzieren. Deshalb versucht das Kapital, die Universitäten durch seine Subventionspolitik dahingehend zu beeinflussen, daß auch sie spezialisierte Fabriken der spezialisierten Arbeitskraft sind und eine ebenso stetige, quantitative Massenproduktion bieten wie die modernen Großbetriebe.

Die Studentenbewegungen der sechziger Jahre sind vor allem auf die Ablehnung dieser Proletarisierung zurückzuführen. Die Studentenschaft will sich damit nicht abfinden, daß das Kapital durch die Vermittlung der Universitäten, dadurch also, daß es die Universität zu einer Ausbildungsstätte für hochqualifizierte Facharbeiter umwandelt, die Proletarisierung der Intelligenz zu einer vollendeten Tatsache macht. Intuitiv wehrte sich die junge Intelligenz dagegen, daß man ihr das Monopol des »transkontextuell« orientierten Wissens streitig machen will. Sie protestierte also dagegen, daß man an den Universitäten sich nur jenes Wissen aneignen kann, das man lediglich in einem ganz bestimmten Kontext unter Anleitung anwenden kann. Mißtrauisch wurde die Studentenschaft insbesondere durch die Tendenz der kapitalistischen Großunternehmen, eigene, an ihrem Betriebsprofil orientierte Hochschulen zu gründen, in denen die Studenten neben einer durchschlagend erfolgversprechenden praktischen Ausbildung auch eine derartige Spezialisierung erhalten, durch die sie quasi an einen einzigen bestimmten Kontext gekettet werden, das heißt an den Personalbestand des ausbildenden Großunternehmens. Die revoltierenden Studenten erhoben Anspruch auf ein eigenes Wertsystem und forderten die Vermittlung von Kenntnissen, die auch in verschiedenen Kontexten anwendbar sind. Wir können auch sagen, daß sie den intellektuellen Charakter ihrer Arbeitskraft bewahren, nicht bloß Arbeitskraftbesitzer werden wollen. Ironisch formuliert, daß sie auch ihren speziellen Kapitaleigentümer-Charakter erhalten wollen.

Es ist ein merkwürdiges Paradoxon des staatsmonopolistischen Kapitalismus, daß er also die Sicherheit der Produzenten steigert und den Absatz der Produkte garantiert, angefangen von der Autoproduktion über die Erdölindustrie bis hin zur Lebensmittelwirtschaft, während er zugleich die Kompetition, d. h. den Wettbewerb, auf dem Markt der Schlüsselindustriezweige senkt. In wesentlich geringerem Maße dagegen setzt er auf dem Markt der intellektuellen Arbeitskräfte und Geistesprodukte die Mittel der redistributiven Subvention ein. Die Monopolstellung der Intellektuellen auf dem Arbeitsmarkt ist im Schwinden, deshalb ist dieser Markt immer weniger ein Markt der Verkäufer. Nach dem großen Aufschwung der sechziger Jahre ist der Staat bemüht, den Anteil der Weiterlernenden an den Universitäten zu beschränken, deshalb beschneidet er auch die staatliche Subvention der Universitäten. Auf dem Markt der kulturellen Erzeugnisse dagegen – im Verlagswesen, in der Filmindustrie und der bildenden Kunst – herrschen auch weiterhin beinahe die klassischen preisregulativen Marktgesetze des 19. Jahrhunderts. Würde ein Wirtschaftshistoriker aufgrund der heutigen kapitalistischen Wirtschaft das idealtypische Modell des preisregulativen Markts rekonstruieren wollen, würde er als Beispiel eher den Buch- und Filmmarkt wählen als den Markt der Stahlindustrie, der Rohölbearbeitung oder der Autoindustrie.

Hieraus ergibt sich in der Epoche des staatsmonopolistischen Kapitalismus eine weitere Dualität der Intelligenz.

Jene Intellektuellen, die lediglich ihre qualifizierte Arbeitskraft auf dem Markt verwerten, müssen sich geistig uniformieren lassen, sie erscheinen in der Öffentlichkeit als Angehörige eines unpersönlichen Apparats. Jene dagegen, die von Verwertung ihrer Produkte leben – allen voran die Künstler –, sind gezwungen, mit Hilfe von wirksamen Reklametricks sich ein individualisiertes Image zu verschaffen. Dieses Beispiel liefert einen sprechenden Beweis für den Positionsunterschied der Intelligenz im staatsmonopolistischen Kapitalismus und in der rationalen Redistribution. Die Technokratie der kapitalistischen Länder ist also nicht in der Lage, auch die anderen Intelligenzschichten an den Vorteilen des Redistributionsmechanismus zu beteiligen, die Sicherheit der staatlichen Subventionen sowohl auf die Welt der Universität als auch der Kunst auszudehnen. Die Technokratie kann also als Vermittler der homogenisierenden Interessen der Gesamtintelligenz auftreten. Notwendige Konsequenz dieser Situation ist, daß sich die Intelligenzschichten um diese technokratische Position nicht als einheitliche Klasse integrieren können.

Die herrschende Intelligenz in den Gesellschaften der rationalen Redistribution beseitigt gerade in der Sphäre der Kunst und Ideologie die Gesetzmäßigkeiten des Marktmechanismus am radikalsten, was auch in dem deklarierten Grundprinzip zum Ausdruck kommt, daß die Kultur in der sozialistischen Gesellschaft keine Ware ist; das wird in der Praxis deutlich, in der die Auflagenhöhe eines Buches nicht bloß kategorisch vom Absatz getrennt wird, sondern oft auch von dessen immanentem Wert. Die Auflagenhöhe und so auch das für das Werk gezahlte Honorar wird mit dem dispositiven Status des Autors in enge Korrelation gebracht. Es kommt also eine tiefe

Interessenübereinstimmung zwischen der mit der unmittelbaren Praxis der Redistribution verbundenen Technokratie und der schöpferischen Intelligenz zustande, die existenziell auf die redistributive Subvention angewiesen und unabhängig vom Urteil des Publikums erfolgreich oder erfolglos ist, weil sie primär von der Billigung der Kulturbürokratie abhängig ist. Diese Übereinstimmung kommt auch darin zum Ausdruck, daß die Künstler Osteuropas im Gegensatz zu ihren westlichen Kollegen, die bemüht sind, sich sogar in ihrer Kleidung von den Staatsbeamten und Managern deutlich zu unterscheiden, versuchen – angefangen von der Frisur bis hin zum Schlips –, *comme il faut,* als Kulturbürokraten zu wirken.
Wenn allerdings der staatsmonopolistische Kapitalismus diese bedeutende Gruppe von Intellektuellen nicht mit den Mitteln des staatlichen Interventionismus vor der Kompetition des klassischen preisregulativen Markts schützt, gesteht er ihnen als Ersatz eine beachtliche Autonomie bei der Wahl des Geistes ihrer Werke zu, was auch vom liberalen Kapitalismus toleriert wurde, obwohl er in den Reihen der Technokratie in Staat und Großunternehmen, in den Reihen der an der Redistribuentenmacht teilhabenden und deren Vorteile genießenden Technokratie bei weitem nicht solche Freiheiten zuläßt. Wenn also die Redistribution ihrer eigenen Logik folgt, spricht sie der Kultur in der sozialistischen Gesellschaft den Warencharakter ab; gleichzeitig fordert sie auch vom Künstler, daß er in seinen Werken die intellektuelle Klassenkultur, das Ethos der rationalen Redistribution vermittelt. Jenes Reservat aber, das der staatsmonopolistische Kapitalismus in der den Marktgesetzen untergeordneten Kulturindustrie der Freiheit des Individuums zugesteht, gibt gleichzeitig jener intellektuell-künstlerischen Gegenkultur, die auch

das ideologische Zuhause der neuen linken Revolte gegen die Technokratie ist, ihre Existenzgrundlage.
Für die Intelligenz, die sich in die Technokratie-Bürokratie in Staat und Großunternehmen nicht einfügen kann oder will, bieten sich verschiedene Gettos an, vom Künstlergetto und von der Inzucht radikaler politischer Gruppen bis hin zum Getto der ehrwürdigen Mitglieder verschiedener Akademien, die wenigstens, wenn sie sich auch voneinander in Äußerlichkeiten, in der Aufwendigkeit ihrer Lebensform und in ihren Umgangsformen erheblich unterscheiden, darin übereinstimmen, daß sie ihre Mitglieder nicht bloß von anderen Gesellschaftsklassen als geschlossenes Universum isolieren, sondern auch von anderen Gruppen der Intelligenz. Durch diese Isolation wird die marginale Intelligenz um jene Stärkung ihres Selbstbewußtseins gebracht, die ihre osteuropäischen Kollegen erfahren, indem diese nämlich, angefangen bei der politischen Polizei über die Technokratie bis hin zu Akademiemitgliedern oder der künstlerischen Intelligenz, die Aufmerksamkeit eines jeden auf sich ziehen und indem sie höchstwahrscheinlich auch zu anderen Gliedern der Intelligenzklasse persönlichen Kontakt haben können. Der intellektuelle westliche Besucher ist in den osteuropäischen Ländern im allgemeinen überrascht, wenn er zufällig einen Eindruck von der Atmosphäre in dortigen Intellektuellenkreisen gewinnt: daß nämlich im Intellektuellendasein Osteuropas Getto-Tendenzen nahezu vollkommen fehlen, daß die persönlichen Kontakte über die Amtshierarchien und beruflichen Gruppengrenzen weit hinausgehen, daß er in einer Gesellschaft vereint den hochdekorierten Wirtschaftswissenschaftler, den Physiker, den Bankdirektor, den Schriftsteller und den Filmregisseur antrifft, daß dieselben Persönlichkeiten die Idole der

ganzen Klasse sind. Auch jenes paradoxe Privileg mag sogar den Neid des westlichen Besuchers erregen: Welche besondere Aufmerksamkeit die höchsten Staats- und Parteiorgane, ja sogar Polizeistellen jedem auch nur in irgendeiner Weise Aufmerksamkeit verdienenden Geistesprodukt widmen und natürlich auch dem Autor selbst, sei nun die Rede von seinen Fehltritten in Sachen Liebe oder Politik.

Ist dieser westliche Besucher gleichzeitig auch Soziologe, kann er – wenn er sich lediglich auf seine persönlichen Erfahrungen stützt – zu der Erkenntnis gelangen, daß seine osteuropäischen Freunde Glieder ein und derselben Klasse sind, daß sie durch eine gemeinsame Klassenkultur verbunden sind und selbst dann, wenn sie auf ihre Politiker schimpfen, nicht auf die Repräsentanten einer anderen Klasse schimpfen. Selbst die marginalen Intelligenzangehörigen sind erfüllt vom Selbstbewußtsein der führenden Klasse, und aus all diesen Gründen muß der westliche Besucher sehen, daß die osteuropäischen Intellektuellen, die er kennengelernt hat, wenn sie auch weniger Wohlstand und Freiheiten besitzen als er, sich dennoch auf direktem Weg und unaufhaltsam ihrer eigenen Klassenmacht nähern, was die gespaltene und durch gegensätzliche Interessen segmentierte westliche Intelligenz von sich nicht behaupten kann, deren Legitimationsanspruch auf die Macht im staatsmonopolistischen Kapitalismus sich nicht im entferntesten mit dem herrschenden Legitimationsprinzip deckt.

c) Die neuen Machtbestrebungen der Intelligenz

Diese letzte Erkenntnis müssen wir allerdings etwas korrigieren, vor allem wenn wir Richtung und Möglichkeiten der Machtbestrebungen der Intelligenz abwägen. Bereits der *New Deal*, das heißt die erste großangelegte politische Konstruktion des staatsmonopolistischen Kapitalismus, war ein Ausgleich zwischen nationalem Kapital und nationalem Staat: Im Interesse der Erhaltung des nationalen Kapitals tritt das Kapital einen Teil seiner Macht an den nationalen Staat ab, indirekt an die techno-bürokratische Intelligenz. Der *New Deal* war also für den Erfolg der Machtbestrebungen der Intelligenz eine bedeutende Station, jedoch nicht ausreichend für die Organisation der Intelligenz als Klasse, da sie lediglich einer einzigen intellektuellen Berufsgruppe zu einer privilegierten Machtposition verhalf. Die technokratische Intelligenz teilt sich mit dem Kapital in die Macht, und so entwickelte sich neben dem Gegensatz Kapital-Arbeit als einer der Hauptgegensätze im staatsmonopolistischen Kapitalismus der Widerspruch von Technokratie und Kapital. Zu diesem Widerspruch innerhalb der Nationalwirtschaft gesellt sich allerdings in jüngster Zeit ein neuartiger und immer stärkerer Widerspruch, der sich aus den Integrationstendenzen der Weltwirtschaft ergibt, und zwar einerseits zwischen dem nationalen Kapital beziehungsweise dem nationalen Staat und, als drittem Akteur, der Technokratie, die sich in multinationalen Unternehmen organisiert hat, nach der wirtschaftlichen Weltmacht strebt und sich vom Einfluß des Privatkapitals immer mehr emanzipiert. Bei der Erklärung der Inflationssymptome in den siebziger Jahren berufen sich die Beobachter unter anderem im allgemeinen darauf, daß die internationalen Wirtschaftsverbände, also die multinationalen Unternehmen, der Kontrolle durch die Nationalstaaten immer mehr entgleiten, sich den im *New Deal* eingegangenen Verpflichtungen entziehen, denen zufolge sie bereit sind, ihre Unternehmensinteressen mit der Staatsbürokratie abzustimmen. Die multinationalen Unternehmen sind schon allein deshalb nicht bereit, ihre Profitmaximierungsbestrebungen den nationalen Interessen unterzuordnen, weil sie ihr Kapital, ja auch ihren Stammsitz leicht über Staatsgrenzen hinweg bewegen können. Es entsteht eine supranationale Bürokratie, die ihre Identität nicht mit dem Mutterland, sondern mit dem Unternehmen sucht. Diese Multinationalen garantieren ihren Mitarbeitern nicht bloß ein hohes Gehalt und große Bewegungsfreiheit, sondern auch überall auf der Welt derart ähnliche Arbeits- und Lebensverhältnisse, daß wir zu Recht von der Geburt eines neuen »organisation man« sprechen können. Im Menschentyp der supranationalen Verbände dürfen wir vielleicht die Antizipation einer Weltintelligenz sehen; insofern können die multinationalen Unternehmen auch als neue Strategie der Intelligenz zur Steigerung der eigenen Macht angesehen werden. Die multinationalen Technokraten revoltierten gegen den ihrer Meinung nach kleinlichen Kompromiß zwischen nationalem Kapital und nationalstaatlicher Bürokratie, gleichzeitig entziehen sie sich der Kontrolle beider. So drängt sich die Vermutung auf, daß wieder ein Ausgleich zwischen der Weltintelligenz der multinationalen Unternehmen und der nationalstaatlichen Bürokratie beziehungsweise dem nationalen Kapital notwendig wird, weil nur durch einen solchen Kompromiß die wirtschaftliche, ja die politische Stabilität der westlichen Welt garantiert werden kann.

In unseren Tagen kann die westliche Intelligenz ihre Machtposition mit ziemlicher Wahrscheinlichkeit also durch zwei sich überschneidende Strategien stärken. Die eine ist die Verbreitung der redistributiven Mechanismen im nationalstaatlichen Rahmen. Das ist das Programm der traditionellen Linken, die zunehmend nationale Interessen vertritt, was neuerdings in zwei Entwicklungstendenzen zum Ausdruck kommt. Die eine Tendenz besteht in der Annäherung der kommunistischen Parteien und der die Interessen des nationalen Kapitals vertretenden konservativ-nationalistischen politischen Bürokratie auf einer gemeinsamen Plattform im Kampf gegen die multinationalen Unternehmen; die andere Tendenz besteht in der Annäherung der kommunistischen Parteien und der nationalstaatlichen Technobürokratie, was als Begleiterscheinung auch jene Umorientierung der politisch Radikalen der Neuen Linken mit sich brachte, daß nämlich nach der Stärkung der intellektuell-technokratischen Tendenzen in den kommunistischen und sozialistischen Parteien auch sie sich an einer technokratischen Reformpolitik beteiligen, die, wie sie meinen, einerseits einen effektiveren und zeitgemäßeren Staatsapparat schaffen könnte, andererseits eine bessere und gleichzeitig umfassendere sozialpolitische Redistribution. Dadurch, daß die kommunistischen Parteien die strategische Zielsetzung der proletarischen Revolution von der Tagesordnung nehmen und sich im allgemeinen der Intelligenz, insbesondere – und das ist das wirklich neue Element in diesem Prozeß – der Technokratie annähern, eröffnet sich ihnen die Möglichkeit, in die Apparate der Nationalstaaten und der Großunternehmen einzudringen; auf diese Weise gelingt es ihnen noch vor einem eventuellen parlamentarischen Erfolg immer mehr, Entscheidungszentren (Lokalverwaltungen, Universitätsgremien, Regierungsämter usw.) ihrer Kontrolle zu unterwerfen. Mit Hilfe des Trojanischen Pferds der Technokratie nehmen sie also sozusagen die Bastionen des staatsmonopolistischen Kapitalismus von innen her ein. Diese Perspektive zeigt allerdings den sozialen Inhalt des oben skizzierten Ausgleichs auf, nämlich die Kompromisse der nationalen und internationalen Technokratien: daß nämlich die sich gegenüberstehenden Parteien sowohl hier wie dort überwiegend Intellektuelle sind. Folglich ist dieser Kompromiß nicht bloß – und kann es auch nicht sein – ein Vergleich der sich in verschiedenen Dimensionen organisierenden kapitalistischen Interessen, sondern mindestens ebenso ein Handeln der in den nationalen beziehungsweise internationalen Organisationen nach der Macht strebenden Intellektuellengruppen.

In den nächsten Jahren ist also zu erwarten, daß das Ringen des Legitimationsanspruchs der Intelligenzmacht mit dem alternativen Legitimationsanspruch des Kapitalbesitzes und seiner Vertretung weitergeht, und zwar nicht bloß im nationalen, sondern bereits im internationalen Rahmen. Obwohl die Intelligenz aus diesem Kampf vermutlich gestärkt hervorgehen wird, steht auch außer Zweifel, daß sie ihren Legitimationsanspruch nicht totalisieren können wird. Die Intelligenz des Westens setzt also ihre Odyssee der Organisation zur Klasse fort. Sie wandelt weiter auf dem Weg der westlichen Zivilisation, der sich bei den Bestrebungen der Intelligenz auf dem Weg zur Klassenmacht als Umweg erweist, was die osteuropäische Intelligenz, die am Beginn des kürzesten Weges zur Klassenmacht steht (auch wenn sie dafür einen hohen Preis zu zahlen hat, wie ja auch die anderen Klassen), mitunter zwar neidisch, doch manchmal mit Schadenfreude registriert.

4. Der Weg der osteuropäischen Intelligenz zur Macht

a) Der kürzeste Weg

Nur in der westlichen Zivilisation ist zu beobachten, daß sich die Intellektuellen, die ihr Fachwissen oder dessen Produkt auf dem selbstregulativen Markt verwerten, als gesellschaftliche Schicht organisieren. In Osteuropa artikuliert sich der Anspruch der Intelligenz auf Klassenmacht verhältnismäßig früh. Man kann sagen, die osteuropäische Intelligenz vermied den Umweg zur eigenen Klassenmacht, was für sie im liberalen Kapitalismus eine mögliche Schichtposition bedeutet hätte, und organisierte sich vom Stand – unter den historischen Bedingungen eines sehr kurzen Übergangs – zur Klasse.

Die osteuropäischen Intellektuellen des vorigen Jahrhunderts mußten in der Regel darauf verzichten, auf dem Arbeitsmarkt als freie Arbeitnehmer aufzutreten, weil die dürftig entwickelte kapitalistische Wirtschaft eine größere Anzahl von Intellektuellen nicht hätte verkraften können. Entweder akzeptierten sie also die von oben gelenkte Modernisierung des zentralisierten Staats und fügten sich der Ordnung der Staatsbürokratie oder sie widersetzten sich radikal dem absolutistischen Staat des herrschenden Standes. Professionelle Fachkenntnis wurde in den Hintergrund gedrängt, der Staat zahlte in erster Linie für loyales Verhalten. Wer nicht ein serviler Ministerialrat werden wollte, für den war die radikale Intelligenz eine ziemlich naheliegende Alternative, und innerhalb dieser Intelligenz sogar die Rolle des Berufsrevolutionärs.

So sehr sich auch die bürokratische und die revolutionäre Rolle ausschließen, so sehr besitzen sie doch in der auf Wachstum abzielenden gesellschaftlichen Teleologie ein gemeinsames Element. Letzter Ausdruck dieser Teleologie ist die Idee des Sozialismus. In den vorindustriellen Gesellschaften verweist die intellektuell-priesterliche Teleologie auf das Jenseits. Das immanente, in den Marktmechanismus eingebaute Ziel der bürgerlichen Zivilisation ist das Wachstum. Das weitere Ziel dieses Wachstums herauszufinden, ist seit nahezu hundert Jahren metaphysische Spekulation. Deshalb ist der Positivismus die mögliche Philosophie der professionellen Intelligenz des Westens, die argwöhnisch die auf geschichtsphilosophische Ziele ausgerichteten Ideologien beobachtet und erst dann zur Teleologie – im Zuge der Bürokratisierung des Kapitals als Technokrat – zurückkehrt, wenn sie gesellschaftliche Probleme technisieren und ihre eigenen Ziele für die ganze Gesellschaft mathematisch belegbar als die rationalsten Ziele formulieren kann. Die osteuropäische Modernisierung war in erster Linie nicht eine innere Notwendigkeit, vielmehr eine militärpolitische Zwangsläufigkeit, eine äußere Herausforderung. Wenn Osteuropa nicht zur Kolonie werden wollte, mußte es wenigstens halbwegs Anschluß an das sich schneller entwickelnde Westeuropa finden. Die osteuropäische Intelligenz war von Anfang an als Staatsbeamtentum der Teleologie der nationalistischen Dynamik, als Revolutionär der Teleologie der sozialistischen Dynamik verpflichtet. Diese Teleologien verwandelte die Intelligenz zu einer wirksamen Waffe im gesellschaftlichen Kampf um die eigene Klassenmacht. Nach ihrem Sieg vereinigte sie dann diese beiden Teleologien im Ethos der sozialistischen staatlichen Redistribution.

Die Organisation der Intelligenz zur Klasse bestand als

inhärente, als innere Möglichkeit der osteuropäischen gesellschaftlichen Verhältnisse. Lenins größte Erkenntnis bestand darin, daß die sozialistische Wende eben nur in Osteuropa möglich sei. Der Sieg der Revolution war nicht durch die Existenz des Proletariats, sondern durch die Vorbereitung der Intelligenz möglich geworden. So wie die auf kapitalistischem Privateigentum basierende Marktwirtschaft, so ist auch der westliche Feudalismus, der dem warenproduzierenden Privatbesitz Raum gibt, bloß eines der möglichen Integrationsschemata einer sich am Wachstum orientierenden Wirtschaft. Jenes ökonomische System, durch das die neuzeitliche Entwicklung Osteuropas gedeutet werden kann, ist nicht nur rückständiger als das westliche Modell, sondern unterscheidet sich auch qualitativ von diesem. Wir nennen dieses ökonomische System die »frühe rationale Redistribution«, auf der die sozialistische rationale Redistribution, die die hegemonistische Rolle des Staats bei der Wirtschaftsentwicklung totalisiert, nicht im entferntesten unorganisch aufbaut. Die osteuropäische Intelligenz hat das Ethos des teleologischen Redistribuenten, von dem sich plötzlich herausstellte, daß es mit dem Geist des Sozialismus identisch ist, nicht dank der Lehren des Marxismus-Leninismus entwickelt, sondern im Laufe einer jahrhundertelangen Entwicklung aufgrund ihrer in der gesellschaftlichen Struktur der frühen rationalen Redistribution eingenommenen Position.

Um die Jahrhundertwende war die osteuropäische Intelligenz – besonders die russische – noch keine Klasse, sie bereitete sich lediglich darauf vor. Auf diese Weise überholte sie die westliche Intelligenz, ohne sie je eingeholt zu haben. Nachdem sie sich als marginale *Intelligentsia* organisiert hatte, kämpfte sie für eine Gesellschaft neuen Typs, in der sie das eigene Legitimationsprinzip der Intelligenz zum herrschenden erklärte und sich eine grundlegende strukturelle Position verschaffte, indem sie ihre Standesposition direkt in eine Klassenposition transformierte. Warum die osteuropäische Intelligenz den sicherlich kürzeren, wenn auch blutigeren Weg zur intellektuellen Klassenmacht eingeschlagen hat, wird erst dann einigermaßen verständlich, wenn wir mit einigen flüchtigen Strichen die Eigenart ihrer Position und Ideologie in der frühen rationalen Redistribution skizzieren.

b) Das spezifisch osteuropäische Modell des Wirtschaftswachstums: die frühe rationale Redistribution

ba) Der Einfluß der asiatischen Produktionsweise

Gesellschaft und Kultur der russischen Fürstentümer von Kiew oder Nowgorod, der polnischen und ungarischen Königtümer im 12. Jahrhundert waren nur ärmer als die zeitgenössischen Gesellschaften und Kulturen Westeuropas. Die quantitativen Elemente der ökonomischen Rückständigkeit werden erst im Laufe der folgenden Jahrhunderte von jenen qualitativen Unterschieden abgelöst, die bereits von einem andersartigen Organisationsprinzip zeugen. In diesen Unterschieden ist der turko-tatarische Einfluß auffallend, die Spuren der asiatischen Redistribution. Was für die mesopotamische oder chinesische Gesellschaft die Überschwemmungsgefahr bedeutete, war für die Völker Osteuropas der ständige Angriff halbnomadischer militanter Reiche. Die turko-tatarische Expansion war eine permanente äußere Herausforderung, worauf die aus den feudalen Rivalitäten als Autokraten hervorgegangenen Herrscher mit der Festigung der zentralisierten staatlich-militärischen Organisation antworteten. Die Eroberung durch die Mongolen und Türken bedeutete allerdings nicht bloß eine gesellschaftlich-wirtschaftliche Rückwärtsentwicklung der besetzten und zur Tributzahlung verpflichteten Völker Osteuropas; darüber hinaus hinterließ sie ihre Spuren auch in deren Zivilisation. Nach Westen hin breitete sich auf diese Weise ein spezifisches Modell der asiatischen traditionellen Redistribution aus, in dem die zentralisierte Umverteilung nicht der hydraulischen Wasserwirtschaft diente, sondern der Unterhaltung eines stehenden Heeres. Privateigentum, Warenproduktion, Ständeordnung und gesetzliche Gewaltenteilung konnten sich in diesen Kriegergesellschaften nicht herausbilden, um so mehr dafür ein Militäradel, der am ehesten als Rezeptorenbürokratie funktionierte. Auch die russische Kirche stellte keine Gegenmacht dar, im Gegenteil, sie mußte dafür sorgen, daß die in Sklavenabhängigkeit geratene Bauernschaft bereit war, die von den Tataren erhobenen Steuern zu zahlen. Die russischen Fürsten erhielten ihre Macht vom Khan, und je zuverlässiger sie ihren Tribut zahlten, desto unbeschränktere Macht konnten sie über die eigene Gesellschaft ausüben. Eine zentralisierte Militärmacht, zentralisierte Bürokratie, sklavenartige Leibeigenschaft und die Unterdrückung jeglicher städtischer oder ständischer Gegenmacht: das war der Weg, auf dem die Herrscher Osteuropas ihr Überleben sichern konnten, sei es nun als Teil turko-tatarischer Reiche oder im Kampf gegen sie.

bb) Der Dienstadel

Die Herrscher Osteuropas haben aus dem Modell der asiatischen Gesellschaftsorganisation zwar gelernt, es jedoch nicht insgesamt übernommen, sondern lediglich an die europäischen Verhältnisse adaptiert. Sie machten das entliehene Modell nutzbar für die Realisierung des Wirtschaftswachstums, früher oder später auch dafür, um die Macht der asiatischen Eroberer zu brechen. Man kann vor allem von Rußland, von den expandierenden Moskauer Fürsten sagen, daß sie die Formen der Staatsorganisation des tatarischen Kriegerreichs übernommen haben. Zum Ausbau der zentralisierten Staatsmacht neuen Typs mußte allerdings die Position des Adels in der Gesellschaft geändert werden und damit auch das System des Grundbesitzes. Es ist ein existentielles Interesse des Staats, daß der Herrscher die Macht nicht mit seiner Gefolgschaft, mit dem Standesadel teilt, sondern ihn in einen Dienstadel umwandelt. Er beugt also den an der Ständeautonomie interessierten und auf patrimonialen Grundbesitz gegründeten Adel und schafft die Institution des vom Staat abhängigen, beschränkten Präbendargrundbesitzes, auf dem der Adel prinzipiell bloß Nutznießer der ihm für seine Dienste überlassenen Domäne ist. Iwan der Große, Iwan der Schreckliche und Peter der Große waren gleichermaßen bestrebt, den gesamten zur Verfügung stehenden Produktenüberschuß dem Militär zufließen zu lassen, um das gesellschaftliche Gewicht des Erbadels einzuschränken und diesem gegenüber die Position des nichterblichen Dienstadels zu stärken. Auch die Abhängigkeit des Dienstadels sollte erhöht werden, indem seine Amts- und Militärpflichten verschärft, die Besitzungen und Besitzer häufig gewechselt wurden. Die Dienstadligen sind vor allem militärische Befehlshaber, die für ihre Privilegien ohne Widerspruch eine sich selbst versorgende und ausgerüstete Truppe aus den ihnen anvertrauten Dorfgemeinden bei Bedarf in bestimmter Stärke stellen mußten. Diese Verpflichtung, der sie bei Todesstrafe nachkommen mußten, hielt die Dienstadligen von der Verwaltung des Grundbesitzes fern, deshalb sanken sie zu einer Art Steuereintreiber der ihnen unterstellten Dorfgemeinden herab. Sie bemühten sich um eine möglichst schnelle Ausbeutung des Bodens und kümmerten sich nicht um eine intensivere Bewirtschaftung, sondern betrieben nackten Raubbau. Diesem Adel ging es vor allem darum, daß ihm zur Fronarbeit genügend Leibeigene zur Verfügung standen. Mangels intensiver Bewirtschaftung wurden auch keine gelernten und wegen ihrer Interessiertheit umsichtigen Arbeitskräfte gebraucht. Hierzu mußten die Adligen allerdings die Leibeigenen in ihrer Person fast als Sklaven an den Boden binden.

bc) Die »zweite Leibeigenschaft«

Eine weitere Konsequenz des präbendaren Grundbesitzes ist es, daß auch den Leibeigenen die Möglichkeit des Privatbesitzes am Boden genommen werden mußte. Die römische Kirche und das Fortleben des römischen Rechts begünstigten in Westeuropa die Verdrängung der Marktgenossenschaft der keltisch-germanischen Welt durch den Privatbesitz an Grund und Boden und das Parzellensystem des Frondorfs. Unter den Fronleistungen der Leibeigenschaft wurden die Frondienste (Arbeitsrente) allmählich durch die Naturalabgaben (Naturalrente) ersetzt, wodurch die Bauern an der erweiterten Reproduktion, das heißt an der Intensivbewirtschaftung interessiert wurden, weil auf

diese Weise ein größerer Anteil des Mehrprodukts in ihrem Besitz verbleiben konnte. Existenzgrundlage des westlichen Feudalismus war also der Privatbesitz an Grund und Boden bei Leibeigenen und Adligen. Zu Beginn des Mittelalters verbreitete sich auch in Osteuropa die Institution der Grundherrschaft, wodurch eine Steigerung der bäuerlichen Warenproduktion ermöglicht wurde. Dieser westliche Weg der Entwicklung wurde durch die Einrichtung der »zweiten Leibeigenschaft«, die Bindung der Bauern an den Boden und die Beschränkung des bäuerlichen Grundbesitzes, wofür in Rußland die Institution des Mir eine Organisationsform abgab, zurückgeworfen. Die Dorfgemeinde besitzt den Boden bloß in kollektiver Verantwortung. Der eigentliche Eigentümer ist auch nicht der Grundherr, sondern die Staatsmacht, also der Herrscher persönlich. In diesem System ist derjenige benachteiligt, der mehr produziert, der einzelne ist an einer Produktionssteigerung nicht interessiert, weil ihm das Mehrprodukt nicht gehört. Die Dorfgemeinschaften begnügen sich mit der einfachen Reproduktion, die Warenproduktion entfaltet sich nicht, die zum naturalen Eigenverbrauch gezwungene Bauernschaft entwikkelt das häusliche Handwerk. Für in der Stadt produzierte und gegen Geld erhältliche Industrieartikel gibt es auf dem Dorf keine zahlungsfähige Nachfrage. Infolgedessen kann sich auch die Stadtbevölkerung nicht auf Handwerksarbeit spezialisieren und muß weiterhin vorwiegend von der Landwirtschaft leben. Der wohlhabende und selbstbewußte Handwerkerstand, der für sich eine Ständeautonomie und für die Stadt eine Verwaltungsautonomie erzwingen könnte, kann sich also aus der Bevölkerung der umliegenden Dörfer nicht vergrößern.
Die Aberkennung der Rechte der freien Bauern und deren Einbindung in das System des staatlich zugewiesenen und

verwalteten präbendaren Grundbesitzes markieren in der Geschichte des osteuropäischen Feudalismus eine epochale Wende. Der zur Fronarbeit verpflichtende, halbsklavische Status unterscheidet sich grundlegend von dem der Leibeigenen in Westeuropa. Während die Bauernschaft im Westen also an der Schwelle der Neuzeit das Recht zur Warenproduktion und Warenverwertung erkämpfen kann und die feudale Leibeigenschaft immer mehr durch den warenproduzierenden Privatbauern abgelöst wird, beginnt in Osteuropa die unter der Bezeichnung »zweiter Freudalismus« bekannte wirtschaftsgeschichtliche Epoche, in der die Bauernschaft in eine zweite Leibeigenschaft gerät. Auch wirtschaftsgeographisch verläuft die Grenze zwischen Westeuropa und Osteuropa im wesentlichen dort, wo die Grenze zwischen diesen beiden divergenten Prozessen gezogen werden kann, wo die Entwicklungstendenzen in Richtung Kapitalismus gesiegt haben beziehungsweise wo der zweite Feudalismus die Oberhand gewonnen hat: an der Westgrenze von Ostpreußen und Ungarn. Dieser zweite Feudalismus bedeutete eigentlich nicht so sehr eine Restauration der früheren feudalistischen Verhältnisse, als vielmehr den Beginn der Herausbildung eines neuen, spezifisch osteuropäischen Verhältnissystems. Dieses System besitzt keine ihm immanenten Wirtschaftsinteressen, die auf die Entwicklung der produktiveren Agrotechnik ausgerichtet wären. Weder der versklavte Leibeigene noch der Dienstadel nimmt also teil an der Herausbildung des Bürgertums. In Ermangelung einer sich ausbreitenden Warenproduktion kann also auch die bürgerliche Intelligenz nicht auftreten, die ihren Unterhalt durch die Verwertung ihrer Arbeitskraft oder ihrer Geistesprodukte auf dem Markt bestreitet.

bd) Die beiden Osteuropa

Der Genauigkeit halber müssen wir anmerken, daß das gegenwärtige Osteuropa eigentlich zwei in sich homogene und gegeneinander separierte Gebiete umfaßt: das prawoslawische Osteuropa, zu dem außer Rußland vielleicht nur Rumänien, Bulgarien und Serbien gehören, und jener mittelosteuropäische Streifen, in dem sich der Einfluß des westlichen Christentums widerspiegelt, vom Baltikum über Polen und Ungarn bis nach Kroatien, und der sich auch trotz wesentlicher Parallelen stark vom russischen Entwicklungsmuster abhob. Die Leibeigenen in Mittelosteuropa konnten nicht unabhängig vom Boden verkauft oder gekauft werden, sie waren also keine versklavten Leibeigenen. Der Herrscher regelte die Höchstgrenze der Fronarbeit, die Bindung der Leibeigenen an den Boden wurde allmählich aufgehoben. Auch der Kollektivbesitz der Dorfgemeinschaft erstreckte sich nicht auf den gesamten Grund, es entstanden die sich rechtlich von den im grundherrlichen Privatbesitz befindlichen Fronhöfen unterscheidenden Hufe. Die Marktflecken erlangten eine bedeutende Funktion bei der Warenproduktion. Ihre rechtliche Stellung war günstiger als die der Frondörfer, und so gewannen die Städte im allgemeinen eine verhältnismäßig große Unabhängigkeit vom Feudalherrn. Die römisch-katholische und die protestantische Kirche zog diese Gebiete in den Einflußbereich der westeuropäischen Kultur; die Grenzen nach Westen waren im allgemeinen nicht geschlossen. Sowohl ökonomische als auch menschliche und kulturelle Kontakte verbanden das westliche Randgebiet Osteuropas stärker mit Westeuropa. Lediglich hinsichtlich der Staatsorganisation und des Eigentums an Grund und Boden bestanden grundlegende osteuropäische Gemeinsamkeiten.

be) Die militärische Herausforderung zum Wachstum. Iwan der Schreckliche: Vater der frühen rationalen Redistribution

Militär- und Wirtschaftsapparat im osteuropäischen Raum verschmolzen derart miteinander, der Militärapparat überlagerte den Wirtschaftsapparat so stark, daß schließlich auch die Organisation der Gesellschaft durch die militärische Herausforderung bestimmt wurde. Insofern unterschied sich die osteuropäische Gesellschaft strukturell von der westeuropäischen, die ihre Herausforderungen selbst in sich einbauen und zur inneren Triebkraft der Entwicklung machen konnte. Diese Entwicklung ist dadurch gekennzeichnet, daß sich die Grundsphären der gesellschaftlichen Tätigkeiten voneinander unterschieden, daß die legitimen und illegitimen Mächte innerhalb des weniger zentralisierten Staatsgebildes miteinander auskommen konnten und der Staat wegen der tödlichen Kriegsgefahr selbst nicht gezwungen war, die gesellschaftlichen Gruppen (die von pluralistischen Ständeautonomien durchzogen waren, sich gegenseitig in Schach hielten und letztendlich miteinander auf vertragliche Übereinkünfte angewiesen waren) in eine Militärhierarchie einzugliedern und samt und sonders in den Dienst eines absolutistischen Herrschers zu stellen. Sowohl in der Patrizier-Demokratie des Nowgoroder Stadtstaats als auch in der polnischen und ungarischen Adelsdemokratie waren im 12. bis 13. Jahrhundert westliche Organisationsprinzipien vorhanden, doch der junge, westlich geprägte Feudalismus Osteuropas war nicht vital genug, um der turko-tatarischen Expansion, die die asiatische Redistribution in den Dienst ihrer militärischen Ziele stellte, Widerstand zu leisten. Die osteuropäische Gesellschaft, die sich von ihren östlichen Eroberern bereits unabhängig machen konnte, hatte von diesen in der Zwischenzeit die von oben nach unten erfolgende Organisation übernommen, das Muster der autokratisch zentralisierten Staatsmacht. Nicht nur Waffen, Speisen und Lehnwörter wurden ausgetauscht, sondern auch Schemata der Gesellschaftsstrukturierung. Iwan der Schreckliche zum Beispiel, dem es schließlich gelang, die Herrschaft der tatarischen Khane zu brechen, ließ sich zum Zaren aller Russen krönen, rottete und plünderte den Erbadel aus, rekrutierte aus dem Dienstadel eine moderne politische Polizei, während er aus dem staatlich eingezogenen Mehrprodukt Eisenhütten, Rüstungs- und Schiffsbaumanufakturen gründete, in denen er statt Lohnarbeiter zur Fronarbeit gezwungene Leibeigene arbeiten ließ. Die Kaufleute zwang er – mit oder ohne staatliche Unterstützung –, für die Bestellungen des Militärs Manufakturbetriebe zu gründen, und wenn die Schatzkammer leer war, plünderte er die eigenen Städte. In seinen Herrschaftsmethoden folgte er mindestens ebenso den tatarischen Khanen, die er geschlagen hatte, wie den westlichen Königen, mit denen er ebenfalls Jahrhunderte währende kriegerische Auseinandersetzungen begann. Dies alles illustriert, daß hier nicht nur von einer eklektischen Einflußmischung die Rede ist, sondern von der Entfaltung einer neuen Form ökonomischer Integration und politischer Herrschaft, von dem Auftreten eines selbständigen Wachstumsmodells, das wir frühe rationale Redistribution genannt haben.

Osteuropa war allerdings nicht nur für die asiatischen Kriegerstaaten ein begehrtes Objekt, sondern auch für die expandierenden westlichen Monarchien. Für Iwan den Schrecklichen bedeutete der Vorstoß der Polen, Schweden und Litauer bereits eine größere Gefahr als das niedergehende Mongolenreich. Es reichte nicht aus, den allumfassenden autokratischen Despotismus der orientalischen asiatischen Produktionsweise zu übernehmen, es war auch eine Antwort auf die westliche Herausforderung notwendig, die sich vor allem in der größere Schlagkraft besitzenden westlichen Artillerie zeigte, die mit Schwert und Bogen nicht zu besiegen war. An der Schwelle zur Neuzeit gewann der Westen auf Grund seiner modernen Kriegstechnik eine militärische Überlegenheit über den Osten. In Kenntnis dieser Sachlage mußten die osteuropäischen Staaten Waffen importieren. Wenn aber die Gesellschaftsverhältnisse nur eine langsame Entwicklung zum Ergebnis haben, wenn der gesamte, von den Dorfgemeinschaften unterhaltene gesellschaftliche Überbau Teil des zentralisierten Staatsapparats ist, wenn der Herrscher keinerlei initiative Selbständigkeit duldet und seinen Untertanen nur die Freiheit läßt, damit sie ihm mit ihren Gütern und ihrer Arbeit dienen, wenn auch die Kirche dem Staat unerbittlich untergeordnet ist, dann gibt es keine innere gesellschaftliche Kraft, die ein Gegengewicht zur wirtschaftlichen Stagnation bilden könnte, dann können auch die ökonomischen Verhältnisse nur von oben, auf Befehl des autokratischen Herrschers modernisiert werden.

bf) Der Übergang zur Fronhofwirtschaft. Der Ausgleich der Autokratie mit den Großgrundbesitzern

Das Osteuropa der Neuzeit ist Schauplatz der Organisation von mächtigen Reichen. Die militärisch-bürokratischen Reiche der Romanows, Hohenzollern und Habsburger, in denen sich eine zentralisierte und verhältnismäßig moderne Administration herausbildet und die sich auf einen loyalen Adel sowie auf sich beinahe wie Staatsbeamte verhaltende Kaufleute stützen, brauchen teils wegen der militärischen Angriffe von außen, teils wegen des Aufruhrs der vielsprachigen Völker ein modern ausgerüstetes und in der neuesten Kriegstechnik geschultes stehendes Heer. In Ermangelung eines Besseren muß der Waffenimport durch Landwirtschafts- und Rohstoffexporte ausgeglichen werden. Hierzu muß aber ein Grundbesitzsystem entwickelt werden, das auch zu einer größeren Warenproduktion fähig ist. In Osteuropa wurde das für den Export notwendige Mehrprodukt von den durch Fronarbeit bewirtschafteten Fronhofwirtschaften der Großgrundbesitzer hergestellt. Hierzu war keine moderne Produktionstechnik erforderlich, sondern lediglich sehr billige, beinahe kostenlose Fronarbeit. Die Produktivität dieser Arbeit war sehr gering, weshalb der Bedarf entsprechend groß war. Aus diesem Grund herrschte in Osteuropa chronischer Arbeitskräftemangel. Die Fronhofwirtschaft betreibenden Großgrundbesitzer können ihren Leibeigenen keinen Arbeitslohn zahlen und wollen es auch nicht. Auch das Ackerland der Leibeigenen schlagen sie dem eigenen zu, weshalb sie staatliche Zwangsinstrumente brauchen, um ein Minimum an bäuerlicher Arbeitsdisziplin zu garantieren, um die bis zum letzten ausgebeuteten Bauern unter der Knute zu halten und ihre Bindung an die Scholle zu sanktionieren.

Der Staat ist zu all dem bereit, nicht zuletzt auch deshalb, weil die Fronhöfe nur so lange vererbt werden können, wie ihr Besitzer dem Herrscher bedingungslosen Gehorsam zollt. Ihrem Wesen nach haben die Fronhöfe also präbendaren Charakter. Für diese Eigenart garantieren die ständigen Güterkonfiskationen und Hochverratsprozesse. Die Schicht der Großgrundbesitzer muß für die staatliche Protektion Opfer bringen. Loyalität, Kaisertreue, ja sogar Höflingsdasein ist der Preis. Die mehrfache Dezimierung und gewaltsame Eingliederung der Bojaren in die Organisation der zaristischen Monarchie, der Zusammenbruch der Aufstände und Verschwörungen der ungarischen Aristokratie, die Zwangseingliederung der Junker in den preußischen Staat, die sich wiederholenden Niederlagen des polnischen Adels, in deren Verlauf sowohl die österreichische als auch die russische Kolonisation sogar die Bauern gegen sie hetzte, beweisen überzeugend, daß der Feudaladel für zwei Jahrhunderte keine andere Aufgabe hat als im Dienst der auf die Expansion des Zentralreichs eingestellten Kaisermacht die Rolle der warenproduzierenden Hofaristokratie.

Infolge einer paradoxen Vertauschung der Reihenfolge bildete sich also in Osteuropa der Nationalstaat früher heraus als die Nation, die moderne, zentralisierte Bürokratie früher als die bürgerliche Warenwirtschaft. Da es ein Bürgertum nicht gab, gliederte sich die Feudalaristokratie in die zentrale Administration ein und übernahm den von oben nach unten verlaufenden Ausbau der modernen Warenwirtschaft und der hierarchisch angeordneten Gesellschaftsorganisation. So kam das osteuropäische System der Modernisierung zustande – von Lenin als preußischer Weg bezeichnet –, das sich gerade wegen seiner Wachstumsfähigkeit nicht nur von der westeuropäischen Entwicklung zum Kapitalismus grundlegend unterscheidet, sondern auch von der nur auf militärische Expansion eingestellten und zum wirtschaftlichen Wachstum ungeeigneten asiatischen Redistribution turko-tatarischen Typs. Der letztgenannte Unterschied wird auch durch die Tatsache angedeutet, daß die erstarkenden osteuropäischen Reiche einen endgültigen Sieg über die zerfallenden turkotatarischen Reiche errangen.

Allerdings mußte den Großgrundbesitzern eine wesentlich

größere Produktionssicherheit als früher geboten werden, damit die exportfähige Betriebsform der Fronarbeit nutzenden und auch zur Warenproduktion geeigneten Fronhofwirtschaften gefestigt wird. Die unmittelbare präbendare Besitzform, die hohe persönliche Unsicherheit bedeutete und eine Entwicklung der Agrotechnik unmöglich machte, mußte liquidiert werden. Der patrimoniale hereditäre Grundbesitz mußte wiederhergestellt werden, freilich mit der Einschränkung, daß der in seiner Funktion erstarkte Erbadel auch weiterhin als Dienstadel fungierte. Nur die erstgeborenen Söhne durften zu Hause bleiben. Die anderen mußten als Staatsbeamte oder Soldaten in höfische Dienste treten, und wenn sie auch ihre Dienstzeit nach und nach ableisten konnten, so mußten sie doch im Tausch dafür, daß sie von verfolgten Bojaren zu Hofadligen wurden, im wesentlichen zu Gunsten des Kaisers auf ihre ständische Selbständigkeit verzichten.

Sowohl die russische, die österreichisch-ungarische als auch die preußische Monarchie haben im 18. Jahrhundert ihre Stabilität dem Umstand zu verdanken, daß dieses auf gegenseitigen Interessen basierende Bündnis zwischen dem Großgrundbesitz, der nach dem Muster des preußischen Wegs zur warenproduzierenden Wirtschaft übergeht, und der Autokratie, durch die die dispositive Lage der Arbeitskraft garantiert wird, zustande kam. Gegenseitiges Interesse dieses Bündnisses waren also Beschränkung des Grundbesitzsystems und Unverletzlichkeit der Standesprivilegien des Adels, der für kostenlose Fronarbeit garantiert. Diese Privilegien aber konnten ausschließlich durch die ebenfalls unverletzliche Willkürherrschaft eines Polizei-Militär-Administrationsapparats gegen sämtliche gesellschaftliche Interessengruppen durchgesetzt werden, die wirtschaftliches Wachstum durch die bäuerliche Warenproduktion, die

Handwerks- und Handelsfreiheit des Bürgertums, folglich durch Streichung der Standesprivilegien und Einführung einer liberal-verfassungsmäßigen Staatsform für realisierbar oder doch wenigstens für effektiver hielten, einer Staatsform, in der die Souveränität nicht von einem Kaiser von Gottes Gnaden ausgeübt wird, sondern von einem durch die Bevölkerung gewählten Parlament.

bg) Die Rolle des Staats bei der Industrialisierung

Der zentralisierte Staat kann allerdings kein zeitgemäßes Heer aufbauen, wenn er Waffen nur importiert; er muß sie auch selbst herstellen können. Die Organisation der entstehenden Industrie wird ab ovo vom Bündnis der Autokratie mit dem Großgrundbesitz bestimmt. Dadurch wird von vornherein die ökonomische Erstarkung des kleinen und mittleren Grundbesitzes verhindert, die Umwandlung der Leibeigenschaft in industrielle Lohnarbeit oder in selbständig warenproduzierenden Gutsbesitz. Aus all diesen Gründen kann sich für keinerlei industrielle Tätigkeit ein nennenswerter Binnenabsatzmarkt herausbilden. Industrie muß also mittels staatlicher Intervention geschaffen werden, auch eine Rüstungsindustrie, der die staatlichen Aufträge einen sicheren Markt bieten. Es ist eine banale Grundwahrheit der osteuropäischen Wirtschaftsgeschichte, daß hier die Industrie nicht aus dem landwirtschaftlichen oder dem Handelskapital entstanden ist, sondern in erster Linie aus staatlichen Investitionen. Die so zustande gekommene Industrie war nicht eine für den Konsum der eigenen Bevölkerung produzierende Textil- und Leichtindustrie, vielmehr eine für das Heer produzierende Schwer- beziehungsweise Rüstungsindustrie. Der Staat garantierte der sich derart entwickelnden Schwerindustrie nicht nur einen wachsenden Absatzmarkt, sondern durch seine Leibeigenen auch billige Arbeitskräfte. Der Staat war nämlich zugleich der größte Grundbesitzer. So arbeiteten in den aufgrund von Investitionen des Schatzamts entstehenden und in den von Kaufleuten – die von der Zentralmacht hierzu schier gezwungen und subventioniert wurden – errichteten Rüstungsmanufakturen staatliche Fronarbeitskräfte. Ähnlich war die Situation in den vom Großgrundbesitz gegründeten Manufakturen, deren Arbeitskräftedeckung ebenfalls durch den Frondienst der Leibeigenen gewährleistet wurde.

Die Wirtschaftspolitik der frühen rationalen Redistribution ist also durch eine Agrarentwicklung auf preußischem Weg charakterisiert. Das bedeutet, daß anfangs zum überwiegenden Teil in Feudalbesitz befindliche Großbetriebe die sehr billige Fronarbeit, später, nach Aufhebung der Leibeigenschaft, in Naturalien bezahlte und durch feudale Bindungen verschärfte Gesindearbeit nutzten. Dies berechtigt uns dazu, die Lage der osteuropäischen Bauernschaft in der zweiten Hälfte des vorigen Jahrhunderts – unter anderem wegen der hohen Arbeitsverpflichtungen bei einer Ablösung – als dritte Leibeigenschaft zu bezeichnen. Diese Wirtschaftspolitik ermöglicht keine Fluktuation eines größeren Arbeitskräfteüberflusses in Form freier Lohnarbeit zwischen Agrarsektor und kapitalistischem Arbeitsmarkt; sie hält die mehr als vier Fünftel der Grundbevölkerung ausmachende Bauernschaft auf einem sehr niedrigen Lebensstandard, und die Aufhebung der Leibeigenschaft erfolgt nahezu ohne Bodenverteilung. Eine über den Eigenverbrauch hinausgehende marktorientierte bäuerliche Warenproduktion wird also verhindert, und dadurch wird auch der Binnenabsatzmarkt der Industrie eingeengt. Auf

diese Weise gerät das Industriebürgertum, dessen Hauptabnehmer der Staat ist, in Abhängigkeit. Was der Staat nicht aufkaufen kann, wird eher exportiert, als daß es auf den Binnenmarkt kommt. Infolgedessen kann sich schwerlich ein unabhängiges Bürgertum entwickeln, das seine Klasseninteressen sowohl gegenüber dem Großgrundbesitz als auch gegenüber der Autokratie artikulieren könnte. Die billig garantierte Arbeitskraft verhält die Besitzer der subventionierten Großbetriebe von Anfang an gegenüber dem Interessenverband von Autokratie und Großgrundbesitz zur Loyalität. In dieser Hinsicht erfolgen Anfang des 20. Jahrhunderts Veränderungen höchstens in der Form, daß die inzwischen erstarkte Schwerindustrie – die eine hohe Kapitalkonzentration aufweist, an vom Staat garantierten ausländischen Bankkrediten interessiert wird und durch Staatsaufträge, vor allem im Eisenbahnbau, sich neue Märkte erschlossen hat –, nachdem sie sich einmal mit dem entstehenden Bankkapital zum Finanzkapital assoziiert hat, als dritter selbständiger Akteur in die Interessenkoalition der frühen rationalen Redistribution eintritt. Allerdings kommt der staatlichen Bürokratie schon zu diesem Zeitpunkt in dieser Koalition eine Schlüsselrolle zu.
Die Bestrebung der staatlichen Wirtschaftspolitik, den Arbeitsmarkt unter Kontrolle zu halten, zieht sich durch die ganze Geschichte der frühen rationalen Redistribution und kommt erst in der sozialistischen rationalen Redistribution zur vollen Entfaltung. Diese Kontrolle wurde über die Bauernschaft auch durch die Organisation der Dorfgemeinschaft (Mir) gewährleistet, die für jedes ihrer Mitglieder die Dienstverpflichtungen kollektiv zur Geltung bringt, ja sogar die Abwanderung der Bauernschaft in die Stadt durch ein System von Inlandspässen reguliert. Auch der Adel konnte nicht über sich verfügen: Dienstadel und Erb-

adel waren gleichermaßen zum Staatsdienst verpflichtet. Er konnte also zeitlich nicht unbegrenzt auf seinen eigenen Besitzungen wirtschaften; er mußte die Staatsbeamten- und Soldatenmentalität annehmen. Darüber hinaus war es allerdings dem russischen Adel beispielsweise über Jahrhunderte verboten, ins Ausland zu reisen. Der zur Reise ins Ausland berechtigende Paß ist eine Gnade des Herrschers, wodurch dem Verbot, nach dem russische Adlige selbst nicht in den Dienst befreundeter ausländischer Mächte treten durften, nur noch Nachdruck verliehen wurde. Mit der Emigration verband sich dementsprechend die Vorstellung des Hochverrats.

bh) Die frühe rationale Redistribution zwischen der asiatischen Produktionsweise und dem westeuropäischen Modell

Die Modernisierung der asiatischen Produktionsweise und die Adaptation an die Verhältnisse des osteuropäischen Feudalismus sind also dadurch charakterisiert, daß sich hier ein despotischer Staat mit unbeschränkten Machtbefugnissen, der der kaiserlichen Autokratie eine vollkommene Monopolmacht garantiert hätte, nicht herausbilden oder doch wenigstens nicht stabilisieren konnte. In der ersten Periode der frühen rationalen Redistribution, die im allgemeinen bis zur Mitte des 19. Jahrhunderts, bis zur mit der Aufhebung der Leibeigenschaft einhergehenden Wende dauerte, war der zentralisierte Staat zu einem Ausgleich mit dem Großgrundbesitz gezwungen. So blutig die Abrechnung der Autokraten mit den Bojaren zu Anfang der ersten Periode auch war, so sehr sie sich auch bemühten, das Präbendarsystem des Grundbesitzes allgemein einzuführen, früher oder später mußten sie – mit wesentlichen Einschränkun-

gen – den für den europäischen Feudalismus charakteristischen patrimonialen Grundbesitz akzeptieren. Sie mußten die Nachkommen der Bojaren, den Hofadel (Dworjane), in den herrschenden Stand aufnehmen, selbst wenn sie die Institution des privaten Grundbesitzes nicht mit der westeuropäischen Freiheit zur Geltung kommen ließen und den freien Kauf der Güter der Kirche und des Hochadels sogar bis zum 20. Jahrhundert beschränkten. Wir können also sagen, daß die erste Periode der frühen rationalen Redistribution idealtypisch Ende des 17., Anfang des 18. Jahrhunderts begann, als die Autokratie begriffen hatte, daß sie ohne den Großgrundbesitz nicht wirtschaften und regieren kann, und als der Großgrundbesitz begriffen hatte, daß er dem monarchistischen Absolutismus unbedingte Loyalität bezeugen muß und er keinerlei Möglichkeiten hat, parallel dazu eine ständische Gegenmacht aufzubauen.
Das militärische Sicherheitsbedürfnis nötigte die wirtschaftlich zurückgebliebenen Autokratien Osteuropas also, die wirtschaftlichen Ergebnisse der westlichen Länder als äußere Herausforderung zu interpretieren, sich der Aufgabe des Anschlusses und der Nachahmung zu stellen und zu diesem Zweck ihre Kräfte zusammenzufassen. Die traditionelle Redistribution bringt Anarchie und Korruption hervor, sie vermag nur einen verhältnismäßig beschränkten Kreis von Produkten in die Redistribution einzubeziehen. Durch die eigene Organisation beschränkt sie die Quantität des Mehrprodukts. Sie restringiert also die eigene Macht, weshalb eine Strukturreform des asiatischen Modells erforderlich ist, damit der Redistributionsmechanismus die osteuropäische Zivilisation an das westliche Niveau heranführt. Den Anfang dieser jahrhundertelangen Reformbewegung, der zur Herausbildung der rationalen Redistribution führte, können wir mit Peter dem

Großen, Friedrich dem Großen und Joseph II. markieren. Der frühe, der vorsozialistische Abschnitt der rationalen Redistribution wird am ehesten durch die Ungleichheit der gesellschaftlich-wirtschaftlichen Reform charakterisiert. Einerseits kann und darf der kaiserliche Absolutismus die durch traditionelle, nicht rationale, familiengeschlechtliche Faktoren legitimierten Elemente der politischen Macht nicht konsequent liquidieren. Andererseits treten bis hin zur sozialistischen Revolution ständig Tendenzen auf, durch die das System dem selbstregulierenden Markt angenähert wird.

Die Wirtschaftspolitik des mit Eisenbahnbau und Industrialisierung befaßten Grafen Witte, der durch die Aussaugung der Landwirtschaft die industrielle Kapitalakkumulation voranbrachte, war im Rußland der Jahrhundertwende ein gewaltiger Schritt auf dem Weg zur rationalen Redistribution. Die Reform Stolypins dagegen, die den Mir, die Dorfgemeinschaft, beseitigte und die Warenproduktion der kapitalkräftigen, besitzenden Bauernschaft anregte, obgleich damit die gesellschaftliche Basis der zaristischen Macht erweitert werden sollte, bedeutete im wesentlichen wieder ein Abschwenken hin zum selbstregulierenden Markt. Wir können sogar über die österreichisch-ungarische Monarchie und über das deutsche Kaisertum ganz allgemein sagen, daß sie sich in der zweiten Hälfte des vergangenen Jahrhunderts bei ihren Industrialisierungsprogrammen in hohem Maße auf Privatkapital gestützt und diesem eine beachtliche Selbständigkeit zugestanden haben. Obwohl sie der Bourgeoisie den Zutritt zur politisch herrschenden Klasse verwehrten, bauten sie gegen Ende des vorigen Jahrhunderts ein verfassungsmäßig-liberales politisches System aus, das dem Parlament allerdings keine bedeutende Entscheidungskompetenz garantierte.

Jedes wirklich wichtige Ressort konzentrierte sich im zeitgenössischen Europa in den Händen der sehr entwickelten Exekutivadministration, und zwar in so hohem Maße, daß nahezu die Hälfte der Fachintelligenz in der Staatsbürokratie Anstellung fand. Trotzdem blieb der Staat den westeuropäischen Modellen der Gesellschaftsorganisation und der politischen Konfliktbehandlung gegenüber nicht völlig verschlossen. So konnte sich sowohl das liberale Bürgertum als auch die mit großem Schwung vorwärtsdrängende legale Sozialdemokratie keineswegs grundlos um die Umsetzung der Institutionen des angelsächsisch orientierten politischen Demokratismus bemühen. Das war nicht zuletzt auch deshalb möglich, weil sich in der zweiten Periode der frühen rationalen Redistribution, die von der Aufhebung der Leibeigenschaft bis zur russischen sozialistischen Revolution dauerte, als jüngere Kreatur des Bündnisses zwischen dem zentralisierten bürokratischen Staat und dem sich kapitalistisch entwickelnden Junkertum der dritte bedeutende Akteur des Systems anschloß: das auf die moderne und konzentrierte Schwerindustrie sich stützende Finanzkapital. Diese drei über relative Autonomie verfügenden gesellschaftlich-wirtschaftlichen Kraftfaktoren waren notwendigerweise nur an einem liberalen politischen Herrschaftssystem interessiert, in dem sich ihre ausgeglichene Standesgleichheit widerspiegelte und gerade deshalb eine so gemäßigte Stabilität vorhanden war, die auch die begrenzte Artikulation sonstiger gesellschaftlicher Interessen möglich machte.

bi) Die Entstehung der modernen Bürokratie in Osteuropa

Während allerdings die organisierte Zentralmacht zwecks

Anschluß an Westeuropa ihren von oben gelenkten bürokratischen Apparat schuf, der sich auch militärisch als sehr stark erwies, schufen im Ersten Weltkrieg die beachtlichen militärischen Erfolge des deutschen kaiserlichen Heeres gerade die damals neuartig wirkende, staatlich regulierte Kriegswirtschaft. Dieser Apparat trat aus der Rollensphäre des bloßen Instruments heraus und begann, die eigene Stärkung als höchstes Ziel seiner Tätigkeit zu betrachten. Er fand nämlich die gesellschaftliche Kraft, deren Interessen mit dem Übergewicht der modernen Bürokratie, mit der Übermacht des Staats über die Gesellschaft verbunden sind. Diese Kraft ist die bürokratische Intelligenz, das Heer der im Verwaltungs- und Militärdienst tätigen Fachintelligenz, die die bürgerliche Privatwirtschaft als professionelle Fachleute nicht mit genügend Aufträgen und Stellenangeboten hätte versorgen und der sie noch weniger zu einer so privilegierten und immer stärker hegemonialen Machtposition hätte verhelfen können.
Die staatliche Intelligenz Osteuropas ließ sich bereits wesentlich weniger durch die Rolle verlocken, als gesellschaftlich organisierte Schicht als untergeordnete, organische Intelligenz des Bürgertums zu fungieren, da sie – beim Ausbau des bürokratischen Interventionismus des Staats aus ihren mit gepolsterten Türen versehenen Amtszimmern mit der selbstsicheren Arroganz einer weitreichenden und hofierten Behörde, im Bewußtsein einer gesicherten Existenz mit ständig wachsendem Einkommen um sich blickend – als neue Aristokratie des nationalistisch-militaristischen Interventionismus des Nationalstaats bereits vor der Revolution in gewissem Sinn über das Bürgertum hinauswachsen konnte, über jenes Bürgertum, das in Osteuropa immer ziemlich servil war und sich auch mit seiner Rassenzugehörigkeit nicht immer brüsten konnte. Diese bürokra-

tische Intelligenz, die zum größten Teil adliger Herkunft war, hätte allerdings ihre Verbündeten nicht hinwegfegen und ihre partielle bürokratische Macht zur Klassenmacht totalisieren können, wenn das nicht an ihrer Stelle ihr scheinbarer Opponent und ungebetener, geheimer Verbündeter besorgt hätte: die revolutionäre marginale Intelligenz, bei deren radikalem Husarenstreich zwar auch die Mehrheit der Beamtenintelligenz zugrunde ging; die Teile der Intelligenz jedoch, die den Umsturz überlebten, gerieten in die gleiche komische Situation wie Monsieur Jourdain, der mit Überraschung konstatiert, daß er Prosa spricht. Obwohl sie die Roten haßten, nachdem sich der Sturm gelegt hatte, mußten die Bürokraten der Kriegswirtschaft bemerken, daß sie nach der roten Logik der expansiven rationalen Redistribution denken. Um dieses Zusammentreffen zu deuten, müssen wir allerdings den anderen dorthin führenden Prozeß verfolgen: den Wandel der Intelligenzposition in den Strukturen der frühen rationalen Redistribution.

c) Die Intelligenz in der ersten Periode der frühen rationalen Redistribution

ca) Die Säkularisierung der Intelligenz in West- und Osteuropa. Das Fortbestehen des Ständestatus

Vor dem 18. Jahrhundert entstanden intellektuelle Bewegungen nur innerhalb der Kirche oder gegen sie im Rahmen der schismatisch-protestantischen Kirchen. Durch die Konfrontation von Reformation und Gegenreformation im katholischen Europa, von Staatskirche und altritualen Raskolniki im prawo-slawischen Europa werden die Ideen

und Gruppierungen der allmählichen Emanzipation der Intelligenz organisiert. An diesem Brennpunkt von Orthodoxie und Häresie innerhalb der beiden großen christlichen Kirchen Europas tritt die Intelligenz, die sich von den Feudalmächten oder den absolutistischen Monarchien unabhängig machen will und auch die Ideologie für die großen gesellschaftlichen Kämpfe der Zeit liefert, am massivsten auf. Die geistigen Führer der großen Bauernkriege des 16. und 17. Jahrhunderts – der Tscheche Jan Hus, der Ungar Lörinz Mészáros, der Deutsche Thomas Müntzer – waren abtrünnige Mönche. Auf der anderen Seite stellt die Blütezeit der Mönchsorden in diesen zwei Jahrhunderten gleichzeitig den Ausbau einer selbständigeren geistig-weltlichen Macht der Intelligenz dar. Hierbei ist es gleichgültig, ob es sich um häresieverdächtige Orden handelte, die den radikalen Bewegungen Impulse gaben (wie zum Beispiel die ungarischen Franziskaner-Observanten) oder solche – gerade entgegengesetzt –, die die geistigen Urheber des zweiten Feudalismus waren, die Beamten der dominikanischen und jesuitischen Inquisition. Zu dieser Zeit reift die thomistische Idee des theokratischen Staats innerhalb der Gegenreformation zum gesellschaftlichen Experiment, und die neben den absolutistischen Monarchen tätigen Ordenspolitiker und Ratgeber sind die bedeutenden Figuren der Zeit. Doch sie sind alle Priester oder ehemalige Priester, Mönche oder Prediger, und der Anspruch der geistigen Macht über die Gesellschaft wird in den theologischen Kategorien des Christentums artikuliert.
Nach der Niederschlagung der von den Häretikern geführten osteuropäischen Bauernbürger-Revolutionen im 17. und 18. Jahrhundert kommt das Machtstreben der ständischen Intelligenz im absolutistisch-bürokratischen Staat und in der ihm untergeordneten oder gleichgestellten

Amts- und Staatskirche, die ihre alte Kraft zurückgewinnt, zum Tragen, das heißt in ihrer die gesamte Gesellschaft kontrollierenden Macht.

In Nordwesteuropa und England triumphieren die revolutionären Bewegungen der Reformation, der Klerus formuliert die Klasseninteressen des erstarkenden Bürgertums. Somit tritt die religiöse Häresie ihren Platz an einen außerhalb der Kirche stehenden Laien-Presbyterianer-Bürger-Geist ab. Die intellektuelle Diktatur Calvins überläßt ihre Position der kapitalistisch-bürgerlichen Selbstdisziplin der protestantischen Ethik, und der sich entfaltende selbstregulierende Markt bietet der säkularisierten professionellen Intelligenz eine Funktion an. Anfang des 17. Jahrhunderts war der Prediger noch der repräsentative englische Intellektuelle, der Dramatiker dagegen bestenfalls Diener am Hof, ungünstigenfalls nichtsnutze Jahrmarktfigur auf einem Niveau mit den Bärenführern. Der repräsentative englische Intellektuelle des 18. Jahrhunderts ist bereits der Rechtsanwalt, und neben ihm gewinnt der vom Druck seiner Werke lebende Schriftsteller, wie Doktor Johnson oder Defoe, immer mehr an Bedeutung. Der niederländische Maler kann seine Bilder verkaufen, der in den Wissenschaften bewanderte Gebildete kann eine Schule gründen und bekommt Schulgeld, der aufblühende Zeitungs- und Buchdruck macht die Abhandlung oder den Roman zur gesuchten Ware, und die königliche wissenschaftliche Gesellschaft kann nicht nur Selbstlosigkeit üben, wenn sie dem forschenden Wissenschaftler ein Auskommen sichert. Die Intelligenz hat es nicht nötig, ihre Funktion durch Vermittlung der politischen Gewalt absichern zu lassen. Als organische Intelligenz des Bürgertums artikuliert sie lieber das Ethos der Marktwirtschaft weltlich-liberalrationalen Leistungsprinzips. Die allgemeine nationalökonomische Theorie von Adam Smith und Daniel Ricardo ist die symbolische Objektivation dieser Intelligenz, die jenseits von Theologie und Teleologie ihren Platz auf dem selbstregulierenden Markt in Assoziation mit dem Bürgertum findet.

In Osteuropa bot sich für diese säkularisierte Anpassung keine Möglichkeit an. Im zweiten Feudalismus bildet sich jenes monarchistisch-barocke Gebäude heraus, dessen zwei fundamentale Organisationen die sich zentralisierende kaiserliche Bürokratie und die trotz Erstarrung expandierende Kirche sind. Diese beiden bieten der Intelligenz, die sich aus ihren ständischen Verpflichtungen nicht lösen kann und ihre Emanzipationsversuche aufgibt, Stellung, Macht und Beständigkeit an. Die hierarchische Struktur des barocken Gesellschaftsgebäudes wird durch die Ideologie der gegenreformatorischen Mönchsorden sanktioniert, und auch in der Gesellschaftsorganisation als solcher nehmen die Mönch-Intellektuellen eine Schlüsselstellung ein. Im zerstörten Ungarn beispielsweise kommt nach der Vertreibung der Türken unter der Führung der Jesuiten die neue Zivilisation zustande. Aus ihrer Mitte gehen die Baumeister und Geometer hervor, Naturwissenschaftler und Dichter, Ärzte und Lehrer, sie lenken den Wiederaufbau und die Bodenverteilung; und auch das im Untertanengeist gehaltene städtische Bürgertum lebt ein Leben unter kirchlicher Oberhoheit, streng geregelt und nach religiösen Pflichten eingeteilt. Vom gesellschaftlichen Kontakt bis zum Familienleben, vom Gesundheitswesen bis zur Theateraufführung, von der Sozialpolitik bis zum Ritus von Arbeits- und Feiertagen flexibel, jedoch unter unerbittlicher jesuitischer Bevormundung, geht das Leben in den Städten und Dörfern seinen Gang. Der Leitgedanke der Zeit ist einerseits die Treue, die Hörigkeit, die reglementiert ekstatische

Hingabe an die höheren Mächte, die sich durch die optische Raffinesse der Fresken an den Kirchenkuppeln bis in die Unendlichkeit des Firmaments auftürmen, und noch darüber hinaus bis zum hierarchisch abgestuften Himmelreich. Dieser Leitgedanke bedeutet andererseits transzendent-paternalistische intellektuelle Macht, streng überwachende intellektuelle Aufrechterhaltung der Ordnung, wodurch entsprechend der konzentrierten reichskirchlichen Stabilität die Organisation der partikularen bürgerlich-intellektuellen Schichtinteressen nicht ermöglicht wird. Charakteristisch ist die Verlaufskurve der intellektuellen Revolutionäre der Zeit. Ignác Martinovics beispielsweise, im übrigen ein verdienter Naturwissenschaftler und philosophischer Neuerer, geistiger Initiator der ungarischen Jakobiner, verkörpert gleichzeitig die sich den osteuropäischen Intellektuellen des 18. Jahrhunderts bietenden Möglichkeiten. Er dient als jesuitischer Lehrer, übernimmt dann im Geheimpolizei-Meinungsforschungs-Propagandaapparat des aufgeklärten Absolutismus unter Joseph II. ein Informanten-Agentenamt und versucht schließlich, sich sowohl von der kirchlichen wie von der kaiserlichen Bürokratie unabhängig zu machen, nachdem er erkennt, daß keine der beiden Bürokratien seinen teleologischen Idealen wirklich dient; durch Ausbau einer komplizierten konspirativen Organisation und Technik wird er zum Führer und am Ende enthaupteter Märtyrer der antifeudalen und antiabsolutistischen jakobinisch-intellektuellen Bewegung.

cb) Die organisierte staatlich-polizeiliche Intelligenz

Wenn auch der bürgerliche Warenmarkt wegen seiner Unterentwicklung im Stile der westlichen Emanzipation der

Intelligenz keinen geeigneten Rahmen bietet, so können die Akademiker in der kaiserlichen Administration doch zu einer Stellung kommen. Die technische Intelligenz kann vom Heer und von der staatlich subventionierten Industrie aufgenommen werden, in den Kolonien werden Geographen und Geologen gebraucht, der Besitzadel will aus seinen befestigten Burgen in nach französischem Vorbild inmitten von Parkanlagen errichtete Schlösser ziehen, die Herrscher gründen Akademien und Universitäten, offizielle und halboffizielle Blätter kommen auf den Markt, bei der Zensurbehörde werden Stellen angeboten, der nach formalen Rechtsprinzipien organisierte Verwaltungs- und Justizapparat wird ausgebaut, die Wirtschaftsministerien und Finanzbehörden haben Bedarf an Fachleuten, von Wien bis Petersburg werden großangelegte barocke öffentliche Gebäude in jeder administrativen oder kirchlichen Residenzstadt errichtet, zu deren Funktionsfähigkeit sachkundige Beamte vonnöten sind. Die Begabten fanden nicht nur Beschäftigung, sondern auch einen Arbeitgeber im Staat. Werfen wir einen flüchtigen Blick auf den ersten russischen weltlichen Intellektuellen von hohem Rang des 18. Jahrhunderts, den Polyhistor Lomonossow. Sein wißbegieriger plebejischer Geist umfaßte den gesamten Bereich intellektueller Wissensformen der Zeit, von der experimentellen Physik und der Chemie über die Geographie bis hin zur Geschichte und Volkswirtschaft, ja sogar bis hin zur Odendichtung. Seine biedere Obrigkeitsgläubigkeit resultierte keineswegs aus Naivität oder Ängstlichkeit, vielmehr war er ein leidenschaftlicher Anhänger der Reformbestrebungen Peters des Großen. Wenn er die Entwicklung der Industrie, des Bergbaus oder des Ackerbaus verlangte, konnte ihm hierzu kein anderer Weg einfallen als die Organisation eines zusammenfassenden und lenkenden ministerialen Kollegiums. Er stellte seine gesamte wissenschaftliche Tätigkeit in den Dienst der staatlichen Interessen, und zwar bewußt in den des absolutistischen Staats. In seinen Oden verherrlichte er die Eroberungs- und Kolonisierungsfeldzüge. Wenn er sich auch zeitweise mit den Führern der Staatsadministration überwarf, so galt doch seine Beanstandung nicht der absolutistischen Zentralisation, sondern deren irrationalen Äußerungen, nicht der Ständestruktur, sondern nur den Erscheinungen, die dem Geist der Reformen Peters des Großen widersprachen, dem Ethos der frühen rationalen Redistribution. Eine vernünftigere und zweckmäßigere Geisteshaltung hätte er sich für Rußland gar nicht vorstellen können. Vergleichen wir den moralisch äußerst ernsthaften Konformismus Lomonossows mit dem kritisch-sarkastischen Verhältnis seines großen Zeitgenossen Voltaire zur absoluten Monarchie oder mit dem Diderots, des anderen Wissenschaftlers, der von Katharina der Großen protegiert wurde, so zeigt sich sogleich die Unterschiedlichkeit in der gesellschaftlichen Struktur und intellektuellen Strategie der beiden Europa. Im Westen formierte sich gegen die Koalition von zentralisiertem Staat und Besitzadel bereits die dritte Kraft, die diese Koalition gegen Ende des Jahrhunderts mit Erfolg stürzte. In Osteuropa dagegen existierte keinerlei Alternative zu dieser Koalition, und wer aufgrund seines Wissens eine gesellschaftliche Funktion für sich beanspruchte, mußte entweder einen Posten im absolutistisch geprägten Staat akzeptieren oder aber auf ein Intellektuellendasein verzichten.

Weiterhin wird der zeitgemäß organisierte und relativ große Polizeiapparat ausgebaut, wobei der bewaffneten Gewalt ein Spitzelsystem beigegeben wird, dem eine Präventivfunktion zukommt. Dadurch wird die Legion der

Geheimpolizei um Gesellschaftsglieder mit bürgerlichen Posten und intellektuellen Berufen erweitert. Diese Organisationen sind die Vorbilder der Polizeistaaten des 20. Jahrhunderts. Die Modellhaftigkeit der Datenspeicherungs- und Informationstechnik, die der zivilisatorischen Entwicklung der Zeit vorauseilt, ergibt bereits in der ersten Hälfte des vergangenen Jahrhunderts eine polizeiliche Transparenz der osteuropäischen Gesellschaften. Da es sich hierbei um Vielvölkerstaaten handelt, üben auch die den Kolonisationserfolg gefährdenden nationalen aristokratisch-bürgerlichen Bestrebungen und nicht minder die Schwierigkeiten mit den ständig zu zügelnden bäuerlichen Gentilgesellschaften auf die Entwicklung der Polizei einen Zwangseinfluß aus. Die Zaren werden von der Pazifiration der transkaukasischen Gebiete der Ukraine und der kosakischen Grenzmarken in Anspruch genommen, vom Aufruhr des polnischen Adels; die Aufmerksamkeit des habsburgischen Reichs wird durch die separatistischen Bestrebungen der entwickelteren ungarischen, böhmischen, italienischen und südslawischen Gebiete gebunden; die Aufmerksamkeit der preußischen Monarchie durch die Alternative eines demokratischen Zusammenschlusses der deutschen Staaten. Zu all dem kommt Anfang des 19. Jahrhunderts der Liberalismus des sich für die Aufhebung der Leibeigenschaft organisierenden mittleren Adels gegen die Koalition der Autokratie und des Hochadels. All das macht die rechtzeitige Unterdrückung der primitiven Versuche sowohl einer nationalistischen als auch einer demokratischen intellektuellen Emanzipation, die Verfolgung jeglichen freien Gedankens zur wichtigsten Aufgabe der Polizei. Vereint kämpft die bürokratische polizeiliche Selbstherrschaft in allen drei Staaten der Heiligen Allianz gegen den von der jungen adligen Intelligenz repräsentierten Liberalismus. Es bildet sich jene osteuropäische Intellektuellenhaltung heraus, die, da sie den freien reformerischen Gedanken nicht vertreten kann, mit konspirativen Untergrundorganisationen antwortet. Auch schmiedet die polizeiliche Verfolgung die osteuropäische Intelligenz früh zusammen. Die osteuropäische Autokratie hüllt von vornherein jegliche progressive intellektuelle Bewegung in das komplementäre Mysterium von Polizei und Verschwörung ein. Es bildet sich jenes Rollendoppel heraus, auf dessen einer Seite der ebenfalls intellektuelle, weil zur Abschätzung der Gefährlichkeit von Gedanken verpflichtete Geheimpolizist steht, auf der anderen Seite der aufbegehrende Intellektuelle, zum Erlernen von Konspirationstechniken gezwungen, selbst die harmloseste geistig-ideologische Erneuerung mit der Herausforderung des gesamten Systems identifizierend, jener Intellektuelle, der sich in seiner intellektuellen Existenz bedroht fühlt, unabhängig davon, auf welche Klasseninteressen er sich beruft. Natürlich empfindet er für seine wegen ihrer Schriften oder ihrer in Gesellschaft gefallenen Worte inhaftierten Berufskollegen Solidarität. Er erkennt also seine Identität mit seiner intellektuellen Rolle verhältnismäßig früh. Ironisch übertrieben könnten wir sagen, daß die frühe Entwicklung der Klassenmachtbestrebungen der osteuropäischen Intellektuellen in nicht geringem Maß der frühen Entwicklung der osteuropäischen polizeilichen Repression zu verdanken ist.

cc) Das Auftreten der liberalen adligen Intelligenz

Neben den im Rahmen einer Organisation tätigen Intellektuellen der Kirche und der Bürokratie treten Anfang des 19. Jahrhunderts im Kreis des gebildeten Besitzadels auch die Vorbilder der Berufsintelligenz auf. Zur Erfüllung ihrer Funktion und Lebensform, zur würdigen Freizeitgestaltung hält diese vor allem unter französischem Einfluß stehende Adelsschicht die Lektüre der Klassiker und der modernen Autoren, das Beherrschen von Fremdsprachen, das passionierte Botanisieren, Wirtschaftsprojektierung, Klavierspiel und Dichtkunst für obligatorisch. Der Adlige, der auch in den Staatsangelegenheiten seinen Mann steht und seinen Militärdienst abgeleistet hat, muß auch das Leben im selbst entworfenen Schloß genießen können. Um die Jahrhundertwende treten neben den international gebildeten Aristokraten auch die gebildeten mittleren Grundbesitzer in Erscheinung. Die Kenntnis Montesquieus gehört sich nicht nur in den Schlössern der Großgrundbesitzer, sondern auch in den Landsitzen des mittleren Adels. Auch die neuen in Verbindung mit den Modejournalen erscheinenden Literaturzeitschriften müssen bestellt werden. Es bildet sich eine Leserschicht heraus, für die Bildung mit der Zeit nicht nur ein Mittel zur Freizeitgestaltung ist, sondern auch das Medium der öffentlichen Äußerung. Es entsteht eine ziemlich breite Intelligenzschicht aus den Reihen des mittleren Adels, die auch über einen Universitätsabschluß verfügt, sich an nationalistischen Bewegungen beteiligt und deren Mitglieder sich zum Teil hauptberuflich, wenn auch ohne davon leben zu wollen, der Literatur, Geschichtsschreibung und den Naturwissenschaften widmen. Die osteuropäischen Adligen lernen viel vom Aufenthalt im napoleonischen Paris. Viele, die lediglich als Adlige nach Paris gehen, kehren als Intellektuelle zurück. Von ihren erworbenen Reiserechten Gebrauch machend, unternehmen sie systematische Studienreisen nach England, besuchen die größeren Städte Westeuropas, hören ein wenig

Philosophie in Jena oder Berlin, studieren die holländische Landwirtschaft, die englische Tuchfabrikation, das französische Unterrichts- und Rechtssystem, und wenn sie auch in einer durchzechten Nacht einige Dörfer beim Spiel verlieren, so kann es doch geschehen, daß sie sich, wegen ihrer provinziellen Zurückgebliebenheit schuldbewußt geworden, nach ihrer Rückkehr zur Reformierung der öffentlichen Zustände ihres vernachlässigten Volks entschließen, zur Erneuerung ihrer barbarischen Sprache, zur Umsetzung der modernen Errungenschaften, zur Gründung von Akademien und öffentlichen Bibliotheken, zum Schreiben von progressiven romantischen Epen oder Dramen, zur Verbesserung des Schicksals ihrer in Holzkaluppen und Lehmhütten lebenden Hörigen, zur Flußregulierung, zur Gründung von Kreditinstituten, zur Organisation von Musterwirtschaften, zur Organisation von fortschrittlichen intellektuellen Adelsgesellschaften. Sie versuchen, sich in das Staatsleben einzuschalten, um weitgehende Reformen zur Umgestaltung der Feudalstrukturen betreiben zu können. Wohin sie auch blicken, überall stoßen sie auf zu bewältigende Aufgaben. Gleichzeitig kollidieren sie allerdings trotz ihrer teilweisen Erfolge mit dem Staatsapparat des mittlerweile erstarrten und immer weniger aufgeklärten bürokratischen Absolutismus und mit dem unnachgiebigen Festhalten an den Privilegien der konservativen und engstirnigen Mehrheit der adligen Großgrundbesitzer. Das ist die Situation, wenn sich die progressiven Elemente entgegen der gesellschaftlichen Struktur als Intellektuelle verstehen. Auch wenn sie von den Einkünften aus ihren Gütern leben, sind sie primär nicht mehr Grundbesitzer, sondern die autonomen, intellektuell führenden Gestalten des osteuropäischen liberalen mittleren Adels, als solche formulieren sie den wichtigsten strukturellen Konflikt der ersten Periode der frühen rationalen Redistribution.

cd) Das Interesse der Intelligenz des mittleren Besitzadels an der Entwicklung zum Kapitalismus und an der Aufhebung der Leibeigenschaft

Das System trägt die Konflikte seiner Auflösung in sich. Der mittlere Besitzadel ist an der Wirtschafts- und Gesellschaftspolitik der frühen rationalen Redistribution kaum mehr interessiert. Die Fronarbeit bringt ihm nicht genügend Profit ein. Der Mittelbetrieb garantiert bloß dann hohes Einkommen, wenn er intensiv betrieben wird. Dazu wären aber Kapital und auch qualifizierte freie Lohnarbeit erforderlich. Der Hochadel, der Güter von gewaltiger Ausdehnung besitzt, kann sich mit der auf der Fronarbeit seiner Leibeigenen basierenden Extensivwirtschaft begnügen. Der Mittelbetrieb dagegen kann bei Nutzung von Fronarbeit mit der Fronhofwirtschaft der Großbetriebe nicht konkurrieren, er ist nicht in der Lage, sich in die landwirtschaftliche Warenproduktion, in dessen westlichen Getreideexport einzuschalten. Deshalb glaubt der mittlere Besitzadel nicht grundlos, daß er im Fall einer kapitalistischen Entwicklung konkurrenzfähig werden würde. Hierzu ist es aber nötig, sich um die Aufhebung der Leibeigenschaft zu bemühen. In Ermangelung eines Bürgertums wird also das Programm der bürgerlichen Umwälzung, ja sogar der demokratischen Revolution von der sich systematisch aus dem mittleren Adel organisierenden unabhängigen Intelligenz neuen Typs formuliert. Diese Intelligenz ist an der Rationalisierung interessiert, an der Säkularisierung, an der Raumgewinnung des preisregulierenden Markts, an der Verbreitung des Leihkapitals. Ihre genetische Existenz macht die Modernisierung des Adelsbesitzes und ganz allgemein die Einführung westlicher Verhältnisse in das Gesellschafts- und Wirtschaftssystem der frühen rationalen Redistribution erforderlich.

ce) Die frühe Transzendenz der dilettantischen adligen Intelligenz. Intellektuelles Selbstbewußtsein als Reaktion auf den Polizeiapparat. Karriere oder Schuldbewußtsein

Es läßt sich allerdings nicht eindeutig aus ihrem materiellen Interesse schlußfolgern, weshalb die erste große intellektuelle Welle Osteuropas, die erste kritische, westlich orientierte, aufklärerische und auch hinsichtlich ihres geistigen Gewichts sehr bedeutende Reformgeneration ausgerechnet aus dem Adel hervorgeht. Die Intelligenz Osteuropas in der ersten Hälfte des vorigen Jahrhunderts mußte notwendigerweise feudalen Charakter haben, da sich das System der bürgerlichen Marktwirtschaft, das zum Kauf der qualifizierten intellektuellen Arbeitskraft beziehungsweise der intellektuellen Geistesprodukte eine ausreichend zahlungsfähige Nachfrage hätte sichern können, nicht herausgebildet hatte. Zum Entstehen einer von den ständischen Bindungen freien weltlichen Intelligenz bot sich die Alternative, die sich ihren westeuropäischen Berufskollegen eröffnete, nämlich als professionelle Intelligenzschicht zu funktionieren, nicht an. Die wirtschaftliche Basis des exponentiellen numerischen Wachstums der Intelligenz ist der Grundbesitz. Es ist sowohl eine Notwendigkeit als auch eine Möglichkeit, daß die intellektuelle Tätigkeit in gewissem Sinne eine Liebhaberei bleibt. Intellektueller zu werden, lohnt sich für jene, die von ihrem Grundbesitz oder eventuell von ihrem ebenfalls durch Standesposition und nicht durch intellektuelles Wissen erworbenen Amt existieren können. Doch selbst jene Söhne von Bürgerlichen oder Leibeigenen, die nach Absolvierung einer Schule zu einem Staatsamt kommen, werden früher oder später in den Adelsstand erhoben. In Rußland beispielsweise garantieren die oberen sieben der insgesamt vierzehn Rangstufen den Inhabern von zu ihrem Bereich gehörenden Ämtern automatisch den Adelsstand. Die Aufnahme in den Staatsdienst setzt also im allgemeinen das Adelsprädikat voraus, aber auch wenn von Fall zu Fall darauf verzichtet wird, so ist es doch zumindest eine damit verbundene Konsequenz. Selbst wenn sich eine geringe bürgerliche Intelligenz herausbildete, das System würde auch sie alsbald in den Adelsstand erheben. Sie würde also in eine von Grund auf ständisch gegliederte Gesellschaft eingefügt, wodurch die intellektuelle Tätigkeit vor den kompetitiven Abhängigkeiten der Marktwirtschaft bewahrt wird und, so könnte man sagen, einen ständischen Schutz erhält. Diese Intelligenz also, für die Dichtung, Geschichte, Ökonomie, aber auch der ständisch erworbene Status als Beamter, Offizier oder Universitätsprofessor lediglich ein Zusatzeinkommen bedeutet und die ihre Existenz, ihre elitäre Lebensweise primär dem mittleren Grundbesitz zu verdanken hat, bildet die für die Intelligenzschicht charakteristischen Merkmale minimal aus.

Durch ihre gesellschaftliche Position macht sich die Intelligenz verhältnismäßig unabhängig von der gesamten Gesellschaftsstruktur und erhöht den transzendenten Charakter der Intellektuellenrolle. Viele ihrer Mitglieder werden über die genetischen Adelsinteressen erhoben, da sie ihr Intellektuellendasein nicht dem Umstand zu verdanken haben, daß zur Artikulation der Interessen des Adelsstands eine organische Intelligenz vonnöten ist, sondern in erster Linie der Tatsache, daß ihre gesellschaftlich-wirtschaftliche Unabhängigkeit es ihnen erlaubt, sich den intellektuellen Tätigkeiten, die sich im Westen inzwischen ein stetig zunehmendes Prestige verschaffen, zu widmen, sowohl aus Passion als auch berufsmäßig, auf jeden Fall aber freiwillig und ohne jeglichen Zwang. Diese stärkere Transzendenz der adligen Intelligenz macht es möglich, Wortführer der bürgerlichen Umwälzung zu sein, was zwar nicht unbedingt im Gegensatz zu den Adelsinteressen steht, allerdings auch nicht notwendig in Übereinstimmung mit diesen. Die westliche Intelligenz war unter anderem auch deshalb zur Formulierung der bürgerlichen Interessen bereit, weil sie von der bürgerlichen Gesellschaft erwarten konnte, daß sie durch sie von ihrem persönlichen Ausgeliefertsein gegenüber dem Feudalherrn befreit und diese Beziehung durch die vom Autoritätsprinzip freien, unpersönlichen und pluralen Abhängigkeiten des preisregulierenden Markts ersetzt werden. Die adlige Intelligenz der osteuropäischen Aufklärung machte sich auch von diesem persönlichen Motiv unabhängig, da sie als Intelligenz im allgemeinen nicht im Dienst eines Feudalherrn stand. Selbst wenn sie in ihrem dilettantisch-intellektuellen Schaffen nicht ganz unabhängig war, so wurde ihre Freiheit nicht durch Dienstpflicht, nicht einmal durch den Markt, sondern durch die polizeilich-ideologische Zensur und das Spitzelsystem der Autokratie eingeschränkt.

Als Beispiel sei Puschkins Lage angeführt, der einerseits von seinen beträchtlichen Gutseinkünften existierte und außerdem in Verbindung mit seinem aristokratischen Rang Hofkämmerer war, dessen Gedichte ihm lediglich zweideutigen Ruhm, Salonerfolge als Liebhaber und die ständige Bedrohung der Verbannung einbrachten; zudem Bemerkungen wie die des Polizeiministers, des Grafen Benkendorf, der das später zur Ochana ausgebaute zweite Polizeidepartement gründete und der ihm auf einem Ball zuflüsterte, daß er, wenn er so weitermache, an einen fernen Ort verbracht werde, wo nicht einmal die Vögel seine verbleichenden Gebeine sehen könnten. Die osteuropäische adlige Intelligenz mußte also die chiffrierte, metaphorische Sprache erlernen, die nuancierten Konnotationen der Hinweise, wie diese Sprache auch von ihrem Publikum erlernt worden ist. Die reformistischen, gesellschaftskritischen Gedanken der Intelligenz verbargen sich also bereits dadurch, daß sie primär in der metaphorischen Sprache der Literatur Ausdruck fanden. Tierfabeln, historische Romane und Allegorien waren Träger radikalen Gedankenguts. Andererseits geriet ganz Moskau in Aufruhr, als der hervorragende Historiker Granowski seine Vorträge über den englischen Parlamentarismus hielt. Obwohl er die russischen Zustände mit keinem einzigen Wort erwähnte, verstand jeder, daß er das englische Beispiel als scharfe Verneinung des Leibeigenensystems und der Autokratie in Rußland skizzierte. Diese Unabhängigkeit und die daraus folgende Transzendenz der osteuropäischen adligen Intelligenz erklärt, daß die Autokratien früh ihre eigene offizielle Kulturpolitik ausgearbeitet haben, daß sie die Grundprinzipien des intellektuellen Schaffens in Losungen kleideten, als ironische historische Analogie zu den Parteibeschlüssen der sozialistischen Kultur. Die Dichtung wurde sogar auch von den Herrschern selbst beobachtet. Zar Nikolai zensierte eigenhändig Puschkins Verse, die Aufführung von Gogols *Revisor* hieß er persönlich gut. Kaiser Franz von Habsburg ordnete die scharfe Überwachung Sándor Petöfis durch Polizeispitzel an. Die vibrierende Spannung der literarischen Salons des Adels verliehen diesem Interesse nur noch besonderen Nachdruck. Wenn ein Modeschriftsteller, wie beispielsweise Gogol, sich nach langem Bitten geneigt zeigte, einige Seiten aus seinem in Arbeit befindlichen Werk zu lesen, wurden manche Leute vor Aufregung ohnmächtig. Der im übrigen mittellose Autor wurde von allen Seiten eingeladen. Der Abschluß des ersten Bandes des sehnlichst erwarteten Romans *Die toten Seelen* bedeutete in der adligen Gesellschaft ganz Moskaus eine erregende Freudenbotschaft. Nirgendwo im Westen hatte die Literatur einen derartigen Stellenwert und ein solches Echo. Dem Snob Balzac war es nie vergönnt, in Gesellschaften Zutritt zu finden, in denen die adligen Intellektuellen Osteuropas aus- und eingingen. Unter anderem mag auch diese Tatsache erklären, daß die russischen Romanhelden intellektuell eingestellte Adlige sind, die wegen ihres Status ein metaphysisches Schuldbewußtsein besitzen, während die Helden des französischen Romans intellektuelle Karrieristen sind, die nach Vermögen und Erfolg streben. Die Kritik des Bürgers wird in Osteuropa durch die Selbstkritik des Adligen ersetzt, und dieser Unterschied ist zumindest für die Literatur in keiner Weise nachteilig. Wenn für den Rechtsanwalt der Pragmatismus nützlicher ist als die Metaphysik, so kann das für den Romanschriftsteller nicht behauptet werden. So ergibt es sich, daß uns die großen Mythen der Intelligenzklasse in den Werken Tolstois und Dostojewskis begegnen, nicht aber in den Schriften Flauberts und Thackerays.

cf) Die Grenzen der adligen Transzendenz

Diesem Schulbewußtsein des Adels, das die westliche Einrichtung, den bürgerlichen demokratischen Wandel erfordert, sind allerdings natürliche Grenzen gesetzt. Erinnern wir uns an Tolstois Erzählung *Der Morgen eines Gutsbesitzers*: Ein wohlgesinnter junger Feudalherr ruft seine Hörigen zusammen und bietet ihnen die Aufhebung der Leibeigenschaft an. Die Bauern flüstern und tuscheln, sie geben sich sorgenvoll, statt das Angebot freudig anzunehmen, lehnen sie ab. Sie vermuten eine arglistige Täuschung, die Verschärfung ihres Frondienstes, und das nicht einmal ohne Grund. Die bürgerliche Freiheit erhielten die Leibeigenen Osteuropas, ohne gleichzeitig Land zu bekommen und unter schweren Fronauflagen. Die adlige Intelligenz stand auf seiten des Volks, gegenüber der bestehenden Ordnung durfte sie sich als Wortführer des ganzen Volkes fühlen, da dieses der einzig wirklich Geschädigte und mögliche Widersacher der kaiserlich-hochfeudalen Koalition war: das annähernd neun Zehntel der Bevölkerung ausmachende »Volk«, die zur Formulierung ihrer Interessen und zum Ausbau einer Alternativmacht ungeeigneten Leibeigenen, die sogar in den Fabriken als unkündbare Mitglieder der Dorfgemeinschaft arbeiteten und sich, auch wenn sie hier und da das Schloß eines Feudalherrn in Brand setzten, eine Verbesserung ihrer Lage vom Zaren erhofften. Diese Bauernschaft war wegen ihrer Unwissenheit tatsächlich nicht fähig – anders als das westeuropäische Bürgertum –, sich nach dem Sturz des herrschenden Stands an die Spitze der Modernisierung zu stellen und Osteuropa auf das Niveau Westeuropas zu heben. Auf dieses Volk berief sich – gemäßigt oder radikal – die adlige Intelligenz. Auch Osteuropa hatte seine eigenartigen Jakobiner, die die Enthauptung Ludwigs begrüßten oder auch selbst Hinrichtungen ohne Gnade planten, wie Pestel, der führende Kopf des Südbunds der russischen Dekabristen. Aber diese Berufung war, wenn auch nicht unehrlich, so doch nicht sehr konsequent, denn wovon sonst lebte die adlige Intelligenz, woher sonst nahm sie ihre geistige Unabhängigkeit, wenn nicht von der Arbeitskraft ihrer Leibeigenen.

Verbürgerlichung ist zwar eine gute Sache, aber die behäbigen und ungebildeten Bürgerlichen wurden von der adligen Intelligenz selbst dann verachtet, wenn sie katzbuckelten, und auch dann, vielleicht sogar desto mehr, wenn sie sich in ihren vom verarmten Adel gerade erworbenen Palästen selbstbewußt breitmachten. Es ging noch an, sofern man Bürgerlichen der gleichen Nationalität gegenüberstand; doch handelte es sich um ethnisch Fremde, um jüdische, armenische, deutsche Parvenüs, so betrachtete man sie zwar liberal als Menschen und war sogar bereit, ihre Gleichheit auch rechtlich anzuerkennen, doch auf gar keinen Fall erkannte man in ihnen den zur Macht berufenen Verbündeten; man assoziierte mit ihnen nicht die Vorstellung der Entwicklung. Lieber gab man den eigenen Demokratisierungsbestrebungen einen utopisch sozialistischen Anstrich, als daß man Sprachrohr dieses Bürgertums sein wollte.

Die adlige Intelligenz suchte eine Klasse, mit der sie sich verbünden und identifizieren konnte, eine Masse, an deren Spitze sie den demokratischen Wandel erkämpfen konnte. Eine solche Masse konnte sie allein deshalb nicht finden, weil sich sowohl die Bauernschaft als auch das Bürgertum ängstlich oder eben autoritätsgläubig in die hierarchisch gegliederte Ständegesellschaft einfügte oder doch zumindest dem Besitzadel genausoviel Argwohn entgegenbrachte wie dem bürokratischen Staatsapparat. Deshalb betrachteten Bauern und Bürgerliche, sofern sie überhaupt betrachten konnten, die Zwistigkeiten zwischen den Herren mit ziemlicher Gleichgültigkeit. So war es beim Dekabristenaufstand, so beim Aufstand des polnischen Adels. Der ungarische Freiheitskrieg von 1848/49 gilt deshalb in den gesellschaftlichen Bewegungen Osteuropas als herausragendes Ereignis, weil es hier den liberal-nationalistischen Intellektuellen des ungarischen Adels wenigstens partiell gelungen war, bedeutende Schichten des gemeinen ungarischen Volks hinter sich zu bringen, obwohl auch bereits im Freiheitskrieg die kritische und ungelöste Bodenfrage aufgetaucht war.

Die adlige Intelligenz Osteuropas konnte sich nämlich nicht entschließen, die Aufhebung der Leibeigenschaft gleichzeitig damit zu verbinden, auch den Boden unter den Leibeigenen aufzuteilen und sich somit die wirtschaftliche Existenzgrundlage zu entziehen. Wenn sie also auch auf ihre Standesprivilegien verzichtete, auf ihre Besitzprivilegien konnte sie nicht mehr verzichten. Sie wollte ihre Güter modernisieren, nicht zuletzt unter Verwendung des Kapitals der staatlichen und bäuerlichen Entschädigung, nicht aber zu Gunsten der Bauern parzellieren.

Lew Tolstoi, der russische Gutsbesitzer, der die Selbstkritik des Adels in seinen theoretischen Schriften bis ins Extrem durchführte, der zum einen aufgrund der slawophilen Idee des Mir, zum anderen aufgrund der Vorschläge des Amerikaners Henry George prinzipieller Feind jeglicher Ungleichheit des Grundbesitzes war, kämpfte bis an sein Lebensende hoffnungslos mit dem von allen Seiten gegen ihn bestehenden und auch in ihm permanent auftretenden Anspruch, seine Prinzipien und seine Praxis in Einklang zu bringen, seinen Grundbesitz unter den darauf lebenden und arbeitenden Bauern aufzuteilen.

d) Die Intelligenz in der zweiten Periode der frühen rationalen Redistribution

da) Aus der liberalen adligen Intelligenz entsteht die Staatsbürokratie

Weshalb hätte bei der ohne Bodenverteilung erfolgenden Aufhebung der Leibeigenschaft das gesellschaftspolitische Gebäude der frühen rationalen Redistribution eingerissen werden müssen? Die westlich orientierte adlige Reformintelligenz hatte um die Mitte des vorigen Jahrhunderts erkennen müssen, daß unter den Bedingungen des preußischen Staatsgefüges die von oben durchgeführte Aufhebung der Leibeigenschaft und die in der Folge eintretende Modernisierung die osteuropäischen Gesellschaften eher an die quantitativen Ergebnisse des westlichen Wirtschaftswachstums heranführt als an das westliche Zivilisationsmodell, daß die osteuropäische Gesellschaftsentwicklung eine andere Richtung einschlägt, daß die industrielle Entwicklung, die Modernisierung der Landwirtschaft und der Ausbau der modernen Staatsverwaltung sich auf einem anderen Weg entfalten, wobei der Staatsbürokrat wenigstens ein ebenso wichtiger Akteur ist wie der bürgerliche Unternehmer.

Die ohne Aufteilung des Bodens erfolgende Aufhebung der Leibeigenschaft Osteuropas und der preußische Weg der Agrarentwicklung stabilisierten wieder die frühe rationale Redistribution. Die preußische Lösung war allerdings für die mittleren Grundbesitzer, die von einer Kapitalisierung ihres Landwirtschaftsbetriebs träumten, nicht günstig. Sie wurden zwar von ihren Leibeigenen befreit, doch reichte ihr Kapital nicht aus, um das Gut zu technisieren und zur intensiven Inanspruchnahme von Lohnarbeit überzugehen. Die Agrarpolitik der preußischen Redistribution, durch die in der Landwirtschaft Kapitalmangel verursacht und die Industrie subventioniert wurde, konnte bloß vom Großgrundbesitz ausgenutzt werden. Der Großgrundbesitz konnte nämlich die billige Arbeit des landarmen Agrarproletariers, der einen Wandel vom Leibeigenen zum Knecht durchmachte und in Naturalien bezahlt wurde, auch weiterhin mit Profit im extensiven Getreideanbau verwenden. Auch wenn ihm lediglich ein geringer Profit sicher war, durch die Größe seiner Güter blieb ihm trotzdem genügend Gewinn, um auch Modernisierungsmaßnahmen finanzieren zu können, zumal die Kreditpolitik und begrenzte staatliche Subvention der Landwirtschaft den Großgrundbesitz begünstigte.

Der mittlere Grundbesitz hätte nur durch eine intensivere Bewirtschaftung über diese Krise hinwegkommen können. Hierzu hätte er allerdings auch relativ größere Geldmittel gebraucht als der Großgrundbesitz. Davon konnte allerdings infolge der gezielten Wirtschaftspolitik des Staats keine Rede sein. Vielmehr wurde ein bedeutender Teil des mittleren Adels vom Wirtschaftsgeschehen ausgeschlossen, man ließ ihn verarmen und zugrunde gehen. Man tolerierte, daß der mittlere landwirtschaftliche Grundbesitz in die Hände der kapitalstärkeren Kaufleute, Fabrikanten, reichen Bauern und oft gerade der jüdischen Pächter überging, die ihren neu erworbenen Grundbesitz auch ohne staatliche Subvention modernisieren konnten und dem redistributiven Staat gleichzeitig auch zu steigenden Steuereinnahmen verhalfen. Der Staat nahm die verarmenden oder gerade ruinierten einstigen Adligen in den sich rasant aufblähenden Staatsapparat auf, um gesellschaftliche Spannungen zu vermeiden.

Die rasche Ausbreitung des bürokratischen Apparats ist

ein aus zwei Richtungen initiierter Prozeß. Nicht nur die Stellensuchenden erhoben darauf Anspruch, sondern auch die Zentralgewalt, von der die Wirtschaftsentwicklung durch zunehmende staatliche Interventionen beschleunigt wurde. Im allgemeinen wollte die kaiserliche Regierung das preußische Staatssystem weiterentwickeln, das spezielle System, das genau funktionierte, von oben gelenkt wurde und sich auf alle Machtbereiche erstreckte, das System, das nicht bloß von Hegel offen bewundert wurde, sondern auch noch Max Webers heimliche Anerkennung fand. Die Staaten fuhren gut dabei. Lediglich durch den Faktor des wirtschaftlichen Zwangs, ohne jegliche Gewaltanwendung, befreiten sie sich so von der oppositionellen adligen Reformintelligenz und verwandelten sie in eine loyale staatlich beamtete Intelligenz. Es entstand das faktische Reserveheer der adligen Intelligenz, deren Goldquellen versiegt waren, die aber ihre frühere adlige Lebensweise beibehalten, ein ihrem Rang entsprechendes Zuhause und Personal halten wollte, die einer sicheren Stelle beim Staat, die unabhängig machte von den abschreckenden Pleiten des unter freiem Wettbewerb stehenden Kapitalismus, Pensionen gewährte und ganz nebenbei ein ziemlich beachtliches Gehalt garantierte, den Vorzug gab. Der alte Adel war bemüht, sich dem Staatsdienst zu entziehen, da er von seinen Besitzungen existieren konnte. An die Stelle des ehemaligen Dienstadels tritt nun der staatliche Beamtenstand, der seine wirtschaftliche Sicherheit verloren hatte und sein Adelswappen mit magischer Eifersucht verteidigt. Innerhalb des Beamtenstands unterscheidet dieses Wappen seinen Besitzer ziemlich unsicher vom Beamten nichtadliger Abstammung, doch von ähnlicher Stellung und gleichem Einkommen. Allerdings gelang es der adligen Intelligenz, ihre bevorzugte Position insofern zu behaupten, als nämlich die Sprößlinge aus den nichtadligen Schichten höchstens in Ausnahmefällen höhere Posten in der Staatsbürokratie bekleiden konnten. So konnte sich die Mehrheit der besitzenden, adligen, liberalen Intelligenz zu einer adligen Beamtenintelligenz mausern, aus den reformistischen Kritikern der Autokratie konnte deren äußerst gemäßigt liberalistische Stütze werden. Die ideologischen Bedürfnisse dieses neuen Beamtenstandes wurden im allgemeinen durch den konservativen Reichsnationalismus befriedigt, durch das Streben nach panslawischer, pangermanischer oder eben »panmagyarischer« Kolonisation der kleineren Völker Mittelasiens, Osteuropas und des Balkans, durch Bemühungen um die Vergrößerung des Staatsapparats und als Folge davon um den Bau neuer Amtssitze.

db) Die gesellschaftlich-politischen Konflikte der Dreier-Koalition

Die einst liberalen, neuen Bürokraten hielten nicht länger an wesentlichen Reformen fest. Der ihnen verbliebene Liberalismus war nur darauf aus, im Interesse eines ungestörten Modernisierungsprozesses bescheidenere, korrektive Konzessionen zu erreichen, wir könnten auch sagen, eine geringfügige Rationalisierung der frühen rationalen Redistribution, nicht zuletzt der Großbourgeoisie zuliebe, die sich dem Machtbündnis anschloß, doch an der politischen Macht kaum teilhaben wollte. Diese Bourgeoisie begnügte sich damit, reich zu werden. Selbst von den vorhandenen politischen Rechten machte sie nur mäßig Gebrauch. Vor der Staatsobrigkeit zeigte sie Unterwürfigkeit. Sie gab sich damit zufrieden, daß die staatlichen Bestellungen einen sicheren Absatzmarkt und die Überbevölkerung auf dem

Lande billige Arbeitskräfte garantierten, deren Nichtorganisiert- und Ausgeliefertsein durch den Polizeiapparat geregelt wurde. Sie sehnte sich viel mehr nach einem Barontitel, nach der Verleihung eines Adelsprädikats als nach der Beschränkung des politisch-ständischen Monopols der alten Barone.

Es bildete sich also durch die Stabilisierung dieses Dreierbündnisses ein relatives Machtgleichgewicht heraus, das im letzten Jahrzehnt des vorigen Jahrhunderts eine Ebbe der revolutionären Stimmung und eine Isolierung der radikalen Intellektuellen bewirkte. Es bildete sich ein funktionsfähiges System heraus, das in allen drei Kaiserreichen Osteuropas ein schnelles industrielles Wachstum, und zwar vor allem der Schwerindustrie sicherte, aus den osteuropäischen Großstädten in atemberaubendem Tempo Weltstädte machte und eine moderne, auf allgemeiner Wehrpflicht basierende Armee unterhielt, zu der ein mächtiges aktives Offizierkorps gehörte. Allerdings konnte dieses System die Marktverhältnisse nicht totalisieren. Auch seine gesellschaftliche Basis vermochte es nicht wesentlich zu erweitern. Den Rationalisierungsprozeß konnte es nicht wirksam auf Kosten der traditionell-hierarchischen, feudalen Herrschaftselemente ausdehnen. Zum Schutz ihrer kurzfristigen, partikularen Interessen hielt die kastenartig isolierte herrschende Minorität die Kanäle der aufwärtsgerichteten gesellschaftlichen Mobilität außerordentlich eng. Neben der traditionellen Herrschaftslegitimation wurde zwar der eher am Leistungsprinzip orientierten Legitimation des Kapitalbesitzes begrenzter Raum gegeben, doch wurden die ausdrücklich am Leistungsprinzip orientierten Legitimationsprinzipien des professionellen intellektuellen Fachwissens und vor allem des Arbeitskraftbesitzes konsequent unterdrückt. Die Dreier-Koalition konnte weder mit der außerhalb der staatlichen Ämter bleibenden Intelligenz offen transaktive Beziehungen zustandebringen noch mit der Arbeiterschaft und mit der sich stark differenzierenden und auch in ihren kapitalistischen Tendenzen zurückgehaltenen Bauernschaft. Die Koalition von Staat, Großgrundbesitz und Großkapital führte die redistributive Modernisierung eindeutig auf Kosten der arbeitenden Klassen durch, unter Senkung des Lebensstandards und ohne eine zahlungsfähige innere Konsumentennachfrage zu entwickeln. Deshalb brachte sie jene gesellschaftlichen Kräfte, die an der Erweiterung der politischen Freiheitsrechte beziehungsweise an der Ablösung der preußischen Agrarentwicklung durch die Agrarentwicklung des Farmertyps interessiert waren, das heißt irgendeiner Bodenreform, in zunehmendem Maß gegen sich auf. Alles in allem: Jene Kräfte, die nun im Gegensatz zum bürokratischen Adel, der immer stärker tonangebenden Hauptkraft in der zweiten Periode der frühen rationalen Redistribution, die verlorengegangenen Aufgaben der bürgerlichen Revolution oder zumindest des bürgerlichen Wandels auch weiterhin für aktuell hielten, machten sich die herrschende Koalition zum Feind.

dc) Auftreten und Existenzunsicherheit der osteuropäischen Berufsintelligenz

Nachdem die adlige Intelligenz ihre wirtschaftliche Unabhängigkeit eingebüßt hatte, war sie gezwungen, auch auf ihre intellektuelle Unabhängigkeit zu verzichten, infolgedessen gab sie auch die transzendente Rolle ihres intellektuellen Seins auf, und zwar derart, daß der adlige Liberalismus im letzten Drittel des vorigen Jahrhunderts nur noch Gegenstand des Spotts war und die Radikalen sogar Puschkins Dichtung als Gefühlsduselei für höhere Töchter in den Papierkorb beförderten. Woher kam dieser intellektuelle Flügel, welche strukturelle Position erfüllte er, vor welchem ideologischen Dilemma stand er, der sich mit seiner genetisch-geschichtlichen Situation nicht mehr zufrieden geben konnte und, sei es als schöpferisch-professioneller Intellektueller, sei es als marginaler Revolutionär, der transzendenten Rolle der Intelligenz einen neuen Inhalt gegeben hat?

Es besteht kein Zweifel, daß im letzten Drittel des vergangenen Jahrhunderts und insbesondere Anfang des 20. Jahrhunderts auch die in der westlichen Wortbedeutung professionelle Intelligenz in den Vordergrund des gesellschaftlich-kulturellen Lebens rückte, wenn auch als zahlenmäßig geringe, existentiell ungesicherte und ideologisch gegensätzlichen Berufen Zugeständnisse machende Quasi-Schicht. Ihre Zahl hatte sich zwar im Vergleich zum Anfang des 19. Jahrhunderts vervielfacht, die Begrenztheit ihres absoluten Umfangs geht freilich daraus hervor, daß die Gesamtzahl der Studenten in Rußland selbst gegen Ende des Jahrhunderts nicht einmal dreißigtausend erreicht hatte und der überwiegende Teil der Universitätsabsolventen in den Staatsdienst ging. Der Staat ist nicht nur für Lehrer und Juristen, sondern auch für Ärzte und Ingenieure der größte Arbeitgeber. Dennoch tritt neben der Beamtenintelligenz auch die Intelligenzgruppe auf, die in freien Berufen und in der bürgerlichen Privatwirtschaft unterkommt oder von der Vermarktung ihrer Werke relativ unabhängig lebt oder doch zumindest bestrebt ist, ihre Unabhängigkeit zu vergrößern.

Gegen Ende des vorigen Jahrhunderts beginnt der Markt in Osteuropa funktionsfähig zu werden, insbesondere in den westlichen, genauer in den mitteleuropäischen Randgebieten, vor allem im vereinigten deutschen Kaisertum und im Habsburgerreich, und gibt einer professionellen Intellektuellengruppe Raum, die den Weg der Organisation zur Intelligenzschicht beschreitet. Auch wenn dieser Markt expandiert, so doch nicht in solchem Umfang, daß er den stetig zunehmenden und von den öffentlichen Ämtern zusehends ausgeschlossenen Intellektuellen eine Existenz bieten könnte. Ständige Begleiterscheinung der osteuropäischen kapitalistischen Entwicklung ist es, daß die intellektuelle Bildung das Wirtschaftswachstum übertrifft, insbesondere die Entwicklung der bürgerlichen Privatwirtschaft. Die Rechtsanwälte und Ärzte haben chronischen Mangel an zahlungsfähigen Klienten beziehungsweise Patienten, das Publikum für anspruchsvolle Kunst und Literatur ist zahlenmäßig erschreckend klein, der Bedarf der aufblühenden Industrie an Konstrukteuren oder Forschern ist gering, die Schere zwischen intellektueller Arbeitskraft und intellektuellem Produkt und der Nachfrage danach klafft immer mehr auseinander, obwohl im Angebot wie auch in der Nachfrage ein absolutes Wachstum festzustellen ist.

Deshalb können aus Fachleuten leicht akademische Proletarier werden; ihre Existenz ist unsicher, ihr Abnehmerkreis veränderlich und labil, die Intelligenz kann ihre Kunstschaffenden und Wissenschaftler nicht unterhalten. Und jene Schicht des Bürgertums, die bereit ist, für die Kultur auch zu zahlen, ist außerordentlich dünn. Die Wahrscheinlichkeit, daß sich ein Industriebaron oder ein millionenschwerer Kaufmann findet, der eine Zeitschrift, ein Konservatorium subventioniert oder die Gemälde moderner bildender Künstler aufkauft, weil er literarisch-künstlerische Ambitionen hat, ist größer als die, daß eine sich erweiternde, gebildete Schicht des mittleren Bürgertums ein ausstrahlendes Modell des Kulturkonsums schafft und Publikumskern der intellektuellen Produkte wird. Die Situation erhält einen eigenen Anstrich, wenn die zu Staatsbeamten gewordene adlige Grundbesitzerschicht innerhalb der Duplizität ihrer gesellschaftlichen Rolle eher darum bemüht ist, ihr Gutsbesitzerleben hervorzukehren, und zwar mit respektablem, wenn auch im Vergleich zum früheren bedrückend eingeschränkten Einkommen, statt aus dem Spezifischen ihres neuen Status, also aus ihrem intellektuellen Sein heraus das eigene Prestige und die regulativen Werte der eigenen Lebensform aufzubauen. Diese beamtete Intelligenz wendet also verhältnismäßig mehr Mittel für Personal, Kartenspiel und Jagd auf als für Bücher, Theater, Gemälde und Musik.

dd) Die gesellschaftliche Basis der Berufsintelligenz ist schwach; es fehlt das aus der Bauernschaft hervorgehende Bürgertum

Auch die Wirtschaftsstruktur läßt eine beschleunigte Erweiterung des Bürgertums, der möglichen gesellschaftlichen Basis der Kultur, nicht zu. Dank des preußischen Wegs der Agrarentwicklung, der nicht zustande kommenden Bodenverteilung und der einseitigen Industrieentwicklung, verharrt ein unverhältnismäßig großer Teil der Bauernschaft in Stagnation. Die nichtagrarischen Sektoren der Wirtschaft entwickeln sich nicht schnell genug, damit der Bevölkerungsüberschuß aus der Landwirtschaft in die Industrie überwechseln kann, damit der in der Landwirtschaft zu Intensivwirtschaft und Mechanisierung drängende Arbeitskräftemangel entsteht, damit die Größe des Bauernguts wachsen kann, wie das in Westeuropa geschehen ist.

Wegen des Verhältniserbrechts nimmt das besitzlose oder höchstens Handtuchfelder besitzende Agrarproletariat, das landwirtschaftliche Lohnarbeit nur in der Saison bekommt und sich gerade am Rand des Existenzminimums bewegt, stark zu. Weder die Abwanderung in die Städte und in die Industrie noch die anhaltenden Auswanderungswellen nach Amerika können eine ausreichende Dezimierung bewirken. Die Intensivbewirtschaftung des landwirtschaftlichen Großbetriebs schreitet dagegen stetig voran, womit das Bauerngut nicht Schritt halten kann.

Als vorläufige und vielleicht illusorische Perspektivlösung tritt der radikale Anspruch nach Bodenverteilung auf, was übrigens die Grundfrage auch dort nicht löst, wo – wie in Polen, im Baltikum und in Bulgarien – eine Aufteilung des Bodens erfolgt, weil nicht primär die Existenz des Großgrundbesitzers die Überbevölkerung verursacht, sondern die Unterentwicklung der Industrie und des Tertiärsektors. Der Kreis schließt sich allerdings, weil die Bauernschaft auf dieser Ebene auf Leibeigenenniveau geblieben ist. Der größere Teil der von der Hand in den Mund Lebenden und von den Waren- und Geldverhältnissen ausgeschlossenen Bauern konsumiert nur in begrenztem Umfang Industrieartikel. Die Bedarfsgüterindustrie vermag selbst gegen Ende des 19. Jahrhunderts in großen Teilen Osteuropas kaum den Rahmen der Heimindustrie zu durchbrechen. Folglich entwickelt sich auch die Industrie mangels eines Binnenverbrauchermarkts völlig einseitig. Die Schwerindustrie überflügelt die Konsumgüterindustrie. Neben der Großindustrie bleibt der Kreis der mittleren und kleinen Unternehmer ziemlich begrenzt, was gleichzeitig auch auf die relative Unterentwicklung der Mittel- und Kleinbourgeoisie hindeutet. Die Industrie hat in der frühen rationalen Redistribution tatsächlich noch nicht die gesellschaftliche Bedeutung, die sich aufgrund ihres statistischen Anteils ausmachen ließe. Parallel zu diesem Phänomen entwickelt sich aus der Bauernschaft infolge der fehlenden bäuerlichen Warenproduktion des sich entfaltenden Farmertyps auch keine dörfliche Klein- und Mittelbourgeoisie, die ihr Kapital in die städtische Industrie verlagert. Unter dem Finanzkapital ist das Klein- und Mittelbürgertum also arm und schwach. Durch seine gesellschaftliche Mobilität hätte es der rasch wachsenden freiberuflichen Intelligenz eine Existenzbasis geben können. Da letztere niemanden hat, auf den sie sich stützen, niemanden, dem sie eine Ideologie anbieten könnte, kann sie sich nicht als organische Intelligenz einer gesellschaftlichen Gruppierung organisieren.

de) Kapitalistische jüdische Bürger, kommunistische jüdische Intellektuelle. Antisemitismus, die Schutzreaktion der frühen rationalen Redistribution

Das Problem erhält seinen speziellen osteuropäischen Charakter durch Bedeutung und Übergewicht des jüdischen, überhaupt des ethnisch fremden Bürgertums und der professionellen Intellektuellen. Die kapitalistische Entwicklung geht nicht aus der bäuerlichen Warenproduktion hervor, sondern in erster Linie aus dem kaufmännischen Kapital, noch genauer aus der Schicht der jüdischen Krämer, Gastwirte und Wanderhändler, die durch die Saugwirkung der Emanzipation, des Liberalismus der Jahrhundertwende beziehungsweise durch die Schubwirkung der ukrainischen Pogrome vor allem in das Gebiet der österreichisch-ungarischen Monarchie strömen und sich nach dem Ausbruch aus den Gettoverhältnissen rasch zu assimilieren beginnt. Einige Menschenalter müssen vergehen, bis sich das jüdische Bürgertum aus der ethnischen Selbstisolierung löst, in die Nationalkultur der Aufnahmeländer integriert und deren organische Verbraucherbasis wird. Das gleiche Phänomen wiederholt sich auch im Kosmos der Intelligenzberufe: Die Bauernschaft ist nicht wohlhabend genug, um den Söhnen eine höhere Bildung zu bieten, der Adel drängt in erster Linie in die staatliche Bürokratie, folglich füllen sich die geringeren Prestigewert besitzenden freien Intelligenzberufe vor allem mit den Söhnen des jüdischen Bürgertums. Das ist ein ebensolches Phänomen wie zu Anfang dieses Jahrhunderts das Eindringen der Neger in die Vergnügungsindustrie. Die Marginalen besetzen eben jene Berufe, auf die die traditionelle Elite, die die kapitalistische Entwicklung mit Widerwillen beobachtet, keinen Anspruch erhebt. Wegen der geringen Marktnachfrage beweisen die Marginalen in diesen Berufen ein außerordentliches Konkurrenzdenken und kommen erfolgreicher voran als der Durchschnitt. So entsteht auch innerhalb der Intelligenz eine Spaltung, und der sich entwickelnde ethnische Konflikt gibt dem Gegensatz zwischen bürokratischer und professioneller Intelligenz einen spezifischen Inhalt. Es sei angemerkt, daß die ersten Generationen der Juden zufrieden waren, daß sie überhaupt Wurzeln schlagen durften, und sich gegenüber der gesellschaftlichen und politischen Struktur der Aufnahmeländer loyal verhielten. Erst ihre Söhne wenden sich gegen das System der frühen rationalen Redistribution, nachdem sie erkennen, daß sie, wenn auch gegenüber der früheren Ächtung in einer günstigeren, dennoch stark restriktiven Situation, in einem gesellschaftlichen Getto leben, dessen Mauern nicht durch Gesetze markiert werden, sondern durch die traditionell-feudal strukturierten Charakteristika der Redistribution preußischen Typs und die daraus hervorgehenden Ideologien. In diesem

System werden die Juden zwangsläufig Zielscheiben der aus den verschiedensten Schichten stammenden Antipathien der ungleich industrialisierten und bürgerlich entwickelten Gesellschaften, da der einst adlige Gutsbesitzer im kapitalstärkeren jüdischen Pächter, die staatliche und kirchliche Intelligenz in der freiberuflichen jüdischen Intelligenz, die Bauernschaft und die Arbeiterschaft im ausbeutenden jüdischen Arbeitgeber und Kaufmann nicht bloß im sozialen, sondern auch im ethnischen Sinn einen Widersacher oder zumindest Konkurrenten sehen mußte. Während also die kapitalistische Entwicklung im Westen – dank einer organischen Entwicklung – keineswegs ein Privileg der Juden war, wurde die kapitalistische Entwicklung in Osteuropa gegenüber dem Gesellschaftsstand, der die traditionelle Herrschaftsstruktur durch eine Modernisierung hinüberrettete, am ehesten durch das Judentum repräsentiert. Obwohl dieser Konflikt spezielle Veränderungen durchmachte, als in Osteuropa gegenüber dem Feudalkapitalismus die Perspektive des Sozialismus auftauchte, hat sich jener Umstand, daß das Judentum – sei es als Kapitalist, sei es als Kommunist – aufgrund seiner Interessen immer mehr mit der bestehenden gesellschaftlich-politischen Struktur in Konflikt geriet, keinesfalls verändert. Es gab also keinen gesellschaftlichen Gegensatz, der nicht von der Ideologie des ethnischen Konflikts und – nach der Krise des Liberalismus – immer stärker von den mannigfachen begrifflichen und Gesinnungsinhalten des Antisemitismus geprägt gewesen wäre.

df) Anfang des 20. Jahrhunderts entwickelt sich aus der Berufsintelligenz die zweite kritische Reformgeneration Osteuropas. Kulturelle Schöpferkraft, politische Impotenz

Das Bisherige erklärt die strukturellen Konflikte der gesellschaftlichen Position und der daraus hervorgehenden Ideologien sowie das später zur Krise sich auswachsende innere Dilemma der in der zweiten Hälfte des vorigen Jahrhunderts auftretenden und um die Jahrhundertwende relativ erstarkenden freiberuflichen Intelligenz. In den Gesellschaften Osteuropas gingen die an der Entfaltung der westlichen kapitalistischen Entwicklung am ehesten interessierten gesellschaftlichen Kräfte, deren Ideologie zwangsläufig der Liberalismus war, selbst wenn sich die Liberalen unter dem Druck der Gegeneinflüsse des Milieus als Radikale bezeichneten, aus der freiberuflichen Intelligenz hervor.

Während die liberale Intelligenz des mittleren Grundbesitzeradels, der vor der Aufhebung der Leibeigenschaft von der kapitalistischen Entwicklung seine Konsolidierung erwartete, gegenüber den asiatischen redistributiven und den europäischen feudalistischen Elementen der frühen rationalen Redistribution die zum Zerfall des Systems führende kapitalistische Entwicklung und den reformistischen kritischen Liberalismus, konkreter: den Anspruch auf Beseitigung der Fronherrschaft und des zentralisierten Absolutismus repräsentierte, übernahm nun wieder mangels eines radikalen Bürgertums eine intellektuelle Gruppierung – die professionelle Intelligenz –, nachdem die Nachkommen des Landadels als Staatsbürokraten ihren Platz in der modernisierten Struktur der frühen rationalen Redistribution gefunden haben, die politisch-ideologi-

sche Repräsentation der westeuropäisch orientierten Alternative; schärfer formuliert: des bürgerlichen Wandels selbst um den Preis einer revolutionären Entscheidung.
Die Aufhebung der Leibeigenschaft, der Übergang zur zweiten Phase der frühen rationalen Redistribution, zum preußischen Weg, brachte keine gesellschaftlichen Veränderungen mit sich, wie sie die Liberalen Osteuropas ausschließlich von einer bürgerlichen Revolution hätten erhoffen können. In mehr oder weniger liberalisierter Form blieben die Herrschaft des kaiserlichen Absolutismus und die parlamentarisch kaum kontrollierte Herrschaft der zentralisierten bürokratischen Exekutive über die Gesellschaft, dem Polizei- und Militärapparat minimal eingeschränkte Souveränität garantierend, bestehen. Mit anderen Worten, die verfassungsmäßig garantierten bürgerlichen Freiheitsrechte, die auf Repräsentation basierende politische Herrschaft, der transaktive Arbeitsmarkt, die Forderung nach Pluralismus standen auch weiterhin auf der Tagesordnung.
Die der liberalen Demokratie verpflichtete Intelligenz mußte sich notwendigerweise auch gegen den wirtschaftlich-politischen Interventionismus der staatlichen Redistribution wenden, weil diese Intervention die Konsolidierung des kleinen und mittleren bürgerlichen Unternehmers eher behinderte als begünstigte. Bei der Industrialisierung unterstützte der Staat nur die konzentrierte Schwerindustrie. Die staatlichen Subventionsmittel wendete er sogar vorrangig zu Gunsten des sich kapitalistisch entwickelnden Junkerbesitzes an, wodurch also vor allem der traditionell herrschende Stand gestärkt wurde. Da diese Intelligenz, die sich außerhalb der Staatsbürokratie stellte, im allgemeinen an der Stärkung des redistributiven Mechanismus nicht interessiert war, betrieb sie längere Zeit auch gegen-

über der bürokratischen Zentralisierung die Wirtschaftspolitik des liberalen Kapitalismus.
Da außerdem das Großkapital selbst geteilt war und bedeutende Gruppen unter den Bedingungen des Machtmonopols der mit der Staatsbürokratie und dem Junkertum entstandenen Dreierkoalition sehr wohl auf ihre Kosten kamen – dank Begünstigung durch sichere staatliche Aufträge, durch Subventionen und einen polizeilich reglementierten, lohndrückenden Arbeitsmarkt –, wandte sich die professionelle Intelligenz, deren Kritik immer lauter wurde, auch gegen das Finanzkapital, wodurch schließlich ihre marxistische Abstempelung als kleinbürgerliche Radikale zu Recht erfolgt.
Da in Osteuropa letztlich auch eine Säkularisation ausblieb und die Kirche nicht bloß eine wirtschaftliche Großmacht blieb – sie war der größte Grundbesitzer, doch unterstand vom Unterrichts- bis zum Gesundheitswesen auch fast der gesamte öffentliche Dienst vorrangig kirchlicher Aufsicht –, war die Trennung kirchlicher und staatlicher Macht Bestandteil des Programms der professionellen Intelligenz. Doch wie kleinbürgerlich-radikal sind jene Intellektuellen, hinter denen kein radikales Kleinbürgertum steht?
Sind sie überhaupt Radikale? Allerdings, denn sie hassen die Redistribution der Kartenschlachten, bei denen Karten über den Besitzwechsel von ganzen Dörfern entscheiden; sie hassen die Truppenparaden, die mehr kosten als die Universitäten; sie wollen nicht als Hauslehrer von debilen Grafensprößlingen am Tischende als vornehme Diener sitzen. Sie empfinden das gesamte archaische Gebäude von Vorrechten und Rechtlosigkeiten als unerträgliche phantasmagorische Wirklichkeit, jenes Gebäude, in dem intellektuelles Fachwissen nur verletztes Selbstbewußtsein geben kann, ihre unsichere Existenz, ständig von der Gefahr der

Proletarisierung bedroht, ein belesener Mensch in arrogante Einsamkeit gedrängt und von der gesamten Staatsmaschinerie niedergedrückt wird, wenn er etwas will und scharf formuliert.

Wie sollten die Intellektuellen, die sich für klüger und ehrlicher als die gräflichen Minister halten, in dieser vollkommenen Umklammerung auch nicht daran denken, das ganze System zu stürzen? Es wäre eine Bodenreform vonnöten gewesen, allgemeines Wahlrecht, eine demokratische Verfassung, nationale Autonomie, demokratische Sozialpolitik. Die Situation für eine bürgerliche Revolution war also reif, doch es gab niemanden, der sie machte. Im Westen konnte die junge Intelligenz das Machtbündnis von Absolutismus und Großgrundbesitz dadurch brechen, daß sie den dritten Stand hinter sich hatte, das heißt, nicht nur das Volk, sondern auch das sich zur Klasse formierende Bürgertum. In Osteuropa besitzt die frühe rationale Redistribution keine bürgerlich demokratische Alternative, und der bürgerliche Radikalismus ist inhaltlich ziemlich mager: Er ist nicht mehr als die Mitglieder der zweiten intellektuellen Reformgeneration, die sich elitär organisierende politische Opposition, die in der Kultur die reale Alternative zur konservativ-bürokratischen Intelligenz bietet, politisch allerdings nur eine utopische Alternative.

Nach der Jahrhundertwende wimmelt es in Osteuropa auf dem Gebiet von Kunst und Wissenschaft von Begabungen; Bewegungen beginnen; Werke entstehen, die der Kultur Westeuropas zumindest ebenbürtig sind. Von Mittel- und Osteuropa, von Wien und Berlin, von Budapest, Prag, Warschau, Petersburg, Moskau und Odessa geht eine wahre intellektuelle Renaissance aus. Dank ihrer gesellschaftlichen Isolation verfügt diese kulturelle Bewegung allerdings nicht über eine wesentliche politische Effektivität, sie gefährdet das Machtmonopol von Staat, Großgrundbesitz und Finanzkapital nicht ernsthaft, und vielleicht erklärt gerade diese Ungefährlichkeit, weshalb das System der frühen rationalen Redistribution in dieser zweiten Periode, vor dem Ersten Weltkrieg, sich einen derartigen kulturellen Liberalismus leisten konnte, dessen Freiheit die schöpferische Intelligenz Osteuropas seitdem nachtrauert. So original also die unabhängige, professionelle Intelligenz Osteuropas auf dem Gebiet der Kultur war, so impotent war sie in politischer Hinsicht. Das aber mußte sie auch sein, weil die faktische und aussichtsreiche Alternative zum bestehenden System nicht die Demokratie ohne Bürgertum war, sondern die Totalisierung der rationalen Redistribution, die Perspektive der Klassenmacht der Intelligenz, deren Formulierung nicht von den professionellen Intellektuellen stammte, die um Veränderungen nach westlichem Vorbild bemüht waren, sondern von der radikalen marginalen Intelligenz, deren tatsächlich originale politische Entdeckung der Leninsche Bolschewismus war.

dg) Die innere ideologische Krise der bürgerlichen radikalen Intelligenz

Die auf irrealem gesellschaftlich-politischem Boden aufbauende intellektuelle Reformgeneration geriet in eine Krise, da auch ihr grundlegendes strategisches Ziel zweifelhaft geworden war. Warum hätte die von ihrer Existenz her zur Teleologie und zu geschichtsphilosophischen Lösungen neigende Intelligenz die Totalisierung der Marktwirtschaft, den völligen Sieg des an Profit und Geld orientierten Legitimationsprinzips des Kapitalbesitzers gewollt, den Ausbau einer Struktur, in der sie auch auf unmittelbare eigene Machtbestrebungen auf unbestimmte Zeit verzichten muß? Zur Interpretation ihrer Situation erwies sich auch ihre Philosophie, der rational-positivistische Evolutionismus, als ungeeignet. Wesentlich mehr Nutzen konnte sie aus dem rechten und linken romantischen Irrationalismus ziehen, deren naheliegende politische Konsequenz Faschismus beziehungsweise Kommunismus waren.

Der osteuropäische Reformismus der professionellen Intelligenz war also durch zwei mögliche Ideologien direkter intellektueller Macht einer ständigen Verlockung ausgesetzt. Zu beiden Ideologien gehörte eine intellektuelle Rolle: 1. Eintritt in die gegebene Staatsbürokratie und innerhalb der Dreierkoalition der frühen rationalen Redistribution Errichtung einer politischen Hegemonie über den Großgrundbesitz und das Finanzkapital zu Gunsten der Intelligenz. Dieser Weg führte nach dem Ersten Weltkrieg zu den halbfaschistischen und faschistischen Systemen Mittel- und Osteuropas. 2. Wendung gegen die gesamte Struktur, Verzicht auf Reformlösungen, nach Radikalisierung Entwicklung zum marginalen Berufsrevolutionär. Dann auf revolutionärem Weg Besetzung aller wichtigen Machtpositionen in Wirtschaft und Politik, Sturz der Klasse des Großgrundbesitzes und Großkapitals sowie Ausschaltung ihrer Legitimationsprinzipien, Beseitigung sämtlicher traditioneller Elemente von Herrschaft, Totalisierung der rationalen Redistribution, Verstaatlichung der gesamten Wirtschaft und Gesellschaft, Bündnis wenn auch nicht mit der staatlichen Bürokratie, so doch zumindest mit deren Positionen, schließlich Ausbau der totalen Macht der Intelligenzklasse. Dieser Weg führte in den Krisensituationen nach dem Ersten Weltkrieg zur bolschewistischen sozialistischen Revolution, zur heutigen Wirklichkeit Osteuropas.

e) Die Annäherung der osteuropäischen Intelligenz an das bürokratische Ethos

ea) Die modernisierende Rolle der Bürokratie in der zweiten Periode der frühen rationalen Redistribution

Die professionelle Intelligenz war auch vor dem Ersten Weltkrieg ein ständiges Reservoir für die Staatsbürokratie. Unter den Realpolitikern erkannten viele, daß Strukturwandel und Reformen, wenn überhaupt, nur durch Vermittlung des Staats möglich seien. Die bürgerlich-demokratische Revolution dagegen gehört nicht in den Kreis der praktischen Möglichkeiten. Wer also die Modernisierung der rückständigen osteuropäischen Gesellschaften aktiv voranbringen will, muß in die Staatsadministration eintreten und diese erneuern helfen. Viele unter den besten Angehörigen der osteuropäischen Fachintelligenz um die Jahrhundertwende glaubten, das moderne Rechtssystem, der entwickelte bürokratische Staat würde im Vergleich zu den traditionellen feudalistischen Verhältnissen einen ernsten Fortschritt bedeuten. Sie glaubten daran, daß die Professionalisierung der Staatsbürokratie – deren Angehörige durch Geburt und Ethos hauptsächlich dem Adel verhaftet waren – zur modernen rationalen politischen Bürokratie auch innerhalb des gegebenen Systems eine mögliche Zielsetzung sei.

Die Intellektuellen versuchten aus Furcht vor der Möglichkeit einer Proletarisierung zur Verwertung ihres Fachwissens einen ständigen Abnehmer zu finden, und sie hatten nichts dagegen, wenn mit der Stelle, die ihnen ein sicheres und bürgerlich respektables Einkommen garantierte, eine patriarchalische Macht und auch ein gewisses missionarisches Sendungsbewußtsein einherging. Es war ihnen nicht unlieb, wenn ihr Staatsbeamtenstatus derart stark wurde, daß selbst Fabrikanten und Großgrundbesitzer den mit Titeln und Auszeichnungen dekorierten Ministerialrat, der das Ethos der auf Wissen basierenden funktional autoritativen Ordnung in einer Form repräsentierte, die seinen Intentionen vermutlich auch über die Polizei Geltung verschaffen konnte, zuerst grüßten. Es wurde das Ideal der staatlichen Instanz – zumindest auf ideologischer Ebene – sichtbar, die über der Gesamtgesellschaft steht, die Interessen aller Gesellschaftsschichten auf einer höheren Stufe synthetisiert und sich über Marktkonkurrenz und Klassenkämpfe erhebt. Viele erwarteten von dieser Instanz, daß sie die Redistributionsinstrumente auch – zumindest teilweise – für sozialpolitische Ziele anwendet, um gesellschaftliche Ungerechtigkeiten zu korrigieren. In der Tat wurden im Osteuropa der Jahrhundertwende zahlreiche rationale und demokratisierende sozialpolitische Reformmaßnahmen getroffen, vom Kinderschutz über die Schul- und Wohnungsbaupolitik bis hin zum Gefängniswesen.

Weiterhin zeigte sich um die Jahrhundertwende in ganz Europa die Forderung nach staatlicher Wirtschaftsintervention, teils infolge der zyklischen Krisen und der daraus folgenden Zusammenbrüche, teils infolge des Ausbaus der kommunalen und infrastrukturellen Leistungen. Nach dem großen Geschäft mit der Eisenbahn kam deren Verstaatlichung, nach der Grundstücksspekulation die behördlich betriebene Urbanistik; die Kriegswirtschaft machte auf dem Gebiet der Rüstungsindustrie die Ausdehnung der staatlichen Kontrolle oder eben die Erweiterung des Staatseigentums notwendig; die staatlichen Musterwirtschaften waren auch für den kapitalistischen Großgrundbesitz ein Vorbild; die Kirche war unfähig, das moderne Unterrichtsnetz auszubauen. Mit einem Wort, die beschleunigte

Aufblähung, die sichtbare Zunahme der Machtfülle der Staatsbürokratie war nicht mehr zu vermeiden. Für die Berufsintellektuellen, die von der bürgerlichen Marktwirtschaft nicht unterhalten werden konnten, bedeutete der Eintritt in die staatliche Bürokratie die Erreichung eines richtigen und wünschenswerten Ziels, und das auch dann noch, wenn sie auf Kosten ihrer geistigen Unabhängigkeit gewisse Zugeständnisse machen, wenn beispielsweise die russischen Wissenschaftler Uniform tragen mußten. Die bei Erfüllung der fachlichen Kriterien nach oben führende Rangleiter – gegebenenfalls bis zum Ministersessel – und der zum gesellschaftlichen Aufstieg gehörende disziplinierte und unpersönliche Korpsgeist hatten in den Augen zahlloser Intellektueller nichts Abschreckenderes und waren nicht minder eine nach dem Leistungsprinzip funktionierende Schleuse der Mobilität als, sagen wir, eine erfolgreiche Börsenspekulation. Berücksichtigen wir noch, daß Verwaltung und Heer ein Hort der tonangebenden ehemals adligen Gentry-Bürokratie war, die aber ihr Adelsprädikat und Selbstgefühl bewahrte, ja sogar überbetonte, so daß deren aristokratische Atmosphäre der nichtadligen intellektuellen Bürokratie privilegierte Noblesse verlieh. Es ist einleuchtend, daß die Rolle des führenden Staatsbeamten als leicht zum Mythos stilisierbare Starrolle offen oder insgeheim die Phantasie der gesamten Intelligenz der Zeit in Versuchung brachte, und zwar nicht nur die reformistischen Freidenker, sondern auch die revolutionären marginalen Intellektuellen; und dies um so mehr, als der führende Bürokrat viel Macht hatte, sie dagegen überhaupt keine. So sehr auch die radikalen Intellektuellen auf den hohen Staatsbeamten schimpften, insgeheim beneideten sie ihn auch, wofür als Beweis ausreicht, daß sie, nach den revolutionären Veränderungen in seine Position aufgerückt, plötzlich ihre vertriebenen oder in untergeordnete Positionen verbannten Vorgänger in Lebensart und Verhalten nachahmten.

eb) Die Aufnahme des bürokratischen Ethos in die sozialistische Ideologie

Es deutet auf die unvermeidliche Erstarkung des Ethos des bürokratischen Staatsdirigismus hin, daß selbst dem orthodoxen revolutionären Marxismus, nachdem er sich radikal von allen staatsfeindlichen anarchistischen oder anarchosyndikalistischen »Unmittelbarkeits«-Ideologien befreit hat, in seiner utopischen Vorstellung von der aufzubauenden Gesellschaft nach der siegreichen Revolution nichts anderes einfiel als die Totalisierung des Etatismus. In diesem programmatischen Bild organisiert sich die ganze Gesellschaft, jede Wirtschaftseinheit im Rahmen eines einzigen Mammutunternehmens, dessen Struktur sich mit der Struktur des Staats deckt. Nicht nur die bolschewistische, sondern auch die kautskyanische Sozialdemokratie plante die Ausschaltung der kompetitiven und anarchischen Marktverhältnisse in der Staatsgesellschaft. Sie wollte das Geld durch Arbeitsscheine ersetzen, den Arbeitsmarkt durch ein Arbeitsheer, den Investitions- und Bedarfsgütermarkt durch zentrale Naturalienverteilung, den stochastischen Mechanismus von Angebot und Nachfrage durch fachgemäße Planung, durch Arbeitszeitanteil-Wertberechnung. Wenn auch im Hinblick auf das Maß der unter der auf die Revolution folgenden Diktatur des Proletariats anzuwendenden Gewalt zwischen den deutschen Sozialdemokraten und den russischen Bolschewiki Unterschiede bestanden, so doch nicht darin, daß die sozialistische Wende gleichbedeu-

tend ist mit der Verstaatlichung der gesamten Wirtschaft, mit der Totalisierung der wissenschaftlich-rationalen Macht der Bürokratie, nunmehr mit der die Macht der Arbeiterklasse verkörpernden Bürokratie.
Auch dieser Umstand erklärt, weshalb die Bolschewiki und die sich ihnen anschließenden linken Sozialdemokraten die Sozialdemokraten in kritischen Situationen so einfach beim Wort nehmen konnten. Die Vergesellschaftung, das heißt die Verstaatlichung, war nämlich gemeinsames Programm. Prinzipielle Einwände dagegen konnten die sozialdemokratischen Parteiführer der II. Internationale nicht haben, sie konnten höchstens über die taktische Frage des Tempos und des Ausmaßes diskutieren. Über den Sozialismus selbst, über das Wesen der strategischen Zielsetzung, konnten sie allerdings auch kein anderes Alternativmodell haben als die rationale Redistribution. Ein halbes Jahrhundert mußte vergehen, bis der Bernsteinsche Revisionismus nicht mehr bloß eine Verzögerungstaktik war, sondern ein offen formulierter programmatischer Verzicht auf Ablösung des Kapitaleigentums durch Staatseigentum und ein Programm einer technokratisch geregelten Marktwirtschaft mit Staats- und Privateigentum, in der sich die steuer- und finanzpolitische Redistribution auf das Gebiet der Umverteilung, richtiger auf das Gebiet der Sozialpolitik beschränkt. Letzten Endes bedeutet der Sozialismus der modernen westlichen Sozialdemokratie nichts anderes als ein auf parlamentarischem Weg gesteuerter Wohlstandsneokapitalismus.
Um die Jahrhundertwende gingen die Ablehnung des Kapitalismus und das Setzen jedweden Sozialismus allerdings eindeutig mit dem Anspruch auf Totalisierung der bürokratischen Verhältnisse einher. Hieraus erklärt sich, daß Lenin, einer der größten Verehrer der kaiserlichen preußi-

schen Kriegswirtschaft, die Diktatur des Proletariats wie folgt definierte: Staatskapitalismus plus Sowjetmacht, also total bürokratisierte Wirtschaft plus Monopolmacht der Kommunistischen Partei. Das heißt, die Verbreitung der Idee der Macht einer Fachbürokratie – sei es innerhalb der geteilten Machtstruktur der frühen rationalen Redistribution, sei es in der Ideologie der alternativen sozialistischen Redistribution – brachte die Intelligenz der von der Alternative des liberalen Kapitalismus höchst verschiedenen Ideologie der osteuropäischen rationalen Redistribution näher.

ec) Das neuartige Bündnis der ihre Hegemonie ausbauenden bürokratischen Intelligenz mit dem Großgrundbesitz und dem Finanzkapital. Die faschistische Redistribution, die dritte Periode der frühen rationalen Redistribution

Im liberalen Osteuropa, wo die professionelle Intelligenz relativ stärker und zu einem geringeren Teil zur Proletarisierung gezwungen war als in Rußland, verhinderte sie mit ihrem Reformismus gleichzeitig auch deren sozialistisch-revolutionäre Radikalisierung. Die ungelösten nationalen Probleme, so auch innerhalb des Habsburgreichs die unterdrückten nationalen Bewegungen, machten es zu einer naheliegenden Perspektive, daß die freiberuflichen Intellektuellen während der Krise des liberalen Reformismus eher in die nationale Bürokratie flüchteten als in die illegale revolutionäre Bewegung. Der Friedensvertrag nach dem verlorenen Weltkrieg fügte auch dem deutschen Nationalismus derartige Wunden zu, daß sich für den nationalen Radikalismus ein bedeutender gesellschaftlicher Hintergrund anbot. Am Horizont wurde gleichzeitig auch eine begrenztere Variante der intellektuellen Strategie sichtbar: Der Aufruhr der aufgeblähten und in der Kriegswirtschaft mächtig gewordenen Staatsbürokratie gegen den Ausgleich der frühen rationalen Redistribution, in der sie sich mit ihrer gleichrangigen Bündnisposition neben dem Finanzkapital und dem Großgrundbesitz begnügen mußte. Es bildete sich ein neuartiges Bündnisprogramm heraus, in dem die zu einer hegemonialen Rolle gelangte interventionistische Intelligenz der Staatsbürokratie das Finanzkapital und die Schicht der Großgrundbesitzer – durch die sozialistischen Revolutionen erschreckt – im Interesse ihrer eigenen Existenz beschränkt und der eigenen nationalistischen expansiven Kriegswirtschaft unterordnet. In diesem neuen Bündnis, das nach dem Ersten Weltkrieg den aus der Krise der Kriegsniederlagen, Revolutionen und Konterrevolutionen hervorgehenden faschistischen Gesellschaften ihren sozialen Inhalt gibt, können wir die dritte Phase der frühen rationalen Redistribution erkennen. Auch die Intelligenz der faschistisch-militärischen Bürokratie verstaatlicht nicht die Fabrik, sondern bloß den Fabrikanten. Durch die Monopolisierung ihrer politischen Macht, durch den Ausbau des politischen Mechanismus unter Einführung des Einparteiensystems oder zumindest durch eine wesentliche Einschränkung der parlamentarischen Kontrolle zu Gunsten der Exekutive und einer offensiven Polizei- und Militärmacht, durch die Politisierung von Gesellschaft und Wirtschaft, durch den Anschluß nationalistisch-militärischer oder eben paramilitärischer Bewegungen bedeutender Arbeiter- und Bauernmassen als Kulissenforum des politischen Lebens kann der Redistribution neuer Schwung verliehen werden.

Die faschistoide Staatsbürokratie nimmt über den gewachsenen Staatshaushalt eine Umverteilung des Nationalein-

kommens zu Gunsten der Schwerindustrie – die für militärische Aufträge arbeitet, staatlich kontrolliert und auch durch die Auszehrung des Klein- und Mittelkapitals begünstigt wird – und zu Gunsten der auch militärischen Zwecken dienenden Infrastruktur auf dem Sektor von Technik und Verkehr vor. Den marktregulativen Keynesschen Staatsinterventionismus wendet sie eindeutig im Interesse der Entwicklung des zur kriegerischen Expansion notwendigen Industriepotentials an. Auf jedem Sektor des gesellschaftlichen Lebens von der Kultur bis zum Arbeitskräftemarkt verbreitet die faschistoide Staatsbürokratie die militärisch-bürokratischen Lenkungs- und Kontrollmethoden, produziert also eine integrierte Wirtschaft und verschmilzt die Organisation von Staat und Gesellschaft wesentlich.
Dadurch allerdings, daß die faschistoide Staatsbürokratie die traditionellen Herrschaftselemente aufrecht erhält, ja für deren konservativen Schutz sogar die Machtkonzentration steigert, verhilft sie bloß einer intellektuellen Gruppe, die auch bisher an der Macht war, einer adligmilitärisch-elitären Staatsbürokratie zur hegemonialen Macht. Sie vermag nicht die gesamte Intelligenz zu integrieren, sie kann in den nichtverstaatlichten Wirtschaftssektoren nicht genügend bürokratische Führungspositionen schaffen, sie gewährleistet also nicht für die Gesamtheit der Intelligenz genügend Macht. Deshalb gibt es in den faschistischen Gesellschaften immer von der Macht verdrängte und verfolgte radikale intellektuelle Gruppen, die gegenüber den traditionellen Herrschaftselementen des Systems und dem auf Autoritätsherrschaft basierenden Zentralismus eine gefährliche politische Opposition vertreten, unter Umständen auch eine Untergrundbewegung organisieren; als organische Intelligenz der Arbeiterklasse oder

des Bürgertums können sie das System der faschistisch-bürokratischen Redistribution fragwürdig und instabil machen, während sie für die Werte der politischen Demokratie eintreten, wodurch das System zu Methoden brutaler Polizeiherrschaft gezwungen wird.

Wir behaupten nicht im entferntesten, daß diese dritte Phase der frühen rationalen Redistribution ein lebensunfähiges gesellschaftlich-politisches Modell wäre, dessen analoge Strukturen wir in den Ländern der Dritten Welt, wenn auch auf niedrigerem Niveau der gesellschaftlich-wirtschaftlichen Entwicklung und Ausprägung, in den verschiedensten militärisch-bürokratischen Entwicklungsdiktaturen mit Einparteiensystem oder Scheinverfassung erkennen können. Im allgemeinen haben sie ein gemeinsames Merkmal, daß nämlich der traditionelle Großgrundbesitz und auch die nationale Bourgeoisie neben der politischen Hegemonie der staatlich-militärischen Bürokratie an der Wirtschaftsmacht beteiligt ist. Wir behaupten bloß, daß diese faschistischen Systeme den ungleichen Charakter der frühen rationalen Redistribution bewahren. Die Intelligenz kann sich in ihnen nicht als Klasse organisieren, die an der Macht befindliche Intelligenzgruppe muß sogar ständig mit einer oppositionellen Gruppe rechnen, die sich nicht in die Macht integrieren konnte und sich gegebenenfalls geradewegs bis zur Guerilla radikalisiert. Infolge der sich hieraus ergebenden Instabilität der politischen Diktatur kann sogar ein Staatsstreich das System aus dem Gleichgewicht bringen und entweder in Richtung auf eine kapitalistische Marktwirtschaft und ein parlamentarisches Mehrparteiensystem drängen oder aber in Richtung auf eine sozialistische rationale Redistribution, in die sich die Gesamtheit der Intelligenz integrieren kann und worin der Weg zur Organisation der Intelligenz als Klasse gesichert ist.

f) Der Weg der radikalen Intelligenz in Osteuropa zur Macht

fa) Die Optik des Siegs. Die Ritter der Totalität im Untergrund

Obwohl es blanke Apologie wäre, die Siegesfakten als geschichtsphilosophische Notwendigkeit zu deklarieren und die mit einer Niederlage endenden Bewegungen so darzustellen, daß sie ab ovo zum Scheitern verurteilt waren, wird die Rangfolge der Tendenzen der ersten Periode dennoch von Geschichtsereignissen mit Anspruch auf retroaktive Gültigkeit umgeordnet. Die erfolgreichen und bestimmend gewordenen Bewegungen werden in der Gegenwart als Idealtyp favorisiert, die unterlegenen, aufgegebenen und nicht weitergeführten Bewegungen als unbedeutend deklariert. So zwingt die Gravitationskraft der Tatsachen die noch so immanente Analyse dazu, dem Realisierten größere Aufmerksamkeit zu widmen und den Erfolg zu interpretieren statt die isolierten Alternativen, die von der Praxis widerlegt wurden. Demnach beweist die allgemeine Verbreitung und sich allmählich beweisende Funktionsfähigkeit der sozialistischen Redistribution in Osteuropa nicht nur, daß die zweite Periode der frühen rationalen Redistribution keine liberal-demokratische Alternative hatte, weil die professionelle Intelligenz in Osteuropa das Bürgertum nicht allein ersetzen konnte, sondern auch, daß die zwischenzeitlich mögliche Alternative zur bolschewistischen rationalen Redistribution nur die faschistoide Hegemonie der nationalistischen militärisch-bürokratischen Intelligenz war, das heißt eine eingeschränktere, zentralisierte Redistribution, die jedoch ebenfalls die Rüstungsindustrie bevorzugte und allerdings, da sie mit den traditionellen Elementen der Macht einen Kompromiß geschlossen hat, die Modernisierung von Gesellschaft und Wirtschaft nicht radikal durchführen konnte.

Die Visionäre der westlichen Technokratie haben es – wie wir erwähnten – einfacher, die Depersonalisierung des Privatbesitzes, die Raumgewinnung der administrativ-intellektuellen Funktionen, die Zurückdrängung der klassischen Bourgeoisie, die Durchsetzung der Planungsratio abzuwarten, sie werden auch gut bezahlt, solange sie auf dem stufenweisen Weg zur Macht sind. Die osteuropäische Intelligenz dagegen konnte ihre Arbeitskraft nur als tintenklecksende kleine Angestellte verkaufen, wenn es ihr nicht gelang, die Substanz ihrer grauen Zellen auf dem Markt zu verwerten, und wenn sie nicht über eine anpassungsfähige Loyalität verfügte, durch die sie in Positionen der modernisierenden Staatsmacht hätten hineingehoben werden können, in denen vorsichtige Reformen mit höheren Zielsetzungen vorbereitet werden. Es ist also nicht überraschend, daß die Intelligenz in dieser proletarischen Situation auch übertrieben machthungrig war und sich desto intensiver durchsetzte, je weniger sich ihr Rivale in Osteuropa, das Bürgertum, rührte.

Folglich erwies sich jener Flügel der osteuropäischen Intelligenz vor 1917 als welthistorisch bedeutend, der zwar weder in seiner zahlenmäßigen Relation noch in seinem intellektuellen Niveau und seiner Schaffenskraft herausragte, vielmehr durch sein Sektendasein im Untergrund den Zeitgenossen verborgen blieb; dennoch bereitete dieser Flügel die Ideologie der Klassenmacht der Intelligenz vor, die Wende von 1917, die Gramsci mit Recht als Ereignis von metaphysischer Bedeutung qualifizierte. Dieser Flügel wird von den Angehörigen der radikalen revolutionären Intelligenz gebildet. Sie bewarben sich um jene Rolle, die Nietzsche der Elite zugewiesen hatte: Sie wollten »Ritter der Totalität« sein und kamen deshalb schnell von den ethischen Argumenten zum bewaffneten Kategorischen Imperativ. Die größte Bedeutung erreichte ihr Auftreten in Rußland, wo die Proletarisierung der Intelligenz sehr fortgeschritten war und der Reformismus einer schwachen professionellen Intelligenz die meist auch von der Universität verwiesenen halbintellektuellen Söhne der Händler, Diakone und bankrotten Adligen nicht von der Revolution abhalten konnte. Die russischen radikalen Intellektuellen verblüffen ihre westlichen Beobachter vor allem durch ein verbales Delirium, durch die Art und Weise, wie sie im Diskussionskreis und im Gefängnis, in den Holzhütten der sibirischen Verbannung und in den Kaffeehäusern der westeuropäischen Emigration exaltiert und dogmatisch philosophieren. Dostojewski nannte sie die großen Landstreicher des russischen Lebens, und er hatte Grund genug für seine Aufmerksamkeit: Von den anarchistischen Narodniki bis zu den bolschewistischen Kommissaren legten sie in einigen Jahrzehnten den symbolisch essentiellen Weg der osteuropäischen Intelligenz zur Macht zurück.

fb) Erster Vorschlag zum Überspringen des Kapitalismus: die Ideologie der Narodniki

In der Mitte des 19. Jahrhunderts entfaltete sich in Osteuropa, hauptsächlich jedoch in Rußland, ein spezieller neuer Typ des linken Radikalismus in dem Vakuum, das nach dem Untergang des adligen Liberalismus entstanden war. Die europäischen Revolutionsbewegungen von 1848 hatten auch eine ideologische Krise zum Ergebnis: die kritische linke Intelligenz Rußlands ist von der westeuropäischen Entwicklung enttäuscht, formiert sich im Antikapitalismus und wendet sich nicht nur gegen das westeuropäische Bürgertum, sondern auch gegen das russische, und beansprucht für sich nicht mehr die Rolle der westeuropäischen bürgerlichen Berufsintelligenz. Sie will mehr: da sie die kapitalistische Entwicklung für einen schmerzhaften und überflüssigen Umweg hält, will sie diese überspringen, wobei sie sich auf die speziellen historischen Gegebenheiten der russischen Gesellschaft, insbesondere auf die vom Privatbesitz noch nicht aufgelöste Dorfgemeinschaft, den Mir, stützt.

Der Slawophilismus vor 1848, der ein religiös-geprägtes, feudal-romantisches Rußland vor Peter dem Großen idealisiert und als Lösung die idyllisch-religiöse und paternalistische Zusammenarbeit von Feudalherren und Bauern vorschlägt (in dieser Form konnten die Slawophilen auf die aufgeklärt-rationalistische und antifeudale Intelligenz nur einen mäßigen Einfluß ausüben), wurde durch die Schockwirkung der Revolutionen von 1848 mit neuen theoretischen Elementen bereichert. Auch der Slawophilismus hielt das Zurückbleiben der russischen Gesellschaft in der kapitalistischen Entwicklung für einen besonderen Vorteil, und hierin stimmten bereits die radikalen linken Intellektuellen mit ihm überein. Sie wünschen also nicht die Auflösung der obščina (der russischen Dorfgemeinde) und die Proletarisierung der Bauern. Im Gegenteil, sie berufen sich auf den intuitiven Sozialismus der vom Geist des Kapitalismus noch unberührten Bauernschaft, auf den Kulturwert der kollektiven Disziplin der Dorfgemeinde. Im Vergleich zum frühen Slawophilismus sind sie allerdings antifeudal, weil sie den Feudalbesitz in den Kollektivbesitz der Dorfgemeinden übereignen wollen. Hierzu muß freilich die antidemokratische Koalition der zaristischen Autokratie und des Adels, der nach der Aufhebung der Leibeigenschaft einen großen Teil seiner Güter behält, auf revolutionärem Wege gestürzt werden.

Die Intelligenz der Narodniki erblickte ihre Mission darin, dem russischen Volk, das es im übrigen mit einem religiösen Kult umgab, Aufklärer und geistiger Führer zu sein. Anfangs verstanden sie die Führung als Dienst. Die intellektuelle Jugend wollte mit ihrem Ins-Volk-Gehen als Lehrer, Wundarzt und Handwerker ein konkretes Bedürfnis des Bauern befriedigen. Hiermit verknüpfte sie ihre politische Aufklärungsarbeit. Später allerdings, als die Bauern die zu ihnen kommenden Propagandisten massenhaft anzeigten oder sich zumindest von ihren Lehren, insbesondere von der atheistischen Propaganda unberührt zeigten (unter anderem auch deshalb, weil sie die jungen Intellektuellen in der Bauerntracht nur schwer von den jungen Feudalherren unterscheiden konnten), und als sie erkennen mußten, daß die Bauern Kartoffeln wollten und auf die Verfassung pfiffen (Herzen), wurde der anfängliche Populismus der Narodniki immer konsequenter von den verschiedenen Varianten des elitären Revolutionarismus abgelöst, vom Präbolschewismus Tkatschows bis zum Anarchismus Bakunins, deren gemeinsames Element vielleicht gerade von jenem zynisch-heroischen Netschajew repräsentiert wurde. Die jungen Intellektuellen, die sich in der »Narodnaja Wolja« zusammenschlossen, rechneten nicht mehr damit, daß die Bauern infolge der Aufklärungsarbeit Selbstbewußtsein erlangen und von selbst zu revolutionären Aktionen bereit sein würden. Statt dessen übernahmen die Intellektuellen selbst die organisatorisch-institutionell-konspiratorische Vorbereitung der Revolution. Die serienmäßigen Attentate der Nihilisten sollten eigentlich ein Signal sein, ein Funken für das Pulverfaß der Massen. Als aber die Massen durch die Attentate genauso wenig mobilisiert wurden wie die Bauern durch die verteilten Prospekte und Broschüren, setzte sich die Erkenntnis durch, daß sich die revolutionäre Intelligenz als konsequent zentralisierte Avantgarde organisieren muß. Diese Verschwörerelite hoffte, durch ihren konzentrierten Angriff die Macht erringen und, nachdem sie erst einmal an der Spitze des bürokratisierten russischen Staatsapparats stünde, im Namen des Volkes eine revolutionäre Diktatur ausbauen zu können, die später die ganze Gesellschaft umwandelt.

Die Ideologie der Narodniki war nicht ausgefeilt genug, um die konfliktreichen Interessenverhältnisse der Gesellschaft aufzudecken, und in Ermangelung einer ökonomischen Theorie konnte sie kein wirtschaftspolitisches Programm bieten. Im Verlauf der späteren Ereignisse wurde diese Ideologie in der Konfrontation mit dem inzwischen erstarkenden russischen Kapitalismus immer fragwürdiger. In der neuen Situation war sie nicht in der Lage, die abstrakte Forderung der Machtergreifung mit rationalem Inhalt auszufüllen. Sie konnte keine Antwort darauf geben, mit wem die sich zur Machtergreifung organisierende intellektuelle Vorhut ein Bündnis eingehen, gegen wen sie kämpfen und was sie mit der Macht, die sie eventuell erringen würde, anfangen sollte. Um konkrete soziale Inhalte zu vermitteln und auch die intellektuellen Bedürfnisse der Intelligenz in der allgemeinen szientistischen Stimmung der Zeit zu befriedigen, mußte dieser religiöse, abstrakte, voluntaristische Revolutionarismus auf den Marxismus stoßen.

fc) *Der Gegenvorschlag des russischen Marxismus: Indirektes Akzeptieren des Übergangs zum Kapitalismus im Interesse der empirischen Arbeiterklasse*

Plechanows Weg hat in dieser Hinsicht Modellcharakter. Als Mitglied der Gruppe Narodnaja Wolja (Volkswille), die terroristische Attentate organisiert, erkennt er die Nutzlosigkeit der Attentate und ist von der elitären Strategie enttäuscht. Er bezweifelt den Sinn der Machtergreifung um ihrer selbst willen. Er braucht den Marxismus, weil er eine inhaltlich akzeptable Antwort auf die Frage sucht, was die Revolutionäre mit der Macht anfangen sollen, welches die realen gesellschaftlichen Kräfte und Interessen sind, durch deren Eigenbewegung die bestehende Ordnung transzendiert wird. In scharfen Diskussionen mit den Narodniki und Anarchisten sprach Plechanow der russischen Dorfgemeinde jeglichen progressiven Wert ab und hielt die Entwicklung der Bauern zu Lohnarbeitern, die Herausbildung des Kapitalismus für unausweichlich, da nur das Entstehen eines zahlenmäßig starken, organisierten und gebildeten Proletariats irgendeiner sozialistischen Strategie eine reale gesellschaftliche Basis geben könne. Hieraus ergibt sich allerdings, daß die sozialistische Revolution bloß eine ferne Perspektive ist, der auch in Rußland die bürgerlich demokratische Revolution vorausgehen muß, in deren Folge die Modernisierung der russischen Gesellschaft unter institutionellen Bedingungen verfassungsmäßig garantierter demokratischer Freiheitsrechte erfolgen kann, während das Proletariat sich in Lohnkämpfen erproben, in der legalen und organisierten Arbeiterbewegung die Theorie des Marxismus aneignen und für die Durchführung der sozialistischen Revolution befähigt werden kann, die Plechanow sich als Revolution der Massen und nicht einer intellektuellen Elite vorstellte. Insofern setzen Plechanow und im allgemeinen die osteuropäische Sozialdemokratie gegenüber den Narodniki den früheren westlichen Liberalismus fort, mit dem Unterschied allerdings, daß sie – in Abweichung von den Liberalen jener Zeit – die Entwicklung zum Kapitalismus nicht als Ziel an sich, sondern lediglich als Übergangsstadium zum Sozialismus verstanden. Plechanow wies der russischen radikalen Intelligenz zwei reale Aufgaben zu: Lernen und Anwenden der marxistischen Theorie des wissenschaftlichen Sozialismus in theoretischer Qualität auf die Verhältnisse der russischen Gesellschaft, weiterhin Mitarbeit in einer demokratisch organisierten Arbeiter-Massenpartei und Vertretung der empirischen Teilinteressen der zahlenmäßig noch schwachen und unentwickelten russischen Arbeiterklasse. Die Intelligenz soll also ihre träumerischen Vorstellungen von der direkten Machtergreifung aufgeben. Hieraus folgt, daß sich Plechanow über die terroristische, anarchistische Konspiration sehr verächtlich geäußert hat. Bakunin qualifizierte er geradezu als anachronistischen Nachfolger Stepan Rasins, des plündernden Kosakenaufständischen.

Dieser Vorschlag hatte allerdings zwei organische Mängel. Mit seinem wissenschaftlichen, deterministischen Ökonomismus, der die Perspektive der sozialistischen Revolution in eine unabsehbare Zukunft verwies, hätte er die russische Intelligenz, die in den Jahrzehnten des Anarchismus und Nihilismus an eine radikalere Rolle gewöhnt war und sich im Marxismus mehr zu dessen revolutionärem Messianismus hingezogen fühlte, zu unerträglichem Warten gezwungen. Hierzu richtete die zum Kreis der Attentäter gehörende Vera Sassulitsch die symbolische Frage an Marx, ob sie nach dem Verzicht auf die unmittelbare sozialistische

Revolution nun ihre Bomben auseinandernehmen und lieber Fabriken gründen solle, worauf auch Marx nur unsicher und ausweichend antworten konnte.
Die russische radikale Intelligenz wuchs allerdings nicht nur psychologisch über jene bürgerliche Wissenschaftlerrolle hinaus, wodurch die westeuropäischen marxistischen Intellektuellen, die sich der Arbeiterbewegung anschlossen, im allgemeinen schwer von den professionellen Intellektuellen zu unterscheiden waren. Ihr Radikalismus hatte auch eine objektive Grundlage, namentlich den strukturellen Konflikt der nach dem Modell des preußischen Wegs organisierten osteuropäischen Agrargesellschaften: die Dorffrage. Der elementarste Anspruch der Bauern, deren Befreiung von der Leibeigenschaft ohne Bodenaufteilung erfolgt war und die nur in begrenztem Umfang in die Industrie abwandern konnten und so zum Teil verelendeten, war der Erwerb des ohnehin von ihnen bestellten feudalherrlichen Bodens, selbst um den Preis der Gewaltanwendung. Die zur II. Internationale stoßenden russischen Sozialisten übernahmen das Mißtrauen der westeuropäischen sozialdemokratischen Parteien gegenüber der Bauernschaft, wozu im Westen deshalb Anlaß bestand, weil die Bauern, die das Modell der Farmenbewirtschaftung übernahmen, im Rahmen der Warenproduktion Größe und Agrotechnik ihres Guts entwickeln konnten und als Kleinproduzenten tatsächlich eher an der Demokratisierung des Kapitalismus als an dessen Beseitigung interessiert waren; insofern konnten sie sich nicht einer Arbeiterbewegung mit sozialistischer Perspektive anschließen. Demgegenüber waren die russischen Bauern durch den Umstand, daß ihre grundlegende Forderung, die Bodenverteilung, innerhalb der Machtstrukturen der frühen rationalen Redistribution über Reformen nicht durchgesetzt werden konnte, eine

potentielle revolutionäre Kraft. Sobald also die russische radikale Intelligenz auf die ungelöste Bodenfrage hindeutet, erscheint ihre revolutionäre Ungeduld mit einem Mal gerechtfertigt. Es war also die Notwendigkeit herangereift, daß die russische radikale Intelligenz für eine revolutionäre Intransigenz einen Marxismus ausarbeiten mußte, der gleichzeitig die wissenschaftliche Analyse der Gesellschaftsstruktur und die Konsequenz zum Inhalt haben mußte, daß die russischen Verhältnisse – durch Überholen der westeuropäischen Gesellschaften – für die in die sozialistische Revolution übergehende demokratische Revolution reif geworden waren. Hierzu war die Synthese von Plechanow und Tkatschow erforderlich. Diese Synthese bot Lenins Bolschewismus.

fd) Das Programm der Bolschewiki befreit die Intelligenz von der Vertretung der Arbeitskraftbesitzer und zeigt einen direkten Weg zur Staatsmacht

Die erste zur Ideologie des Bolschewismus führende Erkenntnis war, daß sich die radikale Intelligenz nicht damit zufriedengeben muß, sich sogar nicht zufriedengeben darf, ausschließlich die Interessen der empirisch gegebenen Arbeiterklasse zu artikulieren. Im Rußland des beginnenden Jahrhunderts befindet sich der Kapitalismus gerade in der Periode des Aufschwungs, und es scheint unvorstellbar zu sein, daß die inneren Widersprüche des russischen Kapitalismus in naher Zukunft zur proletarischen Revolution führen. Die radikale Intelligenz hat also keine Chance, auf den Schultern der Arbeiterklasse an die Macht zu kommen. Es wäre allerdings ein Fehler, würde sie auf die Vorbereitung zur Machtergreifung verzichten, nicht zuletzt deshalb, weil die russische Gesellschaft in einer politischen Krise steckt. Die inneren Widersprüche der frühen rationalen Redistribution haben sich derart zugespitzt, daß das Dreierbündnis von bürokratischer Staatsmacht, Großgrundbesitz und Finanzkapital von Auflösung bedroht ist. Dieses Bündnis ist nicht mehr in der Lage, die sich häufenden gesellschaftlichen Konflikte zu unterdrücken. Um sie in den Griff zu bekommen, ist eine wesentliche Umwandlung der frühen rationalen Redistribution erforderlich. Es ist durchaus vorstellbar, daß der politische und Staatsapparat der frühen rationalen Redistribution auch ohne proletarische Revolution zusammenbricht. Im Augenblick des Zusammenbruchs der Staatsmacht eröffnet sich für eine entsprechend vorbereitete und organisierte Minderheit eine Möglichkeit zur politischen Machtergreifung. Statt der Vertretung der Arbeiterinteressen sah Lenin die grundlegende Aufgabe der Arbeiterparteien darin, sich auf die politische Machtergreifung vorzubereiten und ein Organisationsmodell der neuen Staatsmacht zu sein.

Deshalb erhält die Umorganisierung der Partei für Lenin eine entscheidende Bedeutung. Es ist keineswegs ein geschichtlicher Zufall, daß die Geburt des Bolschewismus an eine Diskussion von geschichtsphilosophisch bescheidenem Rang anknüpft: Kann auch derjenige Parteimitglied sein, der nur seinen Mitgliedsbeitrag bezahlt, das Parteiprogramm akzeptiert, aber keine ständige Parteiarbeit in einer Grundorganisation leistet? Dennoch kann die Bedeutung dieser Diskussion gar nicht hoch genug bewertet werden, weil Lenin innerhalb der russischen sozialdemokratischen Partei mit der Durchsetzung des Organisationsprinzips der bolschewistischen Partei praktisch darauf verzichtete, daß die bolschewistische Partei Massenpartei der Arbeiterklasse wird. Die Arbeitermassen, die auch aufgrund eines Parteiprogramms, das auf die unmittelbare Machtergreifung ausgerichtet ist, in einer in den Untergrund gedrängten Partei schon allein deshalb keine systematische Parteiarbeit leisten konnten, weil das von ihnen gleichzeitig auch die Lebensform von Berufsrevolutionären verlangt hätte, waren nahezu automatisch aus den Mitgliederreihen ausgeschlossen. Die Partei der Bolschewiki war die Vorhut der militanten Intelligenz, deren Mitglieder theoretisch gerüstet waren, sich der vertikalen Abhängigkeit mit eiserner Disziplin unterordneten, die Arbeit in der Bewegung früher oder später unausweichlich zu ihrer ausschließlichen Lebensaufgabe machten und insofern von vornherein Intellektuelle waren oder auf jeden Fall durch Aufstieg in der Parteihierarchie Intellektuelle wurden. Die Partei war eine Schule, in der die Mitglieder darauf vorbereitet wurden, die führenden Positionen einer Staatsmacht neuen Typs einzunehmen, wenn auch nicht aufgrund ihrer fachlichen, so doch aufgrund ihrer ideologischen Qualifikation und ihres bedingungslosen Gehorsams gegenüber dem Zentralkomitee.

Die Partei der Bolschewiki brauchte zur Machtergreifung keine parlamentarische Mehrheit, sondern ein infolge des Zusammenbruchs der zaristischen Staatsmacht entstehendes politisches Vakuum und vertrauenswürdige Parteimitglieder, denen die führenden Positionen des gestürzten und sich neu organisierenden Staatsapparats übertragen werden konnten. Über eine solche Anzahl von Parteimitgliedern verfügte sie auch durch den politischen Erdrutsch nach der Februarrevolution. Die Bolschewiki vertraten also keine Schattenregierung, sondern einen Schattenstaat, der nach einem putschartigen Sturz der Provisorischen Regierung nur an die Stelle der zaristischen Autokratie gesetzt werden mußte.

Der Bolschewismus ermöglicht es der Intelligenz, sich von dem ideologischen Ballast zu befreien, der ihr durch die ideologische Vertretung der Arbeitskraftbesitzer als Verpflichtung auferlegt ist. Dadurch nämlich, daß er das *sine qua non* des Sozialismus im proletarischen Staat erblickt, hört der Sozialismus auf, als soziales oder politökonomisches Problem zu existieren; er wird zum Problem bloßer Staats- und Wirtschaftsorganisation vereinfacht. Die bolschewistischen Intellektuellen müssen also nicht angeben, in welcher institutionellen Ordnung die vergesellschafteten Produzenten ihre optimale politische und wirtschaftliche Emanzipation finden; sie haben nur darauf zu antworten, wie der Staatsapparat und die Wirtschaft organisiert werden müssen, damit alle Entscheidungszentren im Monopolbesitz der aus der Parteischule kommenden Kader sind und diese Positionen weder aufgrund von Legitimationsprinzipien der Tradition, des Kapitalbesitzes, noch der Repräsentativität angreifbar sind.
Das historische Novum des Bolschewismus bestand darin, daß er die Interessen der empirischen Arbeiterklasse durch die historische Mission der Arbeiterklasse, durch die Erringung der Diktatur des Proletariats, genauer: durch die staatliche Diktatur der zentralisierten Parteiführung der Bolschewiki ersetzte. Diese Zielsetzung hätte er allerdings nicht realisieren können, wenn er sich lediglich auf die wirkliche Arbeiterklasse gestützt hätte. Deshalb mußte er in der Periode der Machtergreifung im Namen der Bündnispolitik der Arbeiter und Bauern die Forderung der Bauernschaft nach Boden ausnutzen, wobei er sofortige Bodenaufteilung versprach und den Eindruck erweckte, er lasse der bäuerlichen Kleinproduzentenwirtschaft freien Raum. In Wirklichkeit barg dieses Bündnis von vornherein die Möglichkeit in sich, daß der Bolschewismus nach der Festi-

gung seiner Macht sich von den historisch gegebenen Interessen der beiden werktätigen Klassen unabhängig machte und sie den Interessen der neuen Staatsmacht unterordnete. Nach der Festigung der Staatsmacht zögerten die Bolschewiki also nicht, den Bauern den Boden wieder wegzunehmen und aus den unabhängigen Kleinproduzenten dispositive Kolchosarbeiter zu machen; andererseits zögerten sie auch nicht, die vor der bolschewistischen Herrschaft geschaffenen Institutionen der Arbeiterselbstverwaltung, die Sowjets, zu verstaatlichen. Diese hörten damit auf, gewissermaßen als Transmissionsinstrumente der Parteilenkung die Kontrollgewalt der Arbeiterklasse über die bürokratische Exekutivgewalt auszuüben.
Der Bolschewismus bot also der Intelligenz bloß ein Programm, um nach der Erringung der Staatsmacht von der Verpflichtung entbunden zu sein, die Teilinteressen der arbeitenden Massen zu vertreten. Er nutzte diese Teilinteressen lediglich als Instrument zur Erringung der Staatsmacht.
Durch die Enteignung der Enteigner, dadurch also, daß die Intellektuellen oder die Arbeiterkader, die durch ihre Position Intellektuelle wurden und die sich der Staatsmacht bemächtigten, mit Hilfe der bolschewistischen Partei von den Kapitalisten und Junkern die Verfügungsgewalt über das Mehrprodukt übernahmen; im weiteren dadurch, daß die Bolschewiki die Kontroll- und Selbstverwaltungsorgane der unmittelbaren Produzenten beseitigten, schufen sie die Umrisse des Systems der rationalen Redistribution und innerhalb dieses Systems die Position des teleologischen Redistribuenten, der das gesamtgesellschaftliche Interesse berufsmäßig und sachverständig vertritt.

IV. Die Organisation der Intelligenz als Klasse in den osteuropäischen sozialistischen Gesellschaften

1. Charakter und Institutionen der Macht in der rationalen Redistribution

a) Die Charakteristika der redistributiven Macht

Die gesellschaftliche Struktur der Frühphase des Sozialismus organisiert sich parallel zum Prinzip der rationalen Redistribution. Aus dem rationalen Prinzip der Wirtschaft ergibt sich, daß wir diese Gesellschaft als Klassenstruktur betrachten, noch dazu als dichotome Klassenstruktur. Der eine Pol wird von der Intelligenzklasse gebildet, die sich um die Redistribuentenposition organisiert, der andere Pol von der Arbeiterklasse, die um das Recht der Redistribution gebracht ist, jedoch das Mehrprodukt unmittelbar herstellt. Diese dichotome Klassenstruktur ist nicht geeignet, alle Glieder der Gesellschaft einzuordnen (wie auch die kapitalistisch-proletarische Dichotomie in keinem einzigen kapitalistischen Land geeignet ist, den Status aller Mitglieder der Gesellschaft zu klassifizieren), und wir müssen einen immer größeren Teil der Bevölkerung *in die Mittelschichten einordnen.* Als zur Mittelschicht gehörig betrachten wir diejenigen, die weder über Redistribuentenmacht verfügen noch an direkter produktiver Arbeit beteiligt sind beziehungsweise die, die Redistribuentenentscheidungen in den niedrigeren Lenkungspositionen – nicht durch transkontextuell orientiertes, also nicht durch ihr intellektuelles Wissen – der Arbeiterklasse übermitteln, oder aber jene, die an den gesellschaftlichen Gütern aufgrund eines anderen Legitimationsprinzips beteiligt sind wie beispielsweise die fortbestehenden und zeitweise sogar Lohnarbeit übernehmenden Kleinkapitalisten, Handwerker, Einzelhändler und Privatbauern. Trotz der scheinbaren Heterogenität der Mittelschichten haben sie die »Lehenssituation« als gemeinsames Merkmal, sie sind die Vasallen der Intelligenzklasse. Im Vergleich zur Arbeiterklasse besitzen sie auf jeden Fall irgendein Privileg. Entweder verfügen sie über ein höheres Einkommen, über eine partielle Führungsgewalt oder aber bloß über eine körperlich nicht anstrengende Arbeit. Jene intellektuellen Drop-outs und jene aufstrebenden Arbeiter, die nach eigenem Recht und aus eigener Kraft hierher gelangen, wie der Volkswirt, der seine bürokratische Position aufgibt und einen Tabakwarenladen aufmacht, der Maschinenbauingenieur, der eine Autoreparaturwerkstatt aufmacht, oder aber der Arbeiter, der seinem Betrieb kündigt und auf einem Stück Pachtland intensiven Gartenbau betreibt und seine Produkte auf dem Markt anbietet, können als Ausnahme betrachtet werden. Den überwiegenden Teil des zur Mittelschicht gehörenden Status läßt die Intelligenz allerdings – sei das nun eine Arbeitsstelle oder ein Gewerbeschein – vor allem denjenigen als Anerkennung für bewiesene Loyalität zukommen, die sie als Belohnung aus der Arbeiterklasse hervorheben, jedoch nicht zum Intellektuellen machen will oder kann. Der aus dem aktiven Sport ausscheidende Olympiasieger, der mangels entsprechendem Schulabschluß keinen akademischen Beruf ergreifen kann, erhält eine Gewerbekonzession für eine Gastwirtschaft. Der Arbeiter, der sich auf Produktionsberatungen oft zu Wort meldet, jedoch die Standpunkte der Obrigkeit artikuliert, vielleicht auch in die Kampfgruppe eintritt oder bei der freiwilligen Hilfspolizei mitarbeitet oder an der ideologischen Schulung teilnimmt, kann verhältnismäßig einfach eine Position als TAN-Bearbeiter, Qualitätskontrolleur oder Werkmeister erreichen, er kann sogar Unteroffizier bei den Fahndungsbehörden werden. Kann man dem nicht hauptamtlichen

Parteifunktionär einer kleinen Gemeinde für seine Funktion nichts bezahlen, beschenkt man ihn mit der Führung der Spiritusbrennerei der Gemeinde, was ihm ein ansehnliches Einkommen garantiert. In die Mehrzahl der zur Mittelschicht rechnenden Positionen gelangt jemand also nur deshalb, weil er das Vertrauen eines Angehörigen des herrschenden Stands genießt. Am charakteristischsten für diese Vertrauensposition ist der Schwarm von Angestellten – die Gruppe der Sekretärinnen, Kaderreferenten und Chauffeure –, der in gewissem Sinne in die Führungsgeheimnisse mehr eingeweiht ist als die qualifizierten akademischen Mitarbeiter und von dem aufsteigenden Leiter im allgemeinen mitgenommen wird, oder – falls dieser aus der Hierarchie ausscheidet – von seinem Nachfolger bald ausgetauscht wird; falls diese Gruppe gegen den vertraulichen Wirkungsbereich verstößt, kann sie jederzeit ausgewechselt werden, weil ihre Stellung nicht durch besondere Fachkenntnisse, sondern durch Hingabe garantiert wird. Aus dieser Vasallenlage folgt, daß sich das Gros der Mittelschichtangehörigen an der Intelligenzklasse orientiert und deren Werte, Ethos und Interessen teilt. Mit snobistischer Pedanterie versuchen die Mittelschichtangehörigen, sich auch den intellektuellen Lebensformen anzupassen, und ihre höchste Aspiration ist es, ihren Kindern zum Eintritt in die Intelligenzklasse zu verhelfen, was sich faktisch auch darin äußert, daß die Kinder der Mittelschichteltern im Gymnasium am fleißigsten lernen. Bei der Aufgeblähtheit der Mittelschichten spielt zudem die Tatsache eine Rolle, daß der herrschende Stand und in gewissem Sinne sogar die Intelligenzklasse im allgemeinen in den Mittelschichten seine beziehungsweise ihre Basis sieht und die Mittelschichtangehörigen gleichsam als Puffer zwischen sich selbst und der Arbeiterklasse benutzt. Oder aber die marginalen Gruppen der Intelligenzklasse werden von den Mittelschichtangehörigen umgeben, kontrolliert und isoliert. Durch sie werden die marginalen Intellektuellen zur Einhaltung konformer Normen ermahnt. Die weiblichen Angestellten fordern die marginalen Intellektuellen auf, ihren Bart abzunehmen, einen Schlips umzubinden, pünktlich im Büro zu erscheinen und an den nicht-obligatorischen Sitzungen teilzunehmen. Diese weiblichen Angestellten sind in der Bürokratie die leisen Wächter des Geists der Konformität.

In den modernen redistributiven Systemen wird die Redistribuentenmacht durch die Vernunftmäßigkeit der Umverteilungstätigkeit legitimiert. Die Macht der gesellschaftlichen Gruppe, die auf die moderne rationale Redistribution ein Machtmonopol besitzt, ist eine Klassencharakter aufweisende Macht: die Macht der Intelligenzklasse. Obwohl die Funktionen der, genauer genommen, zentralen Umverteilung nicht von der Gesamtheit der Intelligenz vorgenommen wird, bezeichnen wir sie dennoch als Intelligenzklasse. Vielmehr kann in diesem Zusammenhang nur von einer engeren Gruppe der Intelligenz gesprochen werden, von der Staats- und Parteibürokratie, die wir wegen der ständischen Kriterien, die zur Aufnahme in ihren Kreis berechtigen, den herrschenden Stand der Redistribution nennen.

Die moderne Redistribution ersetzt die Marktentscheidungen durch behördliche, administrative Entscheidungen, und als Netz dieser Entscheidungen schafft sie eine tendenziell konzentrische, monolithische und die gesamte Gesellschaft umfassende Organisation. Auf den hohen Ebenen der bürokratischen Elite werden die eigentlichen Wirtschafts- und Machtentscheidungen getroffen, diese hohen Positionen müssen prinzipiell auch ihrer Nomenklatur zufolge von

intellektuellen Beamten eingenommen werden. Nicht jeder Intellektuelle nimmt teil am Zustandekommen von wichtigen Redistribuentenentscheidungen, doch werden alle bedeutenden Entscheidungen der Redistribution von der Beamtenintelligenz gefällt.
Ein weiteres bedeutendes Merkmal der rationalen redistributiven Gesellschaft ist, daß sie innerhalb der Gesellschaft der preisregulativen Marktwirtschaft die quasi als verfassungsmäßiges Prinzip gesetzte Gewaltenteilung, die Trennung der wirtschaftlichen, politischen und kulturellen Macht, beseitigt. Die Macht des Redistribuenten ist also keineswegs bloß eine wirtschaftliche Macht. Die Redistribution bildet ein ganzheitliches Zivilisationsmodell, an dem die Schicht der Ökonomen und Technokraten, die de facto die zentrale Umverteilung durchführen, die Staatsverwaltungs- und politische Bürokratie, die das reibungslose Funktionieren der Redistribution gelegentlich auch durch Polizeigewalt garantiert, weiterhin die Intelligenzschicht der Ideologen, Wissenschaftler und Künstler, die die Gedankenwelt und das Ethos der Redistribution produzieren, konservieren und verbreiten, gleichrangigen Anteil haben. Der Ideologe, der Polizist und der Technokrat sind aufeinander angewiesen und profitieren gegenseitig von der Logik des anderen. Der Politoffizier ist auch Ideologe, doch beansprucht er gleichzeitig Ansehen als Wirtschaftsfachmann. Der Wirtschaftsführer erwartet von seinen Untergebenen nicht bloß Arbeitsleistungen, sondern er wirkt auch an ihrer politischen Erziehung mit und überwacht ihre Vertrauenswürdigkeit gelegentlich auch mit Polizeimethoden. Dasselbe können wir von den Ideologen behaupten, angefangen bei den führenden Kulturpolitikern bis hin zum Grundschuldirektor, die die prinzipiellen Richtlinien der Wirtschaftspolitik auch in die Praxis der

Kulturarbeit umsetzen müssen. Gegebenenfalls müssen sie die Polizei auf vom herrschenden Ethos abweichende Werke oder Personen aufmerksam machen. Alles in allem ist die Intelligenz also die Klasse der fachlich begründeten Ordnung. Die Organisation der Intelligenz als Klasse bedeutet folglich, daß die Intelligenz die strenger oder liberaler umrissene Logik der Redistribution als Klasse akzeptiert und anwendet. Wir halten es im System der rationalen Redistribution für berechtigt, von der Organisationsmöglichkeit zur Klasse um die Position des teleologischen Redistribuenten zu sprechen. Qualitativ unterscheidet sich allerdings die in der rationalen Redistribution entstehende Klassenposition des Redistribuenten von der Position des Experten und Managers des selbstregulativen Markts. Der Experte und Manager besitzt anscheinend ähnliche Entscheidungsbefugnisse wie der Redistribuent, seine strukturelle Position unterscheidet sich allerdings grundlegend: Er entscheidet über die Verteilung des vom Markt definierten Mehrprodukts prinzipiell, doch zum Teil auch praktisch unter der politischen Kontrolle der Kapitaleigentümer, also unter den Bedingungen der zumindest prinzipiellen Trennung der Gewaltensphären. So organisiert sich um die technokratische oder technische Intelligenz des preisregulierenden Markts keine Intelligenzklasse.

b) Die Besonderheiten in der Bürokratie der rationalen Redistribution

Wir können die Herausbildung der Intelligenzklasse in der Frühphase des Sozialismus nur verstehen, wenn wir die Besonderheiten der bürokratischen Organisation der rationalen Redistribution aufdecken. Das vielleicht wichtigste Mittel bei der Organisation der Intelligenz als Klasse ist die Umbildung der bürokratischen Organisation nach dem Ethos der rationalen Redistribution.

Gemeinsames Merkmal der auf dem preisregulierenden Markt und in der rationalen Redistribution entstehenden Bürokratien ist die Legitimation bürokratischer Macht durch Fachkenntnis. Die Bürokratien des preisregulativen Markts basieren allerdings prinzipiell immer auf der Teilung der verschiedenen Gewaltensphären, auf der Trennung der Tätigkeit von politischer Legislative und fachlicher Exekutive. Wirtschaftsorganisation und Gewerkschaftsorganisation des modernen kapitalistischen Großbetriebs wird gleichermaßen bürokratisiert, jedoch organisieren sich die beiden bürokratischen Hierarchien nicht in einer gemeinsamen Hierarchie. Die beiden bürokratischen Organisationen verfolgen verschiedene Ziele. Ihr Verhältnis zueinander wird durch Transaktionen charakterisiert. Außerdem läßt sich für beide Bürokratien ein separater politischer Kontrollmechanismus nachweisen. Der Aufsichtsrat der Aktionäre kontrolliert die Wirtschaftsbürokratie des Betriebs und legt die wirtschaftlichen Zielsetzungen in den wichtigsten Punkten fest. Über die Gewerkschaften dagegen übt die Arbeiterschaft eine ähnliche Zielsetzungs-, Orientierungs- und Kontrolltätigkeit aus. Es ist auch ein Grundsatz der Weberschen Bürokratietheorie, daß sich die Funktion der politischen Legislative prinzipiell von den im engeren Sinn Exekutivcharakter aufweisenden bürokratischen Funktionen trennt. Eine andere Frage ist es, daß in den modernen kapitalistischen Gesellschaften eine Verschmelzung der Bürokratien zu beobachten ist beziehungsweise jenes Phänomen, daß sich die bürokratische Gewalt auch Legislativfunktion aneignet.

Dieses Phänomen wird allerdings unter den Bedingungen des selbstregulativen Markts als Deformation der Bürokratie, als Bürokratismus, als gesellschaftliche Anomalie interpretiert.

ba) Die Verflechtung bürokratischer Strukturen

Es gehört zu den immanenten Qualitäten der rationalen Redistribution, daß die Zielsetzungsfunktion zu einer fachlichen Funktion wird, daß die Trennung von politischer und wirtschaftlicher Sphäre, die Gewaltenteilung, der Dualismus von Legislative und Exekutive und der Pluralismus der Ziele zu existieren aufhören. In der rationalen Redistribution werden die bürokratischen Strukturen, die sich an den funktionalen Linien organisieren, miteinander verflochten und in einer einheitlichen Hierarchie organisiert. Die verschiedenen Bürokratien sind durch die prinzipielle Identität der Ziele miteinander verbunden und in eine Hierarchie eingeordnet. Bei zu treffenden Entscheidungen ist immer diejenige bürokratische Organisation oder derjenige Beamte höhergestellt und kompetenter, die beziehungsweise der aufgrund der ausgeübten Funktion die Alternativen unter einem langfristigeren gesamtgesellschaftlichen Aspekt abwägen muß. In der rationalen Redistribution wird gerade die Verflechtung der Bürokratien als natürlich qualifiziert, während die Absonderung der bürokratischen Organisationen als Anomalie, das heißt als Bürokratismus erscheint, der die Durchsetzung von einheitlichen Zielen behindert. Diese Verflechtung der bürokratischen Strukturen erhebt den Intellektuellen über die eng und partikular erscheinende fachliche Orientierung und weiht den professionellen Intellektuellen zum Träger der Teleologie.

Es bildet sich also eine spezielle osteuropäische Bürokratie heraus, für die eine vertikale und horizontale Kontinuität, eine kegelförmige Anordnung und eine sich einem einzigen Gipfel unterordnende Hierarchie charakteristisch ist. Jeder, angefangen beim ersten Parteisekretär bis hin zum unbedeutendsten Ingenieur, ist beamteter Angestellter im Staatsdienst. Mit seiner bezahlten Arbeit repräsentiert er den Staat, der Parteisekretär den gesamten Staat, der Architekt nur den Baubereich, doch letzten Endes repräsentieren beide Staat und Gesellschaft in toto, weil Staat und Gesellschaft dasselbe bedeuten. Egal, wo jemand arbeitet: jeder weiß, auf welcher Ebene von Staat und Gesellschaft er seinen Platz einnimmt. Der Direktor des Kleinunternehmens entspricht dem Hauptabteilungsleiter des Großunternehmens, dieser wiederum dem Abteilungsleiter im Ministerium. Man weiß ganz genau, ob eine Versetzung in Organisationen, Unternehmen und Institutionen eine Beförderung, einen Abstieg oder etwa ein Wegloben auf einen höheren Posten bedeutet. Es gibt keine bürokratische Organisation, die sich nicht in den Staatsapparat, ja sogar in den staatlichen Machtapparat einfügen würde, die kein Organ über sich hätte, von der sie ihre Funktionslegitimation erhält.

Unter solchen Umständen wird die Zirkulation der bürokratischen Elite möglich, was bei der Organisation der Intelligenz als Klasse ein wichtiger Indikator ist. Erwirbt jemand ein Universitätsdiplom, eröffnen sich ihm vielerlei Arbeitsmöglichkeiten, und zwar auch solche, deren Wissensbereich nicht zum Lehrstoff des Universitätsabsolventen gehört hat. Der Hochschulabschluß ist vielmehr eine Bürgschaft dafür, daß der Absolvent in der Lage ist, sich das Wissen für eine ihm zugesagte Position unabhängig von seiner Ausbildung anzueignen. Jeder Akademiker trägt den Marschallstab im Tornister, wenn er gewisse Verhaltensregeln befolgt. Das Universitätsdiplom ist eine Art Eintrittsbillett in das Reich der Möglichkeiten, das sich dem Akademiker wie ein Spielkasino öffnet und den konkurrierenden Spielern keinen Erfolg an sich verspricht; jeder weitere Aufstieg oder Mißerfolg hängt davon ab, wie sich der Akteur im Spielsaal bewegt. Ohne Eintrittskarte dagegen kann er seinen Fuß nicht einmal auf den Schauplatz des Risikos von Erfolg und Mißerfolg setzen.

All diese Möglichkeiten bieten sich deshalb, weil das intellektuelle Wissen nicht als eng begrenztes Fachwissen interpretiert wird. Ausschlaggebendes Element des intellektuellen Wissens ist das Teleologische, weshalb dieses Wissen leicht transformierbar ist. Folglich ist dieses Wissen beinahe so neutral wie der Kapitalbesitz. Wie es dem Kapitalisten nicht schwerfällt, sein Kapital von einem Wirtschaftssektor in den anderen umzulenken, so kann auch der Intellektuelle in der Bürokratie der rationalen Redistribution seine Positionen noch leichter wechseln, da sein Wissen als eine Art austauschbarer bürokratischer Einheitswert fungiert. Konnte er irgendwo einmal beweisen, daß er im teleologischen Wissen (das eigentlich auch als Ethos der Redistribution aufgefaßt werden kann) entsprechend erfahren oder vielmehr sogar eingeweiht ist, dann setzt man bereits voraus, daß er sich das zur Ausübung der ihm neu übertragenen Funktionen erforderliche Fachwissen leicht aneignen kann. Hierin liegt der Grund dafür, daß die Lehre wissenschaftlicher Ideologie in der Ausbildung der Intellektuellen eine derart wichtige Rolle spielt. Diese Verschiebung der Relationen innerhalb des intellektuellen Wissens geht bis zu der bizarren Extremität, daß sich das jegliches Fachwissen vermissen lassende reine ideologische Wissen zum transformierbarsten intellektuellen Wissen wandelt, etwa das an den Parteihochschulen vermittelte Wissen. Der Erwerb eines Diploms an der Parteihochschule berechtigt den Absolventen zur Bekleidung verschiedenster Führungspositionen. Von einem Tag auf den anderen kann so aus einem General ein Verlagsdirektor werden, aus einem Politoffizier ein Ästhet, oder umgekehrt aus einem Journalisten ein Oberst, aus einem Bischof ein Außenminister oder ein führender ideologischer Mitarbeiter beim Rundfunk.

bb) Die Spitze der Bürokratie repräsentiert das Gesamtinteresse

In der bürokratischen Organisation der rationalen Redistribution muß dafür gesorgt werden, daß unter den Institutionen kein Konflikt entsteht; oder wenn er nicht mehr zu umgehen ist, daß dieser der vorgesetzten Instanz darzulegen ist, die dann mittels eines Schlichtungsverfahrens direktiv über den Konflikt entscheidet. Nicht einmal die Wirtschaftsverbände sind berechtigt, auf der Basis gegenseitigen Vorteils Absprachen zu treffen oder miteinander zu konkurrieren; sie bekommen ihren Kompetenzbereich von oben vorgeschrieben. Auch unter den verschiedenen Sparten muß ein Konsensus geschaffen werden, nicht nur der Unternehmens-, sondern auch der »Spartenchauvinismus« muß beseitigt werden. Das Kapital wird nicht dort eingesetzt, kann prinzipiell nicht dort eingesetzt werden, wo es am effektivsten und schnellsten zurückfließt, sondern dort, wo es vom teleologischen Redistribuenten angeordnet wird.

Die Organisation der Redistribution ist also ein vielstökkiges Gebäude, dessen hierarchisches System nach einem linearen militärischen Modell errichtet wird. Der mit der Redistribuentenfunktion betraute Beamte einer wirtschaftlichen Teileinheit wird seiner Aufgabe dann gerecht, das heißt »politisch« gerecht, wenn er sich in seinen Entscheidungen immer den Interessen des redistributiven Gesamtprozesses, den »volkswirtschaftlichen Interessen« unterordnet. Dieses Interessensystem schlägt sich nicht immer in konkreten Anweisungen nieder, doch ein guter Leiter kennt die »Linie« auch ohne Anweisung, weiß, welche Ziele die Gesamtredistribution verfolgt, und ordnet das Sonderinteresse seiner Organisation freiwillig dem übergeordneten Interesse der Gesamtredistribution unter, das er am ehesten aus den einander ablösenden Parteibeschlüssen herauslesen kann. Ein idealer Leiter ist also derjenige, der quasi intuitiv in den Alternativen der Redistributionen die Steuerungsprinzipien der Gesamtredistribution spürt und dementsprechend vorgeht. Ein solch idealer Leiter ist beispielsweise der Ratsvorsitzende, der vom Haushaltsetat erst gar nicht ein größeres Investitionskapital fordert, weil er weiß, daß die ihm anvertraute Stadt aufgrund der Staatspläne nicht zu den bevorzugten Entwicklungsgebieten gehört, daß also den Einwohnern seiner Stadt nicht einmal eine durchschnittliche kommunale Versorgung zusteht.

Die gesamte Redistribution verflüchtigt sich also von einer konkreten Entscheidungspraxis, einer hierarchisch organisierten, unübersichtlichen Masse von Entscheidungen zu einer Art ontischem Subjekt. Infolgedessen operieren auch die Entscheidungsverantwortlichen auf der untersten Ebene zur Rechtfertigung der eigenen Entscheidung mit dem immer nebulöseren Begriff des »volkswirtschaftlichen In-

teresses«, mit diesem Götzen der sozialistischen Wirtschaft, der sich aus einem teleologischen in einen theologischen, jedoch nicht direkt faßbaren verwandelt hat.
Der Redistribuent kann sich nicht mit der Rolle der fachlichen Leitung und Planung begnügen, er muß auch die ideologische Führung übernehmen. Sich selbst und seinen Untergebenen, also den Trägern der Teilinteressen gegenüber muß er Repräsentant des *Ganzen* sein: Er muß sich kontinuierlich und unmittelbar auf die höheren Interessen und Aspekte berufen. Er muß sich als eine Art ideologischer Augur verhalten, der auch Dinge weiß, die die anderen nicht wissen können. Je unbestimmter dieses höhere Interesse ist, auf das er sich beruft, desto öfter muß er aus dem Wortschatz der politischen Rhetorik schöpfen, desto häufiger muß er zu pathetisch-ideologischen Argumenten greifen, wobei er die ihm von den höheren Instanzen zugeleiteten vertraulichen Informationen quasi bloß ahnen läßt. Auch der technische Experte muß die technisch-wirtschaftlichen Parameter und die ideologischen Erwägungen ständig aufeinander abstimmen, wodurch er seine Entscheidungsverantwortlichkeit festigt, wodurch er vom leitenden Fachexperten zum »Berufsrevolutionär« wird, was gegebenenfalls nichts anderes bedeutet, als daß er bedenkenlos auf Kosten der fachlichen Interessen zu Gunsten der Interessen der Gesamtredistribution entscheidet. Dadurch steht er als verkörperter Träger des Willens und Vertrauens seiner Vorgesetzten gewissermaßen auch standesmäßig über seinen Mitarbeitern, die bei ihrer Tätigkeit primär fachliche Überlegungen repräsentieren.

bc) Konflikte zwischen den Teilbürokratien

Obwohl in der sich in einer einzigen Spitze organisierenden Bürokratie der rationalen Redistribution Sonderinteressen prinzipiell nicht möglich sind, sondern wir nur von übergeordneten oder untergeordneten Interessen sprechen können, gibt es gleichwohl koexistierende Teilinteressen von Organen mit gleichem hierarchischem Status. Die Übereinstimmung dieser Teilinteressen kommt nicht von selbst zustande, sondern muß hergestellt werden. Die Herausbildung eines Sonderinteresses der bürokratischen Apparate ist unvermeidlich, eines Sonderinteresses, das Anspruch erhebt auf eine Vergrößerung des Apparats, auf eine Erweiterung der Macht und des Kompetenzbereichs des Apparats. Dieses Sonderinteresse des Apparats stimmt auch mit den persönlichen Interessen seiner Mitglieder überein: Macht und Verdienst der Amtsträger hängen davon ab, welchen Posten sie innerhalb des Apparats bekleiden. Ein höheres Gehalt können sie erst beziehen, wenn sie auf einen höheren Posten gelangen. Hierzu muß sich allerdings auch die Belegschaftsstärke des Apparats erhöhen. So befindet sich der Leiter des Apparats in einem Interessenkonsensus mit seinen Untergebenen. Die Belegschaftsstärke muß erhöht, von Zeit zu Zeit müssen die Untergebenen befördert werden, dadurch werden die Bedeutung, der funktionale Kompetenzbereich und auch der Verdienst der Leiter zunehmen. Dem Wachstum der Institutionen und Apparate steht allerdings das Wachstum der übrigen gleichbedeutenden Institutionen natürlich im Weg. So beginnt beispielsweise in den Wirtschaftssektoren der Wettbewerb um die höheren Anteile am umverteilten Kapital. Eine Führung mag ideologisch noch so fest sein, mag die Richtlinien der Gesamtredistribution noch so diszipliniert

befolgen, sich sogar mit ihnen identifizieren, dennoch kann sie sich vom hier beschriebenen Sonderinteresse des Apparats nicht unabhängig machen. Während die Bürokratien des preisregulativen Markts, die in sich gegenseitig nicht unterstehenden Machtspitzen enden, lediglich bis zu ihrer Effektivitätsgrenze wachsen können, hat der Expansionsdrang der bürokratischen Apparate in der rationalen Redistribution keine prinzipielle Schranke. Eine Grenze kann diesen Bürokratien nur vorläufig durch die Kompetition beziehungsweise durch den ihnen übergeordneten Apparat gesetzt werden, der die Kompetition reguliert und das höhere Interesse durch Kompromißlösungen repräsentiert.
Dieser Konflikt der bürokratischen Teilinteressen kann in Widerspruch zu den Grundinteressen des Redistributionssystems geraten, obwohl er sich aus der Logik der Redistribution ergibt. Die grundlegende ratio der rationalen Redistribution ist die Machtmaximierung des Redistribuenten. Eine redistributive Entscheidung wird als rational qualifiziert, wenn als Folge davon die Quantität des zur Redistribution herangezogenen Mehrprodukts maximal wächst.
Empirisch betrachtet heißt das, daß die Redistribution sich um den Staatshaushalt zentriert. Die empirische Maßzahl ihrer Rationalität ist nichts anderes als das Wachstumstempo des Staatshaushalts, was gleichzeitig auch die Tendenz in sich birgt, den Anteil des Nationaleinkommens zu steigern, der über den Staatshaushalt zur Umverteilung gelangt. Das Prinzip der Maximierung des in den Umverteilungsprozeß gelangenden Mehrprodukts unterscheidet sich grundlegend vom Prinzip der Profitmaximierung. Von zwei Produktionsinvestitionen, die einen gleichen Kapitalrückfluß garantieren, wird die Redistribution mit großer Wahrscheinlichkeit diejenige vorziehen, durch die der Investitionsmarkt erweitert wird und nicht jene, durch die

der Absatzmarkt erweitert werden würde. Der Umstand nämlich, daß die Präferenzentscheidung mit weiteren Implikationen für den Staatshaushalt einhergeht, also in der Folge die Subventionierung neuerer Investitionen beansprucht, ist für die Redistribution eben günstiger, weil die Erweiterung des Absatzmarkts vor allem das persönliche Einkommen der Bevölkerung vermehrt, während die Erweiterung des Investitionsmarkts in erster Linie den Anteil des Etats aufbläht.

Diese Tendenz äußert sich auch auf dem Gebiet der der Bevölkerung dienenden Infrastruktur. Auch in diesem Fall wird es das Interesse des Redistribuenten sein, unabhängig von der Gebrauchswertmasse der zustande kommenden Infrastruktur die über den Haushaltsplan finanzierte Entwicklung der Infrastruktur zu präferieren. Wenn also von x Milliarden n Wohnungen gebaut werden würden, wenn sich diese x Milliarden über den Lohn im Einkommen der Bevölkerung akkumulieren würden, während bloß n – v Wohnungen gebaut, wenn diese Wohnungen mit staatlicher Finanzierung errichtet werden, dann wird der Redistribuent – es sei denn, v ist politisch untolerierbar groß – den zweiten Fall bevorzugen.

Der oben skizzierte Interessenkonflikt der Teilbürokratien widerspricht dieser Ratio eigentlich nicht. Es geschieht nämlich nichts anderes, als daß jeder einzelne Redistribuent bemüht ist, seine eigene Redistribuentenmacht zu maximieren, da er annimmt, daß die Macht der Gesamtredistribution um so mehr zunimmt, je mehr auch die des Redistribuenten wächst. Da aber der Staatshaushalt selbst begrenzt ist und im weiteren auch die Geduld der Produzenten im Hinblick darauf, welcher Anteil des von ihnen produzierten Werts ihnen entzogen wird, sei es durch Einschränkung oder Minderung ihres persönlichen Konsums,

kann die oben skizzierte Tendenz in ihrer prinzipiellen Konsequenz in eine politische oder wirtschaftliche Krise münden.
Die politische Krise kann in politischen Demonstrationen oder gar im bewaffneten Aufstand der im persönlichen Konsum am ehesten eingeschränkten Arbeiterklasse ausbrechen. Die wahrscheinliche Form der Wirtschaftskrise aber ist der überheizte und inflatorische Investitionsmarkt, der infolge des Versiegens der Kreditquellen zu einem kritischen Anwachsen des Volumens der unbeendeten Investitionen führt. Wie also das Gesamtkapital und der Staat, der diese Fiktion repräsentiert, daran interessiert sind, die Bestrebung der einzelnen Kapitalisten zur Profitmaximierung zu beschränken, so wird in der rationalen Redistribution die Beschränkung der Redistribuenten im Interesse eines dauerhaften und relativ ungestörten Fortbestehens des Systems der Gesamtredistribution erforderlich. Während also in der kapitalistischen Wirtschaft die Kapitaleigentümer von der technokratischen Staatsbürokratie kontrolliert werden, hält die politische Bürokratie in der rationalen Redistribution die nach Machtmaximierung strebenden technokratischen Redistribuenten unter Kontrolle.

c) Rollen- und Strukturanalyse der Partei: die Partei als Band, das die Teilbürokratien zusammenhält

So sondert sich von der Intelligenzklasse ein zusätzlich herrschender Stand ab, der als oberster Hüter des redistributiven Ethos auftritt und eigentlich auch in letzter Instanz die redistributiven Entscheidungen sanktioniert. Instrument dieses herrschenden Stands ist die Partei. Die Angehörigen des herrschenden Stands nehmen die Schlüsselpositionen der Partei ein oder vertreten die vom Stand formulierten Intentionen der Partei in den verschiedenen führenden Körperschaften des Landes.

ca) Die bürgerlichen Parteien und die gesellschaftlichen Teilinteressen

Die Sphäre von Wirtschaft und Politik grenzt sich in der kapitalistischen Gesellschaft prinzipiell gegeneinander ab. Diese These hat auch noch unter den Bedingungen des modernen staatsmonopolistischen Kapitalismus relative Gültigkeit. Die Wirtschaftssphäre besitzt neben der zunehmenden Intervention des politischen Staats ihre Autonomie. Gemessen an der Wirtschaftstätigkeit, weist auch der Apparat von Politik und Macht eine relative Eigenbewegung auf. Da sich keine eindeutige Hierarchie der gesellschaftlichen Interessen herausbilden kann, ist ein separater Mechanismus zur Konfliktlösung der Teilinteressen vonnöten. Wie der Wirtschaftsmechanismus des Teilinteressenkonflikts der Markt ist, wird der politische Mechanismus durch die Rivalität der Parteien gebildet. Deshalb können die bürgerlichen Parteien nie authentisch als Repräsentant der Gesamtgesellschaft auftreten, und selbst in ihren deklarierten Ideologien können sie nur so weit gehen, daß sie ein konkretes gesellschaftliches Teilinteresse ein wenig universalistischer artikulieren. Dieselbe Partei kann nicht gleichzeitig für die Verstaatlichung und für das freie Unternehmertum eintreten, und solange das Anwachsen des staatlichen Sektors oder aber die Zunahme der Bedeutung des Privatunternehmens in einer Gesellschaft real als Alternative besteht – was gleichzeitig bedeutet, daß sich hinter dem einen und dem anderen Ziel voneinander abgrenzbare gesellschaftliche Gruppen formieren –, solange kann eine Partei innerhalb des Blocks bestimmter Teilinteressen höchstens einen Konsensus oder eher einen Kompromiß schaffen, wodurch sie allerdings die Konflikte mit anderen Teilinteressen, die sie in den Kompromiß nicht einbeziehen konnte, nur verschärft.

Die bürgerlichen Parteien können ihre Macht ausschließlich durch das von ihnen errungene Stimmenverhältnis legitimieren. Die Parteien bringen die von ihnen vertretenen Ziele nicht mit der Argumentation durch, daß irgendeine Ideologie, und sei es auch eine wissenschaftliche, die alleinige Richtigkeit dieser Ziele beweise. Sie begnügen sich mit der Überzeugungskraft, die von den für sie abgegebenen Stimmen ausgeht. Die von den Parteien vertretenen Ziele können sogar in einem solchen Maß relativiert werden, daß einige kleinere Parteien, die von Fall zu Fall das Zünglein an der Waage bilden, wie beispielsweise die deutsche und die englische liberale Partei, offen als Wortführer derart partikularer Interessen auftreten können, daß sie sich ab ovo gar nicht um die Erringung der absoluten Stimmenmehrheit bemühen. Sie bemühen sich nur darum, die großen Parteien an der Erringung der absoluten Mehrheit zu hindern, und in der Koalition mit diesen setzen sie im Rahmen eines Kompromisses bei der Regierungsbildung eine wirksame Vertretung ihrer Interessen durch.

Die Parteien sind also bis zum heutigen Tag Apparate zur Beschaffung von Wählerstimmen; die institutionelle Voraussetzung und der sich von selbst ergebende Rahmen für ihre Tätigkeit in den bürgerlichen Demokratien ist das Parlament. Dieses Funktionsprinzip im politischen System der kapitalistischen Gesellschaft ist derart determinierend, der Mechanismus der parlamentarischen Wahlen selbst funktioniert durch derartig starke immanente Zwänge, daß selbst Parteien, wie früher die sozialistische und später die kommunistischen Parteien, die in ihrer Ideologie antiparlamentarisch eingestellt waren und in der Wahlfreiheit die Kulisse der kapitalistischen Herrschaft entlarvten, sich letztendlich auch zu großangelegten Apparaten zur Stimmerringung umwandelten. Das zog notwendigerweise auch die Neuformulierung ihrer strategischen Ziele nach sich. Die Ziele wurden relativiert, an die Stelle der alle gesellschaftlichen Einrichtungen umfassenden Revolution trat das Programm der Strukturreformen, ein Programm, das prinzipiell das pluralistische politische System akzeptierte, unter Zurkenntnisnahme der Pluralität von Interessen und Zielen. Der Platz der aus der wissenschaftlichen Ideologie abgeleiteten strategischen Ziele wurde von der Taktik eingenommen, zwischen den immanenten, konfliktreichen Interessen Kompromisse zu suchen. Auf parlamentarische Erfolge konnten die kommunistischen Parteien nur rechnen, wenn sie darauf verzichteten, bloß die von der selbstbewußtesten Vorhut der Arbeiterklasse (und diese Vorhut bestand in Wirklichkeit gar nicht einmal aus Arbeitern, sondern vielmehr aus radikalen Intellektuellen) akzeptierten gesamtgesellschaftlichen Ziele zu vertreten. So sahen sie sich genötigt, ihre Massenbasis zu erweitern, wobei sie die pragmatischen Interessen (die sie früher mit einem bezwingenden Lächeln vom geschichtsphilosophischen Standpunkt für unbedeutend hielten) der historisch gegebenen, empirischen Arbeiterklasse übernahmen, ja sogar den Kreis der von ihnen Vertretenen um die Interessen anderer Gruppen erweiterten, etwa die der Bauern, Einzelhändler, nationalen und religiösen Minderheiten usw. Mit diesen diktierte ihnen nicht die kohärente Interessenübereinstimmung ein Bündnis (das sie früher als prinzipienlos und opportunistisch qualifiziert hätten), sondern lediglich Wahltaktik. Auf der Bühne der bürgerlichen Demokratie mußten sich die Akteure der Politik also mit der Existenz des jeweils Anderen abfinden, und als Voraussetzung für ihre Koexistenz mußten sie im Zuge der Profanisierung die Kanzel aus der Kirche auf den Markt verlegen, weil sie mehr erreichten, wenn sie statt der Geschichte (erinnern wir uns: Lenin versuchte, seine Diskussionspartner fortwährend mit dem schwerwiegenden Argument der Verantwortung vor der Geschichte zu übertrumpfen) die Interessen der Rentner, der bäuerlichen Milchproduzenten oder der Scheidungswilligen auf ihren Schultern trugen.

Obwohl die Wirtschafts- und Staatsbürokratien in ihrer idealtypischen Form in der kapitalistischen Gesellschaft gegeneinander separierte hierarchische Organisationen sind, verflechten sie sich infolge der Machtbestrebungen der Technobürokratie fortwährend, so daß die Apparate des Fachbeamtentums, die ursprünglich bloß ausführenden Charakter hatten, beginnen, auch die Planungstätigkeit zu enteignen. Als Max Weber die Staatsbürokratien um die Jahrhundertwende analysierte, konnte er eine Tendenz zur Unabhängigkeit der Fachverwaltungsapparate von der Gesetzgebung nur im nach preußischen Modell errichteten Deutschen Reich nachweisen. Als Gegenbeispiel berief er sich auf die Vereinigten Staaten, wo der Staatsapparat der Exekutive nicht nur den beiden Häusern der Legislative untergeordnet war, sondern diese Unterordnung auch darin ihren Ausdruck fand, daß jede Präsidentenwahl mehreren hunderttausend Stellenjägern aus dem Gefolge des neuen Präsidenten staatliche Stellen garantierte, indem die Vertrauensleute des vorigen Präsidenten aus dem Apparat verdrängt wurden. Man wollte auch durch die Person des Beamten garantieren, daß der Exekutivapparat die bei den Wahlen zum Durchbruch gekommenen Interessen wenigstens einigermaßen vertritt, und es sollte die Möglichkeit ausgeschlossen werden, daß die Staatsbürokratie unter Berufung auf exekutivtechnische Sachkenntnis die eigenen Zielsetzungen über die bei den Wahlen durch Stimmenmehrheit legitimierten Zielsetzungen setzt. Sechzig Jahre später führte die Exekutivgewalt ohne Befragung des Kongresses Krieg und entschied in allen wesentlichen Fragen der außenpolitischen Strategie; die Perspektive, derzufolge die Exekutivgewalt auch in den innenpolitischen Gesellschaftsfragen bestimmend wird, schien immer wahrscheinlicher zu sein. Der Konflikt zwischen Legislative und Exekutive spitzte sich derart zu, daß sich der Kongreß zu einem so drastischen Schritt entschloß, wie ihn die Verfassungsklage gegen den ersten Mann der Administration, gegen den Präsidenten, darstellt. Das *Impeachment* ist eine symbolische Geste, sie bringt das Festhalten der demokratischen Gesellschaften am Prinzip der Gewaltenteilung zum Ausdruck, daran also, daß die politischen Entscheidungen, getrennt von der exekutiven Bürokratie, von der Legislative gefällt werden, in der über den Kampf der Parteien die Pluralität der gesellschaftlichen Interessen ihren Niederschlag findet. Es ist das Spezifikum in den Differenzen der bürgerlichen Demokratie, daß sie sich dem unaufhörlichen Streben der Bürokratien, sich in einer einzigen Pyramide zu organisieren und einem einzigen bürokratisch definierten Wertsystem unterzuordnen, um sich auf diese Weise das politische Entscheidungsrecht, quasi die Autorität zur Vertretung des gesamtgesellschaftlichen Interesses anzueignen, auf das entschiedenste widersetzen muß. Eine bürgerliche Einparteien-Demokratie wäre eine *contradictio in adjecto*, da die Parteien die Rolle des Keils ausüben, die die Exekutivapparate, die aufgrund ihrer bürokratischen Teilinteressen auf Verflechtung bedacht sind und vereint auf eine strategiebestimmende Position Anspruch erheben, in partikulare technisch-fachliche Verwaltungsorganisationen aufspalten.

cb) Die an die Macht gekommene Kommunistische Partei als Ausdruck des Gesamtinteresses

Wenn an die Stelle der Parteien *die Partei* tritt, wird mit dieser semantischen Modifikation eine derart essentiale funktionale Veränderung bezeichnet, daß es auch etymologisch ein Nonsens ist, das Ganze nunmehr auch seinem Begriff zufolge weiterhin einen Teil zu nennen. In den Gesellschaften der rationalen Redistribution wird die Sphäre von Politik und Wirtschaft prinzipiell miteinander verflochten, ebenso Staat und Gesellschaft, die Tätigkeit von Exekutive und Planung. Wenn sich die Teilbürokratien in einer einzigen Hierarchie idealtypisch ordnen müssen und gerade ihr Konflikt miteinander als Bürokratismus, als funktionale Anomalie qualifiziert wird, wenn sie die als gleichberechtigt empfundenen Interessen der verschiedenen Sektionen und Ministerien, Gewerkschaftsorganisationen und lokalen Verwaltungen – auch diese Interessen werden auf Druck des Redistributionsethos als Gesamtinteresse deklariert – miteinander konfrontieren, kommt der Partei die Funktion des zusammenhaltenden Bandes zu. Die Partei ist Hüter der Einheit der Gesellschaft, und im profanen Streit der bürokratischen Organisation tritt sie als die gesellschaftliche Teleologie personifizierender Schiedsrichter auf.

Dadurch, daß die Technokratie ihre Entscheidungsalternativen wertfrei macht und ihre möglichen Ergebnisse messen und nicht werten möchte, relativiert sie ungewollt und indirekt die Interessen. In der Effektivität findet die Technokratie oder genauer: finden die Technokratien ein derart sinnentleertes, neutrales Bewertungsinstrument vor, das nicht mehr auf der Basis eines Werts zwischen den sich gegenüberstehenden verschiedenen Arten von technischer Ratio wählen kann, da sich jede Ratio auf irgendeine Effektivität beruft; deshalb ist die technokratische Mentalität nicht mehr in der Lage, die miteinander rivalisierenden Teilinteressen in eine Hierarchie einzuordnen, sie muß sich deshalb nolens volens mit den transaktiven Konflikten und ihren gelegentlichen Kompromissen abfinden. Die Technobürokratien neigen dazu, das Prinzip der hierarchischen Organisation durch das Prinzip der parallelen Organisation abzulösen, ohne sich darüber im klaren zu sein, daß sie dadurch gleichzeitig die Gefahr der Trennung von Politik und Wirtschaft, der Entstehung eines separierten und pluralistischen politischen Systems heraufbeschwören. Die Technokratie schlägt Wirtschaftsreformen vor und merkt nicht, daß die dem Himmel der Teleologie entzogenen und neutral auf einen gemeinsamen Nenner gebrachten Interessen als zweiten Schritt eine gesellschaftliche und politische Reform nach sich ziehen würden.

Die technokratische Mentalität präferiert prinzipiell nicht Tätigkeiten oder Produkte in ihrer Naturalform, sie hält also die Industrie nicht für wertvoller und auch nicht für sozialistischer als die Landwirtschaft. Wenn es die Technokratie nicht für nötig erachtet, im Sinne des ideologisch formulierten »wirtschaftlichen Grundgesetzes« des Sozialismus aus der Landwirtschaft Kapital in die Industrie umzuleiten, dann muß sie als legitim akzeptieren, daß sich die mit der Entwicklung der Landwirtschaft verbundenen verschiedensten Teilinteressen artikulieren, miteinander Bündnisse eingehen und daß sich infolgedessen eine sich verfilzende landwirtschaftliche Lobby in den verschiedensten Fachbürokratien bildet, die zur gleichen Zeit und relativ gut aufeinander abgestimmt in der Investitions- und Preispolitik, in der Außen- und Innenpolitik, in der Maschinenbauindustrie und im Verkehrswesen, in der Arbeitskräftelenkung und in der Gebietswirtschaft, ja sogar in der Kultur und Sozialpolitik tätig wird. Diese Lobby, die quasi als latente Agrarpartei funktionieren wird, wird früher oder später fordern, daß die Landwirtschaft mit ihrem Export anteilmäßig an den konvertiblen Deviseneinnahmen partizipiert; daß die landwirtschaftlichen Preise auf das Preisniveau des Weltmarkts angehoben und die Preise der Industriegüterproduktion auf Weltmarktniveau gesenkt werden; daß die Entwicklung der für die Landbevölkerung und die landwirtschaftliche Produktion günstigsten Regionen und Siedlungsformen nicht aus ideologischen Überlegungen zurückgehalten wird; daß die Produktionsfunktionen der landwirtschaftlichen Betriebe und deren Organisationsformen nicht auf administrativem Weg eingeschränkt werden; daß die individuelle Warenproduktion nicht eingeschränkt wird; daß die obere Grenze der in der Landwirtschaft zahlbaren Löhne nicht festgesetzt wird, um dadurch die Chancen der landwirtschaftlichen Betriebe im Wettbewerb um die Arbeitskräfte mit bürokratischen Mitteln zu bremsen, daß vielmehr für die Arbeitnehmer in der Landwirtschaft gleiche Bedingungen für Renten- und Sozialversicherung garantiert werden sollen usw.

Beseitigt man aber beispielsweise die ideologisch bestimmten Nachteile der Landwirtschaft, zerfließt gleichzeitig die ganze Logik der politischen Wertinhalt-Hierarchie der Interessen, das aus der wissenschaftlichen Ideologie abgeleitete Pathos der redistributiven Entscheidungen verliert seine objektive Grundlage und überläßt seinen Platz dem äußerst konkreten und immanenten Interessenkampf, denjenigen Interessen, die ihrerseits allerdings einen separierten, ja sogar pluralistischen politischen Mechanismus beanspruchen. Es ergibt sich also aus der Funktion der Technokratie, daß sie nicht wachsam genug ist, um zu erkennen, welche politischen Gefahren ihre fachliche Ratio involviert. Sie erkennt nicht von sich aus, wann ihre Bestrebungen zur Maximierung und Effektivitätserhöhung der Redistribuentenmacht in Gegensatz zum Ethos der rationalen Redistribution geraten. Deshalb sind politische Organisationen notwendig, die von der Teilbürokratie abgesondert sind, mit dieser aber dennoch durch ihren Apparat verflochten sind, die Partei, die über die höchsten Errungenschaften des Sozialismus wacht, über das Eingebettetsein der Wirtschaft und über die darauf basierende Verflechtung der Teilbürokratien. Die Partei wacht also darüber, daß die wirtschaftlich-fachlichen Entscheidungen gleichzeitig, ja sogar primär politische Entscheidungen sind, daß diese durchpolitisierten Entscheidungen auf die einheitliche sozialistische Ideologie bezogen werden, selbst wenn das nur dadurch realisiert werden kann, daß der konkrete Inhalt dieser Ideologie von Zeit zu Zeit pragmatisch neuinterpretiert wird, noch dazu in der Form, daß die Reden der jeweiligen Parteiführer die inhaltlich veränderliche, jedoch aktuell einzig gültige Schriftauslegung zum kanonischen Text der Klassiker bieten. Die Partei steht über den Teilen (the Party is above parties), sie ist nicht Akteur des politischen Mechanismus, sondern der politische Mechanismus selbst. Die Partei ist in den Ländern, die den Sozialismus aufbauen – dem eigenen Programm und ihrer Verfassungsdefinition zufolge –, die führende Kraft der Gesellschaft, Träger der ideell-politischen Einheit der Gesellschaft, Vorhut der selbstbewußtesten Mitglieder des werktätigen

Volks und Motor der Entwicklung. Sie weist den Weg des sozialistischen Aufbaus. Deshalb kann sie außer sich und ihrer Praxis prinzipiell die Existenz irgendeiner legitimen politischen Alternative niemals anerkennen und sich keinem Organ der Volksvertretung unterordnen. Selbst wenn sie über parlamentarische Wahlen an die Macht käme, würde sie sich doch im Augenblick der Machtergreifung der parlamentarischen Kontrolle entziehen, sie würde aufhören, parlamentarische Partei zu sein, was auch durch die formale Tatsache zum Ausdruck kommt, daß in den Parlamenten der sozialistischen Länder nicht die kommunistischen Parteien sitzen, sondern die Vertreter der unterschiedlich benannten Volksfrontorganisationen.
Die Abgeordneten der Partei treffen sich nicht im Parlament, sondern auf den Sitzungen der gewählten Körperschaften der Partei des Parteitags und des Zentralkomitees, und praktisch kann die Zusammensetzung der Parteiführung oder die politische Richtlinie der Partei nur vor diesen Instanzen in Frage gestellt werden. Ihre Macht legitimiert die Partei beziehungsweise deren Führung dadurch, daß sie sich als Partei der zur führenden Klasse der Gesellschaft erklärten Arbeiterklasse bezeichnet. Dieser Aussage schreibt die Partei allerdings axiomatische und nicht etwa empirische Gültigkeit zu.
Die westlichen kommunistischen Parteien sind auf dem Sumpfgelände der parlamentarischen Demokratie gezwungen, die historisch gegebenen Interessen der empirischen Arbeiterklasse zu vertreten, da sie durch die empirischen Wahlstimmen dieser empirischen Arbeiterklasse beweisen müssen, daß sie in der Tat die Partei der Arbeiterklasse bilden. Die – nach der Logik der rationalen Redistribution so kleinlich positivistische – öffentliche Meinung der bürgerlichen Demokratie würde in den fehlen-

den Arbeiterstimmen die Widerlegung des Axioms »Die Kommunistische Partei ist die Partei der Arbeiterklasse« erblicken. Nach der Machtergreifung hatten die kommunistischen Parteien nichts eiligeres zu tun, als sich von der für ihren geschichtsphilosophischen Auftrag unwürdigen Verpflichtung von den Wahlkomödien der bürgerlichen Demokratie zu befreien, von dieser marktschreierischen Jagd nach Wählerstimmen. Die Wählerstimmen der Arbeiter konnten sie durch einen neuen Begriff der Arbeiterklasse ersetzen, in dem der Auftrag der Arbeiterklasse in den Rang ihrer Substanz erhoben wird, wodurch sie von ihren empirischen Interessen befreit wird, die von jetzt an zu Merkmalen des Kleinbürgertums oder Lumpenproletariats werden.

In dieser neuen Situation werden sowohl die Abgeordnetenwahlen als auch die Institution des Parlaments mit neuem Inhalt erfüllt. Vorbei sind die reißerischen Reklameaktionen der Wahlkampagnen, vorbei die gegenseitigen Schmähungen der um die Wahlstimmen buhlenden Parteien, vorbei das Werben um die Gunst der Wähler, die unbeständig, ideologisch ungerüstet, in der Erkenntnis ihrer langfristigen Interessen unsicher sind und der auf engstirnige und alltägliche Interessen sich berufenden Demagogie instinktiv verfallen. Der dem unsicheren Wahlausgang entstammenden politischen Instabilität enthoben, kann der Staatsapparat unter der Führung der Partei ungestört den Sozialismus aufbauen. Von nun an sind Wahlen großangelegte Demonstrationen der Einheit der werktätigen Massen, doch zugleich auch Demonstrationen des Vertrauens. Auch die Kandidaten teilen die selbstsichere Heiterkeit ihrer Wähler, weil sie in diesem feierlichen Akt der inhaltlichen Demokratie ihr Mandat – im Gegensatz zu den Wahlkandidaten der formalen Demokratien – nicht verlieren können, obwohl sie sich zweifellos mit dem Verlust von ein bis zwei Zehntel Prozent ihrer Wähler abfinden müssen, mit dem Verlust jener Wähler, die pfiffig und hartnäckig genug waren, herauszufinden, wie man mit »Nein« stimmen muß, obwohl darüber weder die Stimmzettel noch die Wahlplakate Hinweise geben.

cc) Das Machtmonopol der Partei. Das Verhältnis der Partei zu den Teilbürokratien und zu den Organen der Volksvertretung

Die im Namen der Einheit auf so demonstrative Weise gewählten Abgeordneten haben auch im Parlament nicht die Aufgabe, über die Alternativen politischer Zielsetzungen sachbezogene Diskussionen zu führen. Die parlamentarischen Abgeordneten versprechen ihren Wählern nicht und können dies auch nicht tun, daß sie bei der Diskussion von Landesangelegenheiten eine selbständige politische Richtlinie vertreten werden. In dieser Hinsicht fällt ihnen lediglich die Aufgabe zu, die von Partei und Regierung vorbereiteten Haushaltsvorschläge gutzuheißen und zur Kenntnis zu nehmen beziehungsweise als Gesetz zu verabschieden. Ihr größter Beitrag beim Zustandekommen der endgültigen Fassung dieser Gesetzesvorschläge besteht in der Teilnahme an den Fachkommissionen des Parlaments. Hier üben sie allerdings nicht als Abgeordnete Kontrolle aus, sondern helfen in ihrer beratenden Qualität als Sachverständige der Exekutive bei der Entscheidung. Da sie ihren Einfluß in diesen Kommissionen nicht durch Repräsentation, sondern durch ihr intellektuelles Fachwissen legitimieren, bleibt dieser Aspekt ihrer Tätigkeit vertraulich,

da die Öffentlichkeit bloß das Kriterium der sich auf die unmittelbare Repräsentation berufenden Macht ist.
Wie wir bereits erwähnt haben, ist das Hauptprinzip der Machtlegitimation in der Gesellschaft der rationalen Redistribution das Sachverständnis. Im Parlament akzeptiert allerdings auch die Redistribution die Vertretungslegitimation der Macht. So bleibt für diese Körperschaften lediglich die feierliche Bestätigung der von den Experten der ausführenden Gewalt getroffenen Entscheidungen. Kritiker des sozialistischen parlamentarischen Systems könnten meinen, das Parlament sei nurmehr eine vollkommen funktionslose Dekoration der auf dem Verordnungsweg regierenden Exekutive; doch da die rationale Redistribution, abweichend von faschistischen Regierungsformen, keine Herrschaft der Elite ist, sondern im Gegenteil an die in unaufhörlichem Arbeitseinsatz in Einklang gebrachten Interessen und an die politische Einheit des werktätigen Volks appelliert, besitzt die im Parlament sich manifestierende Repräsentationsgewalt auch eine selbständige Funktion: Sie erwirbt in feierlicher Form den billigenden Konsens der gesamten Gesellschaft zu den Gesetzesvorschlägen, die von der Partei der Intelligenzklasse und von den Organen des Fachbeamtentums erarbeitet worden sind.
Die sozialistischen Parlamentsabgeordneten sind dennoch nicht völlig von der Vertretung bestimmter Teilinteressen befreit, obwohl sie über den Klassen- oder Gruppeninteressen stehen, die sich um die Grundpositionen der Gesellschaftsstruktur organisieren. Dieses Teilinteresse ist im gegebenen Fall das ihres Wahlkreises. Daher kann der Parlamentsabgeordnete innerhalb der redistributiven Gebietswirtschaft bei der Erledigung der Beschwerden in seinem Wahlkreis eine Vermittlerrolle übernehmen. Die parlamentarischen Interpellationen beispielsweise haben nicht

die Funktion, in einer Landesangelegenheit den Standpunkt der ausführenden Organe zu modifizieren, vielmehr lokales Unrecht zu beseitigen. Es wird also kein Anspruch auf eine Schulreform erhoben, sondern lediglich auf eine neue Schule; für eine Gemeinde wird nicht die Modifizierung der Verkehrspolitik gefordert, sondern bloß, daß der Eisenbahnbetrieb auf einer Nebenlinie nicht eingestellt wird. Wenn der Minister dann nach Konsultationen mit seinen Sachverständigen den angemeldeten Wünschen nachkommt, können die Interpellanten befriedigt vor ihre Wähler treten, sind sie doch keine Marionetten, sondern im eigentlichen Sinne des Wortes Vertreter. Das Anhören dieser lokalen Anliegen ist eigentlich ein Geschenk, das der Redistribuent im Tausch dafür gewährt, daß der Abgeordnete, und durch ihn die Bevölkerung, die Entscheidungen der Redistribution im Landesmaßstab durch Billigung legalisiert.

Diese feierliche Einmütigkeit und von oppositioneller Einstellung freie Ratifikationsfunktion des Parlaments sind nur deshalb möglich, weil die hintergründig existierenden Interessen verschiedener politischer Alternativen bereits zuvor aufeinandergeprallt sind. Vor das Parlament kommt nur die endgültige Entscheidung, die schon durch einen Konsens der Fachbürokratien zustande gekommen ist. Dieser Konsens ergibt sich allerdings nicht von selbst, und zwischen den gleichberechtigten bürokratischen Behörden und Ministerien sprechen die Foren der Parteiführung als oberste Instanz Recht. Um die Verteilung der redistributiven Macht tobt teilweise zwischen den dogmatischen und den funktionalen Ministerien ein erbitterter Kampf, doch auch zwischen Finanzministerium und Planungskommission, zwischen Industrieministerien und Landwirtschaftsministerium, zwischen dem Territorialinteressen repräsentierenden Ministerium für Bauwesen und den Ministerien der Wirtschaftsproduktion. Der Historiker könnte aus den Sitzungsprotokollen der Hauptabteilungsleiter und aus den sich gegenseitig ablehnenden und streng für den Dienstgebrauch gedachten Analysen der verschiedensten Expertengruppen jene realen Dimensionen des gesellschaftlichen Interessenkampfs ablesen, wovon er aus parlamentarischen Protokollen nichts erfährt. Die Partei übt, indem sich das Politbüro auch auf fachlich qualifizierte Mitarbeiter stützen kann, in den Kämpfen der Teilbürokratien die Funktion des Schiedsrichters aus. Um diese Funktion ausüben zu können, ist sie gezwungen, in ein einziges Gebäude die Gebäude von 20 bis 30 Ministerien und vorgesetzten Behörden hineinzuzwängen, um die in ihrer Organisation verkleinerte Homologie des kompletten Staatsapparats zu schaffen. So muß der Abteilungsleiter für Wirtschaftspolitik im Politbüro, der zur gleichen Zeit das Finanzministerium, die Planungskommission und die verschiedensten wirtschaftlichen Geschäftsbereiche vertritt, bei der Schlichtung von einander widersprechenden Teilinteressen in letzter Konsequenz eigentlich nur mit sich selbst übereinstimmen. Der Apparat des Politbüros mit dem Sekretariat an seiner Spitze trifft im allgemeinen die routinemäßigen politischen Entscheidungen und schlichtet die aktuellen Interessenkonflikte der Fachbürokratien. Die Alternativen der politischen Beschlüsse und Richtlinienänderungen von strategischer Bedeutung gehören nicht zu den Entscheidungskompetenzen des Fachapparats des Politbüros. Dieses darf lediglich die Schlüsselfragen dieser Alternativen formulieren. Die tatsächliche Entscheidung in diesen Fragen wird in der folgenden Plenarsitzung des Zentralkomitees getroffen.

Durch das Verhältnis von Parlament und Zentralkomitee

wird das Verhältnis von Staat und Partei noch plastischer veranschaulicht. Jedes repräsentative Mitglied des herrschenden Stands nimmt an den Sitzungen des Zentralkomitees teil. Mitglied des Zentralkomitees sind beinahe automatisch sämtliche Sekretäre und Abteilungsleiter, die Leiter der größeren Gebietsverwaltungen in Partei und Staat, die Leiter aller Ministerien und sämtlicher Verwaltungsorganisationen mit Landeskompetenz (angefangen beim Präsidenten der Nationalbank bis hin zum Leiter des Amts für Statistik und zum Präsidenten der Akademie der Wissenschaften; weiter die Chefredakteure sämtlicher Tageszeitungen, die Intendanten von Rundfunk und Fernsehen, die Direktoren der größten Unternehmen und nicht zuletzt die Oberen von Armee und Polizei). Es ist also jeder anwesend, der aufgrund seines Amts über eine größere Macht verfügt, und so ist er an den redistributiven Entscheidungen von landesweiter Bedeutung beteiligt. Auf den erweiterten Plenarsitzungen des Zentralkomitees ist die gesamte herrschende Elite vertreten, der Generalstab des herrschenden Stands: der Hochadel.

Hier ist also der Leiter eines jeden Entscheidungszentrums aufgrund seiner bürokratischen Kompetenz und nicht infolge irgendeiner Repräsentation anwesend. Das Zentralkomitee gewinnt seine Macht aus dem fundamentalen Legitimationsprinzip der rationalen Redistribution; das bedeutet: wenn auch die Anwesenden nicht die hervorragendsten Fachleute des Landes sind, so sind sie doch auf jeden Fall deren Vorgesetzte. Es handelt sich also ausnahmslos um Intellektuelle. Unter ihnen gibt es keinen einzigen Nicht-Intellektuellen. Intellektueller zu sein, reicht allerdings nicht aus, um an den Plenarsitzungen des Zentralkomitees teilzunehmen. Vielmehr müssen sie hierzu auch überragende Vertreter des herrschenden Stands werden, wie auch im Oberhaus einer konstitutionellen Monarchie nur Adlige vertreten sind, doch nur jene Adligen, die gleichzeitig auch zu den höheren Ständen gehören. Die Fürsten und Grafen der rationalen Redistribution werden also aufgrund ihres Rangs zu den Plenarsitzungen des Zentralkomitees geladen.

Aufgabe des Zentralkomitees ist nicht mehr Demonstration der Volkseinheit und Ratifizierung der bereits gefällten Entscheidungen, sondern die tatsächliche Entscheidungsfindung, die auch unter scharfen Auseinandersetzungen erfolgen kann. In diesen Diskussionen gehen die beinahe Parteistärke erreichenden und bis zu einem gewissen Grad organisierten Fraktionen des herrschenden Stands zeitweise hart miteinander ins Gericht. Obwohl die Reden von der Phraseologie des Konsenses durchdrungen sind, wüßte die wortreichen Giftpfeile nur ein Beobachter zu würdigen, der in der Kontextanalyse des kommunistischen politischen Sprachgebrauchs und in der Deutung des Nichtausgesprochenen, der Hintergedanken und versteckten Drohungen routiniert ist, wie der eingeweihte Zuschauer des Wasserballspiels, der die krampfhaft verzerrten Gesichter der Spieler in einen visionären Zusammenhang mit den unter Wasser davongetragenen Verletzungen ihrer Männlichkeit bringen kann.

Da die tatsächlichen Entscheidungen im Zentralkomitee getroffen werden, ist in diesem Gremium auch kein Platz für so dekorative Marionetten wie eine Melkerin einer landwirtschaftlichen Kooperative oder einen Bischof, die zwar im Parlament über nichts entscheiden, jedoch durch ihre bloße Anwesenheit die Gültigkeit des Repräsentationsprinzips beweisen. Das Verhältnis von Zentralkomitee und Parlament zeigt einige Analogien zum Verhältnis von englischem Unterhaus und Oberhaus. Die tatsächlichen

Entscheidungen werden zwar jeweils im Zentralkomitee beziehungsweise im Unterhaus getroffen, doch während die Kompetenz des englischen Unterhauses durch die Repräsentation, das oberste politische Legitimationsprinzip der bürgerlichen Demokratie, garantiert wird, erhalten die osteuropäischen Zentralkomitees ihre Kompetenz durch das oberste politische Legitimationsprinzip der rationalen Redistribution, durch das mit der Zugehörigkeit zum herrschenden Stand einhergehende intellektuelle Fachwissen. Die formale Ratifizierung der tatsächlichen Entscheidungen ist Sache des Oberhauses beziehungsweise des Parlaments. Während aber das Legitimationsprinzip für die Entmachtung des englischen Oberhauses durch die Standeszugehörigkeit gegeben wird, wird das Legitimationsprinzip für die ebenfalls bestehende Entmachtung der osteuropäischen Parlamente durch die Repräsentation garantiert.

Doch wir wollen diese Analogie nicht überspannen. Wenn ein Abgeordneter des englischen Unterhauses über ein Gesetz abgestimmt hat, so hat er damit nichts mehr zu tun, die Ausführung obliegt anderen. Wenn dagegen ein Teilnehmer an der Plenarsitzung des kommunistischen Zentralkomitees für eine Entscheidung votiert hat, so hat er sich zugleich als hoher Amtsträger der Partei und der staatlichen Exekutive dazu verpflichtet, der legislativen Entscheidung auch Geltung zu verschaffen. Hieraus ergibt sich jene Eigentümlichkeit, daß sich die führenden Körperschaften der Partei, obwohl sie ihrem Wesen nach gesetzgebende Körperschaften sind, formal mit der Formulierung von Stellungnahmen, Grundprinzipien und höchstens Beschlüssen begnügen können, weil diese, sofern sie dafür vorgesehen sind, letzten Endes automatisch und nahezu ohne textliche Veränderungen Gesetz werden. Die Trennung des Apparats der politischen Beschlußfassung und der Exekutive ist im Hinblick auf die beschlußfassenden Parteiorgane und die ausführenden Staatsorgane bloß relativ (sie ist selbst im Fall der hauptberuflichen Parteibürokraten und staatlichen Fachbeamten mit Parallelfunktionen nicht restlos verwirklicht, da auch die Parteibürokratie in ihrer Eigenschaft als ständiger Berater an der Tätigkeit der staatlichen Exekutive beteiligt ist, und wenn sie auch nicht unmittelbar Durchführungsbestimmungen erläßt, so läßt sie solche doch durch Pression beeinflussen), da diese politischen Entscheidungen von den Leitern der Exekutivorgane in den führenden Parteigremien und hauptsächlich in den Plenarsitzungen des Zentralkomitees getroffen werden.

Die Partei, die von den Fachbürokratien getrennt ist und sich zugleich über diese erhebt, durchsetzt deren Apparat mit mehrfach abgesicherten, vielleicht sogar übertrieben abgesicherten Rollennetzen. Höhere leitende Positionen können im allgemeinen nur von Parteimitgliedern bekleidet werden, die dem Parteistatut zufolge nicht nur durch Staatsdisziplin, sondern primär auch durch Parteidisziplin gebunden sind. Sollte sich allerdings das letztere Band als nicht stark genug erweisen, sollte das Parteimitglied in seiner Fachrolle als staatlicher Leiter anfangen, seine Aufgabe allzu autonom zu interpretieren, sollte er als Politiker »einen ziemlich breiten Rücken« haben und der Durchsetzung fachlicher Interessen und den sich hinter ihm formierenden apolitischen Fachleuten freie Bahn lassen: dann wäre der Parteisekretär an seinem Arbeitsplatz, der sowohl hinsichtlich seines »Rangs« im Fachbereich als auch in der Partei wesentlich unter ihm stehen kann, gemäß seiner Funktion verpflichtet, ihn zur strikteren Befolgung der parteipolitischen Intentionen zu ermahnen. Es kommt vor, daß großes Ansehen genießende Grafen des herrschenden

Stands, machen sie sich unbedacht einer Verfehlung schuldig, den Intrigen eines »kleinadligen« Parteisekretärs zum Opfer fallen. Als Konsequenz aus diesen Beispielen liegt es im Interesse der staatlichen Leiter, die Mitglieder aus ihrem Gefolge in die Funktion des Parteisekretärs zu wählen, oder falls schon ein Parteisekretär existiert, diesen durch Gewährung von Vorrechten an sich zu binden.

Im Interesse der Verhinderung einer derartigen Verflechtung und im Interesse dessen, daß die Wachsamkeit der politischen Kontrolle nicht hintergangen werden kann, kommt dem mehrfach zusammengesetzten, sophistizierten und effektiven Agentennetz der politischen Polizei eine nicht zu überschätzende Bedeutung zu. Der staatliche Leiter ist dem offiziell zu ihm delegierten Verbindungsoffizier der politischen Polizei rechenschaftspflichtig. Bei dessen Ernennung hat der Leiter allerdings keinerlei Mitspracherecht. Er ist ihm gegenüber zu größter Ehrlichkeit verpflichtet, weil nicht nur er den Verbindungsmann informiert, sondern auch einige Angestellte, die in der Amtshierarchie Untergebene und in ihrer Eigenschaft als Informanten prinzipiell überhaupt nicht bekannt sind. Diese Informanten haben gemäß ihrem Auftrag der politischen Polizei auch über ihn Informationen zu liefern. Es ist also unvorstellbar, daß ein Generaldirektor oder ein Dekan an einer Universität selbst im eigenen Kompetenzbereich irgendeine personalpolitische Entscheidung fällen könnte – angefangen bei der Auswahl des Leiters auf mittlerer Ebene bis hin zur Beurteilung eines Paßantrags –, ohne daß er diese zuvor durch die Vertreter dieses zweifachen Kontrollrings hätte billigen lassen. Doch kommt diese mehrfache Kontrolle jenseits der bloßen Personalpolitik, wenn auch in übertragener Form, in jeder politisch relevanten Fachentscheidung zur Geltung.

Diese innerhalb der Trennung relative Verflechtung der gesetzgebenden, ausführenden und kontrollierenden Gewalt beziehungsweise diese von Zeit zu Zeit die Richtlinie ändernde bewegliche Dialektik von Trennung und Verflechtung, die das sozialistische politische System von dem auf eine einzige gleichgeschaltete Dimension vereinfachten faschistischen Staatsapparat genauso unterscheidet wie von der bürgerlichen Demokratie, die ihre Machtsphären prinzipiell trennt, garantiert dem politisch-ökonomischen Apparat der rationalen Redistribution im Vergleich zu anderen politischen Systemen eine privilegierte Flexibilität und Effektivität. Diese Effektivität besteht vor allem darin, daß der Apparat der Exekutive die Richtlinien der oben skizzierten gesetzgebenden Körperschaften quasi interniert, und es kann nur in sehr beschränktem Umfang daran gedacht werden, von diesen Prinzipien im Schutz der Fachverwaltungsautorität abzuweichen. Andererseits sammeln die ausführenden Gesetzgeber in der Praxis ihrer Routineentscheidungen ständig Erfahrungen mit den Schwierigkeiten bei der Verwirklichung der Richtlinien und sie informieren die internen Kreise der zielsetzenden Gewalt, zu denen auch sie gelegentlich gehören, kontinuierlich.

Es kommt also das innere Netz der Informationsrückkopplung zustande, das die Öffentlichkeit prinzipiell ausschließt. Der durchschnittliche Staatsbürger in den sozialistischen Ländern erfährt also praktisch nichts von den brennenden innenpolitischen Problemen. Der herrschende Stand verschont die Staatsbürger vor der Aufregung, die mit dem Öffentlichmachen gesellschaftlicher Konflikte, wirtschaftlicher Schwierigkeiten oder Mißerfolge, politischer Krisen oder Skandale einhergehen, und ermöglicht ihnen, im apolitischen Frohsinn ihres Alltags die Parteibeschlüsse auszuführen. Es ist unvorstellbar, daß sich die Bürger der sozialistischen Gesellschaften über Monate durch Informationen aus den Massenmedien mit einer innenpolitischen Krise beschäftigen, obwohl auch die sozialistischen Länder von solchen Krisen nicht verschont bleiben. Über Krisen erfahren die Staatsbürger erst a posteriori aus einem Schlußkommuniqué des Zentralkomitees der Partei, das über die Lösung der Krisen berichtet, doch auch hierüber in einer Formulierung, aus der die Tatsache der bewältigten Krise nicht herauszulesen ist. Hierauf lassen nur die Veränderungen in der konventionellen Betonung der Phraseologie der Richtlinien und im weiteren die wortkarge Meldung über personelle Veränderungen schließen. Tatsächlich kommen diese Krisen den lautstarken Regierungskrisen der bürgerlichen Demokratien gleich, doch kann die Öffentlichkeit keinerlei Einfluß auf den Krisenverlauf in den sozialistischen Ländern nehmen. Im Bewußtsein der Intellektuellen, die von solchen Krisen, hauptsächlich wegen der persönlichen Konsequenzen, betroffen sind, verwandeln sich Krisenerscheinungen als Auswucherung der nachträglich verbreiteten Parteiinformationen in eine Reihe von Anekdoten. Diese Konsequenzen haben existentielle Bedeutung, die sowohl von den zum herrschenden Stand gehörenden als auch von den nicht dazu gehörenden und von den vorübergehend vielleicht in eine marginale Position gedrängten Intellektuellen empfunden werden. Die einen erhalten nicht die erhoffte Ernennung zum Hauptabteilungsleiter oder werden nicht Mitglied der Akademie der Wissenschaften, die anderen müssen bei der Herausgabe des neuen Gedichtbandes auf einige Gedichte verzichten, wieder andere müssen mit einer erneuten Hausdurchsuchung rechnen oder mit der Verlängerung der Polizeiaufsicht, immer abhängig davon, ob sich das System als Lösung der Krise verhärtet oder liberalisiert.

Die Ausschaltung der öffentlichen Meinung aus dem Kontrollmechanismus bietet dem Machtapparat Schutz vor einem politischen Stimmungsumschwung. Die Einengung der politischen Öffentlichkeit auf die inneren Kreise des herrschenden Stands und die ihn als Aura umgebende Intelligenzklasse läßt die kurz andauernden Krisenwellen nicht ins öffentliche Bewußtsein dringen und drängt sie dadurch gleichzeitig auch zurück, während sie in der bürgerlichen politischen Öffentlichkeit mitunter zu apokalyptischen Visionen aufgebauscht werden, manchmal gerade zu einem Zeitpunkt, zu dem sich auch die Lösungen der für die Krise verantwortlichen wirtschaftlich-technische Probleme abzeichnen, wie das im Fall der sogenannten Energiekrise Ende 1973 geschah. Die Konzentrierung der Öffentlichkeit verleiht dem Apparat eine beeindruckende Stabilität, doch verursacht sie auch zugleich Instabilität, weil sie die Erkenntnis und Behandlung der sich aus dem Strukturwandel ergebenden lange wirkenden gesellschaftlich-ökonomischen Widersprüche erschwert. Deshalb verschärfen sich diese nicht gebührend erkannten und behandelten Konflikte und brechen in politischen Explosionen aus.
So notwendig der Einbau des vielfältigen Kontrollapparats für die Wirksamkeit des ausführenden Apparats ist, so sehr gefährdet er diesen auch, weil er selbst die risikofreudigen und initiativen Leiter in großem Maß entmutigt, ja früher oder später sogar meist aus dem ausführenden Apparat aussiebt und durch charakterlose, graue Rekordler der Vorsicht, durch Leute des Apparats von der Mentalität eines Tschinowniks ersetzt. Dieser Kontrollmechanismus verlangsamt die Entscheidungen und bringt das System an den Rand der Entscheidungsunfähigkeit, was in idiosynkratischen Situationen zu katastrophalen Folgen führen kann. Es ist ein strukturelles Paradoxon der ra-

tionalen Redistribution, daß sie die ausführenden Techno-Bürokratien über Gebühr und die kontrollierenden Partei- und Polizeibürokratien zu wenig kontrollieren kann. Deshalb werden relativ kurze liberale Reformperioden, für die die Zurückdrängung des Kontrollapparats charakteristisch ist, von relativ langen politischen Kälteperioden abgelöst, für die eine Hypertrophie des Kontrollapparats kennzeichnend ist.

cd) Der Inhalt der Diktatur des Proletariats in der rationalen Redistribution

Nach der Ideologie der kommunistischen Parteien ist der Sozialismus jenes Gesellschaftssystem, in dem die Arbeiterklasse die herrschende Klasse ist. Sozialismus heißt: Diktatur des Proletariats. Wodurch wird diese Grundthese aller kommunistischen Theorien bewiesen? In welchen empirischen Fakten läßt sich die Herrschaft der Arbeiterklasse im Sozialismus wahrnehmen? Hat die Arbeiterklasse etwa das höchste Einkommen? Nicht im entferntesten: Die Durchschnittsgehälter der Intelligenz liegen wesentlich höher als die Durchschnittsgehälter der Arbeiter, das heißt, die Schere zwischen dem Maximalverdienst, der durch intellektuelle oder körperliche Arbeit zu erreichen ist, ist ähnlich groß, wenn nicht gar größer, als in den Marktwirtschaften. Hat die Arbeiterklasse etwa größere Chancen, an aus dem Staatshaushalt subventionierte, lohnunabhängige Leistungen heranzukommen? Nein, denn die Wohnungen der Geistesarbeiter sind größer, komfortabler und befinden sich in günstiger gelegenen Stadtteilen als die der Arbeiter. Selbst bei der Verteilung der aus Staatsmitteln errichteten staatlichen Wohnungen haben die Intellektuellen wesentlich größere Chancen als die Arbeiter. Doch selbst die Niederlassung in der Stadt ist ein Klassenprivileg. Der Intellektuelle kann sich eher in den bessere infrastrukturelle Bedingungen bietenden Städten niederlassen als der Arbeiter. Der Intellektuelle kann also relativ nahe am Arbeitsplatz wohnen, während ein bedeutender Teil der Arbeiterklasse, in einigen Ländern die Hälfte, gezwungen ist, aus den schlechter versorgten Dörfern zu ihren städtischen Arbeitsplätzen zu pendeln. Die Kinder der Intelligenz lernen zu einem wesentlich höheren Prozentsatz in weiterführenden Schulen, das heißt, sie kommen bereits früher und leichter in Schulen mit besserem Ruf und vielleicht Versuchsunterricht als die Arbeiterkinder. Nur Intellektuelle und deren Angehörige haben Zugang zu Krankenhäusern und Arztpraxen, die für führende Kader in Staat und Partei reserviert sind und besonders gute Versorgung garantieren. Der Mittagstisch in Institutionen mit vorwiegend intellektueller Belegschaft ist abwechslungsreicher und besser als in den Betriebskantinen der Fabriken, der Ingenieur eines Unternehmens bekommt eher einen Platz in einem betriebseigenen oder Gewerkschaftserholungsheim als ein Dreher, und es ist sogar wahrscheinlich, daß der Ingenieur einen gefragten Ferienplatz in der Hauptsaison bekommt, während der Dreher seltener einen Urlaubsplatz kriegt, und dies vermutlich eher in der Nachsaison und in einem etwas bescheideneren Ferienheim. Die Intellektuellen können leichter ins Ausland, besonders in den Westen, reisen, und ausschließlich sie haben die Möglichkeit kostenloser, aus staatlichen Mitteln finanzierter Studienreisen; sie erhalten Stipendien im Ausland, sie kommen durch ihre Dienstreisen ins westliche Ausland und durch ihre Geistesprodukte in den Genuß von konvertiblen Devisen; infolgedessen können sie in besonderen Geschäften, in denen nur in konvertibler Währung bezahlt werden kann, Produkte einkaufen, die ansonsten auf dem Binnenmarkt nicht zu haben sind. Weiterhin können sie durch verschiedene Vergünstigungen und Sonderkredite Wochenendgrundstücke und Autos erwerben, das Statussymbol höheren osteuropäischen Lebensstandards. Schließlich besitzen sie auch die Voraussetzungen für eine nicht ganz legale und eventuell sogar strafwürdige Einkommensverbesserung. Sie können sich unter Verwendung von betriebseigenem Material und Heranziehung von Arbeitskräften aus dem Betrieb ein Haus bauen. Sie besitzen die Möglichkeit, sich bei Außenhandelsgeschäften bestechen zu lassen, sie können sich durch Wohnungszuweisungen und Vermittlung von hochbezahlten und zum Müßiggang geeigneten Arbeitsstellen Frauen kaufen. Sie lassen sich unter Ausnutzung der Schwerfälligkeit der Bürokratie für jede termingerechte Leistung eines ansonsten rechtmäßigen Auftrags auf legale Weise beschenken. Die sozialistische Mangelwirtschaft, die sich durch die überhitzte Nachfrage auf dem Produktionsmittel- und Konsumgütermarkt zeigt, macht Privatpersonen und Körperschaften bei der Erfüllung von Ansprüchen gleichermaßen von Gefälligkeiten abhängig. Diese Gefälligkeiten kosten Geld. Auf diese Weise entsteht jene Zone der halblegalen Einkommen, deren Höhe mit der gesellschaftlichen Stellung desjenigen wächst, der Gefälligkeiten erweist. Der Unterschied hinsichtlich dieser halblegalen Einkommen zwischen Intellektuellem und Arbeiter besteht also darin, daß der erstere häufig nur für eine Unterschrift oder für ein zustimmendes Gut große Summen einstreichen kann, während der letztere selbst für eine kleine Summe zusätzlich arbeiten muß; noch dazu übernimmt er mit dieser Extraarbeit auch ein ziemliches Risiko, weil diese Arbeiten leichter kontrollierbar sind. Ein

Kraftfahrer setzt für eine schwarze Fuhre seine Stelle aufs Spiel und kann dafür sogar ins Gefängnis kommen, wenn er außerhalb der Arbeitszeit zum eigenen Nutzen für ein relativ geringes Entgelt mit einem Betriebswagen einen Transport ausführt. Jedenfalls kommt er nicht darum herum, dafür zu arbeiten. Wenn jedoch ein Mitglied der Akademie der Wissenschaften, ein bekannter Ingenieur oder Volkswirt beispielsweise im Zusammenhang mit einer Streitfrage über eine größere Investition ein Fachgutachten erstellt, das die Investitionspolitik gutheißt und inhaltlich vielleicht sogar mit den maßgeblichen Stellen vorher abgesprochen ist, kann er auf völlig legale Weise zu einem sehr hohen Nebenverdienst kommen, ohne daß damit ein größererer Arbeitsaufwand verbunden wäre; manchmal ist es sogar mit der Unterschrift seines bedeutungsschweren Namenszugs getan, worin nicht mehr zu sehen ist als die Verzinsung seines ideologischen Rangs als einem sicheren Kapital. Das Risiko erstreckt sich hierbei allenfalls auf ein paar fachliche Gewissensbisse. Infolgedessen klafft die Schere zwischen dem Lebensstandard der Arbeiter und Intellektuellen wesentlich weiter auseinander als zwischen ihrem Gehalt. Wir müssen also jenen statistischen Analysen gegenüber mißtrauisch sein, in denen das Maß der Ungleichheit zwischen den Gesellschaftsschichten mit einer relativ bescheideneren Differenz der offiziellen Gehälter angegeben wird.

Wenn also die führende Rolle der Arbeiterklasse in keinem einzigen greifbaren Moment des materiellen Lebens, also des Einkommens und Lebensstandards, nachzuweisen ist, wird sie dann vielleicht durch einen nachhaltigen Einfluß bei Entscheidungsprozessen entschädigt? Bedeutet die führende Rolle der Arbeiterklasse, daß die tatsächlichen Arbeiter im Vergleich zu den Mitgliedern der anderen gesellschaftlichen Gruppen auch nur ein bißchen mehr Mitspracherecht in ihrer Fabrik bei der Entscheidung der wesentlichen ökonomischen oder, sofern auf Werksebene, der fabrikationstechnologischen Fragen haben? Tatsächlich hat der angeblich eine führende Rolle spielende Arbeiter bei den Entscheidungen seines Unternehmens – sei es nun auf höherer oder unterer Ebene – bereits ein geringeres Mitbestimmungsrecht als der Arbeiter in einem kapitalistischen Betrieb. Der Arbeiter des sozialistischen Betriebs hat keinerlei Mitspracherecht, ob sein Betrieb entwickelt oder abgebaut wird, was darin produziert wird, mit welchen Maschinen gearbeitet wird und in welcher Richtung eine technische Entwicklung erfolgt, wann sie erfolgt, ob er im Leistungs- oder im Stundenlohn arbeitet, wie seine Leistung gemessen wird und nach welcher Norm gearbeitet werden soll, wie sich das Einkommen der Arbeiter in Relation zum Unternehmensgewinn entwickeln soll, wer ihm vom Generaldirektor bis zum Werkmeister Order zu geben hat.

Die Produktionsberatungen und Betriebsversammlungen, das Forum, vor dem die Arbeiter seiner Funktion gemäß mit der Unternehmensleitung konfrontiert werden, garantieren den Arbeitern auch rechtlich nicht mehr, als daß sie sich die von der Unternehmensleitung schon im vorhinein gesiebten Informationen anhören können und ihre Bitten und Klagen vortragen dürfen. Doch da die Arbeiter gerade genug Beispiele dafür anführen können, daß derjenige, der eine sachliche Kritik vorbringt, von der Unternehmensleitung seinen Lohn bekommt: eine schlechter bezahlte Arbeit, eine ungünstigere Schichteinteilung, einen unbegründeten Entzug von Zuwendungen, niedrigere Gewinnbeteiligung, Versetzung oder gar ein Kündigungsschreiben, beanstanden sie gegebenenfalls höchstens den Schmutz in der

Umkleidekabine oder die Eintönigkeit des Betriebsessens. Nach weiteren derartigen wehklagenden Wortmeldungen und nach der patriarchalisch gnädigen Antwort der Leitung lösen sich solche Situationen öffentlicher Meinungsäußerung der Arbeiter im allgemeinen schnell auf, und die Arbeitermitbestimmung in der Unternehmenspolitik pausiert bis zur nächsten Produktionsberatung in einem halben oder in einem Jahr. Die Arbeiter können die Unternehmenspolitik als Arbeiter allein deshalb nicht mitbestimmen, weil es in keinem einzigen sozialistischen Land eine Arbeiterorganisation gibt. Nachdem die kommunistischen Parteien an die Macht gekommen waren, haben sie alle Organisationen, denen nur Arbeiter angehörten, angefangen bei den Arbeiter- und Betriebsräten über die Arbeitergewerkschaften bis hin zu Arbeitergesangvereinen, Laienspielgruppen und Sportklubs, aufgelöst oder umorganisiert. In den sozialistischen Ländern gibt es ausschließlich korporative Organisationen, in denen die Arbeiter bloß zusammen mit den Verwaltungsangestellten und der technisch-wirtschaftlichen Intelligenz ihres Unternehmens und Industriezweigs Mitglieder sein können. Generaldirektor und Hilfsarbeiter sind also Mitglied ein und derselben Unternehmensgewerkschaft. Demnach ist die Vermutung, daß der Hilfsarbeiter bei der Bestimmung der Gewerkschaftspolitik genauso viel Einfluß hat wie der Generaldirektor, ziemlich unwahrscheinlich.

Eine der grundlegenden Zielsetzungen der westeuropäischen Emanzipation der Arbeiterschaft in den letzten Jahrzehnten des vergangenen Jahrhunderts war die Schaffung der von Arbeitgebern unabhängigen Gewerkschaften, die sich die Arbeiter um die Jahrhundertwende in allen nur einigermaßen liberalen Ländern ertrotzten; ganz davon zu schweigen, daß die kulturellen und sozialen Vereine der

Arbeiter selbst während der brutalsten Herrschaft des Kapitals funktionieren durften. Die kapitalistische Klassenherrschaft erlaubte der Arbeiterklasse also, über eigene Organisationen zu verfügen, die intellektuelle Klassenherrschaft gab hierzu niemals ihre Einwilligung. Es ist beachtenswert, daß nicht einmal in den reformistischen oder in den radikalsten oppositionellen Programmen der Intelligenz die Genehmigung zur Gründung von ihr unabhängigen Arbeiterorganisationen als Zielsetzung auftaucht, obwohl die Intellektuellen um die Schaffung eigener Organisationen um so heftiger bemüht sind, angefangen beim Studentenbund bis hin zum Interessenschutzverband der vom Stalinismus verfolgten Intellektuellen.

Wir halten es allerdings nicht für Zufall, daß die Arbeiterklasse, sobald ein politischer Erdrutsch zu einem Arbeiteraufstand führte, wie in Budapest 1956 und in Danzig 1970, als erstes ihre eigenen nicht-korporativen Organisationen schuf, die Arbeiterräte. Diese Entwicklung kam für die intellektuelle Opposition genauso unerwartet und nicht weniger erschreckend als für den herrschenden Stand. Wir halten es auch nicht für Zufall, daß man nach der Niederschlagung der Revolution von 1956 die ohne Mitwirkung der Intelligenz organisierten Arbeiterräte bald auflöste, und obwohl in den retrospektiven »Weißbüchern«, in denen die offizielle ideologische Stellungnahme Ausdruck fand, nur die Rolle der führenden Persönlichkeiten der intellektuellen Opposition erörtert wird, traf der überwiegende Teil der Todesurteile außer den bewaffneten Aufständischen die Führer der Arbeiterräte, die im allgemeinen an der bewaffneten Bewegung überhaupt nicht teilgenommen hatten.

Doch mußte die Arbeiterklasse nicht einmal bewaffnet oder organisiert auf die Straße gehen, um unter den Vergeltungsmaßnahmen des herrschenden Stands wesentlich mehr zu leiden als die Intelligenz. Die Bauern waren auch in der Erduldung der Diktatur wahre Verbündete der Arbeiter. Von der Oktoberrevolution bis zum heutigen Tag waren unter den Hingerichteten, den Internierten oder in Zwangsarbeitslager Verschleppten und Eingekerkerten unendlich mehr Arbeiter und Bauern als Intellektuelle und anteilmäßig wenigstens genauso viele wie Intellektuelle. Stalins Massenverfolgungen der Intelligenz hatten noch nicht einmal begonnen, als die Bauern während der Kollektivierung bereits dezimiert wurden. Innerhalb von zwei Jahren wurden mehr Bauern vernichtet, als es insgesamt Intellektuelle in der Sowjetunion gab. Dasselbe Phänomen wiederholte sich auch in den osteuropäischen Ländern, wo ein Bauer eine mehrjährige Gefängnisstrafe bekommen konnte, wenn er in seinem Garten einen Obstbaum fällte, wenn er ohne Genehmigung ein Schwein schlachtete, wenn er beim Abgabesoll einige Dutzend Eier zu spät lieferte, wenn er einen Sack Weizen von seiner Ernte verheimlichte, damit ihm auch noch über das Abgabesoll hinaus Brotkorn oder eventuell Saatgut blieb, wo ein Arbeiter für ein offenes Wort in einer Kneipe, für einen politischen Witz, für eine laute Ablehnung der mit Nachdruck geforderten Staatsanleihe, für einen als Sabotageakt qualifizierten Betriebsunfall ins Gefängnis kommen konnte.

Doch das pathetische Erinnerungsvermögen der intellektuellen Chronisten merkte sich – vielleicht mit einer einzigen Ausnahme: Solschenizyn – selbstverständlich die Namen der verschleppten Intellektuellenfreunde, die Namen der Leuchten der Klasse und des Stands besser, die Namen jener, von denen man persönlich über die schwarze Mythologie des Gefängnis-Universums erfuhr, als die Namen der verurteilten Arbeiter und Bauern, die sich niemand merkte und die nur aus den Akten der Geheimpolizei hervorgingen. Die ehemaligen Bürger und heutigen Intellektuellen machten die westliche Welt mit diesen Geschichten bekannt, so daß wir uns nicht zu wundern brauchen, wenn das westliche Bürgertum diese letztlich abstrakten Berichte über die Verfolgung des Bürgertums und der Intelligenz als Schauerdrama der Diktatur des Proletariats qualifizierte und die linken Intellektuellen des Westens als traurige Übergriffe der Diktatur des Proletariats.

Freilich wäre das Axiom der Diktatur des Proletariats selbstverständlich gewesen. Schließlich gelangten nach der Machtergreifung der kommunistischen Parteien auf einen Schlag Zehntausende in führende Positionen des herrschenden Stands. Auch wenn es sich hier tatsächlich um Arbeiter handelte, die noch einen Tag zuvor wirklich Arbeiter waren, betraf das in Wirklichkeit bloß einen sehr geringen Teil der Arbeiterklasse. Wie gingen die Verstaatlichungen vor sich? Eines Tages zitierte man tausend Arbeiter in eine Zentrale und teilte ihnen mit, daß sie von morgen an die Direktoren von tausend größeren Unternehmen werden. Man drückte ihnen die Verstaatlichungsurkunden in die Hand, mit denen sie anderntags die Direktorenbüros besetzen mußten. Wir brauchen uns nicht zu wundern, wenn die Betriebsingenieure, die vor den neuen Direktoren, die linkisch waren und nicht einmal ihre Muttersprache richtig beherrschten, zitterten und in dieser Maßnahme tatsächlich den Beweis für die Diktatur des Proletariats erblickten. Die von einem Tag auf den anderen auf einen Ministersessel beorderten, in eine Generalsuniform gesteckten, zum Parteisekretär an einer Universität ernannten oder gar in den diplomatischen Dienst dirigierten Arbeiter trugen ihre Klassenmerkmale sehr auffällig. Sie waren im Protokoll unbewandert, unterschrieben ungelenk

mit ihrem Namen, sie beherrschten keine Fremdsprachen, kannten nicht einmal die üblichen Fremdwörter, sprachen Dialekt, kannten sich in den Regeln der Hochsprache nicht aus, bewegten sich in plebejischer Jovialität mit offenen Hemden. Ihr proletarisches Ungehobeltsein verbreitete Schrecken oder löste hinter ihrem Rücken nicht nur im Kreis westlicher Diplomaten und Geschäftspartner, sondern auch unter ihren bürgerlich-intellektuellen Angestellten Spott aus. Die Anpassungsfähigen unter den letzteren versenkten zu dieser Zeit ihre besseren Anzüge im Kleiderschrank, sagten ihrem Schlips und einem großen Teil ihrer Bildung wenigstens zum Schein Ade, verheimlichten ihre Fremdsprachenkenntnisse und versuchten sich auch im Dialekt. Diese Proletarier wider Willen hätten es nicht für möglich gehalten, daß nicht einmal ein Jahrzehnt vergehen muß, bis sie von ihren ehemaligen Arbeiterkader-Direktoren nach Hause geschickt werden, um sich umzuziehen, wenn sie es wagen, zu einer wichtigen Sitzung ohne Schlips oder im karierten Hemd zu erscheinen, und daß ihnen ihr Direktor dankbar für einen guten Rat ist, welches französische Parfüm er seiner inzwischen gegen seine Sekretärin eingetauschten Frau von der Auslandsreise mitbringen soll.
Solange also in der Namensliste des Zentralkomitees oder in der Aufstellung der Wahlkandidaten neben dem Namen des Ersten Sekretärs der Partei, der Generaldirektoren der Trusts die Bezeichnung Arbeiter oder Bauern stehen konnte, ohne daß diese Qualität, die als Herkunftsbezeichnung zweifelsohne echt war, durch die aktuelle Funktion oder den Doktortitel ad absurdum geführt wurde, bestand keine Notwendigkeit zu besonders spitzfindigen theoretischen Hilfskonstruktionen, um in der Macht dieser Partei- und Staatsführer die Existenz der Diktatur des Proletariats als bewiesen anzusehen. Nachdem allerdings die in-

tellektuelle Qualität dieser Führer offensichtlich wurde, was sich auch darin äußerte, daß die Mehrheit von ihnen in der Zwischenzeit einen Universitätsabschluß erwarb und ein beachtlicher Teil, der dazu nicht in der Lage war, aus dem herrschenden Stand ausschied, und daß sie sich das für den intellektuellen Aufgabenkreis erforderliche Fachwissen aneigneten, taten sie in ihrer tagtäglichen Praxis nichts anderes, benahmen sich und lebten nicht anders als ein Intellektueller an ihrer Stelle. Genauso wurde offensichtlich, daß in diesen führenden Arbeitsbereichen intellektuelles Fachwissen vonnöten ist, was es als zweckmäßiger und organischer erscheinen läßt, die erforderlichen Kader für die entsprechenden Positionen aus den Reihen der Jungakademiker auszuwählen. Der zahlenmäßige Anteil der Leiter, die über die Kanäle der Intra-Generations-Mobilität von Arbeitern zu Intellektuellen wurden, ging also zurück, und im Vergleich zu ihnen wuchs der Anteil derjenigen, die bestenfalls noch auf eine Herkunft aus einer Arbeiterfamilie verweisen konnten; schließlich wurde auch offenkundig, daß die neuen und die alten Intellektuellen sich nicht bloß in ihrer Lebensweise einander anpaßten, sondern in einer gleichen Situation auch die Interessengemeinschaft ihrer Zusammengehörigkeit erkannten. So wurde es der großen Mehrheit der Gesellschaft klar, auch wenn das in den soziologischen Theorien explizit nicht zum Ausdruck kam, daß die Partei- und Staatsführer ihrer Funktion nach Intellektuelle sind und daß es zum Problem wurde, wieso die Macht dieser Intellektuellen die führende Rolle der Arbeiterklasse beweist.

Unter diesen Umständen kam den apologetischen Ideologen die westliche Konzeption der »Neuen Arbeiterklasse« gelegen, an der allerdings ein kleinerer plastischer Eingriff vorgenommen werden mußte: sie sahen die moderne Erweiterung der Arbeiterklasse nicht in erster Linie in der unmittelbar mit dem Produktionsprozeß verbundenen technischen Intelligenz, sondern in den Mitgliedern der Staats- und Parteibürokratie und in den Offizieren der bewaffneten Organe, die von nun an nicht mehr aufgrund ihrer Herkunft, sondern aufgrund ihrer Funktion als Arbeiter qualifiziert werden, wenn auch nicht in der ökonomischen, sondern in der politischen Bedeutung des Begriffs. Der General, der Minister und der Parteisekretär der Stadtleitung können nun also als Arbeiter eingestuft werden, selbst wenn sie nie in ihrem Leben körperliche Arbeit verrichtet haben und nicht einmal aus Arbeiterfamilien stammen. Es bildete sich also eine unantastbare Tautologie heraus, die sowohl bar jeden heuristischen Werts als auch jeden empirischen Inhalts war: In der Diktatur des Proletariats wird die Macht prinzipiell vom Proletariat ausgeübt. Behaupten wir, daß hier die Diktatur des Proletariats herrscht, dann sind auch die Macht Ausübenden Proletarier. Sind aber die Macht Ausübenden Proletarier, dann ist es ein unbestreitbares Faktum, daß hier die Diktatur des Proletariats herrscht.

Es wäre eine billige Lösung, wenn wir, unter Hinweis auf die Leere des neuen osteuropäischen Begriffs der Arbeiterklasse, das ideologische Axiom, demzufolge der Sozialismus die Herrschaft der Arbeiterklasse verkörpert, als willkürlichen Syllogismus keiner weiteren Untersuchung für wert hielten. Um die Klassenbasis der Herrschaftsverhältnisse der rationalen Redistribution mit der notwendigen Differenziertheit zu verstehen, müssen wir Lenins Behauptung, nach der die Herrschaft der Arbeiterklasse durch den Supremat der Partei garantiert wird und die Arbeiterklasse die Macht durch die Vermittlung der eigenen Vorhut, der Kommunistischen Partei, ausübt, zum Gegenstand einer gründlichen Untersuchung machen. Hieraus folgt, daß nicht die Parteiführer zum Arbeiter erklärt werden müssen, um die Macht der Arbeiterklasse in der Partei verkörpert zu sehen. Aus diesem Grund richten sich unsere weiteren Fragen darauf, welches die wirkliche Klassenbasis der an die Macht gekommenen kommunistischen Parteien ist.

ce) Die Klassenbasis der an die Macht gekommenen Parteien

In unserer obigen funktionalen Analyse kamen wir zu dem Schluß, daß die Partei das Band ist, das die Fachbürokratien in einer einzigen Struktur zusammenfaßt, ihre Sonderinteressen kontrolliert und verhindert, daß diese zur Trennung der bürokratischen Strukturen führen. Die ununterbrochene Kontrolltätigkeit der Partei hält die zielsetzenden und ausführenden Funktionen einheitlich zusammen, hütet die Priorität der Politik über Wirtschaft und Fachverwaltung, zügelt also die technokratische Fachintelligenz, die sonst nach Ausweitung der eigenen Macht streben würde. Die Partei versucht, vor den Sonderinteressen der technokratischen Teilredistribuenten die Interessen der Gesamtredistribution zur Geltung zu bringen und zum Schutz des gesellschaftlichen Konsenses die technokratische Herrschaft auch unter Berufung auf die Interessen der Arbeiterklasse einzuschränken. Insofern ist es tatsächlich die Funktion der Partei, die Technokratie in Schach zu halten, die in keiner Weise von der strengen Parteikontrolle begeistert ist und, wenn irgend möglich, dieser sich entzieht.
Die diktatorische Kontrolle der Partei über die Fachbereiche ist eine nicht zu bezweifelnde Tatsache. Wenn auch die

Wucht dieser Diktatur zeitweise stark schwankt, so hört sie doch nie auf zu bestehen: In strengeren Jahren wird sie von der nach Sabotage schnüffelnden politischen Polizei repräsentiert, in Jahren der Entspannung von den aufgeklärten Grundorganisationen der Partei.

Inwieweit die Partei als Instrument der Diktatur des Proletariats anzusehen ist, läßt sich nur durch eine Strukturanalyse der Partei beantworten. Nach unserer Hypothese verfügt die Partei über eine dichotomische Klassenbasis: Die an die Macht gekommenen kommunistischen Parteien sind die Massenparteien der Intelligenzklasse, gleichzeitig aber auch die Kaderparteien der Arbeiterklasse. In dieser Beziehung unterscheiden sich die an die Macht gekommenen, die mit parlamentarischen Mitteln um die Herrschaft kämpfenden und die in die Illegalität gedrängten kommunistischen Parteien grundlegend voneinander. Die legalen Minderheitsparteien, so die Kommunistische Partei Frankreichs und Italiens, sind tatsächlich Massenpartei der Arbeiterklasse und Kaderpartei der Intelligenz, ganz im Gegensatz zu den an die Macht gekommenen Parteien. Die illegalen kommunistischen Parteien dagegen sind im Hinblick auf die Zusammensetzung ihrer Mitglieder intellektuelle Kaderparteien. Diese Unterschiede erklären sich am ehesten aus der gesellschaftlichen Zusammensetzung der Mitglieder und Parteifunktionäre.

cf) Intellektuelle in der Partei

Die an die Macht gekommenen kommunistischen Parteien setzen sich in ihrer Mitgliederschaft zum größeren Teil aus Intellektuellen zusammen, obwohl sie sich als Partei der Arbeiterklasse verstehen. Im allgemeinen sind die Intellektuellen unter den Parteimitgliedern anteilmäßig stärker vertreten als jede andere Gesellschaftsschicht, also auch als die Arbeiter. Innerhalb der Parteibürokratie allerdings ist der Anteil von Parteifunktionären, die aus der Arbeiterklasse oder wenigstens aus Arbeiterfamilien stammen, bereits wesentlich größer. In den sozialistischen Ländern gibt es sogar keine einzige andere intellektuelle Berufsgruppe, in der der Anteil der aus der Arbeiterklasse Stammenden so groß wäre. Mit anderen Worten, für die Arbeiter oder für die einen höheren Schulabschluß anstrebenden Arbeiterkinder erwies es sich als wichtigster Kanal der vertikalen Mobilität, wenn sie durch Aufnahme in die Parteibürokratie Intellektuelle wurden. Es besteht sogar eine große Wahrscheinlichkeit, daß ein Arbeiter, der Parteimitglied geworden ist, durch die Partei gleichzeitig auch zum Intellektuellen wird. Der Unterschied zwischen Kaderpartei und Massenpartei äußert sich nicht bloß im Unterschied von Mitgliedschaft und Bürokratie, sondern auch darin, daß die Partei für die Intelligenzklasse etwas anderes bedeutet als für die Arbeiterklasse. Die an die Macht gekommene Kommunistische Partei hat für die Intellektuellen auch eine Funktion als Bewegung. Die Grundorganisationen der Partei mit Intellektuellen-Zusammensetzung können eher als Bewegung betrachtet werden, während für die Arbeiter, denen die Aufnahme in die hauptberufliche Parteibürokratie nicht gelingt, dieser Bewegungscharakter der Partei verlorengeht und das Leben in ihren Grundorganisationen formaler und inhaltsloser ist. Ein beinahe symbolischer Beweis für unsere Behauptung kann darin gesehen werden, daß die Intellektuellen im allgemeinen wegen ideologischer Abweichungen, auf jeden Fall aber aus politischen Gründen aus der Partei ausgeschlossen werden, während den Arbeitern eher vorgeworfen wird, keine Mit-

gliedsbeiträge zu zahlen, ihr Parteibuch verloren zu haben und nicht an den Mitgliederversammlungen beziehungsweise an der »Bewegung« der Partei teilzunehmen.
Die um die parlamentarische Herrschaft legal kämpfenden Massenparteien dagegen haben eine wesentlich größere Mitgliedschaft von Arbeitern, während sich die Rolle der Intelligenz hauptsächlich auf die Parteibürokratie beschränkt. Die große Mehrheit der Intellektuellen tritt erst gar nicht in die Partei ein, wer dennoch eintritt, bleibt nicht dauerhaft Parteimitglied. In der Partei waren zwar schon beachtliche Gruppen der intellektuellen Elite vertreten, doch werden sie im allgemeinen nach einer nicht allzu langen Zeit durch die kritischen Wendungen in den Richtlinien der Partei oder durch die für theoretische Diskussionen keineswegs günstige Atmosphäre im Apparat dazu gebracht, ihre Gewissenskrisen durch Zurückgabe des Parteibuchs zu lösen. Nach der Trennung von der Arbeitermassenpartei bilden die um ihre Autonomie besorgten Intellektuellen kleine elitäre Dissidentenparteien oder aber sie sagen mit der Partei zugleich auch der linken politischen Aktivität Ade. Wer von den Intellektuellen trotz aller Reibungen nicht aus der Partei ausscheidet, wird mit großer Wahrscheinlichkeit, nachdem er sich als Berufsrevolutionär qualifiziert hat, auch in den Führungsapparat der Partei gelangen; seine politische Karriere wird durch ein Abgeordnetenmandat oder Mitgliedschaft im Zentralkomitee gekrönt, und durch die Kommunistische Partei kann er eine angesehene Persönlichkeit des öffentlichen Lebens werden. Unter den Parlamentsabgeordneten und führenden Funktionären der westlichen kommunistischen Parteien finden sich vermutlich, gemessen an der Zusammensetzung der Parteimitglieder, unverhältnismäßig viele Intellektuelle, so daß auch der Anteil der Arbeiter unter den Berufspolitikern in den

sozialdemokratischen Parteien nicht geringer ist. In überspitzter Form wurde diese Situation durch die ungarische Rätediktatur von 1919 illustriert, in deren Regierung die intellektuellen Volkskommissare aus der Kommunistischen Partei hervorgingen und die Arbeiter-Volkskommissare aus der sozialdemokratischen. Für die Arbeiterschaft aber sind die westlichen kommunistischen Parteien tatsächlich Massenparteien, teils wegen der integrierenden Rolle der Gewerkschaften, teils weil der zuverlässige Kern der Partei von Arbeiterdynastien gebildet wird, für die die Partei von Generation zu Generation nicht bloß der Organisator von Streiks und Massendemonstrationen ist, sondern auch ein Forum der Selbstbildung, Zusammenkunft und gemeinsamer Vergnügungen. Insofern bedeuten die französischen und italienischen kommunistischen Parteien für diese Arbeiter dasselbe wie Ende des vorigen und Anfang dieses Jahrhunderts die sozialistischen Parteien für das damalige Proletariat.

Wenn die illegalen kommunistischen Parteien, die als intellektuelle Kaderpartei von Berufsrevolutionären angesehen werden kann und zur tatsächlichen Arbeiterklasse nur über die Dachorganisationen der legalen Gewerkschaftsorganisationen Kontakte unterhält, an die Macht kommen, steigt ihre Mitgliederzahl sprunghaft an. Im Frühjahr 1917 hatte die russische Partei einige zehntausend Mitglieder und verfügte innerhalb kurzer Zeit bereits über eine Million. In Ungarn hatte die im Untergrund operierende Kommunistische Partei während des Zweiten Weltkriegs nicht einmal tausend Mitglieder. Fünf Jahre später aber, nachdem die Kommunistische Partei in einem Einparteiensystem herrschte, hatte sie sich ebenfalls zur Partei mit einer Mitgliederzahl in Millionenhöhe gemausert. Dieses stürmische Anwachsen der Gesamtstärke ergab sich zum großen

Teil daraus, daß sich die Intellektuellen in beiden Fällen massenhaft um den Eintritt in die Partei bemühten. Dieses Phänomen hatte zum Teil auch ideologische Gründe: Auch die nicht-kommunistische Intelligenz war eigentlich geistig offen für das Ethos der rationalen Redistribution und hatte im Handumdrehen erkannt, daß für sie in der neuen Gesellschaft ein alles andere als ungünstiges Betätigungsfeld wartete. Allerdings hatte der Ansturm auf die Partei auch profanere und existentiellere Gründe. Die Intelligenz hatte nämlich sehr schnell die Erfahrung machen können, daß ihr Arbeitsplatz nur dann gesichert war, wenn sie ein Parteibüchlein vorzuweisen hatte, und daß im weiteren ein Vorwärtskommen nur dann zu erreichen war, wenn sie sich durch die magische Kraft des Mitgliedsbüchleins tragen ließ. Die Intellektuellen hatten in dieser neuen Situation doppelten Grund, an ihrem gesellschaftlichen Status festzuhalten, zumal in der Gesellschaft sämtliche sonstige »Startmöglichkeiten« versperrt waren, die Gesellschaft der verstaatlichten Wirtschaft aber das intellektuelle Fachwissen mit einer Macht belohnte, von der Intellektuelle früher nicht einmal zu träumen wagten.

Wenn die Mitgliederzahl der Partei schnell wuchs, so wuchs ihre Bürokratie noch schneller, und nachdem sich diese Parteibürokratie an die Spitze der Gesellschaftspyramide gesetzt hatte, war sie sogleich bemüht, sich von den in die Partei drängenden Intellektuellen und noch mehr von der Gesamtheit der außerhalb der Partei steckenbleibenden Intelligenzklasse abzusondern. Es bildete sich also an der Spitze der Parteibürokratie ein herrschender Stand heraus, dessen Mitglieder zwar Intellektuelle sind, der den Intellektuellen aber nicht schon automatisch deshalb, weil sie Intellektuelle sind, Zutritt gewährt. Wir haben gesagt, die Funktion des herrschenden Stands sei es, die Macht der Gesamtredistribution über die Teilredistribuententechnokratie zu garantieren, den Primat des Telos über die Techne. Da aber die rationale Wissenschaftlichkeit bei der Rechtfertigung des Telos eine wesentlich geringere Bedeutung hat als bei der Lösung der technischen Fragen, wurde es besonders wichtig, daß der Stand, der die Welt der Ziele repräsentiert, organisiert und diszipliniert ist und daß seine Reihen durch keinen ideologischen Streit aufgelöst werden können. Auch deshalb funktioniert die obere Schicht der Parteibürokratie als Stand, deshalb genügt es nicht, über ein bestimmtes Fachwissen zu verfügen oder im allgemeinen gewisse Grundprinzipien zu akzeptieren, deshalb muß man der Gesamtheit des Stands in jeder Lebensäußerung, angefangen bei der Kleidung bis zur Gestik, ähnlich sein.

Der herrschende Stand behält sich das Entscheidungsrecht vor. Entschieden werden kann im allgemeinen nur im Besitz des Parteibuchs hinter den durch direkte Telefonleitungen miteinander verbundenen Schreibtischen der funktionalen Hierarchie. Wer ein solches Telefon besitzt, kann die ihm übertragenen Entscheidungskompetenzen relativ selbständig ausüben, er besitzt ein Monopol auf die andere betreffende Beschlußfassung. An seine Vorgesetzten muß er sich nur wenden, wenn er sich im gegebenen Fall über die Interessen des herrschenden Stands nicht im klaren ist. Das erfolgreiche Mitglied des herrschenden Stands ist dank künstlerischer Intuition in der Lage, die Akzente von anbiedernder Geschmeidigkeit und unabhängiger Entschlossenheit in jeder Geste miteinander zu verquicken. Er findet sogar heraus, wann er seinen Vorgesetzten widersprechen kann, wodurch er zwar vorübergehend ihren Unwillen auf sich zieht; doch stellt sich im Nachhinein heraus, daß auch sein Eigensinn, unter Umständen auf längere Sicht, den

Interessen des herrschenden Stands dient. Um sich hier zu orientieren, bedarf es eines besonders empfindlichen inneren Seismographen, das ständische Ethos muß ein Teil seiner selbst geworden sein; selbst mitten aus einem Traum gerissen, muß er sich richtig äußern. Mit schnellem Vorwärtskommen kann er nur rechnen, wenn sich seine Vorgesetzten seiner sicher sein, wenn sie ihre Hand für ihn ins Feuer legen können.

Die wissenschaftliche Ideologie funktioniert als Instrument mit sehr geringer Irrtumswahrscheinlichkeit, dessen Pendelausschlag nicht den heuristischen Wert, nicht den fachlichen Sinn einer ideellen oder praktischen Neuerung als erstes mißt, sondern die Nützlichkeit beziehungsweise die Gefährlichkeit für den herrschenden Stand. Sieht sich der wissenschaftliche Ideologe einer wissenschaftlichen Aussage gegenüber, so läßt er sich nicht ohne weiteres von deren Genauigkeit oder Originalität beeindrucken. Man könnte ihn sonst der Pflichtvergessenheit bezichtigen. Der wissenschaftliche Ideologe würde seine genetische, historische Rolle leugnen, wenn er nicht in erster Linie danach fragen würde, ob diese Erkenntnis in die bereits anerkannten Thesen der wissenschaftlichen Ideologie einzufügen ist, ob unter den ungefährlichen und legitimierten doktrinären Thesen hierfür ein Präzedenzfall existiert, ob die Erkenntnis unter Berücksichtigung der Interessen des herrschenden Stands möglich ist. Wie wird die öffentliche Meinung in der Partei reagieren, worunter die inoffizielle, interne Meinung der hohen Parteifunktionäre zu verstehen ist? Werden ihn seine Vorgesetzten wegen der geübten Nachsichtigkeit abkanzeln oder werden ihn jene anzeigen, die ihn aufgrund ihrer Position nicht tadeln dürfen?

Zum herrschenden Stand der Klasse kann der Intellektuelle nur gehören, wenn er das Ethos der Redistribution in allen taktischen Teilaspekten mit unbedingter Vertrauenswürdigkeit teilt. Sein Erfolg ist in diesem Fall die direkte Teilhabe an der Macht, der Aufstieg in die Hierarchie der Führungspositionen, die Bekleidung einer Schlüsselposition. Das treue Mitglied des herrschenden Stands kann die Entscheidungen nicht bloß beeinflussen, sondern er selbst besitzt auch Entscheidungsgewalt. In welchem Umfang er andere gesellschaftliche Vorteile und Privilegien genießt, hat im Vergleich hierzu sekundäre Bedeutung. Seine finanzielle Vergütung und sein Ansehen, das sich in akademischen Titeln äußert, liegen auf jeden Fall über dem Durchschnitt der Intelligenzklasse. Es ist allerdings keineswegs sicher, daß er auch die nicht an der Macht partizipierenden intellektuellen Fachexperten an Ansehen und Einkommen übertrifft. Die Mitglieder des Stands werden durch ihre größere Macht für ein etwaiges kleineres Einkommen oder geringeres Fachansehen entschädigt. Es lohnt sich für die weniger begabten und gebildeten Angehörigen der Intelligenzklasse sowie für die aus der Arbeiterklasse aufstrebenden Parteimitglieder, die für einen autonomen Intellektuellen so bedrückend strengen Verhaltensregeln der Ständeordnung auf sich zu nehmen, weil sie dadurch in einer Dimension der gesellschaftlichen Ungleichheit – in der Dimension der Macht – nicht nur konkurrenzfähig sind, sondern sogar mit an Sicherheit grenzender Wahrscheinlichkeit die Oberhand über die begabungs- und wissensmäßig Privilegierten gewinnen können.

2. Der intelligenzinterne Kampf um die Macht

In der Sowjetunion vollbrachte Stalin Anfang der zwanziger Jahre die beschwerliche Arbeit der ständischen Organisation. Parallel zur Entwicklung des Parteiapparats schuf er in seiner Eigenschaft als Generalsekretär den Kaderbestand der Partei, dessen Treue er von nun an durch die ihm gezeigte Hingabe abschätzen konnte oder zumindest abzuschätzen versuchte. Der Ausbau des Parteiapparats brachte von Anfang an das Kaderaktensystem mit sich, und es ist kein Zufall, daß die kommunistischen Systeme zuerst in allen Einzelheiten persönliche Informationen über die Mitglieder der eigenen herrschenden Partei sammelten, da diese Kadererfassung ein selektives Verfahren war, durch das weniger hingebungsvolle Parteimitglieder vor den Toren des Stands gestoppt wurden. Sobald Stalin den herrschenden Stand hinter sich glaubte, leitete er den Kampf um die Vorherrschaft des herrschenden Stands über die Intelligenzklasse und in der Folge auch über die gesamte Partei ein. Die Sicherung dieser Überlegenheit war indes keine leichte Aufgabe, schon allein deshalb nicht, weil die frühen Parteiführer die gewünschten Standesmerkmale weniger an sich hatten. Deshalb mußten sich Stalin und seine Mitarbeiter angesichts der Standeserfordernisse gegen alte Parteimitglieder wenden und gegen sie einen Feldzug zur Säuberung des herrschenden Stands einleiten. Stalin konnte nämlich nur diejenigen unter den Mitgliedern des Stands dulden, die keine Unabhängigkeit besaßen, die am ehesten ausgeliefert waren, von denen er nicht vermuten mußte, daß sie ihre eigene Linie zur Geltung bringen wollten, die auf ideologischem Gebiet zur Erneuerung nicht fähig und als Persönlichkeiten nicht markant und schillernd genug waren, um sich in Fraktionen organisieren zu können. Es ist also offensichtlich, daß sich die bedeutenden Vertreter der Intelligenz allesamt als ungeeignet erwiesen, um in den Reihen des Stands verbleiben zu können. Stalin mußte mit Trotzki abrechnen, und hiervon ausgehend, ist es beinahe selbstverständlich, daß Stalin allein schon wegen seiner persönlichen Eigenschaften zur Führung der Partei der Bolschewiki eher geeignet war als Trotzki oder auch Bucharin.

In den Jahren unmittelbar nach der Revolution richtete sich die Intelligenzfeindlichkeit noch gegen die außerhalb der Partei der Bolschewiki stehende revolutionäre Intelligenz der Menschewiki und Anarchisten; das Ziel bestand in der Schaffung einer neuen kommunistischen Intelligenz des Proletariats. Deshalb flüchtete sich die Intelligenz massenhaft hinter das Bollwerk der Partei, in der Hoffnung, dort als Intellektueller neuen Typs akzeptiert zu werden. Jetzt aber entwickelte sich der Säuberungsfeldzug gegen die Intelligenz innerhalb der von Intellektuellen überquellenden Partei, und zwar in zwei Richtungen. Zum einen mußte die Überlegenheit des Stands über die Techno-Bürokraten gesichert werden. Diesen Kampf konnte man bereits in den zwanziger Jahren auf der Bühne des politischen Geschehens beobachten, als sich die Parteibürokratie gegen die Fachelite der Staatlichen Plankommission wendete. Trotzdem war auch die Klassenmacht der Intelligenz in der sowjetischen Gesellschaft der zwanziger Jahre noch stark, wodurch die beachtenswerten intellektuellen Leistungen des Jahrzehnts – von der Volkswirtschaft bis zum Film, von den Naturwissenschaften bis zur Literatur – möglich wurden. Die umfangreichen, blutigen Säuberungen der dreißiger Jahre waren nötig, damit die Intelligenz verstand: Der Sozialismus ist nicht die direkte Klassenherrschaft der Intelligenz. Die intellektuelle Klassenmacht kann sie nur durch Vermittlung des herrschenden Stands ausüben. Je stärker allerdings der herrschende Stand gegen die techno-bürokratische Intelligenz auftrat, desto unerbittlicher wandte sich die Logik der Säuberungen auch gegen ihn selbst. Er schuf den alarmierend mächtigen Apparat der politischen Polizei, der über die ihm aufgetragenen Säuberungsaktionen hinausging und sich immer und immer wieder neue Aufgaben suchte. Hierzu trug auch der Zeitgeist bei, der dazu führte, daß sich die Mitglieder des herrschenden Stands auch gegenseitig mit finsteren Verdächtigungen maßen und gegenseitig darin überboten, wer zuerst den anderen anzeigt. Auf diese Weise begannen alsbald auch unter den Mitgliedern des herrschenden Stands die »Eierköpfe« zu fallen, und nur die »Betonköpfe« saßen sicher auf den Schultern. Innerhalb des herrschenden Stands aber gewannen die immer formaleren Kriterien der Ständeordnung an Bedeutung, die mit der Zeit auf die Dimension bedingungsloser und ohnmächtiger Ergebenheit gegen den Führer reduziert wurden. Man könnte fast sagen, daß sich auch innerhalb des Stands ein interner Kreis von Vertrauenswürdigen herausgebildet hat, der Stand des Stands, der nunmehr auch nicht vom herrschenden Stand unter Kontrolle gehalten werden konnte, nämlich die politische Polizei, die jetzt die Atmosphäre von Unsicherheit und Terror innerhalb der Partei auch auf die Gesamtheit des herrschenden Stands ausdehnte.

a) Die Entstehung des herrschenden Stands und sein Kampf um die Macht

aa) Die Entstehung des herrschenden Stands und die Charakterisierung des Ständeabsolutismus

Sowohl in der Sowjetunion als auch in den sozialistischen Ländern Osteuropas entwickelte sich in den Jahren des Stalinismus die Monopolmacht des herrschenden Stands. Mit der monopolistischen Aneignung der Macht hatte der neue herrschende Stand allerdings Konflikte innerhalb der Intelligenzklasse von vornherein in den herrschenden Stand hineingetragen, und obwohl er mit den »Säuberungen« ursprünglich das Ziel verfolgte, seine eigene Stabilität über die Monopolisierung der Macht zu garantieren, war er nicht darauf vorbereitet, daß zwischen der politischen Polizei und der Gesamtheit des Stands ein neuer Konflikt ausbrach, der wiederum zur inneren Instabilität des Stands führte. Der herrschende Stand mußte das erkennen. Diese Erkenntnis artikulierte sich erst nach Stalins Tod, in der Chrustschow-Ära, daß nämlich der herrschende Stand die Stabilität der Macht nur dadurch sichern kann, daß er mit der Intelligenzklasse einen Kompromiß schließt, auf das Machtmonopol verzichtet und sich innerhalb der geteilten Herrschaft mit der Hegemonie zufriedengibt. Durch diesen historischen Kompromiß sicherte sich der herrschende Stand tatsächlich den inzwischen stabilisierten Supremat, weil er dadurch den Konflikt des Stands innerhalb des Stands und des gesamten Stands beseitigte, den Konflikt, durch den der Stand sich sonst früher oder später selbst aufreibt, durch den die Kluft von Verrat und Treue auch in standesinternen Kreisen durch eine vollkommene Eventualität vertieft und sogar in das immer schizoi-

dere Bewußtsein der Standesmitglieder hineingetragen wird. Diesen Konflikt modelte der herrschende Stand in das System der zwischen dem Stand und der Klasse geregelten und rational kontrollierten Konflikte um.
Die Periode der monopolistischen Macht des Stands war im doppelten Sinn eine Übergangsperiode, wie sie für jeden Übergang charakteristisch ist. Einerseits hatte sie eine Funktion: als Brücke des Wandels zwischen zwei gesellschaftlichen Zuständen; andererseits aber war sie Übergang auch im Sinne des Provisoriums, das vergehen mußte, weil es aufgrund seiner Natur die Konsolidierung der von ihm geschaffenen Gesellschaftsordnung verhinderte. Gesamtgesellschaftlich gesehen hatte diese Übergangsperiode die zentrale Aufgabe, die traditionellen Organisationsformen, die hierarchischen Gliederungen und das kulturelle normative System der Gesellschaft zu zerschlagen und gesellschaftliche Strukturen auszubauen, die dem sich entfaltenden Wirtschaftssystem in der frühen rationalen Redistribution entsprachen. Sie dehnte die Warenverhältnisse auf die gesamte Arbeitskräftebasis aus, desorganisierte den familiären Arbeitsverband und minderte den naturalen Eigenverbrauch der Bauernfamilien radikal. Durch all dies entzog sie der Landwirtschaft maximalen Mehrwert und Arbeitskräfte, um die Industrialisierung voranzutreiben. Die industriellen Investitionen erhielten gegenüber dem Konsum der Bevölkerung und gegenüber den kommunalen infrastrukturellen Investitionen absolute Priorität. All das unternahm der Stand zu einem Zeitpunkt, als annähernd fünf Millionen Menschen aus den bis zum letzten ausgeplünderten Dörfern in die Städte flüchteten.
Die als Stalinismus zu bezeichnende Periode war eine gigantische Redistribution, die bewußt und systematisch die Regeln und die technokratische Ratio des organischen

industriell-wirtschaftlichen Wachstums durchbrach und zum Teil eine phantasmagorische Vision verwirklichte, die sich an der Stelle eines verwüsteten, armen Agrarlands die stärkste Militär- und Industriemacht der Welt vorstellte. Die an der Spitze des herrschenden Stands stehende Parteiführung und der die Parteiführung verkörpernde charismatische Tyrann konnten bei einer derart radikalen, jegliche organische Ruhepause vermissen lassende und wahrlich nicht als Spazierritt anzusehenden Umwälzung der wirtschaftlichen und gesellschaftlichen Strukturen der Skepsis technokratischen Sachverständnisses keinen Raum geben, die die Belastungsfähigkeit der Bevölkerung und die technische Leistungsfähigkeit und wirtschaftliche Effektivität einer sich in so rasendem Tempo entwickelnden Industrie überzubewerten nicht bereit war. Dieses Fachverständnis mußte sich der reinen Ideologie unterordnen, die von nun an das gesellschaftliche Sein total durchzog und sich inhaltlich zur bedingungslosen Hingabe an den herrschenden Stand beziehungsweise an den Führer vereinfachte. Von den Technokraten dagegen erwartete sie nicht Fachkritteleien, sondern zu allem bereiten Glauben. Die Periode der monopolistischen Herrschaft des herrschenden Stands garantierte gleichzeitig, daß die Arbeiter und immer mehr die zu Arbeitern werdenden Bauern zu dispositiven Lohnarbeitern werden, sowie, daß die Intelligenzklasse die Überlegenheit des herrschenden Stands akzeptiert.

Allerdings war diese Periode notwendigerweise auch ein Interim. Sowohl die zeitweise Massencharakter annehmende Zwangsarbeit als auch das auf administrativem Weg extrem beschränkte und um sämtliche Transaktionsgrundlagen gebrachte Lohnarbeitsverhältnis – die beiden Varianten des Industriearbeiterheers, die auch formal militärische Zwangsarbeit und die äußerlich zivile, jedoch durch die positiven Zwänge von Arbeitswettbewerben und Arbeitsverpflichtungen militärisch durchorganisierte großbetriebliche Arbeit – erwiesen sich als erschreckend uneffektiv. Doch stellte sich auch heraus, daß die Technokratie, wenn sie den Forderungen des herrschenden Stands nachkommt, ihre fachlichen Skrupel überwindet und glaubt – obwohl sie es nicht versteht –, daß der Glaube Berge versetzt und nicht die maschinellen Pferdestärken, losgelöst von ihrem Fachgewissen und um ihre Sicherheit besorgt, sowohl in der Planung als auch in der technischen Ausführung in einem Maß verschwenderisch wird, daß die effektiven technischen Ergebnisse in keiner Weise an das wirtschaftliche Wachstumstempo herankommen, das man bei einer derartigen Konsumbeschränkung und bei einer solchen Maximierung des für die Investitionen aufgewendeten Produktenüberschusses ursprünglich erwartet hatte. Das tatsächliche Ergebnis blieb sogar wegen des geringen Rückflusses des investierten Kapitals bedenklich unter dem Niveau, das auch bei einem organischeren Wachstum, das der Bevölkerung erträglichere Lebensverhältnisse gestattet hätte, zu erreichen gewesen wäre.

Unter diesen Umständen zeigten sich nicht nur innerhalb des Stands die Anzeichen von Instabilität. Auch die Bevölkerung wurde der nicht faßbaren Logik der Diktatur des Stands beziehungsweise des Führers überdrüssig. Deshalb war der herrschende Stand sogar in der Phase seiner unumschränkten Macht gezwungen, der Technokratie Zugeständnisse zu machen. Anschaulichstes Beispiel hierfür war, daß die sowjetische Parteiführung nach dem mißglückten Beginn des Zweiten Weltkriegs gezwungen war, angesehene militärische und technische Fachexperten – falls es diese überhaupt noch lebend gab – aus den Konzentrationslagern in Führungspositionen der Armee und der

Industrie zurückzuholen. Vor zirka 20 Jahren begann jener Prozeß, der zwar nicht in allen osteuropäischen Ländern im gleichen Tempo vor sich geht, jedoch überall als ein pulsierender Wechsel von Zugeständnissen und Repressionen zu beschreiben ist und in dessen Verlauf der herrschende Stand unter Verzicht auf sein Machtmonopol zu Gunsten der Intelligenzklasse und hierin in erster Linie zu Gunsten der Technokratie strukturelle Konzessionen macht. Diese Periode können wir als zweite Phase des frühen Sozialismus bezeichnen, die zur dritten Periode der rationalen Redistribution führen kann, zur realisierten Klassenmacht der Intelligenz, die wir gleichzeitig auch als entwickelten Sozialismus bezeichnen könnten.

Die bleibende Leistung der Stalinära sind der herrschende Stand und seine Institutionen. Die Ablösung der Monopolmacht durch die hegemoniale Macht berührte kaum Zusammensetzung, Auswahlmechanismus sowie die organisatorischen und institutionellen Formen des Stands. Die Säuberung des Stands von allen Intellektuellen, die aus gleich welchen persönlichen Gründen – seien es wissenschaftliche, kulturelle, technische Fachautorität, Revolutionärsprestige usw. – Anlaß zu einer autonomen Haltung hatten, war gewissermaßen die Voraussetzung zur unumschränkten Macht des Stands. Jene Intellektuellen aber, die zwar eine solche Fachautorität besaßen, sich jedoch als flexibel genug erwiesen, auch nach den Säuberungsaktionen innerhalb des Stands bleiben zu können, mußten auf ihre intellektuelle schöpferische Tätigkeit verzichten und die Apparatschikmentalität des herrschenden Stands annehmen. Das Beispiel der um ihre schöpferische Potenz und Autonomie gebrachten Intellektuellen (denen der herrschende Stand übrigens mehr Argwohn entgegenbringt als Wertschätzung, und die bereits wegen geringer Abweichun-

gen vom Stand verstoßen werden) erwies sich nicht als so anziehend, daß die begabteren Mitglieder der heranwachsenden Intellektuellengeneration sich veranlaßt sähen, Soldat des Stands zu werden, und das um so weniger, als diese Fachintelligenz die Kompromisse der Technokratie vor Augen hat und deshalb glaubt, als Ingenieur in der Forschung oder als Professor für Medizin ein sichereres und größeres Prestige und vielleicht sogar ein höheres Einkommen in der Gesellschaft beanspruchen zu können als in einer Karriere im Parteiapparat.
Es ist eine andere Frage, daß ein bedeutender Teil auch dieser Fachintelligenz in die Partei eintritt und daß sogar die Partei, wie wir früher bereits sagten, die Massenpartei gerade dieser Intelligenz ist. Doch diese Intellektuellen treten nur deshalb in die Partei ein, um ihren Aufstieg in der Fachhierarchie nicht durch ihre Parteilosigkeit zu verhindern, mit der sich so leicht politische Unzuverlässigkeit assoziieren läßt. Diese Intellektuellen treten also nicht deshalb in die Partei ein, um durch die Partei vorwärts zu kommen, sondern vor allem deshalb, um in die Positionen gelangen oder sie halten zu können, die sie aufgrund ihrer fachlichen Leistung sowieso verdienen und in einer apolitischen Laufbahn auf jeden Fall erreichen würden. Das bedeutet also: Nicht die Parteimitglieder sind privilegiert, sondern die Parteilosen sind in den intellektuellen Berufen entprivilegiert. Dies ist letztlich gleichwohl ein Privileg für die parteigebundenen Intellektuellen, die nicht die volle Konkurrenz zu spüren bekommen und sich nicht unbedingt den begabtesten Rivalen gegenübersehen. Die Begabtesten glaubten nämlich an ihre fachlichen Fähigkeiten und daran, daß sie auch ohne Parteibuch vorankommen, obwohl diese Annahme durch ihr tatsächliches Vorankommen später keineswegs restlos bewiesen wird.

Wer in die Partei eintritt, erhält Vergünstigungen. Wer nicht eintritt, muß sich anstrengen, um die Zauberkraft des Mitgliedsbüchleins durch fachliche Leistungen wettzumachen. Vertrauensstellungen Parteilosen anzuvertrauen, ist regelwidrig. Erhalten sie dennoch eine solche, mögen sie besondere Dienste geleistet haben. Es gibt Ehrenparteilose. Sie sind eigentlich geheime Parteimitglieder, die deshalb nicht auch formal in die Partei eintreten dürfen, um beweisen zu können: Auch als Parteiloser kann man es zu etwas bringen. Es gibt tatsächlich Parteilose, die auf Führungspositionen berufen werden und denen man es überläßt, ob sie eintreten oder nicht. Es ist wahrscheinlich, daß sie auch von selbst eintreten, um ihren politischen Status dem fachlichen Status anzugleichen. Erst dadurch werden sie vollwertige Leiter und kommen an vertrauliche Informationen heran, die nur für Parteimitglieder bestimmt sind. Das Parteimitglied ist Angehöriger des Adels. Wird eine Schlüsselposition frei, gibt es Persönlichkeiten, die der einhelligen Meinung der Fachwelt zufolge aufgrund ihres Wissens und ihrer Fähigkeiten zur Bekleidung dieser Position geeignet wären. Trotzdem steht ihr Name nicht einmal in jenen Kreisen zur Diskussion, in denen man den Auswahlprinzipien des herrschenden Stands nicht beipflichtet. Auch sie beziehen in ihre Überlegungen Namen ein, deren Träger wegen ihrer politischen Eignung für jede Führungsposition in Frage kommen. Erfolgreich ist die Wahl, wenn die Parteiintelligenz und die Fachintelligenz einen Komprimiß schließen, wenn sich ein Parteiintellektueller findet, der auch ein wenig fachliche Reputation genießt. Innerhalb dieses engen Kreises bildet sich dann die kleine Gruppe von doppeltverdienenden Günstlingen heraus, das schmale Segment, das dort entsteht, wo sich die beiden Kreise der Eignungen schneiden. Wer glücklicher

Besitzer dieser doppelten Schutzmarke ist, kann so selbstsicher sein wie jemand mit einer Doppelstaatsbürgerschaft. Verschärft sich die Atmosphäre und wird der ideologische Druck auf die Fachkreise stärker, streicht er seine politische Rolle heraus; zeichnet sich eine liberale Entspannung ab, retten ihn seine fachlichen Verdienste sowohl in Fachkreisen als auch bei Auslandsaufenthalten vor der herabwürdigenden Kritik, mit der diejenigen belastet werden, die sich bloß durch ihre ideologische Vertrauenswürdigkeit auszeichnen. In welche Richtung sich der Wind auch drehen mag, die Doppelstaatsbürger von Partei und Fach haben immer Rückenwind.

Nicht jedes Parteimitglied, nicht einmal jedes intellektuelle Parteimitglied ist auch Mitglied des Stands. Sicher dagegen ist, daß nicht Mitglied des Stands sein kann, wer nicht Parteimitglied und Intellektueller ist. Der Intellektuelle, der lediglich in seinem Fach eine Kapazität darstellt, den Adelsbrief der Zugehörigkeit zum Stand jedoch nicht besitzt, kann zwar Karriere machen, aber nur in einer bestimmten Laufbahn, das heißt, es gibt Positionen, auf die er von vornherein verzichten muß. Er kann beispielsweise ein mit Staatspreisen geehrter Künstler oder Wissenschaftler sein, ein hervorragender Technikexperte; er kann erreichen, daß seine Bücher in hoher Auflage und in mehreren Auflagen erscheinen; daß sich Parteiführer gern mit ihm zusammen fotografieren lassen, sich auf ihn als Erfolg ihrer Kulturpolitik berufen; daß er selbst von den Spitzen der politischen Führung empfangen wird, wenn er sich bei ihnen anmeldet; daß sie sich erkenntlich zeigen, daß sie leichten Herzens seinen Wunsch erfüllen, wenn er für seinen heiratsfähigen Sohn um eine Wohnung nachsucht; daß sie dies nur widerwillig oder überhaupt nicht tun, wenn er für einen jungen Mitarbeiter, dessen Paßantrag von der Polizei abgelehnt wurde, um einen Paß bittet. Für diese familiär-persönliche Gunstbezeigung muß er sich allerdings dankbar erweisen, und es ist wahrscheinlich, daß er sogar einen gewissen Stolz empfindet, daß auch er in dem Tauschverhältnis feudaler Gefälligkeiten, Protektionen und Gegendienste einen vornehmen Platz einnimmt, daß er als intellektueller Baron Zutritt bei Hofe hat. Die Kehrseite der Medaille ist, daß nichts von selbst geht, daß er mitunter nicht bloß um die Protektion der Politbüromitglieder bitten muß, wenn er einer Einladung ins Ausland folgen will, sondern selbst dann, wenn er in seiner neuen Wohnung ein Telefon haben oder außerhalb der Reihe ein Auto kaufen möchte. Gerade wegen der Erfüllung seiner im übrigen banalen Wünsche kann der angesehene parteilose Intellektuelle vom Erlebnis seines Begünstigtseins und seiner Bedeutung durchdrungen sein. Er bekommt nicht nur sein Telefon, sondern auch ein Gefühl der Sicherheit: *Da oben* mag man ihn, größeres Übel kann ihm nicht widerfahren, zumindest nicht in naher Zukunft. Wenn ihn aber etwa eine Woche später die politische Polizei in der angenehmsten Weise aufsucht und um Informationen über einen jungen, und wie es scheint unbedachten Freund, Studenten, Mitarbeiter bittet, er sich jedoch sträubt, in dieser Bitte um Auskunft Entgegenkommen zu zeigen und in vertraulichster Weise mitzuwirken, wird er an kleinen und sich häufenden Anzeichen merken, daß sein Optimismus übereilt war: Da oben mag man ihn doch nicht so sehr, und er kann sich auf die unerwartetsten Mißerfolge gefaßt machen, weil die *da oben* alles über ihn wissen und er in ihrer Hand ist. So weit reicht die Macht der Gefälligkeiten, andere Macht aber hat er nicht. Er kann nicht einmal daran denken, daß er etwas, das fachlich begründet und rechtlich durch das Gesetz abgesichert ist, nicht bloß bei den staatlichen Organen beantragt, sondern von diesen erwartet und fordert. Wendet er sich an seine hochgestellten Gönner mit der Bitte um Hilfe für andere, kann er manches erreichen. Es ist aber unvorstellbar, daß man ihn zum Cheflektor eines Verlags, zum Chefredakteur einer Zeitschrift, zum Leiter eines wissenschaftlichen Instituts oder eines Planungsbüros ernennt. Es würde sogar Überraschung auslösen, wenn er Institutsdirektor an einer Universität werden würde. Er kann also nicht in eine Position gelangen, die aufgrund ihres Kompetenzbereichs in politisch relevanten Alternativen von ihm Entscheidungen in selbständiger und eigener Verantwortlichkeit verlangt.

ab) Der herrschende Stand in der Stalin- und in der nachstalinistischen Ära

Es ist für jeden klar, daß die mehr als fünfzigjährige Geschichte des Sozialismus in zwei deutlich gegeneinander abgrenzbare Perioden zerfällt. In der allgemeingültigen Terminologie des politischen Journalismus (die übrigens in Ermangelung einer besseren auch von der Gesellschaftswissenschaft übernommen wird) werden diese beiden Perioden als Periode des Stalinismus und als nachstalinistische Periode bezeichnet, die auch gegenwärtig andauert. Zur Unterscheidung der beiden Perioden beruft man sich auf politische und wirtschaftspolitische Faktoren, und die Ideologie des herrschenden Stands der nachstalinistischen Periode gibt in der Selbsteinschätzung an, in den weiter unten angeführten Beziehungen den Sozialismus der Stalinära überwunden und dessen Fehler korrigiert zu haben. Die nachträglich kritisierten Merkmale der stalinistischen Periode sind folgende:

1. Die Alleinherrschaft des Generalsekretärs der Partei und der sich um ihn bildende Personenkult. Im allgemeinen die übertriebene Zentralisierung der staatlichen und politischen Bürokratie.

2. Der Primat des Polizeiapparats über den Parteiapparat und die Justiz. Die Polizei ist berechtigt, Staatsbürger auf unbestimmte Zeit zu internieren oder zu deportieren. Die Staatsanwaltschaft hat keine Kontrollgewalt über die Staatssicherheitsorgane, weshalb es diesen möglich ist, im Laufe des Untersuchungsverfahrens Staatsbürger zu foltern oder gelegentlich sogar zu ermorden. Die Staatsschutzorgane setzen die Organe der Staatsanwaltschaft und des Gerichts derart unter Druck, daß die während der nicht zu kontrollierenden Untersuchungsphase entwickelten Anklagekonzeptionen der Untersuchungsbehörde verbindliche Anweisungen für das Gericht sind, und es gibt keinen Staatsanwalt, Richter oder Rechtsanwalt, der es wagen würde, die von dem Angeklagten und den Zeugen gewaltsam erpreßten und nach einem politisch-strategischen Ziel konstruierten Geständnisse in Zweifel zu ziehen. Deshalb fühlt sich der Staatsbürger gegenüber den ineinander verfilzten Staatsorganen im allgemeinen, der Staatsschutzpolizei gegenüber im besonderen total ausgeliefert.

3. In der Wirtschaftspolitik überführt die nachstalinistische Periode den Stalinismus der Verletzung der Gesetzmäßigkeit der proportionalen Entwicklung; weiterhin zahlreicher Übertreibungen, lauter quantitativer Fehler, also der übertriebenen Ausbeutung der Landwirtschaft zu Gunsten der Industrialisierung; innerhalb der Industrie der übertriebenen Präferenz für die Schwerindustrie und die Produktionsinvestitionen; der übertriebenen Einschränkung des Konsumtionsfonds, die zeitweise das in der politischen Ökonomie des Sozialismus nachträglich für

grundlegend erklärte Gesetz der ständigen und allmählichen Steigerung des Lebensstandards verletzt hat. Sie beklagt den übertriebenen Zentralismus der Wirtschaftslenkung und insbesondere die übertriebene Beschränkung der Wirtschaftsautonomie von Unternehmen und Kooperativen. Sie kritisiert den einseitig quantitativen Aspekt in der Wirtschaftsplanung, der sich darin äußerte, daß die Plankommission die Unternehmen durch direkte, naturale und zu stark spezifizierte Planindizes direktiv leitete. Das kommt auch darin zum Ausdruck, daß Wirtschaftlichkeit, technische Entwicklung, Qualität und Auswahl der Produkte und die zur Erreichung all dessen so unentbehrliche materielle Interessiertheit nicht die notwendige Berücksichtigung findet.

4. Im kulturellen und ideologischen Bereich kommt ein dogmatischer Subjektivismus zur Geltung, die herrschende Weltanschauung wird in der stalinistischen Interpretation des Marxismus-Leninismus auf einige Dutzend Thesen vereinfacht, die konkrete Forschungen nahezu überflüssig machen oder ihnen untergeordnete Bedeutung geben und in allen wissenschaftlichen und kulturellen Fragen – von der Kosmogonie bis zur Pflanzenveredelung, von der Sprachwissenschaft bis zur politischen Ökonomie, von der Atomphysik bis zur Ästhetik – ohne Vermittlung entscheidenden Wert haben. Infolgedessen werden die philosophischen Werte des Marxismus, von denen die welthistorische Strategie des Kommunismus bestimmt wird, zu taktischen Losungen degradiert. Die wissenschaftliche und künstlerische Erkenntnis löst sich von den Tatsachen, die sie also nicht mehr als Gegenstand der Erkenntnis behandelt, sondern als willkürliche Illustration der dogmatischen Thesen.

5. Für das Leben des Staatsbürgers in der Stalinära war folgende alltägliche Episode charakteristisch: Der Leiter

der Personalabteilung rief X zu sich und fragte diesen: »Genosse, lieben Sie den Genossen Stalin?« X antwortete: »Ja, natürlich liebe ich ihn.« »Lieben Sie den Genossen Stalin auch genug?«, argwöhnte der Kaderleiter. X wurde unsicher; würde er sagen, daß er Stalin ausreichend liebte, würde ihn der Kaderleiter für selbstzufrieden halten; antwortete er dagegen, daß er Stalin nicht genügend liebte, so würde er seine politische Schwäche bezeugen. Gleich wie die Antwort ausfällt, es können ihm daraus Unannehmlichkeiten erwachsen. Dieses banale Dilemma signalisierte die totale Politisierung des Alltags des Staatsbürgers. Er hatte keine Privatsphäre und war gezwungen, ein Glaubensbekenntnis zum politischen System abzulegen. An seinem Arbeitsplatz mußte er vor Arbeitsbeginn die Parteizeitung vom Vortag diskutieren, die Arbeitszeit wurde durch politische Kurzversammlungen unterbrochen, die Wände in den Betrieben und Büros wurden von den Bildern der Führer und rhetorischen Wahlsprüchen geschmückt. Politische Massenversammlungen, auf denen die Arbeiter in gemeinsamen Briefen um Preis- und Normerhöhungen bitten mußten, waren an der Tagesordnung. In der Mittagspause oder in der Umkleidekabine mußte auf die verzwickten Fragen des Agitators die richtige Antwort gegeben werden. Er mußte an ideologischen Seminaren teilnehmen, auch am Sonntag war er im Rahmen der gesellschaftlichen Arbeit zu Arbeits- oder Agitationseinsätzen verpflichtet, Demonstrationen fernzubleiben, war unmöglich, und wenn er nicht bereit war, einen Monatslohn in Form von Staatsschuldscheinen zurückzugeben, konnte er sich den größten Unannehmlichkeiten aussetzen. Verließ er seinen Arbeitsplatz, so war das noch nicht gleichbedeutend mit dem Eintritt ins Privatleben, weil in den Hausversammlungen des Mietshauses, in dem er wohnte, noch einmal dieselben politischen Fragen besprochen wurden, die einige Stunden zuvor in den Kurzversammlungen am Arbeitsplatz diskutiert worden waren. In gesellschaftlicher Arbeit konnte er Schrott sammeln, die Wandzeitung im Treppenhaus zusammenstellen, und zusammen mit seinen Mitbewohnern durfte er unter der Fahne, ein Kampflied auf den Lippen, zur Wahl antreten. Die Übereifrigen richteten in ihrer Wohnung eine rote Ecke ein, mit Führerbildern, Stalins Werken, einer Kerze und von Girlanden umrahmt. Doch jene, die der Sicherheit halber über dem Ehebett das Porträt des Parteiführers aufgehängt hatten, unter diesem Sinnbild die intimsten Geschehnisse ihres Lebens mit der Weltgeschichte verbindend, konnten nicht einmal der Übereifrigkeit bezichtigt werden. Es gab also viele Prüfungen und gleichzeitig Fallstricke der staatsbürgerlichen Treue. Wer sich ihnen entzog, konnte sich leicht verdächtig machen und sich den nichts Gutes verheißenden Stempel politischer Unzuverlässigkeit zuziehen. Allerdings stimmt es, daß das westliche Ideal der Trennung von Privat- und öffentlichem Leben in der osteuropäischen Gesellschaft ziemlich starke Wurzeln geschlagen hat, so daß das Leben der Bewegung, abgesehen von einigen ehrenvollen Ausnahmen (wo sich beispielsweise die Eheleute gegenseitig mit Genosse anredeten und der Sohn den Vater anzeigte, der eine falsche Meinung vertrat), nicht in den Familienalltag eindringen konnte. Deshalb erreichte der Stalinismus im Kampf gegen die Privatisierung nicht einmal in seiner Blütezeit so glanzvolle Ergebnisse wie in China, wo auch der Familienverband integrierter Bestandteil des politischen Apparats wurde. Gerade deshalb errang der osteuropäische Stalinismus – obwohl auch er etwas sehr Anziehendes besaß – nie die Bewunderung der westlichen Radikalen, die für die volle Selbstentfaltung der Persönlichkeit, für die Beseitigung der Aufgabensegmentierung und überhaupt gegen die Entfremdung kämpften, wie das maoistische China.

Inwiefern hat sich die nachstalinistische Periode – im deskriptiven Sinn – gegenüber der Stalinära verändert?

1. Das Prinzip der kollektiven Leitung kommt in den höheren Parteiorganen zur Geltung. Das bedeutet, daß der Erste Sekretär der Partei die Macht mit den anderen Mitgliedern des Politbüros teilt, die Mitglieder des Politbüros wiederum die Kompetenzbereiche untereinander aufteilen, wodurch sie sinngemäß auch der Regierung eine größere Selbständigkeit geben, deren Präsident im allgemeinen zu den einflußreichsten Mitgliedern des Politbüros gehört. Der Generalsekretär und das Politbüro gestatten, daß auf den Plenarsitzungen des Zentralkomitees Sachdiskussionen geführt werden; hiermit wähnen sie die Verpflichtung, innerhalb der Partei Demokratismus zu garantieren, gewissermaßen als erfüllt. Auf viel mehr erheben übrigens die viel besprochenen leninistischen Normen des Parteilebens kaum Anspruch.

Obwohl man das Prestige des Ersten Sekretärs hoch einschätzt, wird dessen kultische Verehrung eingestellt. Infolgedessen werden den Ersten Sekretären des kommunistischen Osteuropa unserer Tage nur noch obligatorische Ehrungen zuteil, vergleichbar einem konstitutionellen paternalistischen Monarchen, also etwa Kaiser Wilhelm oder Franz Joseph, oder etwas übertrieben wie in einer autoritären bürgerlichen Demokratie, beispielsweise dem Präsidenten der Vereinigten Staaten von Amerika. In den Ämtern findet sich also hier wie dort ein Porträt des Ersten Sekretärs beziehungsweise des Herrschers oder des Präsidenten, es gehört sich, von ihnen in ehrfurchtsvollem Ton zu reden, ein mit einem Namen verbundener unflätiger Wunsch allerdings kann in den kommunistischen Ländern leicht eine Gefängnisstrafe nach sich ziehen, während so etwas in Monarchien oder Präsidialsystemen im allgemeinen keine einschneidenderen Sanktionen bedingt als die Mißbilligung durch ehrerbietige Bürger. Die Bemerkung erübrigt sich natürlich, daß sowohl der Monarch als auch der Präsident ohne jedwede Konsequenz im entsprechenden Ton kritisiert werden können, während Kritik an den Generalsekretären der Partei in keiner Weise vorstellbar ist.

Auch die kollektive Leitung stützt sich in ihren Entscheidungen mehr auf den Sachverständigenapparat und hierbei auf die kompetenten Führer der Fachbürokratien; auch im Hinblick auf die kollektive Leitung selbst erkennt sie die formalen Regeln der Staatsverwaltung als verbindlich an, die Bestrebung der Fachbürokratie, ihren Tätigkeitsbereich und ihre Kompetenzen durch in Rechtsnormen verankerte und formalisierte Vorschriften zu regeln.

2. Es ist der Parteiführung gelungen, den Polizeiapparat unter Kontrolle zu bringen und dem Justizapparat an die Seite zu stellen. Die Polizei muß während des Ermittlungsverfahrens die Gesetze einhalten. Ohne vorherige Einwilligung der Staatsanwaltschaft darf die Polizei keine Hausdurchsuchung vornehmen und niemanden verhaften. Sie besitzt keine Vollmacht, durch physische Gewalt Geständnisse zu erpressen. Beschuldigte und Zeugen sind während der Untersuchungsphase den Strafverfolgungsbehörden ebenfalls nicht total ausgeliefert, und entsprechend ihrer Rechtskenntnis und Gewandtheit können sie mit der Behörde sogar in gewissem Sinne Schach spielen. Sehen sie ihre im Verfahrensrecht garantierten Rechte verletzt, so können sie sich, auch wenn sie sich in Untersuchungshaft befinden, an die Staatsanwaltschaft wenden, von der sie einen bestimmten Schutz erwarten können.

Das Gericht genießt ziemlich große Unabhängigkeit gegenüber der Polizei, eine etwas geringere gegenüber der Parteiführung. So können die Ermittlungsakten der Polizei im Verlauf des Gerichtsverfahrens vom Staatsanwalt, Verteidiger und Richter in der Sache diskutiert und überprüft werden. Ihre Strafe verbüßen die Verurteilten bereits in den Gefängnissen des Justizministeriums, die also nicht der Hoheit des Innenministeriums unterstehen, und auch dort genießen sie, sofern sie die Gefängnisordnung einhalten, Rechtsschutz.

Durch all dies wird das Verhältnis des Staatsbürgers gegenüber den Machtorganen ein wenig rationalisiert. Er kann zwar die Polizei nicht wegen Verletzung seiner verfassungsmäßig garantierten Rechte verklagen, also zum Beispiel deshalb, weil man ihm die Ausstellung eines Passes verweigert, weil man nachweislich sein Telefon abhört, seine Briefe öffnet oder in seiner Wohnung Abhörvorrichtungen installiert, aber wenn er sich an den Buchstaben des Gesetzes hält, wird man ihn aller Wahrscheinlichkeit nach nicht ins Gefängnis sperren. Verletzt er jedoch die Gesetze, so kann er im großen und ganzen im voraus das zu erwartende Strafmaß berechnen.

Ein anderes Problem ist es, daß die Gesetze und Rechtsverordnungen, in denen die staatsbürgerlichen Freiheitsrechte verankert sind, beinahe in jedem Fall Klauseln enthalten, durch die der Anklagebehörde und den Staatsverwaltungsorganen gewissermaßen eine diskrete Gewalt zugestanden wird, um jemanden für schuldig zu erklären oder in der Ausübung seiner staatsbürgerlichen Rechte einzuschränken. So muß beispielsweise die Anklagebehörde nach ungarischem Strafrecht nicht beweisen, ob eine kritische Bemerkung oder ein Manuskript auf irgend jemand aufrührerisch gewirkt hat. Um jemand wegen staatsfeindlicher Hetze ins Gefängnis sperren zu können, reicht es nämlich aus, wenn die Anklagebehörde die betreffenden Äußerungen der staatsfeindlichen Hetze für geeignet hält. Damit verzichtete der Gesetzgeber auf das einzige objektive Kriterium, durch das er legitime Kritik von staatsfeindlicher Hetze trennen könnte. Da es vermutlich keinen einzigen Staatsbürger gibt, der nicht zeitweise spöttische Bemerkungen über wichtige staatliche Einrichtungen oder der offiziellen Ideologie widersprechende Äußerungen machen würde, haben wir es im Prinzip bloß dem guten Willen der Strafverfolgungsorgane und der Anklagebehörde zu verdanken, daß wir bisher nicht wegen staatsgefährdender Hetze ins Gefängnis gewandert sind.

Nach ungarischem Recht steht prinzipiell jedem Staatsbürger ein Reisepaß zu; die Paßverordnung allerdings ermöglicht es der Polizei, die Ausstellung eines Passes zu verweigern, und zwar lediglich mit der nicht weiter auszuführenden Begründung: »Ihre Reise ins Ausland widerspricht dem öffentlichen Interesse.« Gegen diese Begründung kann kein Rechtsmittel eingelegt werden. So gibt es also vergeblich eine Paßverordnung, die Polizei stellt sowieso nur demjenigen einen Paß aus, dem sie einen ausstellen will.

Die Verfassung garantiert den Staatsbürgern die grundlegenden Freiheitsrechte, so beispielsweise Redefreiheit, Versammlungsfreiheit, Vereinsfreiheit usw., doch auf jeden Fall mit der dehnbaren Klausel, daß die Inanspruchnahme dieser Freiheiten »den Interessen des werktätigen Volks entsprechen müsse«, wobei die Interpretation der Interessen wiederum den Behörden obliegt. So werden die Strafverfolgungsorgane durch die Verfassung ermächtigt, für einen Witz in der Kneipe oder für die Teilnahme an einer harmlosen Kundgebung oder für eine Zusammenkunft im engen Freundeskreis, um über ein politisches Reformprogramm zu beraten, mehrjährige Gefängnisstrafen zu verhängen. Diese nahezu unbeschränkte Freiheit der Behörden bei der Interpretation der verfassungsmäßigen Rechte und der damit zusammenhängenden Gesetze schreckt die Staatsbürger davon ab, ihrerseits die deklarierten Rechte als tatsächliche Rechte zu interpretieren.

Deshalb kommen relativ wenige Menschen aus politischen Gründen ins Gefängnis. Im Vergleich zu den westlichen bürgerlichen Demokratien gibt es in den osteuropäischen Staaten nicht wesentlich mehr politische Gefangene, die Brutalität der Polizei ist nicht augenfällig, und auch die Verhältnisse in den Gefängnissen sind nicht drastisch härter. Lediglich zwischen verbrieften Rechten und tatsächlichen Möglichkeiten der Staatsbürger tut sich ein ganzer Abgrund auf: die Breite dieses Abgrunds kann von der Polizei frei bestimmt werden. Die Staatsbürger besitzen keinerlei rechtliche oder politische Mittel, um diese Freiheit der Polizei einzuschränken. Gerade aus diesem Grund können diese Länder im Vergleich zu den bürgerlichen Demokratien des Westens auch weiterhin als Polizeistaaten betrachtet werden, wenn auch zweifellos als gemäßigtere.

3. Die nachstalinistische Periode garantierte der Wirtschaft eine proportionalere Entwicklung als früher, liberalisierte die Landwirtschaftspolitik, milderte die Präferenz der Schwerindustrie, wandte mehr Aufmerksamkeit auf die Entwicklung von Infrastruktur und Dienstleistungen und achtete sorgsam darauf, daß der Lebensstandard der Bevölkerung kontinuierlich, jährlich um drei bis vier Prozent, angehoben wurde. Im Verlauf der verschiedenen Reformversuche wurde die Wirtschaftslenkung stärker dezentralisiert, und die Unternehmensautonomie nahm zu.

Es wurden modernere Methoden der Wirtschaftsplanung eingeführt, die Plandirektiven wurden, auch wenn man sie nicht beseitigte, durch zum Teil indirektere, preis-, steuer- und kreditpolitische Indizes ersetzt, und Zahl und Aufgabe der verbindlichen naturalen Planungsindikatoren wurden vermindert. Infolgedessen spielte im Wirtschaftswachstum die durch technische Entwicklung erreichte Produktivitätssteigerung eine größere Rolle als früher. Die Warenversorgung des Verbrauchermarkts verbesserte sich. Es wurden effektivere und sich mehr an den Arbeitsprozessen orientierende Entlohnungssysteme eingeführt, und man unternahm sogar vorsichtige Versuche zur Einführung verschiedener Formen der Gewinnbeteiligung.

4. Als Entgegnung auf den stalinistischen Dogmatismus formulierte Georg Lukács das Programm des »schöpferischen Marxismus« in den beiden Forderungen: »Zurück zu den Tatsachen und zurück zu den Werten des Marxismus«. Die Naturwissenschaften wurden von ihren ideologischen Bindungen befreit. Es ist also jetzt unvorstellbar, daß auf einer Konferenz von Atomphysikern und Astronomen auf Wunsch der Partei per Beschluß erklärt wird, daß sich das Weltall nicht dehnt, was vor zwanzig Jahren in Osteuropa nicht nur vorstellbar war, sondern an einer Universität tatsächlich passiert ist. Obwohl in den Gesellschaftswissenschaften im allgemeinen eine ziemlich strenge ideologische Kontrolle erfolgte, wurde allerdings gleichzeitig anerkannt, daß es in der Geschichtswissenschaft und in der Anthropologie, in der Demographie und in der Soziologie, in der Sprachwissenschaft und in der Psychologie zahlreiche fachwissenschaftliche Fragen gibt, die nur empirisch zu beantworten sind. Ideologische Kontrolle findet eigentlich bloß bei Forschungsthemen oder Forschungsergebnissen statt, durch die strukturelle Grundfragen der osteuropäischen Gesellschaften berührt werden oder die gerade tagespolitische Relevanz besitzen. Die ideologischen Bezüge ha-

ben sich grundlegend gewandelt: Der Stalinismus war die vereinfachte Interpretation einiger Marx-Werke. Im Vergleich dazu bemüht sich der nachstalinistische Marxismus in Osteuropa, sich auf das gesamte Lebenswerk von Marx zu stützen. Er bietet eine sophistischere Werkinterpretation und versucht, auch die ideologischen Leistungen des nichtsowjetischen Marxismus zu integrieren, so Lukács, Gramsci und Althusser. Von hier aus führt allerdings ein verlockender und gefährlicher Weg zur Integrierung der weniger orthodoxen Autoren des westlichen Marxismus, nämlich zu Bloch und Korsch, Adorno und Habermas, Marcuse und Bettelheim, obwohl eine derartige Erweiterung der legitimen Basis des Marxismus bereits unausweichlich zu jener kritischen Schwelle geführt hat, wo erklärt werden muß: Innerhalb der grundsätzlichen Wertauswahl und Methodologie des Marxismus sind verschiedene und gleichermaßen legitime Richtungen möglich, und in der gleichen Frage sind durchaus mehrere marxistische Lösungen vorstellbar, denen nur wissenschaftliche Diskussion, und nicht irgendeine Instanz, Gerechtigkeit widerfahren lassen kann, sofern das überhaupt möglich ist. Die Führer der kommunistischen Parteien haben allerdings erkannt, daß dieser wissenschaftstheoretisch so bescheidene und für den an die internen Diskussionen des Marxismus weniger gewöhnten Leser so banale Vorschlag die führende ideologische Rolle der Partei lebensgefährlich bedroht. Sie stürzten sich deshalb mit einer nicht minder großen Empörung auf die Pluralität fordernden Ideologen des Marxismus, auf die empirischen Gesellschaftsforscher, die mit ihren Ergebnissen die grundsätzliche Gesellschafts- und Wirtschaftspolitik der Partei in Frage zu stellen schienen.

5. In der nachstalinistischen Periode tritt die Politik nicht durch die Wohnungstür der Staatsbürger; die sich durch

Klingeln Einlaß verschaffenden Agitatoren wurden durch den Fernsehschirm abgelöst. Die totale Politisierung des Alltags ist beseitigt. Der Staatsbürger hat die Unverletzlichkeit seiner Privatsphäre zurückgewonnen. In seiner Arbeitszeit muß er arbeiten und nicht politisieren, mit seiner Freizeit aber fängt er an, was ihm beliebt. Es erwachsen ihm eher Unannehmlichkeiten, wenn er privat politisiert, doch passiert ihm nichts, wenn er sich statt für Politik für Fußball, Musik, Briefmarkensammeln oder Brieftaubenzüchtung interessiert. Daß in den vergangenen Jahren vollkommen entpolitisierte Hobbyklubs, in denen der Staatsbürger sein Vereinsrecht frei ausüben kann, wie Pilze aus dem Erdboden schossen, ist hierfür ein Anzeichen. Der kollektive Sport wurde vom Familiencamping abgelöst, die Gesangvereine von den Disk-Jockey-Klubs und den Schlagerfestivals. Die Unternehmen veranstalten nicht wöchentlich politische Versammlungen, sondern lediglich die eine und andere Feier aus Anlaß eines bedeutenden Jahrestags, auf der es sich für den Festredner nicht schickt, länger als zehn Minuten zu reden; ganz davon zu schweigen, daß die Zuhörer nicht mehr zu jubelnder Zustimmung, zu Hochrufen und stürmischem Applaus verpflichtet sind. Sie dürfen sogar vor sich hindösen, es genügt, wenn sie nach Beendigung der Reden aufwachen, wenn der Unternehmenschef die Prämien verteilt. In Unterhaltungen im geselligen Kreis nimmt die Politik als Gesprächsthema einen verschwindend geringen Platz ein, es werden einige vielsagende Glossen zu einem Korruptionsskandal zum besten gegeben, sodann geht man zu den wichtigen Gesprächsthemen über, zum Wochenendhaus, zu den Reiseplänen im Sommer, zu Haushalts- und Modeproblemen, zum gestrigen Fernsehfilm und zu den Problemen des Ehebruchs. Mit anderen Worten, die Privatisierung des Lebens eines polnischen, tschechischen, ungarischen Staatsbürgers ist nicht geringer, sondern sogar größer als die eines deutschen, holländischen, französischen Bürgers. Doch während sich die letzteren ihres privaten Konsumdaseins beinahe etwas genieren, erblicken die ersteren eine hedonistische Herrlichkeit darin, wenn sie am Sonntagvormittag nicht in ihrer Eigenschaft als Agitatoren an den Bauernhäusern anklopfen müssen, sondern als frischgebackene Folkloresammler um einen alten Milchkrug als Wandschmuck für ihr Wochenendhaus; auf dem Speicher dieser Bauernhäuser machen sie nicht mehr im Auftrag der Öffentlichkeit Jagd auf versteckten Speck, sondern auf verstaubte Backtröge, wofür diese sozialistischen Privatleute, die ihre Rolle als frühere Volksaufklärer ohne jede Nostalgie abgelegt haben und ihr Selbstbewußtsein ihrem Bankguthaben verdanken, einen respektablen Preis zahlen. Es bereitet den Ideologen der nachstalinistischen Periode einiges Kopfzerbrechen, wie sie in diesem sozialistischen Privatmenschen den Revolutionär darstellen können, den neuen Menschen der neuen Gesellschaft, der sich qualitativ von allen bisherigen Persönlichkeitstypen unterscheidet. So wird der »Revolutionär des Alltags« geboren, dem jedwede extremistische oder aufrührerische Ablehnung vollkommen fremd ist, der konstruktive Revolutionär, der sich vom durchschnittlichen Mitbürger dadurch unterscheidet, daß er auf allen Gebieten seines Lebens optimal seinen Mann steht. In seiner Arbeit zeichnet er sich durch größeren Fleiß aus, in seinem Familienleben durch Mustergültigkeit, als Autofahrer durch umsichtigere Fahrweise, bei der Pflege seines Gartens durch größere Sorgfalt, er bildet sich weiter, um vorwärtszukommen, er vergißt niemals, daß er all das Gute dieser Gesellschaft zu verdanken hat, und wenn andere das vergessen, erinnert er sie daran. Wenn ein Angehöriger der

Linken Westeuropas diesen Revolutionär des Alltags etwa mit dem Vorbild eines guten Christen verwechselt, so können wir ihm versichern, daß er sich täuscht. Sollte es ihm noch nicht bekannt sein: Der osteuropäische Musterbürger stärkt eigentlich die Bastion der Familie der sozialistischen Völker, wenn er Ehebruch vermeidet oder das Gras in seinem Garten mäht. Falls unser westlicher Kollege mit dieser Erklärung nicht zufrieden ist, bleibt uns nichts weiter übrig, als über seinen Unverstand traurig zu sein.

Im vorangegangenen Vergleich der stalinistischen und nachstalinistischen Ära des osteuropäischen Sozialismus haben wir kurz zusammengefaßt, was diese Systeme von sich selbst behaupten und was die westliche Presse im allgemeinen über sie berichtet oder berichten kann. So deutlich sich auch Unterschiede abzeichnen, so verrät doch der lediglich politisch und wirtschaftspolitisch geprägte Vergleich dieser beiden Perioden nichts darüber, ob in der gesellschaftlichen Struktur des Sozialismus eine grundlegende Veränderung eingetreten ist. Oben haben wir bereits die Hypothese vorweggnommen, daß sich die beiden Perioden auch strukturell voneinander unterscheiden. Die stalinistische Periode wird durch die monopolistische Macht des herrschenden Stands charakterisiert, die nachstalinistische Periode durch die geteilte Machtausübung des herrschenden Intelligenzstands und der Intelligenzklasse, wobei allerdings die Hegemonie des herrschenden Intelligenzstands erhalten bleibt, vergleichbar der Ablösung einer absolutistischen Selbstherrschaft durch eine konstitutionelle Monarchie.

Die gesellschaftlichen Veränderungen der nachstalinistischen Periode und in diesem Zusammenhang die wirtschaftlichen Reformbestrebungen greifen trotz der ideologischen Betonung einer Steigerung des Demokratismus des

Systems die grundlegenden Strukturen nicht an, da die Redistribuentenfunktion um nichts eingeschränkt wird, sondern gerade umgekehrt: durch die Rationalisierung der Redistribution wächst die Redistribuentenmacht. Dadurch gewinnen die gesellschaftlichen Interessen, die der intellektuellen Klassenherrschaft, die sich immer homogener um die Position des Redistribuenten organisiert, einen konsistenten soziologischen Inhalt geben, an Bedeutung. Die ökonomischen oder gesellschaftlichen Reformbestrebungen, Liberalisierungen und Verhärtungen der nachstalinistischen Periode spiegeln die Interessenkonflikte in der Intelligenzklasse wider. In diesen politischen Kämpfen geht es immer darum, inwieweit die Gruppe der Intelligenz zu vergrößern ist, die redistributive Entscheidungskompetenzen erhält. Die Reformer leugnen im allgemeinen nicht die Logik der Redistribution. Sie würden lediglich innerhalb ihres elastischer formulierten Interpretationsbereichs den verschiedenen Gruppen der Intelligenzklasse teils größere Autonomie, teils größere Macht gewähren. Die umfangreiche Dezentralisierung und der sich daraus ergebende größere Spielraum für die partikularen Schichtinteressen der Intelligenz haben die Struktur des Systems nie in Frage gestellt.

Die Intellektuellen können darüber diskutieren, in welchem Umfang sie voneinander abhängig sein sollten, doch dem Wesen des intellektuellen Klassenbewußtseins zufolge ist es unter keinen Umständen vorstellbar, daß die Intellektuellen nicht von Intellektuellen abhängig sein sollten. Der Fabrikdirektor freut sich, wenn seine Autonomie gegenüber dem vorgesetzten Ministerium zunimmt, doch gäbe er lieber einen guten Teil seiner Autonomie zurück, wenn damit zugleich verbunden wäre, daß im Verhältnis zu ihm auch die Autonomie der Arbeiter zunehmen würde. In der

Gesellschaft der rationalen Redistribution muß Ordnung sein, und die Aufrechterhaltung der Ordnung ist Aufgabe der Intelligenz. So könnten wir das Ethos der Intelligenzklasse am prägnantesten zusammenfassen. Es läßt sich darüber diskutieren, um in der Logik des Systems zu bleiben, wer darüber zu befinden hat, wo Häuser gebaut werden dürfen, das Ministerium, die Plankommission oder die städtische Behörde; doch darüber, *daß es jemand geben muß, der bestimmt,* wo gebaut werden darf, kann nicht einmal Gegenstand einer Diskussion sein, ohne daß dadurch nicht gleichzeitig auch das Klassenethos verraten würde. Günstigenfalls würde die Infragestellung dieser grundsätzlichen Kompetenz als kleinbürgerliche Spontaneität qualifiziert werden, bei strengerer Beurteilung als Anarchie oder Aufruhr gegen die Macht.
Die grundsätzliche Dichotomie der Gesellschaftsstruktur also, die wir an anderer Stelle in der Diskrepanz zwischen Intelligenzklasse und Arbeiterklasse aufgezeigt haben, hat sich keineswegs geändert, sie zeichnet sich sogar noch klarer ab als in den Jahren des Stalinismus, und zwar vor allem dadurch, daß die nicht zum Stand gehörenden Mitglieder der Intelligenzklasse, von der Verfolgungsgefahr und vom Gefühl der Existenzunsicherheit befreit, leichteren Herzens und in zwangloser Freiwilligkeit sich zum kollektiven »Wir-Bewußtsein« der Herrschaft bekennen, zumal sie, wenn jetzt in der ersten Person Plural gesprochen wird, die Fehler der Vergangenheit kritisieren dürfen, deren Opfer auch sie gewesen sein mochten, und die gegenwärtige gesellschaftliche und politische Praxis, von der auch sie ein angesehener Teil sind, konstruktiv verbessern und rationalisieren dürfen. Damit kamen die osteuropäischen sozialistischen Gesellschaften ihrem eigenen Wesen näher. Die Periode der monopolistischen Herrschaft des

Stands erwies sich als ein, wie wir gesehen haben, nicht überflüssiger, dennoch aber kostspieliger Abstecher, nach dem die Intelligenz schließlich dauerhaft die gesellschaftliche Position einnahm, die sie sich in der sozialistischen Gesellschaft bereits in der Periode der Behelligung, in der Periode des Strukturwandels in kluger Voraussicht ausgewählt hatte und um die sie durch die Repression der Stalinära traumatisch und für sie auch nachträglich aus unerklärlichen Gründen vorübergehend gebracht worden war.

Die Beamtenschaft der sozialistischen Redistribution rekrutierte sich in Osteuropa aus zwei intellektuellen Gruppen. Die eine kam aus der frühen Technokratie, die in der staatsbürokratischen Kriegswirtschaft die Vorzeichen der intellektuellen Klassenmacht spürte. Die andere Gruppe war die prophetische revolutionäre Intelligenz, die unter anderem die schmale Kaderelite der kommunistischen Parteien bildete. Beide Gruppen waren gern bereit, die Schlüsselpositionen des neuen Staatsapparats und der verstaatlichten Wirtschaft zu übernehmen. Wenn auch die große Mehrheit dieser bereitwilligen Intelligenzgruppen in der Stalinära mit feindseligem Argwohn in den Hintergrund gedrängt oder ihr sogar ihr intellektueller Status genommen wurde, so lag das nicht an ihr, sondern an den monopolistischen Machtbestrebungen des sich in der Zwischenzeit formierenden herrschenden Stands.

Die Bereitschaft der osteuropäischen Intelligenz und hierbei insbesondere der Fachintelligenz zur Mitarbeit in der sozialistischen Redistribution bedeutet nicht im entferntesten, daß diese Intelligenz die Ideologie des Bolschewismus beizeiten zu ihrer eigenen Sache gemacht hätte. Der Grund für die positive Einstellung dieser Fachintelligenz zum Bolschewismus und mehr noch zur Perspektive des sozialistischen Staats liegt nicht so sehr in der politischen Ideenwelt der Intelligenz als vielmehr in ihrer gesellschaftlichen Lage. Die Intelligenz Osteuropas wurde nicht »zum Sozialisten«, weil ihre Angehörigen sich gegenseitig *Das Kapital* aus der Hand rissen und sich über die Wahrheit des Marxismus Gewißheit verschafft hatten, sondern vielmehr deshalb, weil sie aufgrund ihrer Position in der Gesellschaft über mehrere Generationen ein Ethos entwickelt hatten, das bereits direkt in die Sprache der Logik der teleologischen Redistribution übersetzbar war. Die Intelligenz bot der neuen Gesellschaftsordnung also ihre Loyalität und Dienste an, weil sie von der Möglichkeit der Rolle begeistert war, die ihr diese Gesellschaft anzubieten schien.

Die osteuropäische Intelligenz reizte die Gesellschaft der Expertokratie sowie die Möglichkeit, daß sie berufen war, in dieser Gesellschaft die Institutionen und Bedingungen der Ordnung mit Hilfe ihres intellektuellen Fachwissens auszuarbeiten. Es begeisterte sie die Möglichkeit, daß ihnen die letzten Hindernisse aus dem Weg geräumt werden, die sich bisher bei der Schaffung dieser Ordnung vor ihnen aufgetürmt hatten: die sich selbst überlebenden feudalen Privilegien oder die primitive, jedoch bereits auftretende Marktanarchie; nach Ausschaltung dieser Phänomene eröffnete sich ihnen das Zeitalter der Planungsratio. Gerade deshalb konnte die sozialistische Gesellschaft von Anfang an mit der Loyalität dieser technischen Intelligenz rechnen, die zwar nicht einmal vorzutäuschen versuchte, Anhänger der kommunistischen Lehren, Anhänger der Diktatur des Proletariats zu sein; dennoch mochte sie wohl den Eindruck haben, daß ihnen die sozialistische Redistribution in der Größenordnung mit den früheren unvergleichbare Mittel in die Hand gibt. Der Ingenieur eines kleinen Betriebs konnte zum Verwalter von Milliardeninvestitionen

aufsteigen. Der freie Architekt, der bisher Einfamilienhäuser plante, durfte Fabrikriesen und ganze Stadtteile planen. Der Volkswirt, der sich früher zwar mit einer gutbezahlten, jedoch nur geringen Einfluß gestattenden Beratertätigkeit oder bestenfalls mit einem Lehrstuhl an einer Universität hätte zufrieden geben müssen, kann jetzt als Abteilungsleiter der Plankommission über Milliarden verfügen. Der Dichter, der früher die Herausgabe seines Lyrikbands mit seinem Beamtengehalt finanzierte und gleichzeitig sein eigener Verkäufer war, durfte jetzt in die Villa eines Schokoladenfabrikanten einziehen und konnte erleben, daß seine in mehr als zehntausend Exemplaren herausgegebenen Gedichte in Hunderten von Kulturhäusern, in Betrieben und in Dörfern anläßlich revolutionärer Feiertage rezitiert werden. Der Folklorist, der Volkstanzsammler, der sich früher hätte freuen können, wenn er aus einem begeisterten Studentenkreis eine Volkstanzgruppe hätte zusammentrommeln können, kann jetzt eine Bewegung im Landesmaßstab initiieren und bringt damit selbst Zehntausende auf die Beine. Der Literat und Bibliothekar, der sich früher freuen konnte, für seine ihm lieben Bücher einige Leser zu gewinnen, kann jetzt in seiner hohen ministeriellen Stellung anordnen, daß in jedem Dorf und jedem Betrieb unter Bereitstellung hierfür vorgesehener Haushaltsmittel Bibliotheken gegründet werden, und ihm oblag die Auswahl der obligatorischen Literatur für diese Bibliotheken (zugleich konnte er auch die Bücher aus den vorhandenen Bibliotheken auf den Index setzen, und zwar solche Bücher, die seiner weltanschaulichen Wachsamkeit, doch oftmals auch nur seinem literarischen Geschmack mißfielen und dann allesamt eingestampft wurden).
Wie sich also die technische und die Wirtschaftsintelligenz zur Umverteilung des Nationaleinkommens berufen fühlte,

so die geisteswissenschaftliche Intelligenz zur sozialistischen Umverteilung der kulturellen Werte. An der Schwelle der sozialistischen Wende konnten die Intellektuellen Osteuropas hoffen, von der erniedrigenden Kontrolle der Laien, der sachunkundigen Fabrikbesitzer und Großgrundbesitzer sowie vom Dienst für diese befreit zu werden. Danach werden die faktischen Entscheidungen von jenen getroffen, die tatsächlich über den zur Entscheidung notwendigen Sachverstand verfügen. Der Glaube daran, daß das Recht zur Entscheidung nicht durch Besitz, sondern durch Wissen legitimiert werden wird, tat gut. Vom Sozialismus versprachen sie sich die Heraufkunft einer ehrlicher leistungsorientierten Gesellschaft als es die bürgerliche Gesellschaft ist. In dieser neuen Situation konnte die Intelligenz die Verwirklichung der eigenen Transzendenz begrüßen. Endlich konnte sie sich über den Dienst für die Teilinteressen erheben, der ihr von der kapitalistischen Gesellschaft als Rolle zugedacht war, endlich konnte sie den Dienst für die universalen Interessen des kollektiven Besitzers, das heißt des gesamten werktätigen Volks, ja sogar für die welthistorische Teleologie übernehmen. Wenn sich ihre Arbeit eigentlich auch nicht verändert hat, so gewann sie doch plötzlich transzendente Bedeutung: Sie wurde aus einer Erwerbstätigkeit zum Beruf veredelt.

Durch solche Phänomene läßt sich erklären, daß in diesen Ländern der sozialistischen Wende im allgemeinen nicht die Übernahme des Bodens durch die Bauern oder die Übernahme der Fabriken durch die Arbeiter vorausgingen, daß die Verstaatlichung nicht durch Streikwellen erzwungen wurden, sondern eher umgekehrt: Die kommunistischen und sonstigen linksorientierten Intellektuellen teilten den Boden unter die Bauern auf und erklärten den Arbeitern, daß die Verstaatlichung eine gute Sache wäre. An der

Schwelle der sozialistischen Wende stellt sich die Intelligenz massenhaft hinter die Kommunistische Partei. Die älteren Technokraten nahmen nach nüchterner Abwägung ihrer Interessen ihren neuen Status mit der Würde des Fachmanns ein. Die jungen Technokraten organisierten sich nach einer Radikalisierung unter charismatischen Führern in revolutionären Sturmabteilungen, wodurch sie der politischen Wende die äußeren und sichtbaren Zeichen der revolutionären Bewegung verliehen. Sie strömten in die Parteiorganisationen, und von hier aus machten sie eine Karriere im Schnellverfahren und bevölkerten die Chefzimmer der sich rapide vermehrenden Ämter; nunmehr eilten sie, ähnlich wie ihre älteren Kollegen, in schwarzen Dienstlimousinen ebenfalls von Sitzung zu Sitzung. So wurde der Schauplatz der revolutionären Gefechte mit an Zauber grenzender Geschwindigkeit von der Straße an die Verhandlungstische der Ministerien verlegt.

Diese begeisterte Intelligenz mußte die Katharsis der monopolistischen Herrschaft des herrschenden Stands durchmachen. Die Intelligenz mußte lernen, daß ein längerer und unbequemerer Weg zu ihrer Klassenmacht führt, als sie ursprünglich dachte. Der herrschende Stand, der sich in der Zwischenzeit beinahe unmerklich und ebenfalls mit erstaunlicher Geschwindigkeit organisiert hatte, verdrängte einen bedeutenden Teil der Intellektuellen von der Macht. Wer dennoch Aufnahme fand, wurde von Revolutionären oder Fachautoritäten zu Apparatschiks umprogrammiert. Den Intellektuellen, die zwar den neuen Wind der neuen Zeit verstanden, jedoch vom Machtmonopol ausgeschlossen waren, gestattete man, in untergeordneten Positionen, bei argwöhnischer politischer Kontrolle und unter fachkundiger Leitung ihr Leben zu fristen. Diejenigen aber, die irgendwie zu verstehen gaben, daß sie mit dem Machtmonopol des herrschenden Stands nicht einverstanden sind, wurden auch aus der Intelligenzklasse verstoßen, deklassiert.

Diese kaum nachvollziehbare rasche Wende brachte natürlich nicht im Schicksal eines jeden Intellektuellen ihre tragische Logik zur Geltung. Wer wohin verschlagen wurde, war in einem bedeutenden Teil der Fälle bloß das Werk eines Zusammenspiels von eventuellen und mitunter komisch absurden Faktoren. Wer aus der Partei ausgeschlossen und aus der Arbeitsstelle entlassen wurde, weil sein Großvater Hausbesitzer oder sein Halbbruder Offizier bei der amerikanischen Armee war; weil man seinen verehrten Chef als Vaterlandsverräter eingesperrt hatte; weil er wegen einer Korrespondenz mit einem französischen Freund der Spionage verdächtigt oder aufgrund einer harmlosen Äußerung von einem ambitionierten Spitzel angezeigt wurde; weil er sich über Freud, Mondrian oder Camus mit Nachsicht oder über einen gefeierten sowjetischen Roman verdrießlich geäußert hatte, konnte nichts dafür, daß man ihn aus seiner Klasse ausschloß. Ihn ereilte dieses Schicksal nicht wegen irgendeiner Kritik am herrschenden Stand, sondern lediglich deshalb, weil man von ihm aus Gründen, die völlig unabhängig von ihm waren und die er nicht beeinflussen konnte, annahm, daß er den Interessen des Stands nicht unermüdlich verpflichtet ist.

Die von der politischen Macht vertriebene Intelligenz fing an, ihre Arbeit weniger als Beruf und nun eher als Profession zu betrachten. Aus dem besessenen Dozenten der politischen Ökonomie wurde ein wissenschaftlicher Ökonometer, aus dem machthaberischen Wissenschaftsorganisator ein Physiologe, aus dem Parteisekretär der Universität ein solider Historiker. Die große Mehrheit der Intelligenzklasse sah also ein, daß sie im herrschenden Stand keinen

Platz hat, sie verzichtete auf ihre politischen Ambitionen und nahm die politische Führungsrolle des herrschenden Stands zur Kenntnis; und obwohl sie dessen Machtmonopol innerlich nicht akzeptierte und nur auf die erstbeste Gelegenheit wartete, um dieses Monopol in Frage zu stellen, lag ihr gleichwohl nichts mehr an einer Aufnahme in den Stand. Sie wollte auch nicht dessen Platz einnehmen, sondern einfach einen sinnvollen Kompromiß mit dem Stand zustande bringen, hierbei ihr in der Zwischenzeit erstarktes fachliches Gewicht in die Waagschale werfend. Ende der fünfziger und Anfang der sechziger Jahre waren auf beiden Seiten die Voraussetzungen für einen zugleich pathetischen und zynischen Ausgleich reif geworden.

b) Der Ausgleich zwischen herrschendem Stand und Technokratie

Die Stabilität der nachstalinistischen Periode basiert auf dem kompromißhaften Bündnis zwischen der Technokratie und dem herrschenden Stand. Je enger dieses Bündnis ist, desto stabiler ist das System. Als Beispiel könnten wir uns hier auf die Deutsche Demokratische Republik der sechziger Jahre oder auf die Tschechoslowakei Anfang der siebziger Jahre berufen, doch eigentlich auch auf die Sowjetunion unter Breschnew. Obwohl die Technokratie nicht sonderlich begeistert ist, daß der herrschende Stand über sie die hegemoniale Macht ausübt, kann sie allerdings dieses asymmetrische Bündnis nicht aus eigener Kraft zu ihren Gunsten verschieben. Dieser Kompromiß umfaßt eine längere geschichtliche Periode und bedeutet quasi die zweite Periode des frühen Sozialismus. Den Inhalt des Kompromisses bilden gegenseitige Zugeständnisse – in einem ungeschriebenen Vertrag ausgeführt – des herrschenden Stands und der Technokratie.

ba) Die Konzessionen des herrschenden Stands

Die Technokratie erreichte, daß der herrschende Stand seine Standesprivilegien im Lebensstandard und in den Äußerlichkeiten seiner Lebensweise aufgeben mußte. Die Technokratie schaffte es, über ähnlich hohe oder sogar noch höhere Einkommen zu verfügen als die Angehörigen des Stands. Es verschwanden die separaten Geschäfte für den herrschenden Stand, die abgeschlossenen Wohnviertel, die von bewaffneten Posten bewacht wurden und zu denen ein einfacher Staatsbürger keinen Zutritt hatte. Die Büros und Villen der Technokraten sind heute nicht weniger komfortabel eingerichtet als die der Oligarchen des herrschenden Stands. In diesem Ausgleich, der den Lebensstandard der Arbeiterklasse ausklammert, sahen Beobachter innerhalb und außerhalb Osteuropas in den sechziger Jahren ein Zeichen für zunehmende Ungleichheit. Tatsächlich hat in dieser Periode innerhalb der allgemeinen »Gleichheit« bloß die Zahl derer, die *gleicher* sind als die anderen, zugenommen. Das Leben eines führenden Technokraten ist heute angenehmer als das eines Parteimenschen. Mit seiner Wohnung und mit seinem Einkommen steht er ihm in nichts nach, sein Auto ist repräsentativer, er unternimmt öfter Auslandsreisen, genießt größere Bewegungsfreiheit, der ständische Verhaltenskodex besitzt für ihn im Privatleben keine Gültigkeit mehr, und es kann ihn in seinem Amt nicht erschüttern, wenn er sich in aller Öffentlichkeit mit seiner Geliebten zeigt.

Natürlich unterscheiden sich die Lebensweise des Stands

und die der Technokratie auch heute sehr stark voneinander. Die Angehörigen des herrschenden Stands leben weiterhin in ihrem eigenen geschlossenen Zirkel, selbst in ihren Vergnügungen pflegen sie nahezu ausschließlich untereinander Kontakte. Jene im übrigen natürliche Geste, daß ein in der Kulturpolitik verantwortliches Mitglied des Politbüros mit führenden Intellektuellen private Kontakte unterhält, daß er bei privaten Auslandsreisen sich selbst ans Steuer seines Autos setzt, daß er ohne besondere Begleitung mit seiner Frau ins Konzert oder zu einer Ausstellung geht, wird als Extravaganz empfunden. Dieses Verhalten können sich allerdings nur wenige erlauben, weil sich die Angehörigen des Stands, die zu viele Kontakte zur Intelligenzklasse unterhalten, verdächtig machen. Auf diese Weise kann sogar auch – wegen der Eifersucht ihrer Standesgenossen – ihre Machtposition erschüttert werden.

Diese Isolierung der Kontaktsphäre der politischen Führungsschicht geht mit der Konsequenz einher, daß ihre Lebensweise der ebenfalls ziemlich introvertierten Lebensweise des einstigen Dienst- und Besitzadels gleicht, einem Leben, dessen Inhalt letztlich gemeinsame Trinkgelage, geistig wenig belastende Kartenspiele, immer aufwendigere Parforce- und Kesseljagden, in anderen Leuten nicht zugänglichen Jagdhütten veranstaltete Vergnügungen und auf Staatskosten zur gegenseitigen Ehrung gegebene Bankette ausmachen. Der Stand besitzt auch weiterhin eigene Erholungsheime und Schiffe. Alle diese Einrichtungen und Beschäftigungen, durch die er sich nach außen absondert, spielen eine wichtige Rolle bei der durch ein Geflecht von informativen Verbindungen erfolgenden Integrierung in den Stand. Bei diesen ungezwungenen Treffen im geschlossenen Kreis werden wesentliche Entscheidungen getroffen, deren Diskussion auf offiziellen Sitzungen im übrigen unbequem wäre; hier reifen bedeutende Ernennungen oder Ablösungen heran, hier läßt der ranghöhere Leiter quasi nebenbei anerkennende oder spitze Bemerkungen über seine Untergebenen fallen. Diese Informationen sind wichtig, weil sie den politischen Nominalwert der Betroffenen bestimmen. Hier erhalten die ideologischen Akzente ihre Kontur, hier erfahren die rangniedrigeren Standesmitglieder, was sich empfiehlt, in ihren Reden besonders hervorzuheben. Wer den Mut hat, diesen Gelegenheiten fernzubleiben, muß ziemlich großes Selbstvertrauen haben, versäumt er doch nicht nur wichtige Informationen und verzichtet nicht nur darauf, eventuell wichtige Entscheidungen zu beeinflussen, sondern riskiert es auch, in seiner Abwesenheit Zielscheibe spitzer Bemerkungen zu werden, die ihn in Mißkredit bringen und selbst zu seinem politischen Sturz führen können.

Es sei hinzugefügt, daß auch diese überkommenen Standesmerkmale eher auf die rangniedrigeren Mitglieder des Stands zutreffen, auf die partei- und kommunalpolitischen Führer sowie deren Gefolge in der Provinz. Die Aristokraten des Stands, die Staatsführer, huldigen diesen Gewohnheiten nur auf ihren Rundreisen durch die Provinz, wobei sie manchmal nicht einmal ihren Widerwillen verbergen können. Sie versuchen sich bereits in einem neuen Verhaltensmodell: In ihrer Mehrheit orientieren sie sich an der Lebensweise der Technokratie, die sich letztlich nicht wesentlich von den Verhaltensnormen der bürgerlichen Intelligenz unterscheidet. Sie lesen lieber, als daß sie trinken, sie spielen eher Tennis, als daß sie auf die Jagd gehen, sie spielen lieber Schach als Karten. Bei offiziellen Verhandlungen brillieren sie gern dezent mit ihrer Bildung, im Namen eines gemeinsamen intellektuellen Selbstbewußtseins

äußern sie sich ironisch über die Ungehobeltheit der durchschnittlichen Standesangehörigen und lassen sich beinahe bemitleiden, daß sie mit solchen Menschen zusammenarbeiten müssen. Ihre zweifellos bestehende Machtüberlegenheit gegenüber dem nicht zum Stand gehörenden Intellektuellen spielen sie eher mißmutig herunter, als daß sie sie unterstreichen würden, und in der Berührung mit der freieren intellektuellen Lebensweise schlagen sie nicht den Ton der verurteilenden moralischen Überlegenheit an, sondern lieber den des nostalgischen Selbstmitleids.
Die Technokratie konnte sich allerdings nicht damit zufrieden geben, daß sich ihre materielle und gesellschaftliche Anerkennung erhöht hat: Die Technokratie war in der Lage, über das Leistungsprinzip und den Sachverstand als dem Legitimationsprinzip der Macht Rechenschaft zu fordern und das Machtmonopol des herrschenden Stands in Frage zu stellen. Sie kann es sich also nicht leisten, die Anerkennung des Sachverstands und der Leistung bloß sich selbst vorzubehalten. Vielmehr ist sie gezwungen, ob sie nun will oder nicht, wenigstens in dieser Beziehung die Interessenvertretung der gesamten Intelligenzklasse zu übernehmen. Auch ein Technokrat kann sich nicht in Sicherheit wähnen, solange die hervorragenden Vertreter aus Wissenschaft und Kunst im Gefängnis sitzen oder ihren Lebensunterhalt durch niedriges Roboten verdienen, wodurch ihre schöpferische Arbeit stagniert. Die Technokratie wird dem herrschenden Stand also erst wirklich vertrauen und ihre elementaren Forderungen erst dann als erfüllt ansehen, wenn dieser die in der Periode seiner eigenen monopolistischen Herrschaft deklassierten Intellektuellen wieder in die Intelligenzklasse aufnimmt, wenn er sie sogar bei neuen Konflikten nicht einsperrt und ihnen gestattet, von einer intellektuellen Tätigkeit zu leben, wenn also der

Stand seine nicht-technokratischen Kritiker nur an die Peripherie der Klasse drängt und sie nicht verstößt. Um durchsetzen zu können, daß die mit dem Stand in Konflikt geratenen Kritiker nicht in eine schlechtere Lage geraten können als in die eines Daseins als marginale Intelligenz, verschafft die Technokratie der rationalen Natur der Strafe Geltung. Die Technokratie ist nur bereit, Marginalität als eine Art vorübergehender Quarantäne zu akzeptieren, aus der die vorübergehend hinter dem Vorhang des Schweigens Verschwundenen nach einer für eine künstlerische Laufbahn nicht allzu langen Pause – vielleicht nach vier bis fünf Jahren – ohne dramatische Sühne, wenn auch nach Signalisierung der Bereitschaft zur Loyalität, wieder zurück und quasi unbehelligt ihren Weg fortsetzen und ihren Platz in der Hierarchie intellektuellen Ansehens abhängig von ihrer Leistung einnehmen können.

Die Technokratie ist nicht nur als Wortführer der Interessen der gesamten Intelligenzklasse und nicht nur zum Zweck der Konsolidierung ihres neuen Status gegenüber dem herrschenden Stand daran interessiert, den Ausschluß der progressiven Künstler, Wissenschaftler und Ideologen aus der Intelligenzklasse zu verhindern, also derjenigen, die leicht aufs Glatteis der Marginalität geraten. Ohne den ungestörten geistigen Austausch mit ihnen könnte die Technokratie nicht einmal die zu ihrem Status gehörenden elementaren Funktionen wahrnehmen, sie könnte sich überhaupt nicht als Intellektuelle fühlen. Zum einen sucht die Technokratie in diesen Intellektuellen ihre eigenen potentiellen Ideologen, die Interpretatoren und Konzipienten ihrer Situation, die Stimulatoren ihrer Selbsterkenntnis. Sie erhebt Anspruch auf Ideen, Konzeptionen und selbst auf Kritik im Zusammenhang mit Strukturreformen, die auch die eigene Position stärken. Zum anderen sind die Technokraten in ihrer Freizeit ohne jede nähere Bestimmung Intellektuelle; sie kaufen sofort nach Erscheinen die von der offiziellen Kritik verrissenen, jedoch von der latenten literarischen öffentlichen Meinung für wichtig erachteten Bücher; als ständige Konzertbesucher sind sie gleichermaßen an klassischer und avantgardistischer Musik interessiert; in ihren Klubs veranstalten sie Ausstellungen von offiziell unliebsamen avantgardistischen bildenden Künstlern; experimentellen Theatergruppen geben sie Auftrittsmöglichkeiten, nicht zuletzt deshalb, weil sie oft auch selbst Hobbykünstler, -ethnologen, -archäologen und -philosophen sind; sie halten es also für naturwidrig, wenn gerade solche innovativen Künstler, die für sie am interessantesten sind, nicht künstlerisch tätig sein können.

bb) Die Bindungen der Technokratie an den herrschenden Stand

Die Technokratie trennt vieles vom herrschenden Stand, doch vieles verbindet sie auch mit ihm, vor allem die Furcht. In der Periode des Stalinismus hat sie gelernt, daß ihr nichts passiert, wenn sie die Direktiven der Parteileitung diszipliniert durchführt, daß es aber keinesfalls günstig ist, wenn sie anfängt, den Sinn dieser Ziele abzuwägen. Die Technokratie hat gelernt, nicht nach Autonomie zu streben, den Sinn von Politik nicht überprüfen zu wollen und die Autorität der politisch Vorgesetzten nicht zu diskutieren. In der Bereitschaft der Technokratie, sich der Politokratie unterzuordnen, spielte auch die osteuropäische Tradition eine Rolle, da es in keinem einzigen ost- und mittelosteuropäischen Reich – weder im Zarismus noch im Hohenzollernreich noch in der österreichisch-ungarischen Monarchie – Mode war, daß die zentralen Anordnungen von den staatlichen Fachbürokraten überprüft wurden. Zur Einübung in den Untertanengeist war das Osteuropa des letzten Jahrhunderts für die Fachintelligenz keine schlechte Schule.

Nachdem Wirtschaft und Politik im System des überall eindringenden staatlichen Interventionismus einmal integriert sind, ist die unter dem Deckmantel der Sachlichkeit erfolgende behördliche Lenkung dieser beiden Sphären für die spezielle Mentalität der Technokratie, die auch innerhalb der Intelligenzklasse einen besonderen Platz einnimmt, keine Beleidigung. Als Gegenleistung für dem herrschenden Stand erwiesenen Gehorsam erhält auch die Tätigkeit der Technokratie autoritatives Gewicht. Sie hat Anteil an der Macht der Unanfechtbarkeit der behördlich-administrativen Lenkung. Deshalb dürfen wir uns nicht wundern, daß die geisteswissenschaftliche und künstlerische Intelligenz wegen ihrer Neigungen zu Anarchie, Disziplinlosigkeit, Skepsis und Kritizismus nicht die ungeteilte Sympathie der gesamten Technokratie genoß. Die Generaldirektoren und Chefingenieure der Großunternehmen, die Planer, die in der ersten Periode des Sozialismus im Auftrag des herrschenden Stands und unter Berücksichtigung der auf Sachverständnis beruhenden Ordnung als fachliche Sachwalter der politischen Macht über riesige Geldsummen und eine große Anzahl von Menschen verfügen konnten, paßten sich dem administrativ-diktatorischen Apparat der Redistribution mit beachtlicher Bereitschaft an, auch wenn sie dessen politischen Inhalt neutral in Parenthese setzten. Der Plan ist ein Gesetz, das nicht zu diskutieren, sondern durchzuführen ist, so lautet das allgemein bekannte Dogma der stalinistischen Ära. Zweifellos trug es zum erhöhten Gehorsam der Technokratie bei, daß auch sie Nutznießer dieses Dogmas war. Für den Technokraten, der in der Periode des Stalinismus sein Profil erhalten und die Apparatschikmentalität übernommen hat, ist es keineswegs einfach, in der Periode des Ausgleichs, der Konsolidierung seine Autonomie zu entfalten; noch schwerer wird es ihm, die Autonomiebestrebungen seiner Untergebenen zu tolerieren. Die Relativierung der Unfehlbarkeit der Befehls-Autorität verlangt von vielen Technokraten ein krisenhaftes geistiges Umdenken, in dessen Verlauf sie ihr gesamtes traditionelles Wertsystem verändern müssen. Hierzu war oder wäre die Mitarbeit der Ideologen der Intelligenzklasse unbedingt erforderlich gewesen. Wo die Ideologen die Durchführung dieser Aufgabe übernahmen, wurde auch die Technokratie pluralistisch und begann, an der Autonomie Gefallen zu finden. Zugleich begann die Technokratie, sich an ihrem neuen Verbündeten zu orientieren, der in Osteuropa unter der traditionellen Sammelbezeichnung »revisionistische Intelligenz« bekannt ist. In den Ländern, in denen die Entstehung der revisionistischen Intelligenz verhindert werden konnte, in denen sowohl auf dem Gebiet der Gesellschaftswissenschaften als auch auf dem der Kunst das unmittelbare administrative Monopol der Parteikontrolle aufrechterhalten werden konnte und wo es gelang, die gegen den herrschenden Stand opponierenden Ideologen oder Künstler zu isolieren oder sogar zu deklassieren, blieb das Gros der Technokratie gehorsames Instrument des herrschenden Stands und wurde für ihre untergeordnete Rolle höchstens durch höhere materielle Belohnung entschädigt.

Die Technokratie ist mit dem herrschenden Stand auch durch die Monopole verbunden, die der Stand seinen Technokraten-Günstlingen zukommen läßt. Der Leiter eines

Bauunternehmens fühlt sich keineswegs schlecht behandelt, wenn man seinem Unternehmen auf dem Gebiet einer kommunalen Einheit das unbeschränkte Monopol garantiert, wie auch die Fachexperten eines Produktionsunternehmens sich durchaus nicht beleidigt fühlen, wenn sie mit Hilfe der nicht zurückzuerstattenden staatlichen Subventionen ihr Unternehmenskapital und durch die so entstehenden neuen Arbeitsplätze den ihnen unterstehenden Personalbestand vervielfachen können, wenn sie also an den Haushaltsmitteln nicht entsprechend ihrer wirtschaftlichen Effektivität partizipieren, sondern aufgrund ihrer politischen und persönlichen Beziehungen. So entstehen zahlreiche anscheinend moderne Fabrikgiganten, in denen der Besucher von der Modernität der gesamten Einrichtung, angefangen bei den vollautomatisierten Maschinensystemen bis hin zu den Duschräumen, geblendet wird, wo bei einer Betriebsbesichtigung über Politik nicht gesprochen wird, sondern nur technische Zaubersprüche die Runde machen, und man ausweichende Antworten erst dann erhält, wenn man nach dem Gewinn der Produkte dieser Kathedrale der Technik auf dem Weltmarkt fragt.
Übrigens waren an der Herausbildung dieser quasi als feudaler unveräußerlicher Familienbesitz verteilten Monopole nicht ausschließlich die begünstigten Technokraten interessiert, sondern auch die sonst weniger konkurrenzfähige, wir könnten auch sagen: weniger begabte Intelligenz aus dem Bereich von Ideologie, Kunst und Wissenschaft. Für einen phantasielosen Forscher ist es nicht von Nachteil, wenn ein wissenschaftliches Thema nur in seinem Institut erforscht werden darf. Für einen unbegabten Intendanten ist es auch kein Unglück, wenn ihn die staatliche Subvention vor dem Bankrott rettet und die ihm Konkurrenz machende Studentenbühne verboten wird. Doch selbst jener

humorlose Humorist, der allein bevollmächtigt ist, im Fernsehen von den Regierungsorganen sorgfältig geprüfte politische Witze zum besten zu geben, wird über die Monopole keine humorvollen Späße machen. Der herrschende Stand baut also mit Hilfe der Verteilung von Monopolen und Subventionen die Fünfte Kolonne der Dummköpfe vor allem in die Technokratie ein, doch durch sie auch in die gesamte Intelligenzklasse.

Der Definition des Monopols zufolge hat dieses nicht bloß Begünstigte, sondern auch Benachteiligte, im gegenwärtigen Fall häufig jene Technokraten, die wegen ihrer größeren Klugheit zugleich auch konkurrenzfähiger sind, die also nicht um Subventionen antichambrieren und damit großtun, wieviel staatliche Unterstützung sie lockermachen können, sondern die darauf stolz sind, wieviel Profit sie machen können. So kann das Interesse der um die Monopole miteinander konkurrierenden einzelnen Technokraten in Gegensatz zu den Interessen der Gesamttechnokratie geraten. Der herrschende Stand aber kann, indem er die Technokratie durch die Almosen der Monopole teilt, einen bedeutenden Teil seiner Rivalen gegenüber der eigenen Hegemonie wehrlos machen.

Als Gegenleistung für die Vergünstigungen akzeptiert die technokratische Intelligenz nicht bloß die für sie, sondern für die gesamte Intelligenzklasse vom herrschenden Stand festgelegten Schranken. Welches sind diese Schranken? Der herrschende Stand läßt es nicht zu, daß die vom Standpunkt der politischen Struktur relevanten Fragen beziehungsweise die in Verbindung damit institutionalisierten Dogmen Gegenstand von Diskussionen werden. Als Beispiel seien folgende Thesen angeführt: »Der Sozialismus ist moralisch gerechter und wirtschaftlich effektiver als der Kapitalismus.« »Für den Sozialismus gibt es keine verschiedenen Wege oder Modelle, das sowjetische Modell besitzt allgemeine Gültigkeit, doch muß es unter Berücksichtigung der nationalen Eigenheiten angewendet werden.« »Unter den sozialistischen Ländern kommt der Sowjetunion die führende Rolle zu.« »Die Arbeiterklasse ist die führende Klasse der sozialistischen Gesellschaft.« »Die führende Kraft der sozialistischen Gesellschaft ist die Partei der Arbeiterklasse, die Kommunistische Partei.« »Das Leitprinzip der Parteiideologie und das Leitprinzip beim Aufbau des Sozialismus ist der Marxismus-Leninismus, dessen Lehre einheitlich und unteilbar ist, unterschiedliche Strömungen in ihm sind nicht möglich.« »Jede These der Parteiideologie, jede These des Marxismus-Leninismus war und bleibt wahr. Die auf empirischen Erkenntnissen basierende Kritik an ihm, seine historische Relativierung oder die Annahme einer inneren Inkonsistenz zwischen den Thesen ist Revisionismus, gegen den mit allen Mitteln gekämpft werden muß.«

Die osteuropäische Technokratie neigt dazu, diese Dogmen als eine Art von heiligen Kühen anzusehen. Diese Dogmen werden als unbequeme Mauern akzeptiert, über die nicht diskutiert werden darf. Die Mentalität der Technokratie gegenüber den Tabus kam auch in dem ungarischen Film *Mauern (Falak)* zum Ausdruck, der bereits im Titel als Träger einer Ideologie fungierte, derzufolge man sich nicht bemühen muß, diese Mauern zu durchbrechen, sondern lediglich um die Erweiterung des durch sie vorgeschriebenen Betätigungsfelds. Hierauf reimt sich die stereotype innere Rechtfertigung zur Kompromißbereitschaft der osteuropäischen Intelligenz: »Auch um den Preis von Kompromissen muß ich an der Macht teilhaben, weil andere, die an meine Stelle kommen, viel früher vor der Mauer haltmachen würden. Ich gehe bis an die Mauer heran, auch wenn ich mir meinen Kopf daran nicht einschlage.« Der Ausgleich zwischen dem herrschenden Stand und der Technokratie wird so zur erhabenen ethischen Verpflichtung geadelt, wodurch der tatsächliche Inhalt des Kompromisses verschleiert wird. In den Nebelschwaden der Selbstrechtfertigungen und des Pathos wird immanente Analyse unmöglich, und an ihre Stelle tritt die Moralisierung, eine intellektuelle Atmosphäre also, durch die die Ausbreitung dieser Dogmen geradezu begünstigt wird.

In den liberalen Perioden sind die Dogmen tatsächlich heilige Kühe, denen man nichts zuleide tun soll, die aber auch kein Wasser trüben. In dieser Zeit schweben die sanktionierten, doch ziemlich abstrakten Thesen hoch über der tatsächlichen wissenschaftlichen und künstlerischen Tätigkeit sowie über der wirtschaftlichen Praxis. Obwohl sie unverletzlich sind, können sie in jeder konkreten empirischen Frage umgangen werden. In dieser Zeit wuchern revisionistische Gedanken, reifen Wirtschaftsreformen heran und erstarkt der Mut der Technokratie, gegen den herrschenden Stand zu opponieren. Spürt der herrschende Stand allerdings die Abnahme seiner Macht, leitet er eine Gegenoffensive ein, in der er gezwungen ist, die zu bloßer Abstraktion abgemagerten Dogmen zu spezifizieren, zu differenzieren und zu konkretisieren. Dadurch lebt notwendigerweise der Geist der Zeit wieder auf, in der jede Fachfrage aus diesen Dogmen herzuleiten war. In dieser Situation ist die Technokratie gezwungen, zum Rückzug zu blasen, sie muß von ihrer Bereitschaft zur Rationalisierung Abstand nehmen und sich zur Rechtfertigung ihrer fachlichen Bestrebungen immer häufiger auf ideologische Thesen berufen. Die immanente Wissenschaftlichkeit ist zur Aufgabe zahlreicher Positionen gezwungen. Gestern noch legitime Gedanken und Theorien, ja sogar wissenschaftliche termini technici müssen zurückgenommen werden. Namhafte Wissenschaftler geben im Interesse ihrer Stellung selbstkritische Erklärungen ab oder vertiefen sich in die Erforschung von Teilproblemen. Die gesamte Intelligenz verfolgt mit Sorge, daß sich die wieder aufgepäppelten Dogmen in den Kolumnen der Zeitschriften und im Themenkreis der Konferenzen breitmachen und daß sich die empirischen Wissenschaften wieder mit der Dienerinnenrolle der Lehre bescheiden muß. Die Freidenker ziehen wieder ihre intellektuelle Uniform an und lauern unter dem verbalen Tarngewand darauf, daß dem herrschenden Stand mit seiner ideologischen Offensive der Atem ausgeht und eine neue Tauwetterperiode anbricht. Diese Wellenbewegung in der zweiten Periode des Sozialismus ist die genaue Widerspiegelung des Kräftespiels der kompromißhaften Konfrontation zwischen herrschendem Stand und Technokratie. Diese Konfrontation kann sich so weit zuspitzen, daß die kämpfenden Parteien versuchen, einen Durchbruch für die Grundvoraussetzungen des Kompromisses zu erreichen: Die Technokratie kann einen Versuch unternehmen, die Hegemonie des herrschenden Stands in Frage zu stellen, der herrschende Stand dagegen kann versuchen, die der Technokratie gewährte relative Autonomie aufzuheben. Im allgemeinen bleibt dieses Wechselspiel allerdings im vertraglichen Rahmen zwischen Stand und Technokratie, und die üblichen Regeln der sportlichen Rivalität werden zwischen den beiden Akteuren nicht verletzt.

Auf längere Sicht ist es unwahrscheinlich, daß dieser kompromißhafte Interessenverband innerhalb der kritischen Grenzen des latenten Interessenkampfes bleiben könnte. In Wirklichkeit ist die Technokratie nämlich nicht von der Hegemonie des Stands begeistert, sie findet sich damit lediglich aus taktischen Überlegungen ab, zumal ihr grundsätzliches Wertsystem, das Leistungsprinzip, der Ständeorganisation prinzipiell widerspricht. Im weiteren gewinnt die Gesamtheit der Intelligenzklasse bereits in der Periode des Kompromisses an Selbstbewußtsein, insbesondere jedoch die marginale Intelligenz, die es in einzelnen Fällen sogar bis zur offenen Konfrontation mit dem herrschenden Stand kommen läßt. In dieser kritischen Situation muß sich die Technokratie entscheiden, mit wem sie ein Bündnis eingehen will.

c) Die ständische Gegenoffensive

Seit Beginn der siebziger Jahre sind wir in beinahe allen osteuropäischen Ländern Zeugen einer Gegenoffensive des herrschenden Stands. Die Vorläufer, das Ausmaß und auch die vermutlichen Ziele dieser Gegenoffensive sind von Land zu Land verschieden. Was die Vorläufer anbelangt, so schloß der herrschende Stand in Bulgarien, Rumänien oder in der DDR keinen Kompromiß mit der Technokratie als den Vertretern der Intelligenzklasse, ließ sich auf keine riskanten Wirtschaftsreformen ein, selbst in der nachstalinistischen Periode machte er der geisteswissenschaftlichen Intelligenz keinerlei ideologische Zugeständnisse; im Vergleich zur Periode des stalinistischen Ständeabsolutimus modifizierte er seine Strategie nur insofern, daß er einen Teil der Technokratie in den Stand aufnahm, und als wirtschaftspolitische Konsequenz daraus konnte er die Schwankungen der voluntaristischen Wirtschaftsplanung mäßigen sowie die Redistribution einigermaßen rationalisieren. In anderen Ländern kam die ständische Gegenoffensive auf dem Boden des Kompromisses zustande und wurde gewissermaßen durch die allmähliche Schwächung der hegemonialen Macht des Stands hervorgerufen. In der Sowjetunion begann diese Gegenoffensive praktisch Mitte der sechziger Jahre, nach der Ablösung Chrustschows, in der Tschechoslowakei nach der gewaltsamen Beseitigung des Dubček-Systems, um 1969. Die Unterdrückung der Prager Liberalisierung war für sämtliche osteuropäischen Länder ein Fingerzeig: Sie steckte die Grenzen für den Vorstoß der Technokratie ab und signalisierte, daß gewagtere Aktionen harte Retorsionen nach sich ziehen können; sie zwang die polnischen, ungarischen und letztlich auch die jugoslawischen Führer zu der Erkenntnis, daß sie ihre Reformpolitik allmählich einstellen und sich in den von der Strategie des herrschenden sowjetischen Stands vorgegebenen Rahmen der ständischen Gegenoffensive Gesamtosteuropas einfügen müssen, obwohl dieser Prozeß auch während der Entstehung dieses Essays – im Sommer 1974 – nicht vollkommen geschlossen verlief, da nach den Gdansker (Danziger) Unruhen die polnische ständische Gegenoffensive einen Bruch erfahren zu haben scheint und die Technokratie wieder ihre in der Periode des Ausgleichs eingenommenen Positionen festigte. Es ist heute noch nicht festzustellen, ob diese Gegenoffensive das noch nicht einmal überall herausgebildete Kräftegleichgewicht der Periode des Ausgleichs zu ihren Gunsten verschieben will und ob sie als Restauration des Standesmonopols der Stalinära einen neuartigen Ständeabsolutismus oder im üblicheren Sprachgebrauch eine Art Neostalinismus anstrebt (in diesem Fall wäre die DDR der sechziger Jahre der Idealtyp für die osteuropäische Entwicklung der siebziger Jahre) oder ob es ihr bloß darum geht, die Korrosion der ständischen Hegemonie aufzuhalten. Insofern kann das Ergebnis der ständischen Gegenoffensive kaum etwas anderes sein als die Verschiebung der Realisierung der intellektuellen Klassenherrschaft um Jah-

re oder Jahrzehnte. In der Zwischenzeit kann die Technokratie Kräfte sammeln, um die Intelligenzklasse zu homogenisieren und die Gesellschaft nach einer Serie von Reformen dennoch in die Periode der intellektuellen Klassenherrschaft zu führen, deren frühes Vorbild das Jugoslawien der sechziger Jahre war. Obwohl der Ausgang dieser ständischen Gegenoffensive noch nicht mit Sicherheit zu beurteilen ist, lassen sich die neuen Elemente der ständischen Angriffsstrategie aufgrund der Erfahrung der letzten Jahre bereits deskriptiv fassen.
Der wesentliche soziale Inhalt dieser Strategie zeigt sich darin, daß der herrschende Stand versucht, die sich unter der Führung der Technokratie herausbildende Einheit der Intelligenzklasse zu brechen und radikal zu verhindern, daß sich die zur Transaktivität neigende Intelligenz mit der Arbeiterklasse gegen den Stand verbündet. Im Interesse dieses Ziels spaltet der Stand die Intelligenz. Er integriert die loyalen Gruppen der technisch-wirtschaftlichen Intelligenz als Technokratie, die an den Standesprivilegien partizipiert und der ständischen Denkweise verpflichtet ist. Die verbleibenden Teile der Intelligenz, insbesondere die geisteswissenschaftliche Intelligenz, unterzieht er einer strengen Kontrolle; die dagegen aufbegehrenden oder auch nur damit Unzufriedenen werden wieder aus der Intelligenzklasse verstoßen. Als Überwachungsinstrument werden statt der polizeilichen Repressionen in Form von Vergeltungsmaßnahmen während der Stalinära neuartige »technokratische« Repressionen in Form von Überwachung und Isolierung angewendet. Ein nicht weniger wichtiges Element dieser Strategie ist innerhalb der Arbeiterklasse und der Mittelschicht die Vergrößerung der Gruppen, die als Nutznießer verschiedener Standesprivilegien im Unterschied zur Arbeiterklasse nicht an der Transaktivierung

der gesellschaftlich-ökonomischen Verhältnisse interessiert sind und die Sicherung ihres sozialen Status in der Festigung ihrer vom Stand garantierten dispositiven Position, in der Übernahme der ständischen Interpretation des Redistributionsethos sehen. Indem der herrschende Stand also dadurch seine technokratischen Stützen um die schweigende Mehrheit der Mittelschicht und um die ständig zunehmende Arbeiteraristokratie erweitert, durchschneidet er de facto die Feldlinien der nach Klasseninteressen aufgebauten Organisation und schafft in allen Klassen Schichten, deren Interessen sie ebenso stark an den Stand binden wie an die eigene Klasse. Der Stand organisiert also eine Gruppierung um sich, die mit ihm sympathisiert und ihre Mitglieder aus allen Klassen bezieht, für deren wirtschaftliche Lage die Disposition und das damit einhergehende Belohnungssystem und für deren ideologische Haltung die Vertrauenswürdigkeit der Loyalität gegenüber dem Stand charakteristisch ist.

Der Stand tut also nichts anderes, als daß er die bereits erwähnte Janusköpfigkeit der osteuropäischen Technokratie, durch die er während des Ausgleichs bereits vor der Gegenoffensive die Fünfte Kolonne des Stands in die Technokratie eingebaut hat, ausnutzt. Der Kreis der Technokraten, der an den Standesprivilegien partizipiert und durch familiäre oder durch sonstige persönliche Bande mit dem Stand verbunden ist, füllt sich unaufhörlich mit Intellektuellen auf, die entweder nicht begabt genug sind oder nicht genügend Ausdauer haben, um die Sprossen der Hierarchie zu erklimmen, die in die hohen technokratischen Positionen führen, und deshalb im Interesse eines schnelleren Vorwärtskommens bedingungslose politische Loyalität bezeugen. Angefangen beim Volkswirt, der mathematische Methoden ohne technokratische Skrupel in

den bedingungslosen Dienst des Stands stellt, bis hin zum Psychologen oder Kybernetiker, der in den Dienst der politischen Polizei tritt, taucht ein neuer Typ des technokratischen Experten auf, der zwar die Methoden der Technokratie anwendet, deren Geist aber bereits durch den ständischen Geist ersetzt. Da auch sie nicht unentbehrlich ist, kann die Technokratie gegen diese Politotechnokratie, die sich durch unbedingte Anpassungsfähigkeit und ein beinahe zum Idealprinzip erhobenes Strebertum auszeichnet, nicht viel ausrichten. Widersetzt sich der Technokrat gar zu sehr, so finden sich an seiner Stelle genügend Aspiranten für eine elitäre Position, die mehr Prestige, mehr Geld und Freizeit garantiert. Gefährdet wird seine Position besonders durch die Benachteiligten der verlangsamten Mobilität, durch die Kader der nachfolgenden Generation.
Nachdem der Stand diese neue Politotechnokratie hinzugewonnen hat, ist er in der Lage, die während der Zeit des Ständeabsolutismus angewandten Wirtschaftsmethoden zu modernisieren. Dadurch entwaffnet er die technokratischen Kritiker der Stalinschen Wirtschaftspolitik und beweist, daß die Anomalien der Wirtschaftspolitik des Stalinismus auch durch bloße Verwissenschaftlichung der Planungs- und Wirtschaftslenkungsmethoden behoben werden können. Die Reform des wirtschaftlichen Mechanismus ist also nicht erforderlich. Mit dieser Argumentation lehnte man in der Sowjetunion die Reformvorschläge Libermans ab, verhinderte man die Reform in der DDR beziehungsweise drängte die Reformtendenzen in der Tschechoslowakei und neuerdings auch in Ungarn zurück. Die Übernahme der technokratischen Wirtschaftslenkungsmethoden befähigte den Stand tatsächlich zur Vermeidung schreiender wirtschaftspolitischer Fehler und zur relativ ausgeglichenen Entwicklung der verschiedenen Wirtschaftszweige. So ver-

meidet er Wirtschaftskrisen und ist in der Lage, den Lebensstandard, wenn auch nicht allzu rasch, so doch permanent zu erhöhen und ein relatives Gleichgewicht zwischen Warenfonds und zahlungsfähiger Nachfrage zu halten, und er vermeidet es, daß wirtschaftliche Unzufriedenheit zu politischen Erschütterungen führt.
Im Rückgriff auf diese Wirtschaftsergebnisse der nachstalinistischen Periode nutzt der Stand die beim Konsum anwendbaren Redistributionsinstrumente während der ständischen Gegenoffensive mit Nachdruck zur Erweiterung der eigenen loyalen intermediären Klassenbasis. Diese Intention gibt den sozialen Inhalt des während der ständischen Gegenoffensive auftretenden, stark phraseologischen neuen Ouvrierismus ab. Von der Wohnungsbaupolitik bis zur Schulpolitik entstehen im Zeichen dieses Ouvrierismus eine Reihe von Verordnungen, die tatsächlich bewirken, daß die Arbeiter größere Chancen als früher haben, an die naturalen Zuwendungen aus dem Staatshaushalt zu kommen. Das bedeutet allerdings nur die Erweiterung des Privilegiertenkreises, weil diese Vergünstigungen infolge ihrer Knappheit und Unteilbarkeit nicht der *ganzen* Arbeiterklasse gewährt (Zuweisung einer neuen Wohnung, Stipendium, das den Lernenden von der Sorge des Broterwerbs befreit) und prinzipiell nicht proportional zur Arbeitsleistung verteilt werden können. Deshalb wird der Bezieherkreis nach den Kriterien der dem Stand gegenüber bewiesenen Treue bestimmt. Diese Duplizität zeigt sich in den wohnungsbaupolitischen Maßnahmen der siebziger Jahre in Ungarn sehr deutlich. In der Tat wurde dadurch der verbindliche Anteil der Arbeiterfamilien an der Verteilungsquote der aus staatlichen Mitteln finanzierten Neubauwohnungen erhöht, was einer Vergünstigung für eine bescheidene Minderheit der Arbeiterklasse gleichkam. Nicht betroffen von

diesen Maßnahmen waren die Erbauer von Einfamilienhäusern, zu deren Kreis die überwiegende Mehrheit der Arbeiterklasse gehört. Ihre Lage wurde sogar durch eine harte Haussteuer erschwert. Die Arbeiterpolitik des Stands differenziert sich während der Gegenoffensive nachhaltig: Die Arbeiteraristokratie erhält noch größere Vergünstigungen als früher, und der Stand ist bemüht, den Empfängerkreis etwas zu erweitern. Gleichzeitig tritt er immer entschiedener gegen diejenigen Arbeiter auf, die ihre Lage in transaktiven Wirtschaftsverhältnissen zu verbessern trachten. Dieser spezielle Ouvrierismus nimmt also die Losung des materiellen Anreizes von der Tagesordnung, verschärft unter dem Vorwand der Verbesserung der Arbeitsorganisation die Normen, stellt tayloristische Lohnsysteme in den Vordergrund, erschwert den Arbeitsplatzwechsel, unterwirft die Arbeiter vom Land, die neben ihrer Arbeit in der Fabrik auch noch Landwirtschaft betreiben, der progressiven Besteuerung, verbietet ihnen den Ankauf von existenznotwendigen Produktionsmitteln, tritt mit seiner gesamten moralischen Propagandamaschinerie gegen jene Arbeiter auf, die Einkommen aus Arbeit außerhalb des Bereichs der bürokratischen Arbeitskräftelenkung beziehen, erschwert den Arbeitern die Statusveränderung zum Gewerbetreibenden, in einzelnen Fällen erhöht er die Steuerlast der als Gewerbetreibende tätigen Arbeiter und verhindert auf dem Verordnungsweg, daß die Arbeitslöhne in den profitableren Wirtschaftszweigen und Unternehmen mehr als durchschnittlich erhöht werden. Der herrschende Stand wendet gleichzeitig gegen die Arbeiterklasse die Politik von Zuckerbrot und Peitsche an; während er die Arbeiteraristokratie noch mehr bevorzugt als früher, um gleichsam zu demonstrieren, daß es lohnt, eine dispositive Lage anzustreben, bestraft er jene Arbeiter, die durch wirtschaftliche Transaktion ihre Lage verbessern wollen, noch mehr als früher.

3. Anmerkungen zum Verhältnis von Arbeiterklasse und Intelligenzklasse

In den kritischen Ideologien während der Periode des Ausgleichs hat die marginale Intelligenz unter Überschreitung des Ethos der rationalen Redistribution bereits den Versuch unternommen, auch die unter der Oberfläche vorhandenen Interessen der Nicht-Intelligenzklassen und -schichten zu formulieren, indem sie als deren organische Intelligenz funktionierte. Es ist wahr, daß diese Interessen letztlich in der Analyse gegensätzlich zu den Schichteninteressen der Technokratie, ja sogar zu den Klasseninteressen der Intelligenz stehen, dennoch scheint es wahrscheinlich zu sein, daß die Technokratie die hegemoniale Macht des herrschenden Stands nur in der Weise anzweifeln kann, daß sie auch die Interessen der unter ihr stehenden Klassen artikulieren läßt.

Wir können wieder auf die Parallelität in den Machtbestrebungen der Kapitalisten- und Intelligenzklasse verweisen. Auch die Kapitalistenklasse konnte erst dann die feudalistische Ständeordnung endgültig umwälzen, als sie den Mut hatte, sich auf die unter ihr angesiedelten plebejischen Massen zu stützen, und auch dem mit ihr im Klassenkonflikt befindlichen Proletariat gestattete, seine eigenen Interessen zu formulieren und im Kampf zu vertreten. Ebenso wird auch die Intelligenzklasse ihre Klassenmacht erst dann ausüben und sich erst dann der Bevormundung durch den herrschenden Stand entziehen können, wenn sie es gutheißt, daß einige marginale Intellektuelle auch die Interessen der Arbeiterklasse formulieren. Will also die Technokratie das gegenwärtige – einstweilen für sie noch nachteilige – Machtgleichgewicht überwinden, so ist sie gezwungen, die Einheit der Intelligenzklasse zu stärken; sie muß sich mit der marginalen Intelligenz verbünden sowie darin einwilligen, daß innerhalb der letzteren eine kleinere Gruppe als organische Intelligenz der Arbeiterklasse wirkt. Mit dieser Intellektuellengruppe wird die Technokratie selbstverständlich nicht einverstanden sein, doch wenn der herrschende Stand gegen die marginale Intelligenz repressive Intoleranz anwendet, so kann das Mittel der Technokratie gegen sie bloß repressive Toleranz sein.

Dieser Wandel der Mittel kann nicht dadurch erklärt werden, daß die Technokratie im Vergleich zum herrschenden Stand moralisch überlegen ist, sondern viel eher und einfacher dadurch, daß die Technokratie an der Existenz einer organischen Intelligenz der Arbeiterschaft interessiert ist, innerhalb gewisser Grenzen sogar auch an ihrer Aktivität. Zur Ausübung der Macht muß sie im Interesse einer größeren Effektivität die Gesellschaftskritik der Intellektuellen, die sich als Sprachrohr der ihr entgegenstehenden Interessen verdingen, jederzeit adaptieren. Die Technokratie ist fähig, diese Kritik einzubauen, und zwar nicht zuletzt deshalb, weil auch diese kritische Intelligenz Januskopfcharakter hat. Einerseits ist sie nämlich die Intelligenz der Arbeiterklasse, andererseits aber – und das ist vielleicht das ausschlaggebende Moment – ist sie auch Angehörige der Intelligenzklasse, der sie sich weder hinsichtlich ihrer strukturellen Situation noch durch ihr Wertsystem entziehen kann.

In jener zu erwartenden dritten Periode des Sozialismus, für die die in rationalen Transaktionen vor sich gehende Gewaltenteilung der Technokratie und des Stands charakteristisch ist, werden vermutlich jene unter den marginalen Intellektuellen, die die Interessen der Arbeiter formulieren und nach Reflexion dieser entscheidenderen Dimension ihrer gesellschaftlichen Existenz die unmittelbaren Repräsentanten der Klassenherrschaft der Intelligenz werden, immer wieder ausscheiden. Andererseits wiederum wird sich die organische Intelligenz der Arbeiterklasse immer wieder durch Dropout-Intellektuelle auffüllen, die sich teils in der Attraktion der marginalen Rolle, teils in ihrer Existenz vermutlich vorübergehend an die Arbeiterklasse anschließen; oder die organische Intelligenz der Arbeiterklasse erhält durch junge Arbeiter Nachwuchs, die ihren Platz in einer Existenz zwischen Arbeiter und Intellektuellem finden und so zum Intellektuellen werden, ohne jemals die von der Arbeiterklasse wegführende Stufenleiter der bürokratischen Hierarchie durchlaufen zu müssen.

Die Technokratie muß allein schon deshalb mit der marginalen Intelligenz übereinkommen und zustimmen, daß von den kleineren Gruppen dieser Intellektuellen die realistische Artikulation der Arbeiterklasseninteressen erfolgt, weil der herrschende Stand zu einem gut Teil seine Macht gegenüber der Technokratie rechtfertigt, indem er sich auf die Interessen der Arbeiterklasse beruft. Der Anspruch des Stands auf die Vertretung der Arbeiterinteressen ist nicht völlig unbegründet. Wir haben bereits früher darauf hingewiesen, daß die herrschenden kommunistischen Parteien eine zweifache Klassenbasis besitzen; teils sind sie die Massenparteien der Intelligenz, teils die Kaderparteien der Arbeiterklasse. Wir haben im Vorangegangenen auch darauf hingewiesen, daß der Stand die zu ihm drängenden Intellektuellen siebt und daß die Intellektuellen selbst wenig um Aufnahme in die Reihen des herrschenden Stands bemüht sind. Deshalb haben verhältnismäßig wenige innerhalb des herrschenden Stands Intelligenzherkunft, deshalb gibt es wenige Herrschaftsglieder aus der Berufsintelligenz, und obwohl der größere Teil der Parteimitglieder

Intellektuelle beziehungsweise Schreibtischarbeiter sind, stammen die Mitglieder des herrschenden Stands überwiegend aus der Arbeiterklasse. Diese Möglichkeit, daß die Arbeiter über den Stand Angehörige der Intelligenz werden können, führt gleichzeitig dahin, daß die Partei auch als Kaderpartei der Arbeiterklasse funktionieren kann.

Parteimitgliedschaft bedeutet für die Arbeiter etwas anderes als für die Intellektuellen. Der Intellektuelle tritt in die Partei ein, um seine ungestörte akademische Laufbahn zu sichern, während die Parteimitgliedschaft für die Arbeiter am ehesten den Aufstieg in die Reihen der Intelligenz bedeutet, Befreiung vom Arbeiterdasein oder zumindest von körperlicher Arbeit und Aufstieg in die Mittelschichten. Für die Arbeiter ist die Partei eine Mobilitätsschleuder. Die in den Grundorganisationen aktiven Arbeiter-Parteimitglieder klettern beinahe automatisch in der gesellschaftlichen Hierarchie: Sie werden Normer, Werkmeister, eventuell Parteiangestellte, mit einem Wort Kader. Wer hingegen aus seinem Arbeiterdasein nicht ausbrechen will, kümmert sich nicht um die Arbeit in der Grundorganisation, auch wenn er in die Partei eingetreten ist. Nach einer gewissen Zeit wird er mit ziemlicher Wahrscheinlichkeit aus den Reihen der Partei hinweggespült. Es ist eine andere Frage, daß dieser spezifische Kanal der Arbeitermobilität an sich noch keinerlei Sicherheit im Hinblick darauf bedeutet, daß tatsächlich die hervorragendsten Angehörigen der Arbeiterklasse, die die Interessen ihrer Klasse am ehesten erkennen, in den Machtapparat gelangen. Um uns allerdings eine sachliche Meinung über das Verhältnis des herrschenden Stands und die Klasseninteressen der Arbeiterschaft sowie über die strukturellen Positionen der in den Machtapparat hineingelangenden Arbeiter bilden zu können, müssen wir wieder auf die Klassenstruktur der rationalen Redistribution hinweisen und innerhalb dieser auf die innere Gliederung der zwei dichotomischen Klassen und insbesondere der Arbeiterklasse.

Die Gesellschaft der rationalen Redistribution kann, wie wir bereits erwähnt haben, durch eine dichotomische Klassenstruktur beschrieben werden, in der die Dichotomie der Klassen der Kapitalisten und des Proletariats von der Dichotomie der sich um die Redistributionsposition organisierenden Intelligenzklasse und der um das Recht der Neuverteilung gebrachten Arbeiterklasse abgelöst wird. In der rationalen Redistribution treten die gesellschaftlichen Konflikte allerdings nicht als offene Klassenkonflikte auf, wofür ein Grund ist, daß sich die Klasseninteressen in Ermangelung einer organischen Intelligenz nicht offen artikulieren können und keine Klasse ein auf die eigenen strategischen Ziele gerichtetes homogenes Klassenbewußtsein entwickeln kann. Können wir allerdings davon reden, daß die Klassen besondere Interessen haben, wenn sich diese nicht in separaten Ideologien niederschlagen? Oder noch weitergehend: Können wir überhaupt von Klassen »an sich« reden, wenn sich die Klasseninteressen nicht artikulieren, wenn also keine Klassen »für sich« existieren?

Die eine mögliche Antwort: Der Mangel des Sich-Artikulierens der Klasseninteressen ist bloß für die Sphäre von Wissenschaft und Ideologie charakteristisch, ihre Separierung hingegen tritt auf der Ebene des alltäglichen Bewußtseins viel ausgeprägter auf. Der Generaldirektor spricht immer in der ersten Person Plural, besonders dann, wenn er die Arbeiter zu höherem Arbeitstempo auffordert. Bei solchen Gelegenheiten sagt er: »Packen wir alle zu, Genossen!« Die Arbeiter dagegen erwähnen die Direktion nur in der dritten Person Plural, die erste Person Plural behalten sie sich selbst vor. Für den mit Siedlungsplanung befaßten Wissenschaftler ist der Entzug der Entwicklungsmittel für die kleinen Dörfer das Instrument zur Rationalisierung des Siedlungssystems. Die Arbeiter und Bauern in den kleinen Dörfern hingegen halten dies für Unrecht, tragen doch auch sie durch ihre Steuer zur Vermehrung des Staatshaushalts bei, ohne jedoch je etwas zurückzubekommen. Für den Arbeitswissenschaftler bedeutet die Verschärfung der Normen, in seinem Sprachgebrauch beschönigend als Normregulierung oder Normerhaltung bezeichnet, die Vervollkommnung der Arbeitsorganisation. Die Arbeiter dagegen brauchen keine zur Subversion neigenden Ideologen, um zu begreifen, daß sie von nun an für dieselbe Arbeit weniger Geld bekommen werden. Wir dürfen darauf hinweisen, daß anfangs auch die kapitalistische Gesellschaft an den Konsensideologien festhielt. Ausnahmslos nach der Erstarkung der Bourgeoisie gestattete sie die Konstituierung von Organisationen zur Vertretung von Teilinteressen. Das Proletariat hat allerdings nicht erst Teilinteressen, seit es Parteien und vor allem auch Ideologen hat, wie von zahlreichen kommunistischen Ideologen behauptet wurde, sondern umgekehrt: Sonderinteressen sind de facto vorhanden, seit es Proletarier gibt, unabhängig davon, wie stark sich diese Interessen auf Ideologieebene artikulieren.

Versuchen wir, die zwischen den zwei Klassen der rationalen Redistribution vorhandenen Interessenkonflikte zu skizzieren. Die Interessenkonflikte des Gesellschaftssystems und insbesondere die zwischen den Klassen können wir auch als Aufeinanderprall von gegensätzlichen Legitimationsprinzipien beschreiben. Damit nämlich eine unterworfene Klasse die Macht der sich über sie erhebenden Klasse anzweifeln kann, muß sie vor sich selbst und vor der ganzen Gesellschaft das Legitimationsprinzip dieser Macht in Frage stellen. Neben oder besser unter dem Legitimationsprinzip der herrschenden Klasse stoßen wir immer auf das Legitimationsprinzip der Unterdrückten, das sich, wenn es auch nicht die Kultur der Epoche durchdringt, im Bewußtsein der arbeitenden Klasse empirisch nachweisen läßt. In der rationalen Redistribution wird das Verfügungsrecht über das Mehrprodukt in erster Linie durch Fachkenntnis, durch akademisches Wissen legitimiert. Hierdurch wird die Position des Redistribuenten gerechtfertigt, hierdurch ist die ideologische Basis für die Organisation der Intelligenz zur Klasse gegeben. Jene hingegen, denen die Verfügungsgewalt über das Mehrprodukt entzogen wurde, nämlich jene, die an der Herstellung des Mehrprodukts beteiligt waren, können die Macht der Intelligenzklasse nur durch ein alternatives Legitimationsprinzip anzweifeln, und zwar durch das Legitimationsprinzip des Arbeitskraftbesitzes.

Das Wesen dieses Prinzips ist es, daß derjenige über das geschaffene Mehrprodukt zu verfügen habe, der es hergestellt hat, und nicht bloß jener, der von sich behauptet, von der Verteilung des Mehrprodukts mehr Ahnung zu haben. Das Alternativprinzip der Legitimation des Arbeitskraftbesitzes ist keineswegs ein neuer Gedanke, er hat sich auch schon in der kapitalistischen Gesellschaft artikuliert, nur daß er sich dort gegen das Legitimationsprinzip der Kapitalbesitzer stellte. Die sozialistischen Bewegungen haben sich gerade im Zusammenhang mit dem grundlegenden Legitimationsprinzip des Arbeitskraftbesitzes organisiert und ihren Anspruch auf Selbstverwaltung der assoziierten Produzenten angemeldet. Lediglich in einer späteren Periode der sozialistischen Bewegung, als die Ergreifung der politischen Macht auf die Tagesordnung kam, noch dazu in den Staaten, in denen die Volkswirtschaft durch den Bürokratismus der Kriegswirtschaft dirigiert wurde, entzogen sich jene elitären Parteien dem grundlegenden Legitimationsprinzip, jene Parteien, die die Selbstverwaltung der assoziierten Produzenten auf jenes symbolische Faktum beschränkten, daß die Produktion vom Gesamteigentümer Staat gelenkt wird, und so setzten sie an die Stelle der empirischen Produzenten die politische Bürokratie. Es mußte erst eine ganze Geschichtsperiode vergehen, ehe auch die Soziologie zwischen politischer Bürokratie und assoziierten Produzenten unterscheiden konnte, eine Erkenntnis, zu der bereits zu Lenins Zeit die Matrosen von Kronstadt – die von der politischen Bürokratie zur restlosen Ausrottung bestimmt wurden – ohne jegliche soziologische Mitwirkung gekommen waren.

Diese gegensätzlichen Legitimationsprinzipien führen die gegensätzliche Rationalität der sich gegenüberstehenden Klassen mit sich. Der Redistribuent hält eine Wirtschaft für rationell, in der die Quantität des unter die Entscheidungsgewalt des Wiederverteilers fallenden Mehrprodukts maximiert wird, mit anderen Worten eine Wirtschaft, in der der Anteil des Nationaleinkommens, das über die Kanäle des Staatshaushalts zur Wiederverteilung gelangt, maximal ist. Je größer der Etat, desto größer die Macht der Beamten. Hierzu ist erforderlich, daß ein jeder in den staatlich gelenkten Arbeitsverbänden arbeitet, damit er die Lohnhöhe nicht zum Streitobjekt machen kann. Andererseits heißt das: Die Produzenten dürfen über keine Organisationen verfügen, durch die die Höhe der aus den Unternehmensgewinnen in den Staatshaushalt fließenden Steuern und Abzüge eingeschränkt werden könnte. Es ist also ein grundlegendes redistributives Interesse, daß aus dem Instanzensystem des Arbeitskräfteaufkaufs, das übrigens notwendigerweise auf dem Prinzip des obligatorischen

Arbeitskräfteverkaufs basiert, kein tatsächlicher Arbeitsmarkt werden darf, auf dem der Preis der Arbeitskraft Gegenstand von Wirtschaftsverhandlungen und -transaktionen der über eine relative Autonomie verfügenden und rechtlich einander nicht unterstellten vertragschließenden Parteien ist. Der Redistribuent besteht also auf der völligen Bürokratisierung des Arbeitskräfte-Verwertungsprozesses, er will hierbei das Ausmaß der Transaktion minimieren und schreibt die Situation der Arbeitskräftebesitzer als dispositive Situation vor. Zu welch minimalem Handel der Arbeitskraftbesitzer auch bereit ist, er würde damit die Quantität des zu enteignenden Mehrprodukts mindern. Der konsequenteste Vertreter dieser Redistribuentenmentalität ist der herrschende Stand, der die Voraussetzung für seine besondere Macht im Eingebettetsein der Wirtschaft, in der Verflechtung der Sphäre von Wirtschaft und Politik erkennt. Als Redistribuent ist die Technokratie wie auch der herrschende Stand daran interessiert, daß die Situation der Arbeitskraftbesitzer dispositiv ist. Sofern sie selber Arbeitskraftbesitzer ist, ist sie freilich gerade am Gegenteil interessiert, daran also, ihr Einkommen in Transaktionen maximieren zu können. Insofern unterscheidet sich das Interesse der Technokratie nicht vom Interesse eines Experten der Intelligenz, der wegen fehlender Standesprivilegien größere Vorteile auf einem transaktiven Arbeitsmarkt hätte, auf dem er den Preis für sein Fachwissen in die Höhe treiben könnte. Auch die funktionale Anschauung der Technokratie gebietet, mehr auf die Rentabilität der technologischen Entwicklung zu bauen als auf die erhöhte Ausbeutung der Arbeiter. Insbesondere, wenn Tag für Tag die Erfahrung gemacht wird, daß die Arbeiter auf diese Ausbeutung mit illegalem Klassenkampf antworten, mit Qualitätsminderung, Produktionsdrosse-

lung, achtloser Behandlung des Maschinenparks und mit Arbeitskräftefluktuation. Deshalb neigt die Technokratie in ihrer Diskussion mit dem herrschenden Stand zu Zugeständnissen sowohl an die Transaktivierung des Arbeitsmarktes als auch der gesamten Volkswirtschaft, was wiederum geradezu den Argwohn des herrschenden Stands weckt. Zum Schutz seiner Hegemonie lehnt der Stand diese Zugeständnisse mit der Begründung ab, daß dadurch die Interessen der Arbeiterklasse verletzt würden, da die Sich-Transaktivierung des Arbeitsmarkts für die Technokratie eine schnellere Einkommenssteigerung garantiert als für die Arbeiterklasse. Es ist also sonnenklar: Die Technokratie will auf diese Weise auf Kosten der Interessen der Arbeiterklasse ihr wirtschaftliches Gewicht steigern.
Die Arbeiterinteressen unterscheiden sich grundlegend vom Interesse des Redistribuenten. Unter Berücksichtigung des Legitimationsprinzips des Arbeitskraftbesitzes ist es das elementarste existentielle Interesse der Arbeiter, den Preis für ihre Arbeitskraft steigern zu können, die Definition des Mehrprodukts der Sphäre der Politik zu entziehen und – im Hinblick auf den Lohn – den Anteil des Mehrprodukts zu Gunsten des Lohns modifizieren zu können. Notwendige Voraussetzung hierfür ist die Transaktivierung des lediglich administrativen Arbeitskräfteaufkaufs. Der behördliche Zwang zum Verkauf ihrer Arbeitskraft hat also aufzuhören. Das autonome Entscheidungsrecht über den Verkauf oder Nichtverkauf ihrer Arbeitskraft muß erkämpft werden, das Recht darüber, ob die Arbeitskraft oder eventuell irgendein Produkt verkauft werden soll, sowie das Recht, den Preis der Arbeitskraft auf einem realen Arbeitsmarkt zum Gegenstand einer kollektiven Übereinkunft machen zu können. Das Interesse der Arbeiter ist die Zurückziehung jener Gesetze, durch die die Polizei er-

mächtigt wird, jene Arbeiter, die einen Monat lang keinen Arbeitsplatz haben, sogar zu internieren. Der ständige Arbeitsplatz soll ferner keine Voraussetzung dafür sein, daß der Arbeiter einen Bankkredit zum Bau eines Einfamilienhauses oder zu gleich welchem Teilzahlungskauf aufnehmen kann, keine Voraussetzung für eine kostenlose Krankenversicherung, für Kindergeld, Geburten- oder Mutterschaftsbeihilfe. Interesse des Arbeiters ist es also, nicht sofort als Staatsbürger zweiter Klasse abqualifiziert zu werden, wenn er gar seine Arbeitskraft den bürokratischen Organen überhaupt nicht verkauft und entweder von Gelegenheitsarbeit oder von seinen handwerklich hergestellten Arbeitsprodukten leben will. Jene Arbeiter, die geglaubt haben, Sozialismus bedeute die Abschaffung der Ausbeutung, verstehen nicht, weshalb sie nicht einer Produktionsarbeit als Gewerbetreibende nachgehen dürfen, in familiären Arbeitsorganisationen, als Mitglied einer Genossenschaft, in nicht bürokratisch zustande gekommenen und verwalteten, sondern durch freiwilligen Zusammenschluß organisierten Kooperativen, in denen niemand ausgebeutet und dennoch mehr verdient wird als in den staatlichen Großunternehmen, wo das Vier- bis Fünffache des Arbeitslohns produziert werden muß, um unter anderem auch den sie verwaltenden, kontrollierenden und zu höherer Arbeitsleistung anspornenden unverhältnismäßigen administrativen Apparat unterhalten zu können, jenen Apparat, in dem auf zwei Arbeiter im allgemeinen wenigstens ein Beamter kommt. Das Interesse der Arbeiter ist es, daß es nicht als politische Hetze oder eben Organisierung qualifiziert wird, wenn sie sich über Norm- oder Preiserhöhung beschweren, wenn sie ehrlich ihre Meinung über die Unternehmensleitung sagen, über die Partei- und Gewerkschaftsorganisation, wenn sie beanstanden, daß sie dem Unternehmen oder der unmittelbaren Betriebsleitung schutzlos ausgeliefert sind, daß nicht sogleich die Fahnder der politischen Polizei auf den Plan treten, wenn sie sich ohne Einschaltung ihrer Führer und Pseudointeressenschutzorganisationen zusammenschließen, wenn sie sich selbst organisieren und im Interesse einer Erhöhung des Stücklohns eines besonders schlecht bezahlten Arbeitsgangs kollektiv auftreten, wenn sie die Arbeit kollektiv verweigern, weil die Unfallgefahr an ihrer Maschine erheblich ist, weil man einen Kameraden ungerechterweise entlassen hat, weil sie von ihrem Werkmeister mit Beleidigungen überhäuft werden, wenn sie also irgendein Zeichen ihrer aktiven Soldidarität geben, das selbst dann als strafverfolgungswürdige Organisierung qualifiziert wird, wenn eine Brigade geschlossen ihren Arbeitsplatz kündigt. Weder die obligatorische Arbeitsvermittlung ist das Interesse der Arbeiter noch die Einfrierung ihres Lohns bei Arbeitsplatzwechsel oder ihre Bestrafung mit Entzug des bezahlten Urlaubs. Doch es kann auch nicht in ihrem Interesse liegen, daß die Unternehmen ein arbeitsrechtlich sanktioniertes Lohnkartell gründen, das durch eine verbindliche Vorschrift der nach Qualifikation festgesetzten Stundenlöhne das Abwandern der Arbeiter zu gewinnträchtigeren Unternehmen verhindert, wodurch sie sonst ihren Lohn auf dem Arbeitsmarkt in die Höhe treiben könnten. Es dürfte den Arbeitern schwerlich sympathisch sein, daß der Arbeitsplatzwechsel – das einzige Mittel im Lohnkampf, das ihnen im allgemeinen eine lediglich vier- bis fünfprozentige Verdienststeigerung garantiert – vom gesamten Propagandaapparat, vom Fernsehen bis hin zur Literatur mit vornehmer moralischer Verachtung bestraft, als eine schwache, wenn auch ziemlich anstößige Äußerung einer desertierenden Untreue angesehen wird. Vom Delinquenten kann sogar angenommen werden, daß seine Neigung bis hin zu der Ehrvergessenheit geht, im Interesse einer Verdienststeigerung im Ausland arbeiten zu wollen. Eigentlich ist es vorstellbar, daß es auch Arbeiter gibt, noch dazu in ansehnlicher Zahl, die nicht verstehen, weshalb die Annahme von Arbeit im Ausland nur ein Privileg der Intelligenz ist, die ein Treuebekenntnis zum Stand abgelegt hat, und weshalb der Automechaniker, der Dreher oder Feinmechaniker illegal über die Grenze flüchten muß, dabei die Gefahr einer mehrjährigen Gefängnisstrafe auf sich nimmt, um für die gleiche Arbeit im Ausland eine bessere Bezahlung zu bekommen. Und einem solch unverständigen Arbeiter fällt mitunter auch ein, in den mit Maschinenpistolen bewaffneten Soldaten auf den entlang der Grenze errichteten Wachtürmen nicht so sehr die Verteidiger seiner Heimat zu sehen als vielmehr die Aufpasser über sein Arbeitnehmer-Ausgeliefertsein.

Das »sozialistische Grundprinzip« der arbeitsentsprechenden Verteilung – Ausdruck der Klasseninteressen der Intelligenz – wird von der Redistribuentenlogik so interpretiert, daß derjenige mehr verdienen muß, der eine höhere Schulbildung hat, und das wird auf die gesamte Hierarchie der Arbeitsteilung ausgedehnt. Wenn also ein Verwaltungsangestellter mit Abitur in einer Fabrik genau so viel oder etwa weniger verdient als ein Hochofenarbeiter mit Volksschulabschluß, so wird dies als eine zu beseitigende Anomalie betrachtet, und in der Tat kommen derartige Anomalien immer seltener vor. Das ist einer der Gründe, daß die Gesamtzahl der Büroangestellten ständig zunimmt, obwohl immer wieder die Parole zur rationalen Einschränkung des auf der Produktion basierenden Beamtenstands ausgegeben wird. Selbst dann geht das Wachstum weiter, wenn viele weibliche Büroangestellte außer

Kaffeekochen nichts zu tun haben und wenn diese Aufblähung des Verwaltungsapparats Ausmaße annimmt, die kein einziges kapitalistisches Unternehmen verkraften könnte. Die sozialistische Wirtschaftsorganisation kann mit Recht stolz darauf sein, daß sie so viele Beamte von der Arbeit so weniger Arbeiter ernähren kann. Es ist also nicht verwunderlich, daß die Arbeiter, nachdem sie sehen, daß ihr Verdienst bis Mitte Zwanzig seinen Höhepunkt erreicht, während das Gehalt der Büroangestellten bis zur Berentung steigt, unter allen Umständen dafür sind, wenn sie schon selbst nicht von der körperlichen Arbeit loskommen konnten, daß wenigstens ihre Kinder die Oberschule absolvieren, um durch leichtere Arbeit einen höheren Verdienst erlangen zu können. Der Umstand, daß die sozialistische Lohnpolitik den Verdienst mit dem an die Hierarchie der Diplome angelehnten Status verbindet und das Einkommen unabhängig macht vom Wert der geleisteten Arbeit, läßt für das Vorwärtskommen nur einen einzigen Weg offen: den Aufstieg aus dem Arbeiterdasein ins Angestelltendasein. Durch diesen Diplomkult entsteht ein eigenes Statusdenken, ein auf Prestige bedachtes Arbeitsethos, das von den Mittelschichten bis zu den Arbeitern dringt. Die weibliche Büroangestellte mit Abitur ist nicht bereit, einen Brief abzutippen, weil zum Arbeitskreis der Schreibmaschinenkraft kein Abitur erforderlich ist. Der Chauffeur des Schokoladenkartons transportierenden Kleintransporters beansprucht für sich einen Hilfsarbeiter zum Verladen, da er ja das Autofahren nicht deshalb unter so großen Anstrengungen gelernt hat, um einige Schokoladenkartons vom Auto in den Laden zu tragen. Der Dreher wartet lieber an seiner Maschine auf den Transportarbeiter, als daß er die Kiste mit den zu bearbeitenden Ersatzteilen dorthin tragen würde. So ist schließlich jeder fünfte Arbeitnehmer mit Materialtransport beschäftigt, und die Arbeitsproduktivität ist mit unvorstellbarer Kontinuität niedrig. Das alles wird selbstverständlich in jenem Prämiensystem sichtbar, in dem der Status und nicht die effektive Arbeit wichtig ist, in dem die Löhne nicht durch Arbeitskräftenachfrage und -angebot reguliert werden, sondern durch die auf dem Schulabschluß basierende Disposition.

Das Interesse der Arbeiterklasse ist es, daß sich der größere Teil des Nationaleinkommens im persönlichen Einkommen der Bevölkerung realisiert und der kleinere Teil über den Haushaltsplan zur Wiederverteilung kommt. Bei der Verwendung des Staatsetats ist die Arbeiterklasse daran interessiert, daß der Staat mit Haushaltsmitteln in erster Linie den kollektiven Konsum subventioniert und nicht die Rüstung, innerhalb der Subventionen für Investitionen im allgemeinen Infrastrukturmaßnahmen und in diesem Zusammenhang insbesondere der Bevölkerung dienende kommunale Investitionen und nicht etwa Investitionen mit unsicherer Effektivität. Im weiteren ist es das Interesse der Arbeiterklasse, daß der staatlich gestützte kollektive Konsum sozialpolitisch beeinflußt wird, daß also die Produkte und Dienstleistungen in größerem Maß subventioniert werden, die vor allem von der Arbeiterklasse beziehungsweise von den im allgemeinen niedrigen Einkommensschichten in Anspruch genommen werden. Die Interessen der Arbeiterschaft befinden sich also nicht nur in den unmittelbar mit ihrem Arbeitsbereich, mit der Betriebsebene zusammenhängenden Lohnfragen in diametralem Gegensatz zu den Interessen der Redistribuenten, sondern auch in den Fragen der makroökonomischen Planung.

Für die sozialistische Wirtschaft Osteuropas ist es charakteristisch, daß das Konsumniveau der Bevölkerung den wirtschaftlichen Trendrechnungen zufolge gemessen am gegenwärtigen Entwicklungsniveau der Wirtschaft geringer, das heißt also, der sich in den persönlichen Einkommen realisierende Anteil des Bruttosozialprodukts (GNP) niedriger ist als der in den Staatshaushalt gelangende Anteil. Auch innerhalb des Staatshaushalts ist die Etatstützung des Akkumulationsfonds größer und die für das Schulwesen, das Gesundheitswesen und im allgemeinen für die Sozialpolitik kleiner. Innerhalb des Akkumulationsfonds ist der für die Produktionsinvestitionen aufgewendete Anteil größer als der Anteil für infrastrukturelle Investitionen. Doch auch innerhalb der Produktionsinvestitionen ist der Anteil der Haushaltsmittel außerordentlich groß, der für weniger gewinnbringende oder im allgemeinen überhaupt nicht gewinnbringende Investitionen aufgewendet wird, so für die Schwerindustrie und innerhalb dieser für militärische Investitionen, für die Rüstung. Geringer dagegen ist die Stützung der Industriezweige, in denen Konsumartikel hergestellt werden. Innerhalb der Infrastrukturinvestitionen wiederum ist der Etat großzügiger, wenn es um den Bau einer Unternehmenszentrale oder des Sitzes einer Behörde geht; karger bemessen ist der Etat beim Bau von Krankenhäusern, Schulen und Wohnungen. Besonders gespart wird, steht die Anbindung der Dörfer an das öffentliche Versorgungsnetz, die Versorgung der Dörfer mit Wasserleitungen und Straßen zur Debatte. Doch selbst für die traditionellen Gebiete der Sozialpolitik, auch für die Verteilung der kostenlosen oder gegen ein geringes Entgelt zugeteilten Produkte und Leistungen (Wohnung, Inanspruchnahme des öffentlichen Versorgungsnetzes, Versorgung durch den Handel und die öffentlichen Einrichtungen, Ferienbetreuung) trifft zu, daß die Redistribution das Nationaleinkommen im Interesse der über höhere Bildung und höheres Einkommen verfügenden Schichten unter Begünstigung der letzteren wiederverteilt. Es gibt also keine einzige wirtschaftspolitische Streitfrage, in der die von den der Intelligenz angehörenden Experten auf eine theoretische Stufe gehobene Ratio der rationalen Redistribution mit der Ratio der Arbeiterinteressen zusammenfiele. Die Entscheidungen der Redistribuenten befriedigen also immer die gegenwärtigen Interessen der empirisch gegebenen Redistribution, wobei sie sich auf die ideologisch bestimmten künftigen Interessen einer ideellen Arbeiterklasse berufen.

Nach der Skizzierung der grundlegenden Konflikte zwischen Arbeiterklasse und Intelligenzklasse scheint die Argumentation des herrschenden Stands, derzufolge er sich gegenüber der Technokratie als Vertreter der Arbeiterinteressen ausgibt, noch weniger beweisbar zu sein, zumal der herrschende Stand der höchste Hüter des Ethos und der daraus stammenden Planungslogik, der Wirtschafts- und Gesellschaftspolitik der rationalen Redistribution ist, was, wie wir angedeutet haben, in diametralem Gegensatz zu den Arbeiterinteressen steht. Die Arbeiterklasse ist in erster Linie an der Transaktivierung der wirtschaftlichen und gesellschaftlichen Verhältnisse interessiert, und insofern ist das mögliche Bündnis in der Periode des Ausgleichs viel eher eines zwischen Technokratie und marginaler Intelligenz, die, wenn auch vor allem bloß infolge ihres gemeinsamen Kampfs gegen die Ständeordnung, auch selbst an der Transaktivierung der Verhältnisse interessiert sind. Wenn auch die Wege der Arbeiter strategisch in eine andere Richtung führen, so sind doch auch sie an jedem konkreten Reformvorschlag der Technokratie interessiert, und zwar sofern die Technokratie einen Konnex zwischen Gewinn- und Arbeitslohngröße herstellen möchte, sofern sie garantieren will, daß Kapital und Arbeitskraft frei von

Beschränkungen in die wirtschaftlich effektiveren Zweige fluktuieren. Eine derartige Reform würde nämlich den Haushaltsplan von der Subventionierungslast der unrentablen Wirtschaftszweige und Betriebe befreien, die Investitionen wirtschaftlicher machen, den Kapitalrückfluß beschleunigen und für alle Industriezweige der Konsumgüterherstellung sowie für die Landwirtschaft eine dynamische Entwicklung garantieren; der Staatshaushalt, der rationellere und beschränktere Funktionen erfüllt, würde auch für das schnellere Wachstum der Arbeitslöhne Raum lassen.

Im spezifischen wirtschaftspolitischen Beziehungssystem des frühen Sozialismus stehen selbst noch jene für die westlichen Soziologen reaktionär scheinenden und überholten technokratischen Forderungen, die im Konsumverbrauch der Bevölkerung eine konsequentere Geltendmachung der Marktverhältnisse wünschen, den Interessen der Arbeiterklasse eigentlich näher, so zum Beispiel, wenn auf Kosten der behördlichen Wohnraumverteilung das Gewicht der marktgemäßen Wohnungswirtschaft erhöht wird. Bei der Zuweisung einer staatlich subventionierten und behördlich verteilten Wohnung haben die Angehörigen der Intelligenz und der Mittelschichten gegenüber den Arbeitern weitaus bessere Chancen. Die Arbeiter hingegen müssen selbst in unseren Tagen bei der Wohnraumbeschaffung auf staatliche Subventionen verzichten oder sich zumindest mit wesentlich geringerer staatlicher Unterstützung eine Wohnung auf eigene Kosten beschaffen. Das heißt, die Steigerung des Marktsektors senkt auf Kosten des behördlichen Sektors die Haushaltssubventionierung der Intelligenz und der Mittelschichten, beseitigt den Charakter zusätzlicher Lohnzuwendungen durch Wohnungszuweisungen für die oberen Schichten, so daß die gesellschaftlichen Ungleich-

heiten zwischen den Arbeitern und den höheren Gesellschaftsschichten nicht etwa gesteigert, sondern eher gemindert werden.
Sowohl die engeren Schichtinteressen der Technokratie als auch die weiteren Interessen der Intelligenzklasse gebieten, das Hineingelangen in Führungspositionen beziehungsweise ein Ausscheiden daraus nur im Fall rationaler Kriterien, im Rahmen einer formalen Rechtspraxis zu ermöglichen. Ihre Interessen erfordern eine Messung der an den Status gebundenen Leistung nach unpersönlichen, formalen Kriterien, damit die von den Parteikomitees herausgegebenen vertraulichen Telefonanweisungen nicht zu Entscheidungen zwingen, die einen Gegensatz zur fachlichen Überzeugung bilden. Die Technokratie hat also vor der Kontrolle der bürgerlichen Öffentlichkeit keine Angst, weil sie ihre Tätigkeit vor der Öffentlichkeit mit rationalen fachlichen Argumenten verteidigen kann, und zwar selbst dann, wenn ihre Konzeptionen und Entscheidungen Gegensätze bilden zu alternativen Konzeptionen oder Entscheidungen, die andere gesellschaftliche Interessen zum Ausdruck bringen und ebenfalls mit rationalen Argumenten verteidigt werden können. Der existentielle Sicherheitsanspruch läßt die Technokratie nicht nur gegen despotische Repression des Ständeabsolutismus angehen, in dem ihre Repräsentanten auch um ihre bürgerliche Freiheit gebracht werden können, sondern ebenso gegen die Praxis der Ständehegemonie, die aufgrund von Entscheidungen, die hinter verschlossenen Türen in einer Atmosphäre der Geheimhaltung gefallen sind und keiner rationalen Begründung bedürfen, Fachleute von einem Tag auf den anderen aus ihrer Position entfernen können, ohne jegliche Berufungsmöglichkeit, lediglich mit der Begründung, daß namentlich nicht genannte Genossen diesen Personenwechsel für notwendig er-

achten. Doch die Erfahrungen beziehungsweise das Fiasko der serienmäßigen wirtschaftlichen Reformversuche mußten die Technokratie auch davon überzeugen, daß die schwer erkämpften wirtschaftlichen Errungenschaften ausschließlich durch Verfassungs- und Rechtssicherheiten garantiert werden und ohne diese Garantien im Fall von politischen Umgruppierungen im Innern des herrschenden Stands von einem Tag auf den anderen durch einen Federstrich abgeschafft werden können.

Gerade deshalb setzen die Wirtschaftsreformen die Umwälzung des politischen Mechanismus und die Erringung eines politischen Spielraums voraus, in dem die formalen Rechtsprinzipien unter Ausschluß einer Interpretationswillkür des materiellen Rechts auf legitime Weise die Artikulation der Teilinteressen zulassen und der so den Wettstreit der politischen Interessen in den gesetzlichen und verfassungsmäßigen Rahmen verlegt und transparent macht, also eine Kontrolle über die Entscheidungen des Machtapparats durch die Öffentlichkeit gewährleistet. So muß die Technokratie auch die legitime Artikulation der Arbeiterinteressen, die teilweise oder auf längere Sicht systematisch mit den technokratischen Schichtinteressen in Konflikt geraten, akzeptieren, einschließlich des Ausbaus der auch der Technokratie gegenüber als Gegenmacht auftretenden Organisationen des Arbeiter-Interessenschutzes und der Arbeiter-Selbstverwaltung; denn wenn sie ihnen Verfassungsrechte nicht garantiert, verliert sie auch selbst jegliche Verfassungssicherheit gegenüber dem herrschenden Stand. Die Situation der Technokratie in der Periode des Ausgleichs ist analog zur Situation des Bürgertums am Ende des 18. Jahrhunderts: Auch letzteres mußte als Vorkämpfer der Rechtsgleichheit vor dem Gesetz und des rationalen Rechtssystems gegenüber der feudalen Ständeherrschaft auftreten, wodurch es gleichzeitig die gesetzliche Funktionsfreiheit für die eigenen potentiellen Kritiker und Opponenten sicherte.

Sofern die Technokratie den Kampf für eine politische Reform, die konsequent auch die gesetzliche Freiheit der die Klasseninteressen der Arbeiter vertretenden politischen Organisationen garantiert, nicht aufzunehmen wagt und mit den vom Stand gemachten bescheidenen politischen Zugeständnissen vorlieb nimmt, bleibt sie ohne die Unterstützung der Arbeiterklasse bei einer eventuellen Gegenoffensive des herrschenden Stands schutzlos. Als lehrreiches Beispiel hierfür können wir Jugoslawien anführen, jenes sozialistische Land also, in dem die Intelligenz in den sechziger Jahren den herrschenden Stand am ehesten zurückdrängen konnte und sich am ehesten der eigenen Klassenherrschaft näherte. In Übereinstimmung mit unseren vorangegangenen Ausführungen hat die Beschränkung der Ständeherrschaft, die volle Entfaltung der Klassenherrschaft der Intelligenz ein für alle Mal die Legitimierung der Selbstverwaltungsideologie mit sich gebracht, ja sie hat auch einer bestimmten Selbstverwaltungspraxis Spielraum gesichert. Der herrschende jugoslawische Stand allerdings hat das Prinzip der Selbstverwaltung mit Fingerspitzengefühl appropriiert und um seinen konkreten sozialen Inhalt gebracht: daß es nämlich ein Organ der Gegenmacht sein soll, welches die besonderen Interessen der Arbeitskraftbesitzer ausdrückt. Man hat ihm die zur Klassenherrschaft der Redistribuenten nicht mehr im Gegensatz befindliche, bestenfalls als Korrektiv wirkende, dadurch jedoch institutionell manipulierbare Funktion der Sanktionierung der gesamtgesellschaftlichen Interessen übertragen. Die Körperschaften der Selbstverwaltung wurden aufgrund des Korporationsprinzips organisiert, und deshalb wurde kein effektiv arbeitendes Konfliktsystem zwischen den Einsichten der Redistribution und der Selbstverwaltung entwickelt, und die Reibungen zwischen diesen Einsichten versuchte man jeweils innerhalb einer Selbstverwaltungskörperschaft zu lösen. Als also die Intelligenzklasse in Jugoslawien dem herrschenden Stand gestattete, von der Idee der Selbstverwaltung Besitz zu ergreifen und die Institutionen der Selbstverwaltung eigenen Einsichten und Interessen gemäß zu entwickeln, hatte sie dem Stand ein verhängnisvolles Zugeständnis gemacht, wodurch sie sich zu Anfang der siebziger Jahre gegenüber den Restaurationsbestrebungen des Stands als wehrlos erwies. Sie konnte sich gegen den Stand nicht auf die Arbeiterklasse stützen, die sich in den eigenen Selbstverwaltungsinstitutionen organisiert hatte. Tatenlos mußte sie zusehen, wie der zum Gegenangriff übergegangene herrschende Stand die hervorragendsten Vertreter von Technokratie und Intelligenz einen nach dem anderen aus ihren Positionen verdrängte. Paradoxerweise liquidiert der herrschende Stand unter Berufung auf die Losung der Selbstverwaltung auch die tatsächlich autonomen Organisationen der Selbstverwaltung der akademischen Intelligenz, und das kann er gerade deshalb tun, weil es effektive Arbeiterselbstverwaltungsorgane, die auch sich selbst bei einer derartigen Verletzung des Selbstverwaltungsprinzips bedroht sehen würden, nicht gibt.

4. Die Rolle der marginalen Intelligenz bei der Organisation der Intelligenz als Klasse, bei der Artikulation der Arbeiterinteressen und bei der Herausbildung der immanent-kritischen gesellschaftlichen Selbsterkenntnis

Die Technokratie kann das Machtgleichgewicht der Periode des Ausgleichs nicht bloß aus eigener Kraft umstoßen. Nicht nur die interne Spaltung macht sie dazu ungeeignet, vielmehr auch das an anderer Stelle beschriebene System ihrer Sonderinteressen, durch das sie wenigstens ebenso an die politische Hegemonie des herrschenden Stands gebunden ist, wie sie ihr allgemeines intellektuelles Sein zu einem Teil der Intelligenzklasse macht, die den herrschenden Stand in Frage stellt. Will also die Technokratie die Hegemonie des Stands brechen, will sie statt dessen die intellektuelle Klassenherrschaft errichten, in der viel eher sie als der Stand eine hegemoniale Stellung einnimmt und in der die Technokratie, der sich zur politischen Bürokratie rationalisierende Stand sowie sonstige Gruppen der Intelligenz – die marginale Intelligenz eingeschlossen – sich in einem legitimen und rational regulierten Konflikt gegenüberstehen, dann muß sie die Einheit der Intelligenzklasse festigen und mit den intellektuellen Gruppen, die an den Rand der Intelligenzklasse gedrängt worden und mit dem herrschenden Stand in Konflikt geraten sind, ein Bündnis anstreben, mit jenen intellektuellen Gruppen, die in der Lage sind, für die Technokratie die Ideologien im Kampf gegen den herrschenden Stand zu formulieren, und im Wissen um die Unterstützung durch die Technokratie sogar als Avantgarde in diesem Kampf hervortreten. Diese Intellektuellen sind um so wichtiger für sie, als sie aufgrund ihrer ideologischen Position leichter hinter die ideologische Bastion des herrschenden Stands eindringen können, schon allein deshalb, weil sich unter diesen marginalen Intellektuellen häufig Drop-outs des Stands finden, die sowohl in der Intelligenzklasse als auch innerhalb des herrschenden Stands Ansehen genießen und deshalb diejenigen von der Haupttruppe des Stands abtrennen können, die aus den verschiedensten Beweggründen daran interessiert sind, ein vorübergehendes oder dauerhaftes Bündnis mit der Technokratie einzugehen (Imre Nagy, Dubček; doch in gewissem Sinn gehören auch Chrustschow und Gierek hierher).

a) Die neue Möglichkeit in der Zeit des Ausgleichs: die freiwillig gewählte Marginalität

Die Periode der hegemonialen Herrschaft des Stands bietet der ideologischen Intelligenz die Möglichkeit, sich sowohl theoretisch als auch strategisch auf diesen Aufgabenbereich vorzubereiten. In der Periode des Ausgleichs bestraft man die marginale Intelligenz nämlich bloß mit der Auferlegung einer Quarantäne, man zieht sie vorübergehend aus dem Verkehr, was im Einzelfall lediglich bedeutet, daß die Werke des Betroffenen nicht erscheinen dürfen, daß er nicht ins Ausland reisen darf, daß man um ihn die Atmosphäre des Gebrandmarkten verbreitet und ihm eventuell seinen viel Freizeit garantierenden Arbeitsplatz kündigt, ihm aber trotzdem erlaubt, seinen Lebensunterhalt – von den Foren der öffentlichen Meinungsbildung isoliert – durch eine bescheidenere intellektuelle Arbeit zu verdienen. Zeitweise muß er die Schikanen der Polizei erdulden, oder man sperrt ihn sogar ins Gefängnis, doch ist die Strafbemessung im allgemeinen maßvoll, und auch sein Leben gerät nicht in Gefahr. Die in Quarantäne gedrängten marginalen Intellektuellen werden in der Periode des Kompromisses im allgemeinen weder institutionell noch materiell um die Möglichkeit gebracht, ihre kritische Tätigkeit fortzusetzen oder gar zu vertiefen. Sollten sie diese Möglichkeit dennoch nicht nutzen, so ist der Grund dafür darin zu sehen, daß diese an den Rand ihrer Klasse gedrängten Intellektuellen die Prüfungen der Marginalität auf die Dauer nicht ertragen können. Seit den sechziger Jahren können die in die Marginalität geratenen Intellektuellen zwischen alternativen Handlungsweisen wählen und sie können durchaus eine andere Haltung an den Tag legen, als sie der herrschende Stand durch dieses Purgatorium erzwingen will. Der Stand erwartet nämlich, daß der marginale Intellektuelle unter der Quarantäne vernünftig wird und daß er, nach Verbüßung der Strafe kirre geworden, als Gegenleistung für Bereitschaft zu Loyalitätsbekundungen als vollberechtigtes Mitglied in die Intelligenzklasse zurückkehrt.

In den sechziger Jahren tauchte in ganz Osteuropa ein neuer Typ des marginalen Intellektuellen auf, der seine Verstoßung nicht als Schicksalsschlag empfindet, dessen Programm es nicht ist, in seine vorherige Lage zurückzugelangen und geduckt, gelähmt oder unter Aufgabe der Hauptprinzipien seines Schaffens an indifferenten Nebenthemen arbeitend die Jahre seiner Bestrafung zu überstehen. Demnach dürfte er in der vorübergehenden Verstoßung nur die Unterbrechung seiner Laufbahn sehen. Doch er zieht sich nicht resigniert unter Verzicht auf seine Intellektuellenrolle in die innere Emigration zurück. Für die Haltung der konstruktiven marginalen Intelligenz ist gerade das Akzeptieren ihrer Lage charakteristisch. Sie wollen aus ihrer Not eine Tugend machen. Statt daß sie jene eigentlich meist nicht zu Ende gedachten geistigen Intentionen – die den Zensurapparat des herrschenden Stands (der die letzten Konklusionen vielleicht sogar konkreter ahnt als deren Urheber) zur Verhängung des Publikationsverbots veranlaßten – aus ihrem Bewußtsein verdrängen, sind sie jetzt bemüht, unter Verzicht auf die Verlockung der kompromißhaften Loyalität, ihre Abweichungen radikal zu Ende zu denken und sogar mit allen Konsequenzen zu leben.

In der Periode des Ständeabsolutismus mußten viele Intellektuelle gar nichts dafür tun, um die allgemeingültigen, schmückenden Attribute der Marginalen zu erhalten, um befleckt und aussätzig zu sein, um auf die Schwarze Liste zu gelangen, und man brauchte nahezu überhaupt nichts zu tun, um durch die zufällige Laune eines Polizisten auf die Namensliste der zu Verhaftenden zu gelangen. In der Periode des Ausgleichs werden die mit dem herrschenden Stand in Konflikt geratenden Intellektuellen durch die Technokratie nicht nur vor der Gefahr bewahrt, aus der Intelligenzklasse verstoßen zu werden, sondern sie sichert ihnen quasi auch die Freiheit der Wahl, ob sie Marginale sein wollen oder nicht. Es stimmt zwar, daß niemand als Marginaler geboren wird und daß es auch wenige gibt, die bloß deswegen Marginale sind, weil sie sich mit dieser Rolle angefreundet haben. In Wirklichkeit bietet der herrschende Stand diese Rolle zahlreichen bis dahin harmlosen Intellektuellen an, denen nicht der Sinn danach steht, die zum Tabu erklärten Dogmen des herrschenden Stands anzuzweifeln, die keine besonderen oppositionellen Ambitionen haben, sondern sich vielmehr auf ihrer arglosen künstlerischen oder wissenschaftlichen Pirsch im Dogmengrenzgürtel verirren, der bereits durch den wachen, photoelektrischen Blick der ideologischen Kontrolleure erfaßt ist und auf den im übrigen noch keinerlei sichtbares Verbotsschild aufmerksam macht. Die Grenzwachen verwarnen den auf Irrwege Geratenen. Dabei behandeln sie ihn nicht immer mit zuvorkommender Zurückhaltung, sondern mitunter sogar unerwartet grob, was zwar noch keine existentiellen Folgen hat, doch wer eine solche Verwarnung bekommen hat – eine scharfe Kritik in der offiziellen Tageszeitung oder der theoretischen Zeitschrift der Partei, eine freundlich gemeinte und noch nicht formale Verwarnung der politischen Polizei –, den hat schon der Schatten eines Verdachts erreicht, die vorsichtigeren Standesanhänger ziehen sich bereits diskret von ihm zurück, und schon beginnt um den Intellektuellen das sensationslüsterne Gewimmel der Kiebitze der marginalen Intelligenz, die ihn in das Rampenlicht kumpanenhafter Popularität heben und, sofern er das Rollenangebot der Marginalität annimmt, bis zum Tor der Quarantäne begleiten, wo sie sich in einem plötzlichen Stimmungswandel mit dem Unterton des von der Verurteilung nicht freien Mitleids verabschieden, sich zurückschleichen und auf den nächsten Auserwählten warten.

Es gibt kaum einen Geistesschaffenden, der sich nicht wenigstens einmal – als Belohnung für seine Originalität – während seiner Karriere in diesem Zustand des Auserwähltseins befindet. Doch liegt es in der Zeit des Ausgleichs zu einem guten Teil an ihm, ob er auf die Warnsignale hört und den gefährlichen Grenzgürtel schleunigst verläßt, um sich nie wieder in diese Gegend zu verirren, oder ob er trotz der Signale nicht von dem geistig vielversprechenden Weg abweicht. Im allgemeinen geht jemand auf diesem einmal beschrittenen Weg nicht deshalb weiter, weil er Oppositioneller ist; er wird vielmehr zum Oppositionellen, weil er den Weg nicht verläßt; früher oder später ist er gezwungen, sich seiner Lage bewußt zu werden, und er nimmt die Verstoßung auf sich. Um sich zu formieren, um die Angriffsbewegungen vorzutäuschen, muß der herrschende Stand ideologische Widersacher schaffen, sie zum Phantom aufblähen und zum Sündenbock vom Dienst ernennen. Der Apparat wird sogar dadurch einheitlicher, daß er die zufällig in den Kritikerruf geratenen Intellektuellen in diesem Zustand des Staatsfeinds Nummer Eins festmacht. Würde der Apparat die Konzipienten der Konflikte nicht in den Status des Widersachers zwängen, so würde die Korrosion im Apparat selbst auftreten. Der herrschende Stand schnüffelt unaufhörlich nach oppositionellen Gruppierungen und ideologischen Fraktionen, da er auch aus der als Pflichtlektüre dienenden Geschichte der KPdSU weiß, daß die Geschichte der Partei die Geschichte der permanenten Entstehung und Entlarvung von Fraktionen ist, und deshalb kann er sich auch nicht vorstellen, daß Kunst und Wissenschaft nicht diesem Muster folgen sollten. Unter der gemeinsamen Bezeichnung der vom Stand definierten Abweichung werden Intellektuelle als Gruppe qualifiziert, die ansonsten nicht viel geistige Gemeinsamkeiten haben; doch unter dem Druck der homogenisierenden Strafaktionen des Stands können sie früher oder später tatsächlich zur Gruppe werden.

Warum sollten einige Intellektuelle die Rolle des Marginalen übernehmen, die schließlich doch zahllose Unannehmlichkeiten nach sich zieht, wenn dies zu vermeiden wäre? Gestehen wir es ein: Die geistige Versuchung für die osteuropäischen Intellektuellen, auf diesen verbotenen Wegen weiter zu gehen, ist groß. Versetzen wir uns in die Lage eines leidenschaftlichen Löwenjägers, der nur auf Kartoffeläckern umherstreifen darf und sich auf einmal in ein Reservat verirrt, dessen Wächter über Jahrzehnte nicht einmal gestatteten, das königliche Wild zu fotografieren geschweige denn zu erlegen. Er kann dessen gewiß sein, daß er weder ein besonders gutes Gewehr braucht noch unvergleichliche Adleraugen, um sich in diesem Reservat Trophäen zu holen, die ihm den Ruf eines großen Jägers einbringen und auf allen Jagdausstellungen zu sehen sein werden. Im Reservat der ideologischen Tabus wird der auf Entdeckungsreise gehende Intellektuelle nicht unbedingt durch seinen vor keiner Gefahr zurückschreckenden Heldenmut in das verbotene Gebiet gelockt als vielmehr durch sein fehlbares Verlangen nach vielversprechender und leichter Jagdbeute, wie auch seine Belohnung nicht bloß die abstrakte Freude der Erkenntnis ist, sondern die einheimische und internationale Anerkennung seiner originalen Leistung.

b) Die marginale Intelligenz und die Macht

Die marginale Intelligenz Osteuropas in der Zeit des Ausgleichs unterscheidet sich in ihrer grundlegenden gesellschaftlichen Strategie und auch in ihren möglichen Zielsetzungen essentiell von der westlichen marginalen Intelligenz unserer Zeit und noch mehr von der revolutionären Intelligenz Osteuropas um die Jahrhundertwende. Die marginale Intelligenz der beiden letztgenannten Fälle wird nämlich nicht aus der Position der Klassenmacht in die Marginalität geschleudert, für sie bedeuten die in der Marginalität verbrachten Jahre einen offensiven Ausgangspunkt zur Machtergreifung, abgesehen von den in der revolutionären Ebbe anwachsenden resignierten Gruppen, die auf die nach der Macht strebende organisatorische politische Aktion verzichten, doch gleichzeitig damit meist auch auf jegliche intellektuelle schöpferische Tätigkeit verzichten und an der Peripherie der Gesellschaft in trautem Beisammensein ihre Zelte aufschlagen, wie beispielsweise Ende der sechziger Jahre die rapide zunehmenden Hippiegruppen. Die radikalen linken Gruppen müssen sich organisieren, sie müssen sich die außerhalb der Sphäre der legalen politischen Tätigkeit fallenden Konspirationstechniken der Gewalt aneignen, in ihren Gruppen müssen sie, selbst wenn es gegeneinander sein sollte, den Sektengeist entwickeln, sie müssen die Normen der revolutionären Disziplin entwickeln und sich daran halten. Zum Marginalen werden sie nicht dadurch geweiht, daß sie in der Kunst oder Wissenschaft konsequent ihren eigenen individuellen Weg gehen, sondern dadurch, daß sie einer massiven Mauer einer sich nach fremden Prinzipien organisierenden Macht gegenüberstehen, die sie entweder niederreißen oder auf Umwegen einnehmen wollen, um dann auch selbst an der neuen Macht teilzuhaben. Der Weg der westlichen Neuen Linken und der Weg der osteuropäischen revolutionären Radikalen zu Anfang dieses Jahrhunderts haben in dieser Hinsicht manche Ähnlichkeiten: In beiden Perioden lernte die marginale Intelligenz aus ihren Mißerfolgen, daß es durch verbale Kritik und individuelle Terroraktionen nicht möglich ist, die Bastionen der Macht einzunehmen. Wenn sie handeln will, und zwar effektiv, braucht sie eine disziplinierte Organisation. Als Rahmen hierfür boten sich in beiden Fällen hauptsächlich die nach leninistischen Prinzipien organisierten kommunistischen Parteien an. So läßt sich erklären, daß so viele Neue Linke, die sich dazu bekennen, radikaler als die Kommunisten zu sein, nach der Organisation in kleinen Elitegruppen oder nach der Teilnahme an Massenbewegungen, die ihre Kraft gerade aus ihrer Desorganisiertheit schöpfen konnten, erkannt haben, daß die Kommunistische Partei – die sich mehr und mehr an Intellektuellen orientiert – immer noch die effektivste

Organisationsform bietet, um über die bestehende Ordnung hinausweisende politische Ziele zu erreichen.
Für die osteuropäische Intelligenz ist Marginalisierung kein Weg zur Macht, sondern einer, der von ihr wegführt. Sie wendet sich nicht gegen die Macht einer fremden Klasse, sondern gegen die der eigenen. Sie versucht, sich aus dem Organisationsverband der intellektuellen Klassenmacht zu lösen, und wenn es ihr endlich gelingt – wozu sollte sie sich dann neu organisieren? Sie verspürt wenig Lust dazu, wieder Partei zu spielen, um auf Mitgliederversammlungen Kritik und Selbstkritik zu üben, sich der Sektendisziplin zu unterwerfen. Die marginalen Intellektuellen haben keinerlei Veranlassung, die Festung der Macht mit gewaltsamen Mitteln zu stürmen, da ihnen die Tore offenstehen, sie können jederzeit hineinspazieren, wenn sie bereit sind, die innere Disziplin für sich als verbindlich anzuerkennen. Die ständische Bürokratie, die sich noch nicht an die marginalen intellektuellen Gruppen gewöhnt hat und diese in den Kategorien der eigenen illegalen Vergangenheit interpretiert, versteht gerade das Wesen der Marginalen nicht. Sie vermutet hinter ihnen immer konspirative politische Gruppierungen, und sie kann sich auch gar nicht vorstellen, daß jemand die Marginalität allein deshalb auf sich nimmt, weil er gute Bücher schreiben, und nicht deshalb, weil er Minister werden will. Jener osteuropäische Intellektuelle ist ziemlich überspannt und für die Führungsrolle nicht favorisiert, der nicht in der Lage war, aus fünfzigjähriger Geschichtserfahrung zu lernen, daß in der rationalen Redistribution, im sozialistischen Staat nur der auf die politische Macht hoffen kann, der auch den leisesten Verdacht marginaler Entwicklungstendenzen vermeidet und gegen die aktuelle Parteilinie höchstens innerhalb des herrschenden Stands manövriert, weil

vielerlei Wege aus der Marginalität führen, doch kein einziger zur politischen Macht.
Bei der früheren Geschichtsanalyse der strukturellen Rolle der Intelligenz fiel uns allerdings keine einzige intellektuelle Gruppierung auf, der eine direkte oder indirekte Beeinflussung der Gesellschaft völlig fremd gewesen wäre, letzten Endes also ein Streben nach Macht. Eine Beschreibung der marginalen Intelligenz Osteuropas, die die *differentia specifica* der osteuropäischen Marginalen im prinzipiellen Verzicht auf jegliche Art von Macht wahrnehmen würde, wäre eine ideologische, ja sogar narzißtische Übertreibung. Der in die Marginalität abwandernde Intellektuelle katapultiert sich bloß aus der Redistribuentenmacht, also aus der unmittelbaren intellektuellen Klassenmacht. Er bringt die Interessenkonflikte, die durch die Konsensideologie und die paternalistische Atmosphäre des Ausgleichs verdeckt werden, an die Oberfläche. Er ist der tatsächliche oder potentielle Ideologe der verschiedenen Akteure in den inneren Kämpfen der Intelligenzklasse, und auf diese Weise kann er besonders bei Machtkrisen beachtlichen Einfluß ausüben (manchmal durch seine schärferen und provokatorischen Formulierungen, durch seine das Bestehende ablehnenden Gesten, mitunter auch durch seine auch politisch interpretierbare ökonomische, soziologische oder Kulturtheorie). Es ist sogar auch vorstellbar, daß er während Krisen, die sich zur Revolution ausweiten, die Marginalität aufgeben muß und daß man ihm, wenn er nicht sehr vorsichtig ist, im Wirbel der Ereignisse einen Ministersessel aufzwingt, wie das 1956 Georg Lukács passiert ist, obwohl sich solche politischen Comebacks in der Geschichte der kommunistischen Systeme Osteuropas als sehr kurzlebig erwiesen haben.

c) Die beiden Typen von Marginalen: teleologische und empirische Revisionisten

Die Unterschiedlichkeit in ihren Werten und ideologischen Strategien teilt die marginale Intelligenz Osteuropas in zwei sehr unterschiedliche Gruppen, die sich nach den grundlegenden inneren Konflikten der Intelligenzklasse ordnen lassen, selbst wenn die Geistesprodukte der Marginalen, der Gegenstand und die Phraseologie der damit verbundenen Diskussionen nicht unmittelbar auf die Hauptalternativen des klasseninternen Konflikts deuten und diese bloß durch eine ideologiekritische Analyse in den konfliktbeladenen Interessenverhältnissen verankert sind. Trotzdem sind die Marginalen durch die Ähnlichkeit ihrer Situation, die sich infolge der Repression herausbildet, miteinander verbunden. Diese brüchige Einheit zerfällt leicht, sobald die Repression abnimmt oder eine Verschiebung der Machtverhältnisse erfolgt. Die ideologiekritische Analyse kann die marginalen Intellektuellen in zwei Grundtypen einteilen.

Zum ersten Typ gehören jene Ideologen und Künstler, die nicht auf Kosten des herrschenden Stands und nicht zu Gunsten der Technokratie Anspruch auf eine Machtverschiebung erheben. Diese Kritiker fordern Rechenschaft vom herrschenden Stand darüber, daß er der Technokratie überspitzte Zugeständnisse gemacht hat, daß er auf die Perspektivzielsetzungen des Sozialismus verzichtet hat, daß er an die Stelle der Humanisierung der gesellschaftlichen Verhältnisse das Wirtschaftswachstum setzt, daß er statt der nachhaltigen Durchsetzung der Spezifika des Sozialismus dem Einholen der entwickelten kapitalistischen Gesellschaften eine übertriebene Bedeutung beimißt, was unausweichlich das Eindringen der Wertordnung und der

Lebensweise der Konsumgesellschaft in die sozialistischen Länder nach sich zieht. Die Kritiker des herrschenden Stands fordern statt der Differenzierung der Einkommen den Ausgleich der Lebensverhältnisse, statt des individuellen Konsums die Begünstigung des kollektiven, statt der privatisierenden Lebensform die Entwicklung der Formen von Gemeinschaftsleben, statt der Befürwortung der leistungsorientierten kompetitiven Haltung die Erziehung zu einer sich in tatsächlichen Bewegungen manifestierenden militanten Rolle, statt einer sich an Verbraucheransprüche anpassenden säkularisierten Kulturpolitik die Fortsetzung der Kulturrevolution, die radikale Trennung von Markt und Kultur. Diese Kritiker opponieren in jeder evidenten gesellschaftlichen Streitfrage gegen die Technokratie, gegen die Interessen und die Ratio der Technokratie und stellen dafür eine Wertorientierung auf – den Primat des *telos* gegenüber der *techné* –, deren Träger letztlich bloß der herrschende Stand sein kann, jedoch nicht der empirisch gegebene, bürokratisierte, auf seinen revolutionären Auftrag verzichtende, kleinkarierte, pragmatische, realpolitische und in Kompromissen verstrickte Stand, sondern ein Stand, der sich von innen erneuert, die strategischen Perspektiven des Sozialismus über jede taktische Überlegung setzt und sich als Avantgarde der Berufsrevolutionäre reorganisiert, der nach einer derartigen Katharsis auch diese nicht kompromißbereiten, prinzipiellen Kritiker mit großer Wahrscheinlichkeit rehabilitieren würde.

Die markantesten Vertreter derjenigen Ideologen, die die Erneuerung des herrschenden Stands vorantreiben, sind unter dem Einfluß linker westlicher Ideen die Neomarxisten, die an die Möglichkeit einer Renaissance des Marxismus glauben und in deren Interesse den Akzent von den Thesen des Marxismus auf dessen Werte verlagern. Im

Mittelpunkt ihres theoretischen Interesses steht Marx' Jugendwerk, die Entfremdungstheorie, das Problem der Humanisierung, und sie vertreten den prinzipiellen Standpunkt einer transzendenten Anthropologie. Gerade deshalb wollen sie sowohl über den vulgären geschichtsphilosophischen Determinismus des Stalinismus hinausgehen, als auch über den Ökonomismus des – dem Revisionismus Bernsteins und der Sozialdemokratie verwandten – technokratischen Revisionismus der nachstalinistischen Periode. Sie betonen die historische Rolle des in Alternativen zur Geltung kommenden subjektiven Faktors und lehnen jeden ökonomischen und soziologischen Reduktionismus ab. Statt dessen stellen sie die Kategorie der teleologisch orientierten menschlichen Totalität in den Mittelpunkt ihrer Forschungen und skizzieren die Umrisse einer marxistischen Phänomenologie.

Die Forderungen der teleologischen Kritiker des Stands nach dessen Erneuerung erfreuen sich im Kreis der politischen Bürokratien Osteuropas keiner großen Popularität. Die Ideologen des herrschenden Stands erkennen auch ohne jeglichen theoretischen Scharfblick, daß diese ideologischen Bestrebungen in vulgarisierter Form – auch ohne Abzug der selbstkritischen Konsequenzen – geeignet sind, die Technokratie in Schach zu halten oder deren Positionen zurückzudrängen. Grob vereinfacht fordern diese abstrakten Gedankengänge eine Festigung der Verflechtung von Wirtschaft und Politik und interpretieren so das Ethos der rationalen Redistribution vom Standpunkt des herrschenden Stands, obwohl sie die Position des Redistribuenten auch im allgemeinen stärken. Das heißt, wir haben es mit einer Ideologie der Intelligenzklasse zu tun, die sich die intellektuelle Klassenherrschaft nur unter einer stabilen ständischen Hegemonie vorstellen kann. Der herrschende Stand versetzt seinen teleologischen Kritikern gleichzeitig zwei Schläge. Aus Wut über die Forderung nach der eigenen Erneuerung drängt er die Kritiker in die Marginalität. Zugleich nutzt er allerdings, wenn auch in noch so primitiver Form, Details ihrer Ideologie zum Schutz ihrer höchst empirischen Existenz und Interessen. Mit anderen Worten, aus seiner teleologischen Kritik schmiedet er die Waffe seiner immanenten Apologetik.

Dadurch drängt der Stand die teleologischen Kritiker in eine immer tiefere theoretische Krise. Gegen diese ideologischen Einverleibungsaktionen des Stands versuchen sie sich zu schützen, indem sie ihre Werte immer abstrakter, wir könnten auch sagen: immer elegischer formulieren. Die Analyse der makrostrukturellen volkswirtschaftlichen und sozialen Konflikte wird im Kreis dieser Kritiker von einer geschichtsphilosophischen Resignation abgelöst. Eklatantester Beweis dafür ist, daß sie den realen Sozialismus, das heißt die Gesellschaften der kommunistischen Länder gerade wegen ihrer historischen und ökonomischen Determination, das heißt wegen ihrer relativen wirtschaftlichen und kulturellen Unterentwicklung, wegen ihrer feudalen, antidemokratischen politischen Tradition nicht als Sozialismus akzeptieren. Vom Aspekt der strategischen Perspektiven des Sozialismus qualifizieren sie diese Gesellschaftssysteme als historische Sackgasse, deren wirtschaftliche, gesellschaftliche und politische Reformen und selbst deren wissenschaftliche Analyse nicht der Mühe wert sind. Deshalb entziehen diese Kritiker den Modellwert entbehrenden Formationen und im allgemeinen allen makrostrukturellen Problemen ihr theoretisches Interesse und gehen davon aus, daß sich die Werte des Sozialismus in unseren Tagen nicht in ganzen Gesellschaften verkörpern, sondern bloß in Persönlichkeiten beziehungsweise in deren elitären, avantgardistischen Kreisen, die sich die wahren Ideale des Sozialismus aneignen. Deshalb kann die Lehre des Sozialismus ihrer Meinung nach schöpferisch nur dadurch weiterentwickelt werden, daß sie diese Persönlichkeit neuen Typs, deren Bedürfnisstruktur und interpersonale, gesellschaftliche Beziehungen in den Mittelpunkt der Untersuchungen stellen. Auf solche Weise tritt also an die Stelle des gesellschaftlichen und politischen Radikalismus – nach Analyse der radikalen Bedürfnisse – ein sozialpsychologischer Radikalismus.

Die andere, viel heterogenere und in ihren theoretischen Bestrebungen diffusere Gruppe der marginalen Intelligenz Osteuropas wird von den empirischen Revisionisten gebildet. Hierunter verstehen wir, daß diese Leute entgegen der Doktrin des herrschenden Stands auf empirische Erfahrung, auf die Tatsachen der von ihnen anders gesehenen, erkannten oder erlebten Realität hinweisen. Ihr Verhältnis zur Gesellschaft ist viel eher kognitiv als normativ, und insofern – unabhängig davon, ob sie den orthodoxen Sowjet-Marxismus des herrschenden Stands jemals persönlich geteilt haben – überprüfen sie unmittelbar die Grundthesen dieser monopolistischen und mit Ausschließlichkeit zur Geltung kommenden Ideologie, deren *a priori* erklärte Wissenschaftlichkeit, Unabänderlichkeit und unteilbare Einheit die Hegemonie des herrschenden Stands über die Intelligenzklasse und in ihr über die Technokratie legitimiert. Folglich unterstützen die empirischen Revisionisten durch die ideologischen Bezüge ihrer Arbeit den Anspruch der Technokratie, ihre Macht auf Kosten des herrschenden Stands auszudehnen. Darüber hinaus kritisieren allerdings die radikalen und eben deshalb in die Marginalität gedrängten empirischen Revisionisten auch die Technokratie, sofern sie in der Periode des Ausgleichs wegen ihrer spezielleren Schichtinteressen die Hegemonie des herrschenden Stands akzeptiert und die Ratio der intellektuellen Klassenmacht gegen die vom herrschenden Stand gegebene Interpretation des Ethos der rationalen Redistribution nicht nachdrücklich genug vertritt.

Eigenartigerweise zeigt sich der Geist des empirischen Revisionismus in den osteuropäischen Ländern zuerst auf dem Gebiet der Kunst und innerhalb der Kunst auf dem Gebiet der offiziell erlaubten realistischen Stilrichtungen, im Kreis der dargestellten Inhalte. In der Periode des ständischen Absolutismus wurde von jedem Künstler erwartet, daß er das Typische ideologisch, »parteilich« darstellt und nicht die empirische Erfahrung des Künstlers. Widersprachen die Werke dem normativen Ideal des sozialistischen Menschentyps und der sozialistischen gesellschaftlichen Relationen, also dem Ideal des konstruktiv, ja glücklich in die Zukunft blickenden positiven Helden, widersprachen die Werke beim Bericht über die immanenten Konflikte der sozialistischen Gesellschaft der offiziellen Linie, boten sie bei der Darstellung der allgemeinsten Situationen des menschlichen Seins nicht die aus den Verhältnissen des Sozialismus abzuleitenden optimistischen Lösungen für Krankheit, Leid, Tod oder auch für Enttäuschung in der Liebe, so erhielten sie die vernichtenden Attribute des bürgerlichen Objektivismus, des kleinbürgerlichen Pessimismus oder des abstrakten Humanismus. Im wesentlichen legalisierte die nachträgliche Kritik des Stalinismus erstmals eine Betrachtungsweise, die teils vom Sozialismus unabhängige und teils gerade aus dem Stalinismus hervorgehende Leidenschaften, Krisen und Tragödien darstellt. Gleichzeitig damit, also erst in der Periode des Ausgleichs, kamen die in der Phase des ständischen Absolutismus total unterdrückten Kunstbestrebungen der osteuropäischen Avantgarde

wieder zum Vorschein. Die Künstler gingen über die Mittel des als sozialistischer Realismus deklarierten konventionell-akademischen Realismus hinaus und meldeten ihren Anspruch an, begannen ihn sogar zu realisieren, daß sich in ihrer Ausdrucksweise ihre authentische und autonome Anschauung zu realisieren habe. In der Periode des Ausgleichs wurden diese Kunstbestrebungen insbesondere in den liberaleren osteuropäischen Ländern, wenn nicht unterstützt, so doch mehr oder weniger an der Peripherie geduldet, und in die Marginalität wurden sie nur gedrängt, wenn das vorgegebene, auch soziologisch relevante Weltbild nicht bloß von dem offiziell gewünschten abwich, sondern dessen Geist geradezu radikal verneinte.
Jene Künstler, die die Welt der geschichtlichen Parabeln oder der in jeder Gesellschaft vorstellbaren menschlichen Dramen verließen und in ihren Werken die in der sozialistischen Gesellschaft empirisch gegebenen Phänomene und Lebensgefühle darstellten, die allerdings den von der ästhetischen Polizei akzeptierten ideologischen Selbstreflexionen widersprachen, gerieten unvermeidlich in die Marginalität.
Dieser ideologisch indirektere empirische Revisionismus der Künste lockerte erstmals die Kontrolle des herrschenden Stands und gewann die Unterstützung der Technokratie, damit auch auf dem Gebiet der Gesellschaftswissenschaften die empirische Forschungsarbeit beginnen konnte, die in den sechziger Jahren die ideologischen Wertsetzungen in Parenthese tat. Auch die engsten Schichtinteressen der Technokratie erforderten, daß die Forscher zur Verwissenschaftlichung der Planungstätigkeit, zur Abschätzung der tatsächlichen Konsequenzen der Planungsentscheidungen ein objektives Bild von den gesellschaftlichen Verhältnissen geben. Deshalb unterstützte die Tech-

nokratie jede Art von empirischer Forschungsarbeit, von der Ökonomie bis zur empirischen Soziologie, von der statistische Methoden benutzenden Geschichtswissenschaft bis zur strukturalistischen Literaturwissenschaft, und hieß es gut, daß die Gesellschaftswissenschaften von einer gemeinsamen positivistischen Methodologie durchdrungen wurden; die Vertreter dieser Bestrebungen wurden von der Technokratie nicht nur geduldet, sondern sogar unterstützt und mit hohem akademischem Prestige belohnt. Es ist eine andere Frage, daß ein Teil der empirischen Gesellschaftswissenschaften bei konsequenter Anwendung der Logik der als legitim akzeptierten Forschungsmethoden früher oder später zur Ideologiekritik kam, das heißt auch ideologische Zielsetzungen zum Gegenstand empirischer Untersuchung machte und dadurch der Arbeit implizit eine ideologische Bedeutung verlieh. Diese empirisch fundierte Ideologiekritik hat bereits die Hegemonie des Stands angezweifelt, doch zugleich bot sie auch die Kritik an der Technokratie, und zwar nicht ausschließlich und nur vom Standpunkt der Intelligenzklasse, sondern auch unter Berücksichtigung der Interessen anderer gesellschaftlicher Klassen beziehungsweise der Verletzung ihrer Interessen. Eine derartig verlaufende Entwicklung der osteuropäischen empirischen Gesellschaftsforschung machte dem Stand die Gefahr der positivistischen Gesellschaftsforschung bewußt, weshalb Ende der sechziger Jahre eine ideologische Offensive eingeleitet wurde, in deren Verlauf sogar die empirischen Gesellschaftsforscher in die Marginalität gedrängt wurden.
Die Künstler oder Gesellschaftswissenschaftler des empirischen Revisionismus sind sich über die ideologischen Konsequenzen ihrer Tätigkeit noch weniger im klaren als die teleologischen Kritiker. Die empirischen Revisionisten bringen dadurch, daß sie Teilinteressen artikulieren, ver-

deckte und sogar unterdrückte Interessen an die Oberfläche, machen konkretes menschliches Unrecht sichtbar, relativieren Werte und erheben Anspruch auf die Erforschung oder Darstellung der verschiedensten Realitätsdimensionen, das heißt auf deren gesellschaftliche Tolerierung; sie sind an einer bestimmten Art von Pluralismus interessiert, an der Demokratisierung der politischen Verhältnisse, an den verfassungsmäßigen Freiheitsrechten, durch die die Äußerung von Teilinteressen garantiert wird. Folglich neigen die empirischen Revisionisten dazu, sich als Repräsentanten des gesamtgesellschaftlichen Interesses zu begreifen. Sie würden vermutlich beleidigt sein, würde man sie als Ideologen der intellektuellen Klassenmacht oder, noch zugespitzter, als Ideologen der Technokratie bezeichnen. Wir können allerdings trotzdem nichts anderes tun, als an einer derartigen Qualifikation festzuhalten. *De facto* dreht sich nämlich in der Periode des Ausgleichs fast jeder wesentliche Gesellschaftskonflikt um den Machtkampf zwischen Technokratie und herrschendem Stand, und die Technokratie ist sogar fähig, aus der gesamten expliziten Ideologie den impliziten Inhalt herauszunehmen, den sie im manifesten oder unterschwelligen Kampf gegen den Stand verwenden kann. In der zweiten Periode der Geschichte des Sozialismus gibt es außer der Technokratie keine gesellschaftliche Kraft, die im Kampf gegen die hegemoniale Macht des Stands eine reale Erfolgschance hätte. Wie der Ausdruck aller unterdrückten Interessen – der Bauernschaft genauso wie des Stadtproletariats – an der Schwelle der Französischen Revolution Munition für die Machtansprüche des Bürgertums war und wie auch die sich dem Bürgertum widersetzenden jakobinischen Intellektuellen letzten Endes bürgerliche Ideologen waren, so ist auch die Technokratie gezwungen, die Vertretung aller verletzten

Interessen zu übernehmen, um auch ihre eigene Kritik zu kooptieren und die Ideologie aller – dem herrschenden Stand widersprechenden – Teilinteressen in das technokratisch interpretierte Ethos der rationalen Redistribution zu integrieren.

Paradoxerweise und gleichwohl verständlich verhält sich die ideologische Gegenoffensive des herrschenden Stands gegenüber jenen teleologischen Revisionisten, die gerade die Ideologen der Konsolidierung der ständischen Herrschaft sind, um nichts nachsichtiger als gegenüber den empirischen Revisionisten, die die Hegemonie des herrschenden Stands nicht einmal in ihrer erneuerten Form verlangen. Der herrschende Stand verhält sich deshalb so, weil er durch die Abkanzelung der Marginalen die Technokraten zügeln will. Hierzu ist es allerdings zweckmäßig, Marginale auszuwählen, die auch von den Technokraten nicht geschützt werden, obwohl sie die Schlagkraft des Stands mit einigem Schrecken registrieren. Der herrschende Stand wählt auch deshalb nach diesen Kriterien aus, weil die empirischen Revisionisten den herrschenden Stand bloß in seiner strukturellen Position verneinen, ihn jedoch nicht als Verräter des eigenen Auftrags qualifizieren, während die teleologischen Kritiker darüber hinaus, daß sie die empirische Praxis des herrschenden Stands in Frage stellen, ihn sogar der eigenen Ideologie entkleiden und auch seinen sozialistischen Charakter in Zweifel ziehen. Das Kollektiv der Repression dagegen integriert die Marginalen, was bedeutet, daß sie unabhängig von ihrem weltanschaulichen Standort miteinander solidarisch werden und sich dank der Ähnlichkeit ihrer täglichen Lebensbedingungen (Existenzschwierigkeiten, polizeiliche Schikanen) in ihrer Lebensweise und ihren Wertvorstellungen einander annähern. Sie entwickeln eine spezielle Subkultur der Marginalität, einen

Galgenhumor, gegenseitige Toleranz, Achtung vor der Autonomie, ja eine ziemlich konspiratorische Disziplin, eine kollektive Antipathie gegenüber jeglicher offizieller Autorität, die sie in der politischen Polizei des herrschenden Stands und in der Lebensweise der Technokratie gleichermaßen erblicken. Doch da die Technokratie gegenüber der Kritik an ihrer Lebensweise toleranter ist als der herrschende Stand gegenüber der Kritik an der politischen Polizei, und vor allem, weil die Technokratie an einer aufgeklärteren politischen Bürokratie interessiert ist, die die eigenen Prinzipien und Strategien konsequenter und gerade deshalb berechenbarer vertritt, zieht sie sogar aus der Kritik mehr Nutzen als der herrschende Stand. In der zu erwartenden dritten Periode des Sozialismus – also in der Periode der Professionalisierung des herrschenden Stands als politische Bürokratie, in der Periode, die gleichzeitig das Ende des frühen Sozialismus und den Beginn des entwickelten Sozialismus bedeuten würde – würde die Technokratie nicht nur ihre eigenen Ideologen aus der Marginalitätslage herausheben, sondern auch die teleologischen Kritiker. Es scheint auf jeden Fall sicher zu sein, daß die gegenwärtigen marginalen Ideologen in dieser dritten Periode nicht ausreichen werden, um irgend jemand an den Rand des intellektuellen Seins zu drängen, weil ihre kritische Bedeutung nur in der Periode des Ausgleichs relevant ist, während zur Kritik der intellektuellen Klassenherrschaft neue Dimensionen des kritischen Denkens ausgebaut werden müssen.

d) Unmöglichkeit und Möglichkeiten einer kritischen Selbsterkenntnis der Intelligenz

Mit der Entfaltung der rationalen Redistribution haben sich erstmals in der Geschichte die Klassenpositionen der Intelligenz in der osteuropäischen Gesellschaftsstruktur herausgebildet; die immer homogener werdende Intelligenz steht an der Schwelle zur Klassenmacht. Die Intelligenz ist in jeder Gesellschaft monopolistischer Inhaber der Kultur, in diesem Fall allerdings Inhaber der eigenen Klassenkultur. Sie lehnt es also nicht bloß ab, die Kultur anderer Klassen zu pflegen. Ihr Monopol ist absoluter: Sie enteignet die Kultur jeder anderen Klasse oder Schicht und verleibt sie sich ein. Falls dem etwas entgegensteht, erfährt die andere Kultur eine Abwertung. Dadurch verhindert die Intelligenz, daß die Arbeiterklasse zum Beispiel in der eigenen strukturellen Lage ihre Identität erkennt. Will ein begabter junger Arbeiter seine Lage verändern, macht er sich mit der Klassenkultur der Intelligenz und somit mit dem Ethos der rationalen Redistribution vertraut. Der einzige legitime Kanal seiner Mobilität ist die Entwicklung zum Intellektuellen, eventuell sogar die Aufnahme in den herrschenden Stand. Die Bedingungen dieser Mobilität werden durch das Unterrichtssystem reguliert, das bereits zum Selektionsmechanismus vereinfacht wird, um in die Intelligenzklasse aufgenommen zu werden. Das vermittelte Wissen, auch wenn es nicht jeden zum Intellektuellen macht, siedelt jedwedes Selbstbewußtsein in der kontinuierlichen Hierarchie der intellektuellen Klassenkultur an. Im Sozialismus wird die Kultur zum Disziplinierungsinstrument (effektiver als jede andere Gewalt) der ihre Klassenmacht ausbauenden Intelligenz. Wer die geschlossene, gelenkte und gefilterte Kultur lernt, baut die Polizei in sein Gehirn ein und verliert die Fähigkeit, sich anders zu definieren denn als entwickelten Intellektuellen oder als unterentwickelten und deshalb weniger qualifizierten Subintellektuellen, der seinen Platz auf den unteren Ebenen der bürokratischen Struktur zugewiesen bekommt.

Wenn die Kultur selbst ihre Schöpfer und Träger ontisch zu Angehörigen der Intelligenzklasse macht, wenn die Kultur der gesamten Gesellschaft sich als intellektuelle Klassenkultur artikuliert, wenn die nicht zur Intelligenz werdende Mehrheit der Gesellschaft nirgendwo und von niemandem lernen kann, welches ihre speziellen Interessen sind, wenn es das fundamentale Interesse der Intelligenz als Klasse ist, diese Teilinteressen zu überdecken: dann ist nicht nur der Arbeiter nicht in der Lage, sein Klassendasein zu erkennen, sondern auch der Intellektuelle nicht, dann macht die entscheidende ideologische Prämisse der rationalen Redistribution, das Ideal der klassenlosen Gesellschaft, die Herausbildung jedweden Klassenbewußtseins, inklusive des Klassenbewußtseins der Intelligenz, fast zu einer epistemologischen Unmöglichkeit. Erstmals in der Weltgeschichte wird die Möglichkeit einer intellektuellen Klassenposition an sich verwirklicht, was heißt, daß der jeweilige Konzipient des verschiedenen Klassenbewußtseins selbst zu einer partikularen Klasse der Gesellschaft wird. Als solche ordnet diese ihr erkennendes Bewußtsein dem eigenen Klasseninteresse unter, was zur Folge hat, daß sie weder ihr eigenes noch fremdes Klassenbewußtsein formuliert. Würde sie es trotzdem tun, würde sie das herrschende Legitimationsprinzip der rationalen Redistribution in Frage stellen, namentlich, daß die Redistribution von einem über den Klassen stehenden gesamtgesellschaftlichen Interesse geleitet wird. Damit würde sie allerdings ihr eigenes Klassendasein gefährden. Wenn also einzelne Intelligenzangehörige das Legitimationsprinzip der Klassenmacht der redistributiven Intelligenz offen formulieren würden, würde sie ihre Logik in der weiteren Entwicklung zur Formulierung des alternativen Legitimationsprinzips der Arbeitskraftbesitzer veranlassen. Zugleich entstünde ein ideologischer Anspruch auf eine intellektuelle Klassenmacht, die – vorausgesetzt, die Redistribution würde sich auf einer reiferen und rationaleren Stufe als gegenwärtig befinden – den Ausbau von verschiedenen Organisationen der Arbeiterselbstverwaltung im lokalen und Landesmaßstab unter Berücksichtigung des oben erwähnten alternativen Legitimationsprinzips ermöglichen würde, mit anderen Worten: die Organisation der Gegenmacht der Arbeiterklasse innerhalb des ökonomischen Integrationsmodells der rationalen Redistribution. Im Zusammenhang damit taucht mit Recht die Frage auf, ob es sich hierbei überhaupt noch um rationale Redistribution handelt.

Eine gewisse Klassenmacht kann sich die Arbeiterklasse erst dann verschaffen, wenn sie ihr Klassenbewußtsein artikuliert. Die Intelligenz dagegen vermag ihre Klassenmacht nur dadurch zu sichern, daß sie ihr Klassenbewußtsein nicht artikuliert oder aber, wenn das nicht mehr zu vermeiden ist, diesem bloß eine heuristische Bedeutung beimißt und sich davor hütet, daraus ideologische Konsequenzen abzuleiten. Deshalb ist die Intelligenz ein außerordentlich schamhafter Machtinhaber. Demzufolge hält sie am Begriff der einheitlichen Kultur fest, als deren zentrale Kategorie sie die aus dem Gattungswesen abgeleitete konstruktive, hierarchische Wertordnung setzt, die der höchste Hüter des gesellschaftlichen Konsensus ist, und als solcher verkündet sie ein antiindividuelles, pathetisches Kollektivethos, verteidigt sie die Rollenintegration in der Persönlichkeit, wehrt sie jeden ironischen Versuch ab, der auf die

Relativierung der Werte abzielt, identifiziert sie den Kulturbegriff mit der hohen Kultur, erkennt sie nur Wissenschaft und Kunst als Kultur an, von der sie das Wissen anderer Klassen separiert, geringschätzig dem Begriff des Alltags zuordnet und so als Nicht-Kultur definiert. Die Gesellschaft der rationalen Redistribution ist zur Selbsterkenntnis unfähig, im Sozialismus entwickelt sich eine eigenartige Krise der gesellschaftlichen Selbsterkenntnis. Die Intelligenzklasse ist von den Vernichtungen, die der herrschende Stand unter den Intellektuellen angerichtet hat, geblendet. Der Blutverlust war derartig groß, daß sie Selbstreflexion für einen Luxus hält und ihre Privilegien lieber erweitern möchte als sie in Frage zu stellen. Das Klassendasein der Intelligenz könnten nur jene erkennen, die vom herrschenden Stand in die Marginalität gedrängt werden. Sie aber identifizieren sich verständlicherweise nicht gerne, nicht einmal als Klasse, mit dem herrschenden Stand. Die intellektuelle Klassenkultur ist allerdings sehr geeignet, um jedwede transzendent-ideologische Kritik der Marginalen zu kooptieren, und da die Intelligenzklasse die erste ist, deren Marginale das Element der Transzendenz innerhalb der Klasse und deren Kultur vertreten, wie die kapitalistische Ordnung jede immanente Analyse, so kann die rationale Redistribution jede transzendente Analyse für ihre eigenen Ziele verwenden. Auf diese Weise schwächt die Intelligenzklasse ihre eigenen Positionen gegenüber dem herrschenden Stand, dessen Funktion es ist, dem Ethos der rationalen Redistribution als Kultur der Gesamtgesellschaft Anerkennung zu verschaffen und somit das Monopol der intellektuellen Klassenkultur zu sichern. Würde die Klasse die Hegemonie des Stands beseitigen, würde ihre Kultur bloß zur Kultur einer Klasse, wenn auch der herrschenden Klasse, werden. Dieser Kultur gegenüber würden auch andere, alternative Kulturen als legitim erscheinen. Die Intellektuellen tragen also den Zensor des herrschenden Stands in sich, der ihnen nicht erlaubt, sich selbst in ihrer eigenen gesellschaftlichen Wirklichkeit zu definieren. Die Projektion dieser inneren Zensur ist die intellektuelle Abteilung der politischen Polizei, die nichts unfreundlicher aufnimmt, als wenn die marginale Intelligenz von der Klasse der Intelligenz spricht.

Die Möglichkeit der positivistischen empirischen Gesellschaftswissenschaft entstand dadurch, daß die organische Intelligenzschicht wegen ihrer strukturellen Position zur Artikulation anderer Teilinteressen fähig und bereit war, das heißt, daß sich eine Gesellschaftswissenschaft entwikkeln konnte, die nicht von der einheitlichen Hierarchie der Werte ausging, sondern gerade die Relativierung der Werte und Interessen für ihre Aufgabe hielt. Mit der Herausbildung der intellektuellen Klassenposition und -kultur sind wir Zeugen der Stagnation der positivistisch-empirischen Gesellschaftswissenschaft, wodurch die Frage gerechtfertigt ist, ob die positive Gesellschaftswissenschaft nicht bloß eine an den preisregulierenden Markt gebundene historische Episode war. Weiterhin, wenn die Gesellschaftswissenschaft unter den Bedingungen der rationalen Redistribution ausschließlich intellektuelle Klassenideologien formuliert, die Wissenschaft des redistributiven Ethos, dann befinden wir uns vielleicht auch nicht in der Zeit des Niedergangs der Ideologie, sondern – wegen der erkenntnistheoretischen Krise der immanenten gesellschaftlichen Erkenntnis – vielleicht sogar in der Zeit der totalen Ideologie.

Behelfen wir uns mit einem Wortspiel: Transzendent ist in unseren Tagen nur, wer immanent ist, doch immanent kann nur sein, wer das Bestehende transzendiert. Wir sind überzeugt: Der erste Schritt kritischen gesellschaftlichen Denkens während der Organisation der Intelligenz als Klasse ist die Erkenntnis, daß die Kultur zur intellektuellen Klassenkultur wird. Wir haben unsere Studie als immanente Strukturanalyse konzipiert, es ging uns also nicht darum, unter Berufung auf eine transzendente Wertordnung irgendeine ideologische Kritik oder Rechtfertigung der Organisation der Intelligenz als Klasse zu liefern, womit wir vermutlich gleichzeitig das ablehnende Mißfallen der ideologischen Apologeten und der ideologischen Kritiker der sozialistischen Gesellschaftsstruktur Osteuropas gegen uns provoziert haben. Unter anderem haben wir dieses Risiko auf uns genommen, weil wir verstehen lernten, daß Gesellschaften, in denen die Intelligenz die Klassenmacht ausübt, nur durch immanentes Denken kritisch untersucht werden können. Die ideologische Kritik muß also von der Ideologiekritik abgelöst werden; insofern betrachten wir unsere Strukturanalyse bloß als Vorstudie zu einer kritischen Untersuchung des Ethos der rationalen Redistribution.

Im weiteren nehmen wir an, daß eine solche, sogar *nur* eine solche immanente Gesellschafts- und Ideologiekritik zur Konzipierung einer internationalen ost-westlichen und nun bereits immanenten neuen linken Strategie führen kann, wobei wir die Versuche der Neuen Linken in den sechziger Jahren – gerade weil sie sich nicht klar von der zur rationalen Redistribution führenden traditionellen teleologischen Linken abgrenzen konnte – nur als fehlgeschlagene Versuche betrachten. Geht nämlich die Neue Linke über die Formulierung der Forderung hinaus, daß es nicht Sache der intellektuellen Elite ist, Teilinteressen zu dienen, sondern daß es ihre Aufgabe ist, die oppositionellen Bewegungen als Konzipient der gesellschaftlichen

Teleologie zu führen, dann unterscheidet sich die Neue Linke durch wesentliche neue Elemente vom traditionellen Bolschewismus. Es ist keine allzu fruchtbare Position, die Notwendigkeit eines intellektuellen Interventionismus zu verkünden und zur gleichen Zeit jede Form des Interventionismus der westlichen Technokratie zu kritisieren. Konsequentes Denken führt aus diesem Dualismus nur zu einer abstrakt spirituellen Gegenkultur oder zur Apologie der rationalen Redistribution. Die Kriterien der Linksorientierung müssen also neu formuliert werden, weil jetzt als Rechtsorientierung qualifiziert werden kann, was früher linksorientiert zu sein schien. Es muß also geklärt werden, welches die Elemente der Linksorientierung sind, die sich natürlich in die intellektuelle Klassenkultur integrieren. Linksorientiertes Denken hört auf, linksorientiert zu sein, wenn es nur dem redistributiven Ethos dient. Es erhebt sich die Frage, ob es Elemente linksorientierten Denkens gibt, die diesem Ethos nicht dienen und es sogar oppositionell überwinden. Gibt es solche Elemente und sind diese gedanklichen Elemente kohärent, so gibt es eine immanente Linksorientierung. Wollen die marginalen Intellektuellen Osteuropas Vertreter der immanenten Linken sein, müssen sie eine Rolle – zwischen Technokratie und Arbeiterklasse – als organische Intelligenz der Technokratie und der Arbeiterklasse entwickeln. Aus ihrem immanenten kritischen Wirken muß sowohl die eine als auch die andere ihre Ideologie ableiten können. Paradoxerweise ist ein transzendentes intellektuelles Wirken in Osteuropa nicht vorstellbar, solange die Intelligenz nicht die Immanenz ihrer Organisation als Klasse formuliert. Hierzu kann es allerdings erst nach Beseitigung der Hegemonie des herrschenden Stands und nach Festigung der Macht der gesamten Intelligenzklasse kommen. Zu welchem Zeitpunkt diese hypothetische dritte Periode in der Geschichte des Sozialismus eintritt, können die Autoren exakt daran ablesen, wann das vorliegende Manuskript von einem osteuropäischen Verlag zur Publikation angenommen wird.

Csobánka, im September 1974

Iván Szelényi
Nachwort

Der Essay *Die Intelligenz auf dem Weg zur Klassenmacht* ist in gemeinsamer Arbeit mit meinem Freund György Konrád in der Zeit zwischen Dezember 1973 und September 1974 entstanden. Freilich ist diese Studie nicht ausschließlich das Produkt neunmonatigen Schreibens, vielmehr Ergebnis unserer zehnjährigen gemeinsamen soziologischen Forschungsarbeit.

Die Intelligenz auf dem Weg zur Klassenmacht ist keine akademische Fleißarbeit. Unser Buch ist in hohem Maße Teil der osteuropäischen Samizdat-Literatur, deshalb sollte man es nicht mit den herkömmlichen formalen Standards »westlicher Gelehrsamkeit« messen. Wir dokumentieren nicht die Literatur, Fußnoten haben wir tunlichst vermieden. Wir haben einen sozialwissenschaftlichen Essay über Osteuropa geschrieben, nicht eine kriminologische Untersuchung. An diesem Buch haben wir gearbeitet, seit wir uns ohne jede Selbstzensur, ohne Rücksicht auf offizielle ideologische Tabus Klarheit darüber verschaffen wollten, in welcher Art von Gesellschaft wir damals lebten; und wir entschlossen uns, den unveränderten Buchtext zu publizieren, um zu zeigen, welche Schlußfolgerungen wir als Sozialwissenschaftler hinsichtlich der Ursachen des Sozialismus und einer kritischen Gesellschaftsanalyse in den Jahren 1973/74 in Osteuropa ziehen könnten.

Im Verlauf unserer empirischen Untersuchungen gelangten wir nach und nach zu der Überzeugung, daß der osteuropäische Sozialismus ein neues System der Unterdrückung und Ausbeutung der Arbeiterklasse hervorgebracht hat, daß unter der sogenannten »Diktatur des Proletariats« die

Arbeiter zur unterprivilegiertesten Klasse gehören. Uns wurde allmählich klar, daß die »Diktatur des Proletariats« ein Mythos, eine Ideologie zur Machtlegitimation einer neuen oppressiven gesellschaftlichen Gewalt ist. Wir waren keine Kommunisten, wir haben uns nie der Kommunistischen Partei angeschlossen, ja wir bezeichneten uns nicht einmal als Marxisten, aber als professionelle Soziologen hielten wir es für unsere Pflicht, das Funktionieren der osteuropäischen Gesellschaftsstrukturen vom Standpunkt der Unterdrückten zu betrachten. Deshalb wählten wir für unsere kritische Analyse eine sozialistische Perspektive. Seit wir herausgefunden hatten, daß die bestehenden kritischen sozialistischen oder marxistischen Theorien über die osteuropäischen Sozialstrukturen nicht zureichten, um die Art der gesellschaftlichen Konflikte zu erklären, glaubten wir, dies leisten zu müssen. Wir machten uns daran, ein eigenes theoretisches Erklärungsmodell hinsichtlich der Klassenstruktur der staatssozialistischen Länder zu erarbeiten. In akademischer Hinsicht war dies ein mehr als ambitioniertes Unternehmen. In politischer Hinsicht hatten wir uns auf etwas schier Unmögliches eingelassen. Was wir vorlegen konnten, war lediglich ein grobes Gerüst, eher ein Anstoß zu weiterer Forschungsarbeit denn ein ausgereiftes Produkt, das unter den politischen Bedingungen der 70er Jahre dazu verurteilt war, als Teil der Untergrund-Literatur zu fungieren. Es ist lediglich einem glücklichen Zufall zu verdanken, daß dieses Werk nunmehr gedruckt erscheinen kann. In welchem Verhältnis steht unser Buch zu alternativen sozialistischen Kritiken der osteuropäischen Gesellschaften und warum wird es gerade jetzt veröffentlicht?

Linke Kritiker der Gesellschaften sowjetischen Typs sind sich völlig bewußt, daß der osteuropäische Staatssozialismus ein neues System der Unterdrückung der Arbeiterklasse hervorgebracht hat, und von Trotzki über Djilas bis hin zu Kurón hat eine Reihe von Theoretikern versucht, die Entstehung eines neuen Typs von Klassenkonflikten zu beschreiben. In dieser Hinsicht steht unser Buch ganz in den Traditionen linker Kritik am Staatssozialismus. Andererseits betrachteten wir es als unsere Hauptaufgabe, die früheren Theorien einer »neuen Klasse« umzuinterpretieren. Die ältere linke Kritik identifizierte die Staats- und Parteibürokratie als Unterdrückungsmacht gegenüber der Arbeiterklasse und bemühte sich stark darum, eine Unterscheidung zu treffen zwischen der Intelligenz einerseits und einer neuen »bürokratischen Elite« bzw. – in der Terminologie anderer Autoren – einer neuen »bürokratischen Klasse« einer »neuen Bourgeoisie« andererseits. Seit den 60er Jahren ist diese Unterscheidung von Bürokratie und Intelligenz freilich immer problematischer geworden. In unserem Buch legen wir dar, daß die Differenz zwischen Intelligenz und Bürokratie allmählich verschwindet. Wir stellen nicht in Frage, daß es Konflikte, zuweilen sogar ganz signifikante, zwischen der sogenannten »freischwebenden Intelligenz« (Wissenschaftler, Künstler usw.) und Technokraten und Parteibürokratie gibt, aber wir zeigen, daß solche Konflikte nicht struktureller Natur sind und daß sie sich zunehmend dem strukturellen Konflikt zwischen der Arbeiterklasse und der neuen Klasse der Intelligenz (die die Bürokratie einschließt) unterordnen. Mit anderen Worten: Wenn es seit den 60er Jahren eine neue herrschende Klasse in Osteuropa gibt, dann setzt diese sich eher aus der Intelligentsia als aus einer eng definierten Bürokratie zusammen. Die Theorie der »neuen Klasse«, die Djilas vorgelegt hat, war möglicherweise eine sehr genaue Beschreibung der Gesellschaftsstruktur des stalinistischen Systems, während wir hoffen, mit unserem Essay einen theoretischen

Rahmen für die Analyse des nachstalinistischen Osteuropa geschaffen zu haben. Wir weisen Djilas' Theorie oder Trotzkis Untersuchung der Sowjetunion keineswegs zurück, aber wir möchten deren Erklärungsansätze in jenem historischen Kontext lokalisieren, die sie hervorgebracht haben. Wir haben versucht, auf diesen Theorien aufzubauen, nicht, sie einfach zu negieren.

Anders als die landläufigen maoistischen Theorien gehen wir in unserem Buch vom sozialistischen Charakter der gegenwärtigen osteuropäischen Gesellschaften aus. Wir nennen diese Gesellschaften sozialistisch, weil und sofern sie die Institution des Privateigentums an Produktionsmitteln abgeschafft haben. Den Begriff »Staatskapitalismus« halten wir insofern für unangemessen, als wir der Meinung sind, daß das Wort Kapitalismus ohne die Existenz von Privateigentum und Lohnarbeit, deren Austausch sich über den preisregulierenden Markt vollzieht, sinnlos ist. Die maoistische Annahme, daß der Stalinismus den »realen« Sozialismus und die »Diktatur des Proletariats« repräsentierte, daß man die nachstalinistische Periode dagegen als Wiederherstellung kapitalistischer Zustände betrachten müsse, konnten wir uns nicht zu eigen machen. Unserer Ansicht nach ist der Poststalinismus organisch aus dem Stalinismus hervorgegangen, wir haben es mit zwei verschiedenen Epochen der gleichen Art von Sozialismus zu tun, und die gegenwärtige zweite Epoche ist ganz sicher nicht ein »Schritt zurück«; im Gegenteil, die seit dem Tod von Stalin stattgefundenen Veränderungen sind allerdings fortschrittlich und bewegen sich in Richtung auf eine rationalere Gesellschaft, in Richtung auf einen Sozialismus mit »menschlichem Antlitz«. Sie stellen einen Schritt dar, wenn auch gewiß keinen radikalen, in Richtung auf eine größere Emanzipation der Arbeiterklasse.

Uns kommt es besonders darauf an, vom sozialistischen Charakter der Gesellschaften sowjetischen Typs auszugehen. Bei einer Interpretation der Sowjetunion als einem System des Staatskapitalismus würden wir der wichtigsten Aufgabe ausweichen, mit der die sozialistische Theorie der Gegenwart konfrontiert ist: der kritischen Analyse von Gesellschaften des sowjetischen Typs. Linke Gesellschaftstheorien können sich nicht länger vor der Auseinandersetzung mit der Tatsache drücken, daß die sozialistische Transformation, die Nationalisierung der Produktionsmittel eben nicht jene Resultate zeitigte, die die sozialistischen Theoretiker des 19. Jahrhunderts erhofft hatten, daß die sozialistischen Gesellschaften nicht nur nicht bestimmte Probleme »lösten« (z. B. Entfremdung und Ungleichheit), daß sie keineswegs ein demokratischeres System hervorbrachten als die bürgerliche Gesellschaft, sondern daß sie in der Tat ein qualitativ neues System politischer Unterdrükkung und ökonomischer Ausbeutung darstellen. Wir müssen von den Kritikern der staatssozialistischen Gesellschaften lernen, freilich nicht in der Absicht, die Vorstellung von Sozialismus überhaupt zurückzuweisen. Unsere nächste Aufgabe wird es sein, die Theorie eines alternativen Sozialismus auszuarbeiten. Im vorliegenden Buch haben wir darauf verzichtet, die ideologischen Implikationen unserer Analyse explizit darzustellen, aber wir haben die Hoffnung, daß wir einen Beitrag zur Theorie eines neuen, sich selbst regulierenden Sozialismus leisten können, der die Klassenmacht der neuen herrschenden Klasse, die sich um die Position des redistributiven, zentral planenden Apparats konstituiert hat, transzendiert und mit größerer Genauigkeit als die »freie Assoziation der unmittelbaren Produzenten« beschrieben werden kann. Deshalb hoffen wir, daß unser Buch ein Beitrag sowohl zur sozialistischen

Kritik der staatssozialistischen Gesellschaften als auch zu einer neuen sozialistischen Theorie ist, welche Kapitalismus *und* Staatssozialismus hinter sich läßt.

Handelt es sich bei unserem Buch um ein marxistisches? Eine unzweideutige Antwort auf diese Frage zu geben, dürfte schwierig sein. Im osteuropäischen Staatssozialismus avancierte der Marxismus oder genauer gesagt der »Sowjetmarxismus« zu einer Art Staatsreligion, und er ist sicherlich die Ideologie einer neuen herrschenden Klasse. So gesehen ist der Marxismus bevorzugter Gegenstand unserer kritischen Prüfung. Andererseits jedoch hat der Marxismus erheblichen Einfluß auf unsere Methode ausgeübt, weshalb man in gewisser Hinsicht dieses Buch als eine marxistische, historisch-materialistische Kritik des Marxismus betrachten kann. Was wir sagen wollten, haben wir nicht in einen marxistischen Jargon verpackt, sozusagen als Teil eines intellektuellen Kompromisses. Dieser findet sich sehr häufig in sozialwissenschaftlichen Produkten, die aus Osteuropa stammen. Es ist nämlich außerordentlich opportun, sich als Marxist zu bezeichnen, wenn man in den staatssozialistischen Ländern lebt, und es überrascht nicht, daß viele osteuropäische Marxisten, sobald sie sich im Westen befinden, sich plötzlich in Funktionalisten, Christen oder Zionisten verwandeln. In einer paradoxen Weise folgten wir einer ganz anderen Spur intellektueller Entwicklung. In unseren früheren sozialwissenschaftlichen Publikationen, die in Ungarn gedruckt wurden und uns sogar einige akademische Anerkennung bescherten, haben wir jeden Flirt mit dem Marxismus sorgfältig vermieden; ganz bewußt haben wir vom üblichen Bezug auf die »Klassiker des Marxismus« Abstand genommen. Als wir aber daran gingen, die theoretische Summe unserer vorangegangenen empirischen Arbeiten zu ziehen, wurden wir auf ein-

mal der analytischen Strenge der marxistischen Klassenanalyse gewahr – das vorliegende Buch basiert im wesentlichen auf jenem Paradigma der Klassenanalyse, wie sie zunächst von Karl Marx und später, modifiziert, von Max Weber formuliert wurde. Wir erheben keinen Anspruch auf die Nachsicht unserer bürgerlichen Kollegen; unser Buch benutzt nicht marxistische Werkzeuge, weil das akademische Establishment Osteuropas dies von uns erwartet hätte; wir haben uns ganz im Gegenteil deshalb dem Marxismus angenähert, weil wir die explosive Kraft und das kritische Potential dieser Theorie entdeckt haben.
Von Anfang an war uns klar, daß die uns selbst gesetzte Aufgabe ein politisches Unding sein würde. Ganz bewußt bereiteten wir uns auf einen »wissenschaftlichen Selbstmord« vor. Denn wir wußten, daß das politische Establishment das Buch, das wir planten, nie akzeptieren würde. Und in der Tat standen Konrád und ich seit 1973 praktisch ständig unter polizeilicher Kontrolle; dies war einer der Gründe, warum wir unser »Workshop« aus Budapest hinausverlegten und ein Bauernhaus in Csobánka mieteten: eben um polizeilichen Störaktionen zu entgehen. Sehr bald schon hatten wir den Verdacht, daß die Politische Polizei unser Haus in Csobánka observierte, so daß wir ein paar vorsorgliche Maßnahmen trafen, z. B. die, daß wir jeden Abend unser halb fertiggestelltes Manuskript im Gemüsegarten unserer Residenz vergruben, um auf diese Weise sicher zu gehen, daß die Polizei nicht eines Tages im Morgengrauen anrücken und das Werk konfiszieren würde (in unserer Naivität gingen wir davon aus, daß uns die Polizei lediglich in den frühen Morgenstunden belästigen würde). Diese Monate waren die schwierigsten meines Lebens. In gewisser Weise lebten wir in permanenter Euphorie. Das Schreiben des Buches machte uns Spaß, aber in vielerlei

Hinsicht waren wir den Konsequenzen unseres Tuns noch nicht gewachsen. An den langen stillen Abenden in Csobánka sprachen wir oft über die mögliche Gefängnisstrafe, die uns erwartete, aber mir war klar, daß ich nicht wirklich in der Lage war, eine lange Haft durchzustehen. Ich hatte Angst, und es ist schwierig zu erklären, warum wir trotzdem an dem Projekt weiterarbeiteten – die einzige Erklärung, die ich jetzt geben kann, klingt ein bißchen pathetisch: Wir wollten herausfinden, wie die tatsächliche Natur der neuen Klassenunterdrückung in Osteuropa aussieht.
Die vorliegende Version unseres Buches stellten wir Ende September des Jahres 1974 fertig. Es gab lediglich drei Manuskriptdurchschläge, und wir beschlossen, das Buch auf Mikrofilm aufzunehmen, um es leichter vor der Polizei verstecken zu können. Wir baten einen Freund, den Dichter und Kunstphotographen Tamás Szentjóby, eine Fotokopie für uns vorzubereiten. Ich nehme an, daß Konrád damals die ganze Zeit von Polizeiagenten beschattet wurde, und wahrscheinlich haben sie ihn fotografiert, als er Szentjóby das Manuskript in einem Kaffeehaus übergab. Wie dem auch sei, zwei oder drei Tage später rückte die Polizei mit einem Durchsuchungsbefehl in Szentjóbys Wohnung ein, indem sie behauptete, Szentjóby sei bei der Herstellung von Pornografie beobachtet worden; diese Anklage war insofern lächerlich, als Szentjóby ein ausgesprochen schamvoller Mensch war und niemals irgendetwas mit Pornografie zu tun hatte. Was die Polizei freilich fand und wonach sie ganz offensichtlich suchte, war ein Manuskript mit dem Titel *Die Intelligenz auf dem Weg zur Klassenmacht*. Szentjóby wurde in Polizeigewahrsam genommen, und ein paar Tage später, unmittelbar vor dem Jahrestag der ungarischen Oktoberrevolution, wurden wir unter dem Verdacht der »Subversion« ebenfalls arrestiert.

Die Geschichte verlief weder sehr aufregend noch dramatisch – wir verbrachten insgesamt eine Woche im Gefängnis. 20 Jahre früher wären wir für das gleiche Delikt vielleicht hingerichtet worden. Aber die Zeiten hatten sich geändert. Mitte der 70er Jahre war die Politische Polizei gehalten, die Regeln des formalen Rechts zu beachten, mit denen wir selber gut vertraut waren. Die Strafverfolgungsbehörde befand sich in größeren Schwierigkeiten als wir. Nach ungarischem Gesetz kann nur dann jemand mit einem Buch Subversion betreiben, wenn irgend jemand dieses Buch liest. In unserem Fall hatte die Polizei lediglich ein Exemplar des Manuskripts in Händen, kein einziger Leser war aufzutreiben. Sie fragten ein paar Freunde von uns, aber diese kannten die Gesetze und bestritten, das Buch gelesen zu haben – tatsächlich hatten es einige wenige doch getan. Gegen unsere Festnahme regte sich internationaler Protest und ein gewisser Unmut innerhalb der ungarischen Intelligenz, die einigen Druck auf die Polizei ausübte, entweder formelle Anklage zu führen und mit der Beweiserhebung zu beginnen oder aber die Sache fallen zu lassen und uns in Freiheit zu setzen. Da man kein Beweismaterial hatte, wählte man die zweite Alternative und beendete »unseren Fall« mit einer sogenannten »Verwarnung durch den Ankläger«. Dies ist eine merkwürdige gesetzliche Prozedur. Wenn die Anklagebehörde kein Interesse daran hat, einen Prozeß gegen jemanden in Gang zu setzen – in den meisten Fällen deshalb, weil jede solide legale Basis fehlt –, wird man nur »verwarnt«: Man habe nach ihrem Urteil ein Verbrechen begangen oder man sei zumindest dabei, eines zu begehen, wenn sich dies wiederhole, werde man angeklagt. Diese »Verwarnung« seitens der Staatsanwaltschaft war durchaus ernst zu nehmen. Man warf uns vor, ein Buch geschrieben zu haben, »das als Programm einer Konterrevolution« dienen könne (wegen solcher Gründe wurden nach 1956 Menschen aufgehängt). Noch im Gefängnis teilte man uns mit, daß wir unser Verhalten zu ändern hätten, daß wir uns klarmachen müßten, daß unsere Handlungsweise ungarische Gesetze verletzen würde, aber man fügte hinzu, man würde uns emigrieren lassen, falls wir nicht in der Lage seien, uns zu ändern. Das war ein wirklich überraschendes Angebot; wir konnten uns an keinen ähnlichen Fall in Ungarn erinnern, jedenfalls nicht in den letzten 15 Jahren. Nach einigem Zögern nahmen wir das Angebot an. Während Konrád später diesen Entschluß rückgängig machte, gingen Szentjóby und ich ins Exil. Im Mai 1975 bestieg ich mit einem Ausreisevisum in Budapest ein Flugzeug, das mich mit drei Kindern und vier Koffern nach London brachte. 1976 nahm ich einen Gründungslehrstuhl für Soziologie an einer kleinen Provinzuniversität Australiens an, und nach einer abenteuerlichen Reise erreichte mich dort das letzte Exemplar von *Die Intelligenz auf dem Weg zur Klassenmacht,* das ich vor dem Zugriff der Politischen Polizei retten konnte. Es ist meine Hoffnung, daß von jetzt an das Manuskript das ganz normale Dasein eines Buchs führen wird und aufhört, Beweisstück in einem Kriminalfall zu sein.

Zum Schluß möchte ich meinen früheren Studenten von der Budapester Wirtschaftshochschule danken für ihren Mut, für intellektuelle Anregung und Freundschaft, die sie mir während jener schwierigen Jahre in allen Phasen der Ausarbeitung des Manuskripts entgegengebracht haben.

Adelaide, März 1978

Aus dem Englischen von
Hans-Martin Lohmann

Alphabetisches Gesamtverzeichnis der suhrkamp taschenbücher